SER MÃE NA IDADE MÉDIA

CB125767

CÓPIA NÃO AUTORIZADA É CRIME
ABDR
ASSOCIAÇÃO BRASILEIRA DE DIREITOS REPROGRÁFICOS
RESPEITE O DIREITO AUTORAL

Dados Internacionais de Catalogação na Publicação (CIP)
(Câmara Brasileira do Livro, SP, Brasil)

Fuente Pérez, María Jesús
Ser mãe na Idade Média / María Jesús Fuente Pérez ; tradução Rafaela Milara Kersting. – Petrópolis, RJ : Vozes, 2025.

Título original: La luz de mis ojos
Bibliografia.
ISBN 978-85-326-7117-2

1. Maternidade – História 2. Maternidade – Espanha – História 3. Mulheres – História – Idade Média, 500-1500 I. Título.

25-265890 CDD-305.409

Índices para catálogo sistemático:
1. Mulheres : Idade Média : História : Sociologia
305.409

Cibele Maria Dias – Bibliotecária – CRB-8/9427

MARÍA JESÚS FUENTE PÉREZ

SER MÃE NA IDADE MÉDIA

Tradução de
RAFAELA MILARA KERSTING

EDITORA VOZES
Petrópolis

© 2023, María Jesús Fuente Pérez
© 2023, Penguin Random House Groupe Editorial, S.A.U.
Travessera de Gràcia, 47-49, 08021 Barcelona
©Edición de Manuel Sosa Alonso

Tradução do original em espanhol intitulado
La luz de mis ojos – *Ser madre en la Edad Media*

Direitos de publicação em língua portuguesa – Brasil:
2025, Editora Vozes Ltda.
Rua Frei Luís, 100
25689-900 Petrópolis, RJ
www.vozes.com.br
Brasil

Todos os direitos reservados. Nenhuma parte desta obra poderá ser reproduzida ou transmitida por qualquer forma e/ou quaisquer meios (eletrônico ou mecânico, incluindo fotocópia e gravação) ou arquivada em qualquer sistema ou banco de dados sem permissão escrita da editora.

CONSELHO EDITORIAL

Diretor
Volney J. Berkenbrock

Editores
Aline dos Santos Carneiro
Edrian Josué Pasini
Marilac Loraine Oleniki
Welder Lancieri Marchini

Conselheiros
Elói Dionísio Piva
Francisco Morás
Teobaldo Heidemann
Thiago Alexandre Hayakawa

Secretário executivo
Leonardo A.R.T. dos Santos

PRODUÇÃO EDITORIAL

Anna Catharina Miranda
Eric Parrot
Jailson Scota
Marcelo Telles
Mirela de Oliveira
Natália França
Priscilla A.F. Alves
Rafael de Oliveira
Samuel Rezende
Verônica M. Guedes

Diagramação: Monique Rodrigues
Revisão gráfica: Nilton Braz da Rocha/Fernando Sergio Olivetti da Rocha
Capa: Rafael Machado
Ilustração de capa: *Virgem Maria e o Menino Jesus* (c. 1475-1480), de Hans Memling.

ISBN 978-85-326-7117-2 (Brasil)
ISBN 978-84-306-2578-9 (Espanha)

Este livro foi composto e impresso pela Editora Vozes Ltda.

À minha filha: uma mãe excelente

À memória de minha mãe: uma filha valente

Sumário

Prefácio

Hoje, 2 de março de 2021, Dia das Mães, comecei a escrever este livro. Mensagens chegam no WhatsApp para evocar tudo o que uma mãe representa. Minha filha e meus netos me trouxeram um lindo buquê de lírios amarelos. Muitas pessoas na rua carregam flores, claramente destinadas às suas mães. Quando eu era pequena, nunca celebrei esse dia, nem sabia que ele existia, embora a tradição, na Espanha, tenha começado em 1939. Com o foco na mãe de Deus, no dia 8 de dezembro era celebrado o Dia da Imaculada Conceição, a mãe que representava "as grandes virtudes daquele que, na Espanha, permaneceu puro, apesar de todas as mudanças da vida: a casa de família em que a mãe reina como luz, exemplo e consolo… [como a mãe espanhola, que era] santa e heroína que cria seus filhos e os entrega sem dor à pátria". Minha avó gostaria muito de ainda ter uma casa e não ter perdido seus filhos com a dor imensa que abalou toda a sua vida. Tenho algumas lembranças de quando se celebrava o Dia das Mães no dia 8 de dezembro, mas são mais nítidas as que guardo desde que, em 1965, a data passou a ser comemorada no primeiro domingo de maio[1], com o apoio da rede de lojas de departamento Galerías Preciados, que percebeu o potencial comercial da data. A abordagem mercantil da festa era uma novidade, mas a necessidade de honrar a mãe existe desde tempos imemoriais.

O quarto mandamento diz para "honrar pai e mãe", e durante milênios isso se cumpriu – ou tentou-se cumprir. Ao longo da Idade Média são encontradas inúmeras formas de honrar a mãe, os costumes, as crenças e os ritos em relação à maternidade, as quais permanecem depois de vários séculos; e muitas delas

1. Diferentemente do Brasil, onde se celebra o Dia das Mães no segundo domingo de maio, a Espanha comemora a data no primeiro domingo do mesmo mês [N.T.].

estão presentes também em minhas imagens de menina do começo da segunda metade do século XX.

Lembro-me perfeitamente de um dia, quando eu tinha 5 anos, em que minha mãe, com uma expressão terrível de dor, entrou em casa amparada por várias vizinhas que a seguravam pelos braços e a levavam para seu quarto. Muitos anos depois, ao estudar a Idade Média, quando li sobre como uma grávida que estava prestes a dar à luz era levada pelas vizinhas pelos braços, veio-me à mente essa imagem de minha mãe no dia em que nasceu minha única irmã. Auxiliada pelas vizinhas e pelo médico, ela teve um parto normal, como os três partos de minha avó – com exceção do último, o de minha mãe, que teve complicações por causa da febre puerperal. Muitas vezes, ouvi minha mãe contando que as vizinhas esquentaram água em grandes panelas e colocaram em um balde, no qual a banharam; essa seria uma das poucas vezes que ela faria um banho de imersão em sua vida, até ficar mais velha e ter banheira na casa de sua filha. Minha avó teve mais sorte do que Lucrécia Bórgia, que morreu de febre puerperal, enfermidade que colocava em risco a vida das parturientes. Mas essa não é a única doença que aparece em meu ambiente familiar; outro problema físico, a mola hidatiforme, impediu minha tia de ter filhos.

Ser mãe era, como vimos, um momento compartilhado pelas vizinhas, que ajudavam a gestante a dar à luz; é claro que o médico também costumava intervir, mas apenas se houvesse algum por perto. Se a chegada de um novo membro à família e à aldeia era todo um acontecimento, a de gêmeos, então, merecia atenção especial. Eu me lembro bem quando nasceram os filhos de Remigio e Mercedes; não acho que o senhor Magín, o pregoeiro, chegou a espalhar a notícia pela região, mas guardo na memória a maneira como minhas amigas contavam que D. Feliciano, o médico, havia pedido às mulheres que preparassem mais panos e mais água – quando ainda tinham de ir com os vasos à fonte – porque já havia nascido uma criança, mas vinha outra. Elas precisavam de ajuda, e o povo contribuiu.

O nascimento implicava uma parte festiva importante: o batismo. Tenho boas lembranças dos que vivi na aldeia onde passei os primeiros dez anos de minha vida. Não importava a cerimônia, mas sim o que se disputava com afinco: os padrinhos jogavam doces e moedas (de cinco, dez ou 25 centavos, ou até de uma peseta[2]), e não havia menino ou menina que não se atirasse para pegar tudo o que podia. Tenho guardados na memória especialmente dois desses batizados. Um deles foi o de minha irmã: ao sair da igreja, corri até minha casa para pegar a grande cesta de guloseimas que foi feita para ser jogada à criançada, mas ela havia sido colocada em um lugar que eu não alcançava – que frustração! Nesse batizado bastante suntuoso eu joguei, não peguei. Outro ainda mais suntuoso foi o do filho de D. Feliciano com a mulher rica da aldeia; não sei exatamente quanto consegui pegar, mas sem dúvida foram muitas guloseimas – e talvez até duas pesetas!

Com o nascimento de minha irmã foi cumprido o rito de apresentação na igreja aos quarenta dias; não esqueço disso porque minha mãe, orgulhosa de carregar em seus braços a menina mais bonita que se podia imaginar e usando sapatos de salto, enganchou um pé em uma das pedras da escada da igreja e caiu.

Ela deu de mamar às duas filhas. Por acreditar que valores são transmitidos através do leite, é necessário pensar que nossa mãe nos passou aqueles valores que definem uma boa mestra: a entrega, a generosidade, a integridade e a necessidade de pensar no bem de alunos e alunas. Bem, acredito que se pode dizer que suas duas filhas mantiveram esses valores.

Espero que estas palavras sirvam para cumprir com o quarto mandamento e honrar meu pai e minha mãe.

---

2. Peseta foi a moeda corrente da Espanha entre 1869 e 2002 [N.T.].

Introdução

Eu me chamo Margery Kempe. Não escrevo diretamente porque não sei escrever, mas dito meus pensamentos a um copista que redige minhas palavras em terceira pessoa, embora elas pudessem ser transcritas em primeira. Quando eu tinha 20 anos, ou um pouco mais, me casaram com um burguês respeitável, e, após um curto período de tempo, fiquei grávida. A gravidez me causou algumas crises graves de doença, até que o bebê nasceu. Depois, pelos esforços do parto e pela doença precedente, minha vida caiu em uma profunda depressão, que me levou a esperar a morte […] e, não esperando viver, chamei a meu confessor, o qual me repreendeu. Desde então, minha mente já não era minha, e vivi atormentada por espíritos durante seis meses, oito semanas e alguns dias.

Nessa altura, pensei que tinha visto demônios abrindo a boca, todos inflamados com torsos ardentes em chamas, como se as tivessem engolido, às vezes me apalpando, às vezes me ameaçando, às vezes me puxando e me arrastando, tanto durante o dia quanto à noite. Além disso, os demônios me escrutinavam e me exortavam a renunciar à minha fé cristã e a negar meu Deus, sua mãe e todos os santos do céu, suas boas ações e todas as virtudes; minha mãe, meu pai e todos meus amigos. E assim o fiz. Zombava de meu marido, de meus amigos e de mim mesma; lançava afrontas e insultos; não conhecia virtude nem bondade […]. Eu teria me matado tantas vezes quantas me encorajaram a fazê-lo […], mordi uma das minhas mãos tão violentamente que a cicatriz durou para o resto da minha vida. Eu rasguei a pele perto do meu coração com as unhas […] e teria feito algo pior se não estivesse amarrada e presa dia e noite […]. Quando já achava que isso não terminaria, Nosso Senhor Jesus Cristo me ajudou e apareceu na forma de um homem que, mostrando uma bela e afável expressão de felicidade, levantou o meu ânimo imediatamente. Assim que me estabilizei e recuperei a razão e o entendimento, pedi as chaves da despensa a meu marido quando ele se aproximou para pegar minha comida e minha bebida, como já havia feito antes. Minhas criadas e cuidadoras o aconselharam a não me dar as chaves porque eu não sabia o que dizia. Mas meu marido, que sempre teve ternura e compaixão por mim, mandou que elas me entregassem. Comi e bebi tanto quanto minha força corporal me permitiu[3].

Essas palavras fazem parte da primeira autobiografia de uma mulher em língua inglesa. Quando solteira, a autora era conhecida como Margery Brunham. Ela adotou o sobrenome Kempe de seu marido, cujo nome curiosamente não é mencionado em nenhuma passagem do livro. Margery Kempe nasceu e viveu a maior parte de seus dias (1373-1438) em Bishop's Lynn[4], localidade inglesa que, naquela época, não tinha mais do que 5 mil habitantes. Seu depoimento deixou como legado múltiplas facetas de sua vida: esposa, mãe, "empreendedora", peregrina e mística. O trecho citado detalha o sofrimento físico e psicológico do qual ela padeceu durante o pós-parto de seu primeiro filho. Ela viveu durante oito meses atormentada por uma série de visões que tinham o demônio como protagonista.

Um parto dramático pode provocar tais devaneios? Margery teve uma depressão ou uma psicose pós-parto, ou uma possível histeria, como afirmariam alguns psicólogos atualmente? Seria necessário dar sentido a essas palavras não com o diagnóstico científico atual[5], mas à luz das teorias medievais sobre as doenças mentais. Naqueles séculos, os contratempos que surgiam na gravidez e no parto eram atribuídos à "maldição de Eva" ou à "possessão do demônio". Dessa forma, Margery Kempe chega a afirmar que muitos pensavam "que ela

3. Tradução da autora [no original]. São muitas as edições da obra *Libro de Margery Kempe*, algumas mantêm o original em inglês antigo e outras foram adaptadas ao inglês moderno; cf., por exemplo: https://bit.ly/3VFPlee. Há também uma edição espanhola; cf. Kempe (2012). A partir daqui, as referências a essa obra remetem-se à edição espanhola.

4. Conhecida, atualmente, como King's Lynn [N.T.].

5. Cf. Freeman; Bogarad; Sholomskas (1990, p. 169-190).

tinha o Maligno dentro de si"[6]. Assim, o que os psicólogos de hoje em dia chamariam de alucinações, no tempo de Kempe foi classificado como "experiências de inspiração satânica". No Medievo, a loucura ou as visões eram fatos reais, tangíveis e, em muitos casos, originados da angústia do pecado. A conexão que existia naquela época entre o pecado e a loucura surge a partir da crença de que a desordem da alma se manifesta como uma desordem da mente[7].

Margery foi salva desse tormento pela intervenção de Cristo, mas, devido à experiência assustadora de seu primeiro parto, alimentou o desejo de não ter mais descendentes. Contudo, manteve a relação conjugal com seu marido, a qual considerava obrigatória, embora depreciável. Para ela, tudo o que estivesse relacionado com o sexo era pecaminoso se não fosse com o objetivo de procriar, tal como ditava a Igreja. Margery Kempe teve catorze filhos. É muito provável que o primeiro tenha nascido por volta de 1394, e o último, em 1413. Ou seja, em aproximadamente vinte anos, ela concebeu seus catorze rebentos. Embora, em seu livro, essa mãe inglesa não volte a abordar os problemas mentais que sofreu depois de seu primeiro parto, ela não deve ter ficado alheia a tais provações durante o resto de sua vida.

Assim, Margery Kempe conta de que maneira, estando grávida de outro de seus filhos, o Senhor se comunicou novamente com ela:

> – Filha, estás grávida.
>
> – Ah, Senhor, o que vou fazer, então, para cuidar de meu filho? – perguntei-lhe.
>
> – Filha, não tenhas medo, eu me encarregarei de que o cuidem – afirmou Nosso Senhor.
>
> – Senhor, não sou digna de ouvi-lo falar e de continuar deitando-me com meu marido dessa maneira, apesar de isso ser fonte de grande sofrimento e angústia para mim.
>
> – Por essa razão não é pecado para ti, filha, mas sim recompensa e mérito; e não terás menos graça, porque quero que me dês mais frutos.
>
> – Senhor Jesus, esse modo de vida pertence a suas santas virgens – disse.

---

6. Cf. Kempe (2012, p. 142).

7. Cf. Doob (1974, p. 208).

> – Sim, filha, mas podes ter certeza de que eu também amo as esposas, em especial aquelas que viveriam de maneira casta, se pudessem seguir sua vontade, mas cumprem com seu dever para me agradar. Pois, embora o estado de virgindade seja mais perfeito e mais sagrado do que o estado de viuvez, e o estado de viuvez seja mais perfeito do que o estado de matrimônio, eu te amo tanto quanto a qualquer virgem do mundo. Ninguém pode impedir-me de amar quem eu quiser e tanto quanto eu quiser; o amor, filha, apaga o pecado. Por isso pede-me os dons do amor. Não há dádiva tão sagrada quanto a dádiva do amor, nem há nada tão desejado como o amor.

Depois de fazer repetidas súplicas a seu marido e, mais tarde, obter a permissão do bispo local, Margery Kempe conseguiu pôr fim à relação conjugal que mantinha. Uma vez tomada essa decisão, embarcou em uma nova vida, na qual a peregrinação aos três principais centros de penitência daquele momento – Terra Santa, Roma e Santiago de Compostela – adquiriu um significado primordial. Ao começar sua longa viagem a pé, Margery se despediu de todo mundo, mas não menciona em seu livro que tenha se despedido de seus filhos; ela não parece preocupada com o cuidado deles, pois não teve qualquer problema em se separar dos filhos quando começou a peregrinação. Sua admiração e sua devoção pela Virgem, mãe de Deus, pelo amor de Maria a seu filho e pelo amor maternal em geral não se traduziram em palavras carinhosas a seus rebentos. Não lhes dedicou espaço em suas memórias e, muito provavelmente, tampouco dedicou a eles tempo na vida real, tendo em vista sua enorme fertilidade e suas muitas ocupações. Apenas um deles aparece nessa autobiografia notável, o que serve de amostra tanto do amor de mãe que Margery sentia quanto do carinho que ele declarava a ela.

Suas palavras são uma introdução para o complexo mundo da maternidade na Idade Média, particularmente o das mulheres cristãs pertencentes a grupos urbanos e de bom nível econômico. Seu depoimento lança uma primeira luz sobre alguns aspectos de o que significava ser mãe na longa era medieval: as formas de pensar as relações entre homem e mulher; a sexualidade feminina; os preceitos da Igreja sobre maternidade e amor conjugal; os problemas da concepção, do parto e do pós-parto; as funções das mães, ou as diferentes vertentes; e os conceitos do afeto materno-filial.

Esses pontos sugeridos pela obra de Margery Kempe constituirão boa parte do eixo condutor deste livro, que enfocará um espaço – o ocidente europeu e o entorno do Mediterrâneo – e um tempo – os dez séculos (entre o século V e o século XV) que constituem o período conhecido como Idade Média. Excepcionalmente, serão incluídas algumas referências a outras áreas para descrever um amplo panorama da maternidade, baseado no exame de aspectos fundamentais como os socioeconômicos, os ideológicos e os religiosos. Assim sendo, será analisado de que maneira as mulheres de grupos menos favorecidos e aquelas pertencentes às camadas mais elevadas da sociedade encaravam o ato de ser mães, e será examinada a influência da religião na maternidade – principalmente do cristianismo, como ideologia dominante na Europa, mas sem esquecer do judaísmo e do islamismo nos territórios em que houve uma população significativa desses grupos culturais. Ao levar em conta a religião, é possível perceber sua influência na construção das mentalidades e dos valores relativos à maternidade. Há um livro intitulado *La vocación más antigua* [A vocação mais antiga] – entendendo que, para as mulheres, isso significa ser mãe – que tem um subtítulo muito elucidativo: *La maternidad cristiana en la Edad Media* [A maternidade cristã na Idade Média]. Essa ideologia foi a responsável por esculpir a sociedade daquele período na Europa e, de maneira extensa, as distintas facetas da maternidade presentes naquele momento. Assim, quem foi mãe ao longo desses mil anos teve como paradigma dessa "vocação mais antiga" a Virgem Maria, tão presente em pinturas, esculturas e manuscritos do Medievo. Não apenas mulheres cristãs consideravam Maria um modelo materno, mas também judias e muçulmanas, ainda que sem a intensidade e a intenção de seguir seus passos, como desejavam as primeiras. Maria era a encarnação da progenitora exemplar, sensível e cristã. Virgem que concebe sem pecado, ela serve de referência por sua pureza e, em especial, por sua abnegação, sua humildade e seu imenso amor ao filho. Maria era o espelho no qual todas as mães deviam se olhar.

No entanto, havia outras mulheres que se distinguiam muito desse modelo de exemplaridade. Seria necessário situar nesse polo oposto, por exemplo, a Papisa Joana, cuja história ou lenda serve como introdução ao aspecto vulgar e blasfemo do qual, da mesma forma, a maternidade medieval participava. Joana entrou para o sacerdócio vestida como um homem e – sempre dessa maneira e graças ao estudo – foi aumentando seus conhecimentos e ascendendo na hierarquia eclesiástica até alcançar o papado, o auge do cristianismo, com nome e aparência masculinos. Como fruto de uma relação carnal e obviamente proibida, engravidou e deu à luz em Roma durante uma procissão. Assim como qualquer lenda, a da Papisa Joana conta com muitas versões e interpretações, mas a que interessa aqui serve para iluminar os desastres que um nascimento como este pode provocar: o fruto da luxúria de uma mulher – a qual, por sua vez, ocupa um posto alheio a seu sexo – é revelado com o próprio parto no decorrer de um ato litúrgico e público. Se a ideia de um papa mulher era escandalosa, a de um papa grávido era disparatada; e a de um papa dando à luz, desastrosa.

> Quando ela era jovem, foi muito amada por um rapaz estudante ou clérigo, a quem dizem que amava tanto que, deixando para trás a vergonha virginal e o medo feminino, fugiu às escondidas da casa de seu pai e foi embora com esse rapaz, mudando o jeito de se vestir e os costumes e o nome, com o qual, estudando na Inglaterra, todos a consideravam clérigo, e ela entregava-se às letras com luxúria [...].
>
> Foi tão bem-sucedida nas artes liberais e na teologia que foi considerada melhor do que todos os outros. E assim, ornada de maravilhosa ciência, e tão à frente da sua idade, partiu da Inglaterra para Roma, onde, durante alguns anos lendo em um lugar à frente de três ruas, houve insignes ouvintes. E como para além da ciência parecia ter uma honestidade [e] uma santidade singulares, sendo considerada um homem e amada por todos, quando o Papa Leão morreu, o quinto de seu nome, todos os cardeais, em uma só voz, a elegeram papa. E foi chamado João [...].
>
> A ela, que durante muito tempo havia iluminado e ofuscado os olhos dos homens, faltou a inteligência para encobrir seu incestuoso e diabólico parto. Estando ela – sem pensar – perto de parir, ao ir de um lugar de Roma chamado Janículo em procissão a São João de Latrão, entre o Coliseu e o templo do Papa Clemente, sem chamar a madrinha, pariu publicamente[8].

8. Cf. Boccaccio (1494, f. 103r ss.).

A Papisa Joana, uma mulher no topo da Igreja, é a personificação do oposto ao paradigma cristão de progenitora, a Virgem, mas ambas trazem à tona o panorama da maternidade com duas perspectivas diferentes: a sensível e sagrada de Maria, e a vulgar e blasfema de Joana.

As duas precisam ser levadas em consideração, mas é observando o modelo de Maria – o espelho mais difundido do período medieval para as mulheres – que se pode apreciar o que uma mãe deve ou não fazer. Ela, que foi virgem antes do parto, no parto e depois do parto, marca as três grandes etapas da maternidade – conceber, parir e criar –, as mesmas que constituem as três seções deste livro.

"Conceber" implica uma análise ampla da ideologia sobre a concepção em todos esses séculos, bem como das razões que poderiam levar uma mulher a querer ser mãe, ou a não querer, algo que acabará conduzindo a aspectos como a contracepção ou as estratégias para engravidar, no caso de haver dificuldades para isso.

"Parir" requer o estudo de como as mulheres se preparavam para o parto; do próprio parto com o papel da parteira; do apoio de outras mulheres da família, além de amigas e vizinhas; do lugar e dos instrumentos úteis para ter uma boa hora; bem como do problema decorrente da carência de meios necessários para que a cria pudesse viver quando não era viável praticar uma cesárea. O puerpério é também de particular interesse, pelas dificuldades que poderiam sofrer a parturiente e a criança recém-nascida.

"Criar", por fim, examina o trabalho feminino a partir do ponto de vista material (alimentação) e espiritual ou intelectual (educação), e o valor da mãe e seu amor pela prole, bem como o amor da prole pela mãe, são contemplados.

Por outro lado, cada um desses momentos – conceber, parir e criar – poderiam ser considerados como fases em uma corrida com obstáculos na maternidade do passado e do presente: a concepção, ao estar sujeita a restrições ideológicas que acabam determinando o papel das mulheres na sociedade; o parto, como um momento de sérios riscos para elas; e a criação, como um longo período cercado por todo tipo de dificuldades. A maternidade representava um peso enorme sobre os ombros das mulheres do Medievo:

> O nascimento definia as mulheres e limitava seus papéis na sociedade [...], esperava-se que elas tivessem filhos, as que não davam à luz eram consideradas estéreis e desgraçadas, e aquelas que não queriam ter filhos eram antinaturais, antifemininas, desprovidas de "instinto materno". A sociedade tinha um grande interesse em seus úteros e procurava protegê-los, excluindo essas mulheres de ocupações que pudessem colocar em risco sua capacidade reprodutiva[9].

O interesse nesse trecho está nas questões que ele suscita: qual era o valor da mãe? Ou seja: o que a sociedade esperava dela? E a família das mães? O que seus filhos esperavam? Foi, por exemplo, atípico que Margery Kempe ou outras mulheres mal tenham criado seus filhos, tal como se entende com os valores dos dias de hoje? Para responder a essas perguntas, convém abarcar diversos pontos. Em primeiro lugar, é preciso delimitar os grupos sociais e religiosos do período medieval, pois o que se esperava de uma rainha ou de uma dama de poder nas culturas cristã, muçulmana ou judaica estava muito longe do adequado para as mulheres das camadas médias ou inferiores de qualquer uma dessas três comunidades religiosas. Em segundo lugar, ao estudar o valor da mãe, convém investigar o amor materno, ou seja, por que e como ela ama sua prole, e também o inverso: o amor da prole por aquela que a concebeu. As duas análises – especialmente a do amor materno – ajudarão a esclarecer se esse sentimento é instintivo, como algumas pessoas defendem, ou se, pelo contrário, variou ao longo do tempo como resultado do paradigma cultural próprio de cada momento histórico. Não se pode esquecer que as emoções são uma construção teórica e que, como tal, têm uma cronologia específica, de alguma forma aplicável ao sentimento materno do qual se fala aqui. Levando em conta a longa duração da Idade Média, pode-se sublinhar sua contribuição para a criação de uma determinada construção cultural da maternidade para aquela época e para além dela.

É possível falar de uma homogeneidade da maternidade durante esse período? Partindo de um momento, o atual – no qual houve, nas últimas décadas, várias mudanças radicais a respeito –, seria necessário considerar se essas mudanças também aconteceram na era medieval. Pode-se esperar transforma-

9. Cf. Frymer-Kensky (1995, p. XVI).

ções substanciais de um período tão extenso, mas a evolução do fenômeno da maternidade ao longo desses mil anos foi lenta, quase imperceptível, embora um pouco mais rápida e evidente nos últimos dois séculos medievais (séculos XIV e XV).

Mergulhar na maternidade desse milênio requer consultas a fontes plurais e multifacetadas para analisar como eram as mães e por que elas eram como eram. Para isso, foram utilizadas fontes religiosas, literárias e iconográficas. Essas informações, no entanto, não são fáceis de coletar, talvez pelo caráter íntimo desse tema, talvez pela própria ausência de voz da maioria de suas protagonistas – as mulheres –, ou talvez pelo domínio da religião em todos os aspectos pessoais e sociais da vida. De fato, seria possível dizer que maternidade e fé andaram de mãos dadas e que isso pode ser observado nas três religiões do Mediterrâneo: cristianismo, judaísmo e islamismo.

Por esse motivo, a primeira fonte a ser mencionada é a própria Bíblia, o texto mais antigo e influente que moldou as populações judaica e cristã, e que inclusive foi a origem de ideias presentes nos três cultos referidos anteriormente. A Bíblia hebraica fornece o panorama da concepção, da gravidez, do parto e da criação como percebiam os autores desse texto-chave, e não se ocupa dos sentimentos ou das experiências das mães[10], fazendo a diferenciação entre a "maternidade" como a função biológica própria de mulheres que precisam se ocupar dos "cuidados maternos" e a "maternidade" como a própria instituição de "ser mãe"[11]. Seu *status* consistiria em "responder a três requisitos: a preservação, o crescimento e a aceitação social; ser mãe significa comprometer-se a satisfazer esses requisitos por meio de obras de amor, criação e prática"[12], uma ideia que poderia estar relacionada aos interesses dos autores da Bíblia hebraica em destacar a ação divina, à qual o "milagre" de dar à luz poderia ser atribuído.

As ideias básicas encontradas nesse livro universal foram levadas em consideração apenas de forma geral, uma vez que a maioria das fontes utilizadas são documentos não só da esfera hispânica, mas também da Europa Ocidental,

10. Cf. Bergmann (2020, p. 132).

11. Cf. Bergmann (2020, p. 142).

12. Cf. Ruddick (1989, p. 17).

do Mediterrâneo e do norte da África. Muitos deles são comuns a vários desses territórios, o que permite traçar uma ampla descrição da temática a ser estudada, embora tenham sido selecionados aqueles que podem ser mais explícitos, com a convicção de que, provavelmente, não se limitam a um caso ou a um lugar específico, nem apenas ao momento da redação do texto, mas podem ser aplicados a outros espaços e tempos.

Esse é o caso do *Libro de Margery Kempe* [Livro de Margery Kempe], cujos trechos incluídos nesta introdução descrevem, em primeira mão, a maternidade dessa burguesa medieval, mas cujo depoimento poderia ser atribuído a outras mulheres. O mesmo poderia ser dito das palavras de outras mães, como: Dhuoda [*c.* 800-*c.* 843], Brígida da Suécia [*c.* 1302-1373] ou Cristina de Pisano [1363-*c.* 1430], entre as mais conhecidas. Há também textos escritos por mulheres que, embora não tenham formado uma família, deixaram seu conhecimento ou suas impressões sobre aspectos relacionados a esse tema, como Hildegarda de Bingen (1098-1179).

Além disso, são fontes de grande interesse as cartas e os testamentos femininos – não tão abundantes quanto seria desejável, pois são encontrados apenas rastros de mulheres de grupos privilegiados da sociedade, que desfrutavam do fato de saber ler ou escrever, ou que tinham alguém que escrevia por elas. Em seus epistolários, essas mulheres faziam comentários sobre a maternidade e os filhos. Alguns de seus depoimentos como mães – juntamente com os de outras mulheres que manifestam esse desejo – encabeçam os capítulos deste livro.

No entanto, deve-se recorrer a escritos que vieram das mãos de homens para entender a missão dessas mulheres. Religiosos, médicos, políticos e juristas projetaram todos os aspectos que afetavam as mães e geraram uma ampla gama de documentos, os quais foram utilizados e serão descritos a seguir, sem a pretensão de esgotar o assunto.

As fontes religiosas – como penitenciais, livros de confissão, vidas de santos, visitas pastorais ou histórias de outro tipo –, junto ao direito canônico, especialmente importante desde o século XII, são fundamentais. Diversos autores cristãos, como o próprio Isidoro de Sevilha (*c.* 556-636), foram criando ideias e estabelecendo normas de grande repercussão. Os julgamentos do

Tribunal da Inquisição também acrescentam informações esclarecedoras. Não é de surpreender, portanto, que uma virgem, Maria, tenha sido usada como modelo de mãe, conforme aponta a resposta de Jesus a Margery Kempe no diálogo citado anteriormente: "O estado de virgindade é o mais perfeito e o mais sagrado". Trata-se de uma crença que perdurou até o fim da Idade Média e que viria a influenciar diferentes aspectos do processo materno.

Embora os textos de homens da Igreja tenham tido grande repercussão, os depoimentos de quem praticava a medicina não tiveram tanto impacto. Naqueles séculos, dar à luz era considerado mais um processo natural do que um problema clínico que demandava atenção médica ou necessitava da aplicação de teorias sofisticadas. Como os próprios profissionais não costumavam ter experiência na atenção ao parto, não deixaram escritos sobre formas ou casos específicos de conceber ou de parir. Os tratados clínicos e ginecológicos, juntamente com alguns documentos valiosos sobre medicina popular, são considerados de grande interesse e boas fontes documentais.

As fontes médicas de caráter popular merecem um olhar mais atento. De fato, o desenvolvimento de tratados desse tipo que afetavam as mulheres – e, em especial, a gravidez, o parto e o pós-parto – mostra um panorama interessante. Embora possa parecer simplista, duas linhas iniciais devem ser consideradas como ponto de partida: a primeira é a dos tratadistas árabes que, desde o século X, escreveram obras que inspiraram escritores que vieram depois; a segunda corresponde a autoras femininas que, nos séculos XI e XII, escreveram sobre as mulheres e sua constituição, suas doenças e suas curas, e que deixaram uma marca posterior importante, ainda que sem autoria conhecida.

Dentre os escritores muçulmanos, é necessário destacar os pioneiros: Arib ibn Sa'id (*c.* 900-*c.* 980) e Ibn Sina ou Avicena (980-1037). O primeiro foi um árabe andaluz cuja obra intitulada *Libro de la generación del feto, el tratamiento de las mujeres embarazadas y de los recién nacidos* [Livro sobre a geração do feto e o tratamento de gestantes e recém-nascidos] foi, provavelmente, muito utilizada, embora não haja notícias específicas de sua repercussão. O segundo ocupa um lugar proeminente na história da medicina; sua obra *O cânone da medicina* representou o ponto de partida de muitos livros sobre a anatomia e a fisiologia feminina que, mais tarde, se propagaram pelas comunidades muçulmana, judaica e cristã.

Entre as mulheres, destacam-se duas que escreveram sobre o sexo feminino e, em particular, sobre a ginecologia e os fatores médicos da maternidade. São elas: Hildegarda de Bingen e sua quase contemporânea Trota de Salerno (segunda metade do século XI), "médica cujo nome foi logo transformado em Trótula – pequena Trota –, o que usurpou, até o fim do século XX, a identidade da curadora histórica"[13]. As obras de ambas foram muito valorizadas: Hildegarda do ponto de vista da cultura intelectual e Trótula do ponto de vista da cultura popular. Esses são dois nomes de mulheres que se destacaram antes do surgimento dos Estudos Gerais (posteriormente, universidades), desde o início do século XIII, em especial quando alguns deles incorporaram a medicina como matéria de estudo. Embora seja comum falar do tratado de Trótula, ou dela mesma como uma curadora que escreveu sobre os problemas das mulheres, não está claro se houve um único volume com esse título. Os ensinamentos sob esse nome – que foram mantidos e ampliados do século XII em diante – não são identificados com uma autoria específica; pelo contrário, é preciso pensar em uma tradição que foi transmitida ao longo dos séculos e que contribuiu para um conhecimento popular muito digno de ser levado em conta como "símbolo da medicina feminina em toda a Europa latina"[14], o que marca uma diferença a respeito de Hildegarda de Bingen, cuja obra não foi além de sua terra às margens do Rio Reno. Ao mencionar Trótula não se deve esquecer de que a obra de Trótula de Salerno e o tratado ou os tratados sobre medicina feminina chamado *Trotula*, "que reuniu e harmonizou três textos salernitanos anônimos escritos de maneira independente por diferentes mãos durante o século XII"[15], são frequentemente confundidos. Os tratados reuniam a obra *De passionibus mulierum* (Sobre as doenças das mulheres) ou *Trotula major, De ornatu mulierum* (Sobre a estética das mulheres) ou *Trotula minor, De curis mulierum* (Sobre os tratamentos das mulheres). Esses textos se espalharam por toda a Europa Ocidental entre os

---

13. Cf. Cabré i Pairet (2017, p. 37). Em tudo o que for relacionado ao tema da medicina feminina medieval, refiro-me aos trabalhos de Montserrat Cabré, uma grande autoridade nesse assunto.

14. Cf. Cabré i Pairet (2017, p. 38).

15. Cf. Cabré i Pairet (2017, p. 39).

séculos XII e XV "e foram as obras especializadas em medicina feminina mais conhecidas nesse período"[16]. O impacto desse compêndio é evidenciado pela quantidade de obras dedicadas a copiá-lo de maneira integral ou parcial. São conhecidos 122 manuscritos latinos e mais de quarenta versões vernáculas. Recentemente, foi encontrado um *Trotula* catalão cujo fato mais notável é que ele menciona o nome de Trótula de Salerno e a distingue como mestra[17]. Em obras escritas a partir do século XII são valorizadas fortes conexões entre tratadistas das três religiões. Muitos exemplos ilustram esse fato: *Registro de las enfermedades que afectan a los órganos genitales* [Registro das doenças que afetam os órgãos genitais], tratado judaico anônimo, provavelmente escrito na passagem do século XII ao XIII por um hebreu originário do Al-Andaluz; *Lilio de medicina* e *Tractado de los niños y del regimiento del ama* [Tratado das crianças e do regimento da ama], obras de Bernardo de Gordonio (*c.* 1270-1330); *Tratade de cirugia* [Tratado sobre cirurgia], do francês Guy de Chauliac (1300-1368); *De regimine praegnantium* [Sobre o governo das grávidas], do italiano Michele Savonarola (1385-1466); *El sumario de la medicina con un tratado sobre las pestíferas buvas* [O sumário da medicina com um tratado sobre as pestilentas bubas], de Francisco López de Villalobos (1473-1549); e *Tratado de patología* [Tratado sobre patologia], de autor anônimo e contemporâneo ao anterior, com capítulos como "Las dolencias de la madre de la mujer" [As enfermidades da mãe da mulher] ou "La cura de los niños y sus dolencias" [A cura das crianças e suas enfermidades], que constituem um resumo dos livros III e IV de *O cânone da medicina*, de Avicena.

Todos esses tratados, que podem ser considerados eminentemente ginecológicos, são ilustrativos de alguns traços biológicos da maternidade, como o sufocamento do útero; a mola hidatiforme ou a gravidez molar; as hemorragias; o inchaço; o aborto; a retenção menstrual e a placenta; o feto morto; os tumores; o câncer; as úlceras, as pústulas e as rachaduras; as hemorroidas; a inversão do útero etc. Esses problemas poderiam ser semelhantes aos de uma mãe contemporânea, mas as diversas descrições e soluções dadas pelos tratadistas

16. Cf. Green (2001, p. 35-36).

17. Cf. Cabré i Pairet (2016).

medievais são interessantes, bem como peculiares: não são apenas físicas, mas também morais, e essa perspectiva é igualmente abundante nesses livros. Por exemplo, Francisco López de Villalobos repete nas *Sentencias* [Sentenças] (escritas até 1515) algumas das ideias que já havia apresentado na obra *Sumario de la medicina*, publicada em Salamanca em 1498:

> O amor verdadeiro é dividido em duas partes, porque há o amor virtuoso e o amor vicioso [...]. Entre todos os amores viciosos, o amor do homem pela mulher e o da mulher pelo homem é o maior e mais famoso, porque é o amor de uma coisa, em que amante e amado são da mesma natureza[18].

Mas, na Idade Média, além dessa medicina – que poderia ser considerada de natureza científica –, houve uma proliferação da medicina popular, que chegou até os dias de hoje de várias formas. Um bom exemplo são alguns manuscritos em aljamia, ou seja, escritos em língua românica, mas com caracteres árabes, que, embora redigidos no século XVI, refletem costumes e ideias desenvolvidos nas comunidades mudéjares e mouriscas e herdados do Medievo – entre eles, costumes e ideias relacionados à maternidade[19].

Outras fontes primárias complementares às anteriores e de grande importância são as literárias e as iconográficas, ambas de orientação religiosa na maioria dos casos. Entre as primeiras, é preciso citar *Los milagros de Nuestra Señora* [Os milagres de Nossa Senhora], de Gonzalo de Berceo (*c.* 1197-*c.* 1264), e as *Cantigas de Santa Maria*, escritas em galego-português no fim do século XIII, na corte de Afonso X – cujo reinado durou de 1252 a 1284. Nessa linha, há os *Miracles de Nostre Dame* ou *Miracles de la Sainte Vierge*, coleção de relatos de milagres dramáticos em torno da Virgem Maria atribuídos a Gautier de Coincy (1177-1236). Além disso, quase todos os países europeus contam com textos literários que são úteis para conhecer algumas facetas concretas da maternidade. Seria o caso dos textos de *Lais*, de Maria de França, entre os quais

18. Cf. Aguiar (1999, p. 102).

19. Emma María Guijarro Hortelano estudou o "Códice T-8, Brah" na obra *La maternidad en las comunidades mudéjar y morisca según un manuscrito aljamiado morisco aragonés* (2010). Outros manuscritos aljamiados interessantes são os números 22 e 59 da Junta de Ampliación de Estudios, analisados por Esther Fernández Medina.

há alguns contos especialmente interessantes, como “El fresno” [O freixo]; da obra inglesa *What the goodwife taught her daughter* (O que a boa esposa ensinou à sua filha); e da obra alemã *Eyne gude lere van einer junchvrowen* (Bom conselho para uma jovem)[20].

As fontes iconográficas são especialmente significativas, uma vez que o nascimento e o pós-parto eram temas frequentes para os pintores e os iluminadores de manuscritos nos últimos séculos da Idade Média. Pode-se imaginar Margery Kempe contemplando essas cenas ao longo de suas peregrinações pelo Velho Mundo, embora aquilo que é retratado tenha pouca relação com a experiência pela qual ela passou e sobre a qual escreveu. Em retábulos, livros devocionais ou livros de horas de praticamente toda a Europa, eram frequentes a gravura ou a ilustração de ambientes tranquilos e espaços femininos nos quais os homens não aparecem, sendo outras mulheres as responsáveis por atender àquela que acaba de dar à luz. Uma exceção é justamente a cena mais representada – o nascimento de Jesus –, na qual é raro retratar Maria cercada de outras mulheres; o mais comum é que sua única companhia seja São José. Assim aparece também em esculturas de capitéis de algumas igrejas romanas, embora haja alguma em que Maria está encostada e acompanhada de duas parteiras.

A análise dessas representações do puerpério pode levantar uma série de questões: quem contemplava essas imagens? Elas eram pensadas apenas para mulheres ou também para homens de qualquer grupo social?[21] Por exemplo, como foi conjecturado, tais imagens poderiam ter sido objeto de atenção da própria Margery Kempe? Esse acontecimento era um momento de poder e controle para as mulheres dentro da sociedade patriarcal na qual viviam?

Para responder a essas e outras perguntas é necessário ir às fontes primárias citadas, mas também a outras secundárias, como as monografias que abordam características fundamentais da Idade Média: sociedade, economia, religião, política, justiça, mentalidade etc., a estrutura do complexo espectro social em que se encontravam as mães, as mulheres, a família. Embora não sejam suficientes, não faltam estudos centrados nas mães dessa época. Um dos

20. Cf. Rasmussen (1999, p. 29).

21. Cf. L’Estrange (2003, p. 5).

mais recentes, a monografia intitulada *Motherhood, religion and society in Medieval Europe - 400-1400* [Maternidade, religião e sociedade na Europa medieval - 400-1400], de 2011, que homenageia Henrietta Leyser, observa que "a maternidade permaneceu como um ponto cego para os historiadores da Idade Média [...]. Pode-se contar nos dedos de uma só mão os estudos dedicados especificamente às mães e à maternidade naquela época"[22]. De fato, antes desse título, três trabalhos se destacaram: *Holy motherhood - Gender, dinasty and visual culture in the later Middle Ages* [Maternidade sagrada: gênero, dinastia e cultura visual no fim da Idade Média], de 2008, escrito por Elizabeth L'Estrange; *Medieval mothering* [Maternagem medieval], um livro coletivo editado por John Carmi Parsons e Bonnie Wheeler em 1996; e *The oldest vocation* [A vocação mais antiga], a obra pioneira de Clarissa Atkinson, publicada em 1991. Na Espanha, alguns estudos trataram de abordagens sobre esse tema tão complexo, entre eles: *El niño en la literatura medieval - Para una historia social y de las mentalidades de la infancia* [A criança na literatura medieval - Para uma história social e das mentalidades da infância], de 2002, escrito por Carmen Martínez Blanco; e *Del nacer y el vivir* [Sobre nascer e viver], de 2005, escrito por Carmen García Herrero.

A caracterização da maternidade nessas fontes secundárias geralmente combina aspectos sociais e religiosos; o simples título de *Motherhood, religion and society* já demonstra isso. Por um lado, a gestação, o parto e a criação da prole são funções sociais fundamentais, especialmente se dois fatos, *a priori* contraditórios, são levados em conta: o poder e a vulnerabilidade da mãe. Por outro lado, há duas razões que justificam o estudo da maternidade a partir de um prisma religioso: em grande medida, as fontes que permitem abordá-la pertencem a essa área; da mesma forma, a maternidade estaria no centro de um dos discursos mais debatidos ultimamente nos estudos feministas e de gênero: o papel do cristianismo como fonte de poder e influência sobre as mulheres. Em certa medida, o conjunto de ensaios que constituem a obra *Motherhood, religion and society* está situado na esteira da controvérsia iniciada em 1977 por Joan Kelly, com o texto "Did women had a Renaissance?" [As mulheres tiveram

22. Cf. Leyser; Smith (2011, p. XIII).

um Renascimento?], no qual argumentou que o humanismo era muito mais limitado em sua visão sobre o sexo feminino do que a cultura cristã ocidental. Não faltam livros interessantes que abordam a questão da maternidade nas comunidades judaica e muçulmana. Sobre a primeira, encontra-se a obra clássica *Mothers and children – Jewish family life on Medieval Europe* [Mães e crianças: a vida familiar judaica na Europa medieval], de Elisheva Baumgarten, um estudo sobre aspectos muito diversos da maternidade publicado em 2004; já sobre a segunda, há o livro *Conceiving identities – Maternity in Medieval Muslim discourse and practice* [Concebendo identidades: a maternidade no discurso e na prática muçulmana medieval], de 2013, escrito por Kathryn Kueny. Essa autora segue um método minucioso de análise de obras exegéticas, tratados médicos, pronunciamentos legais, historiografias e outros materiais literários do século VII ao XIV, alcançando, assim, um retrato detalhado do Islã. Além disso, ela também busca refletir sobre a distância que normalmente separa os discursos ideológicos e sociais que moldam a maternidade da realidade da experiência das mães[23]. Portanto, os pontos relativos ao maternal na cultura muçulmana não se distinguem dos que devem ser contemplados nas outras religiões.

Neste livro serão levados em consideração todos esses postulados e pressupostos, e, ao longo dos capítulos, se defenderá e argumentará como hipótese o fato de que, na Idade Média, foram definidas as noções mais essenciais sobre a maternidade, suposição que apenas segue os passos de meu mestre David Herlihy, o qual argumentou que o Medievo deu lugar a um tipo de organização doméstica ou de um sistema doméstico, de caráter desconhecido ou, pelo menos, não predominante em sociedades mais antigas da tradição ocidental[24]. Esse sistema foi sendo construído lentamente, como aconteceu com outras mudanças no período medieval desde o século XII, e sua coincidência com a promoção da Virgem Maria como paradigma de mulher e mãe, a partir desse mesmo século, leva a defender de modo mais categórico o papel da Idade Média como um período criador de um modelo de mãe que estava se articulando, para perdurar e chegar até o século XX.

23. Cf. Kueny (2013, p. 2).

24. Cf. Herlihy (1983, p. 117).

Divididos entre as três grandes fases propostas – conceber, parir e criar – e nos capítulos que compõem cada uma das partes, aparecem aspectos essenciais para explicar e entender esse fenômeno, que devem ser levados em consideração, mesmo que não sejam exclusivos do Medievo, já que também persistem na atualidade e talvez sempre tenham estado presentes em todos os momentos. Esses aspectos "eternos", ou "universais", são: autopreservação, função e ofício. A autopreservação faz com que sejam examinadas questões básicas por meio de textos até então perdidos ou ignorados que foram escritos sobre e para mães; a função leva à reflexão sobre a ocupação materna na preparação da prole – seja fornecendo educação, seja cuidando de seus direitos de propriedade –, para que esta se desenvolva na sociedade, em um exercício básico de proteção; já o ofício exige que seja considerada como mãe não apenas quem dá à luz um rebento, mas também quem se ocupa de sua criação, levando em conta que a maternidade pode ser uma escolha social, e não só um fato biológico, algo que exige levar em conta o papel de mulheres que, sem serem mães, agiam como tal.

Por tudo isso, foram utilizados exemplos e fontes de diferentes tempos e espaços para construir um discurso que possa ser aplicado em épocas e lugares variados na Europa, para os quais as mesmas informações não estão disponíveis. Embora possa ser perigoso generalizar dessa maneira, a homogeneidade desses aspectos no mundo medieval é bastante evidente. São encontradas regras jurídicas muito semelhantes na França, na Inglaterra, na Itália ou nos reinos hispânicos, de forma que, mesmo que a fonte não seja encontrada em um determinado local, é seguro presumir que o que se legislava lá não era tão diferente do que se legislava em outro espaço político na mesma região da Europa. Por outro lado, a documentação na qual este livro foi embasado é de todos os séculos do Medievo, embora, como já mencionado, a maioria dos escritos – ou, pelo menos, os mais bem preservados – seja dos séculos XIV e XV. Há também muito mais informações provenientes de grupos privilegiados ou médios do que da base social, da qual chegaram pouquíssimos relatos sobre esse assunto. Por essa razão, não se deixa de utilizar qualquer vestígio que permita conhecer a maternidade das camadas mais desfavorecidas da sociedade, tanto rurais quanto urbanas. Por vezes, a falta de dados exatos cria o problema de fazer apreciações um tanto vagas, ou seja, apenas indicando se se considera que houve muitos, poucos ou vários casos relacionados à questão da qual se está tratando.

Na realidade, muitas dessas informações foram utilizadas independentemente do lugar e da data em que foram registradas, porque não é fácil encontrar fontes e exemplos semelhantes em todas as regiões europeias ao mesmo tempo. Isso é feito não de forma aleatória, mas com convicção de que as informações fornecidas por um documento de um determinado reino em um momento específico não deveriam ser muito diferentes em todo o Velho Continente durante esse mesmo período, assim como foi visto e será demonstrado na seção correspondente deste livro. A escassez das fontes faz com que sejam usadas todas as brechas que possam esclarecer a questão. Por meio de vestígios documentais encontrados e utilizados, os discursos e as práticas da maternidade serão considerados, embora nem sempre a teoria e a prática coincidam, levando em conta, também, o grande contraste que há entre os diferentes grupos sociais nesse aspecto. Essas diferenças se manifestam de maneira evidente nas fontes, bem como as duas faces da maternidade mencionadas anteriormente também podem ser vistas: o viés popular e irreverente; e o viés sensível e sagrado.

Neste livro, embora o primeiro ponto de vista não seja esquecido, predomina o sensível e sagrado, já que as fontes de informação da Idade Média – procedentes, em sua maioria, de círculos religiosos – permitem examinar essa segunda concepção de forma mais detalhada. Esses documentos de origem cristã geram, igualmente, um duplo viés. O primeiro é socioeconômico. É mais fácil descrever e examinar a maternidade de grupos privilegiados do que a de grupos não privilegiados, uma vez que quase nenhuma informação escrita sobre as mães de famílias que se dedicavam à agricultura, à pecuária, ao comércio ou ao artesanato sobreviveu até os dias de hoje. Em segundo lugar, as fontes cristãs obviamente explicam melhor a maternidade cristã; no entanto, não faltam nelas alguns raios de luz que esclarecem fatos sobre a maternidade nas culturas judaica e muçulmana. Ao mesmo tempo em que a Igreja cristã protegia as mães, ela também era classificada como mãe, como a Santa Mãe Igreja.

A história da maternidade tem um aspecto religioso importante, especialmente na Idade Média. Atualmente, ela não está livre dessa influência, mas não é possível comparar os dois momentos, ou, pelo menos, não podem ser utilizados valores atuais para analisar esse fenômeno em outros tempos. Isso seria um anacronismo inaceitável nos estudos de história cultural – nos quais se enquadraria o estudo da maternidade, que abrange a história cultural e a social.

Por isso, seria tentador, mas equivocado, recorrer à metodologia atual de estudo desse fenômeno, que, por outro lado, tornou-se objeto de grande interesse nos últimos anos. Seu auge está relacionado com problemáticas próprias de nossa década: a maternidade como um aspecto essencial, que deve compor os programas de igualdade que apoiam o cuidado de filhas e filhos como parte do compromisso de ambos os progenitores, assim como o surgimento de novas e controversas formas de maternidade. Algumas universidades abriram centros de estudos sobre esse tema. Um dos mais recentes é o da Universidade de Boston, o Institute for the Study of Motherhood Scholarship, cujo objetivo é dar suporte a diversas e crescentes pesquisas nesse campo, partindo da necessidade de reconhecer as diferentes formas de ser mãe, moldadas por diversas restrições. Outro programa interessante é o desenvolvido no Massachusetts Institute of Technology sobre o leite materno.

O historiador deve ser cuidadoso com relação a esse "pecado do anacronismo". É preciso ser muito cauteloso ao relacionar ou justificar o que ocorre atualmente com o que aconteceu em outros momentos. O estudo do passado leva a entender onde estão as origens, mas não a justificar atitudes atuais, e muito menos a fazer julgamentos sobre elas. Para compreender o fenômeno da maternidade não se pode deixar de olhar para o passado, porque "a prática materna responde à realidade histórica de um filho biológico em um mundo social particular"[25]. Em cada época, em cada lugar, em cada civilização, ser mãe respondeu a circunstâncias específicas, como é o caso da Idade Média, com a vantagem adicional de que, nesse período, são encontradas as raízes de uma prática de maternidade que sobreviveu até os dias atuais e que deve ser levada em conta para que seja possível entender alguns aspectos do século XXI. Então, olhar para o passado é uma prática que permite, em muitos casos, observar certas questões da atualidade com a nitidez da distância, pois isso dissipa ou elimina camadas emocionais, ideológicas, costumeiras e de outros tipos que podem borrar a realidade.

25. Cf. Ruddick (1980, p. 348).

Parte I

Antes do parto

Ave Maria Puríssima,
sem pecado concebida.

Uma das imagens mais repetidas na iconografia cristã medieval é a Anunciação da Virgem Maria. Em miniaturas e gravuras, o Arcanjo Gabriel comunica a Maria que ela será mãe por obra e graça do Espírito Santo, ou seja, sem contato algum com um homem. A castidade era uma das virtudes mais elogiadas pelo cristianismo, e as representações da Anunciação contribuíram para difundir a mensagem da Igreja sobre as relações conjugais, que eram limitadas apenas à procriação. Um exemplo paradigmático do enraizamento social dessa moralidade é a decisão da citada Margery Kempe de pôr um fim nos encontros com seu marido sem abrir mão do vínculo matrimonial que tinha com ele.

É muito provável que outras mulheres cristãs tenham agido como ela, seguindo, então, a doutrina da Igreja, mas também havia aquelas que não o fizeram ou sequer tiveram a opção de interromper as relações conjugais. Muitas delas, por estarem casadas, viam-se obrigadas a satisfazer o "débito conjugal", ao mesmo tempo que outras o "cumpriam" também por estarem submetidas aos desejos dos homens da casa em que serviam como criadas ou escravas. Entre essas últimas estavam muitas mulheres muçulmanas, que deixavam de pecar não apenas porque estavam à margem da comunidade de Cristo, mas também porque sua fé – como a fé judaica – não restringia as relações entre homem e mulher à mera geração de filhos para o céu. No entanto, a realidade pode ter sido muito diferente; a repetição de condenações e proibições leva a pensar em uma grande brecha entre a teoria e a prática.

Independentemente de tais preceitos terem sido cumpridos ou não, o contexto moral e ideológico desempenhou um papel fundamental na visão que se tinha sobre a procriação. Dessa forma, as diferentes religiões foram determinantes na imposição de normas e limitações à sexualidade de seus fiéis, de forma que a concepção, ou a reprodução em geral, transcendia o próprio casal. Dada a centralidade desses processos, as comunidades humanas realizaram diversas buscas intelectuais sobre isso, pois despertaram a curiosidade de cientistas e pensadores ao longo da história, bem como no Medievo, é claro. Como ocorre a concepção? Qual é a contribuição do pai? E a da mãe? Como é gerado um menino ou uma menina? Todas essas são perguntas que, assim como atualmente, muitos se fizeram naqueles séculos. A concepção é o gatilho, o ponto de partida para ser mãe, e esconde em sua configuração cultural diversas imagens do universo feminino. Em torno dela irradiam vários processos analisados nos três capítulos que compõem a primeira parte deste livro. No primeiro, "O pecado da carne", são levadas em consideração as condições para a concepção, fundamentalmente de índole ideológico-religiosa, e as teorias sobre a gênese da prole, especialmente as culturais, que, em grande parte, determinavam a forma de desenvolver a sexualidade pessoal – em especial, a feminina. No segundo capítulo, "Não quero ser mãe", coloca-se o foco nas atitudes das mulheres e da sociedade como um todo diante de um tema tão fundamental como o da liberdade de decidir se quer ou não ter filhos; se, hoje em dia, uma mulher que não deseja gerar descendentes conta com diversas técnicas contraceptivas e abortivas a seu alcance, quais métodos estavam disponíveis a uma mulher na Idade Média? Por fim, no terceiro capítulo, "Quero ser mãe", são explorados os sentimentos e as ações daquelas que se depararam com a necessidade de ter descendentes e não puderam fazê-lo devido a problemas de esterilidade próprios ou de seus maridos.

1
O pecado da carne

Quais são os três grandes inimigos da alma?
O demônio, o mundo e a carne.

Dia 19 de agosto do ano do Senhor de 1320. Eu, Grazida, viúva de Pierre Lizier de Montaillou, depois de ter jurado pelos Santos Evangelhos de Deus dizer a verdade, de mim mesma, como acusada, e de outros como testemunhas, sobre a forte suspeita de heresia e de incesto e libertinagem cometidos com Pierre Clergue, reitor da Igreja de Montaillou, em comparecimento judicial, disse e afirmei:

Há cerca de sete anos, no verão, o reitor foi até a casa de minha mãe e exigiu que eu permitisse que ele me conhecesse de maneira carnal. De minha parte, aceitei (até então era virgem e devia ter 14 ou 15 anos, eu acho). Ele tirou minha virgindade no celeiro onde a palha era armazenada. Não o fez de forma violenta. Depois disso, ele passou a me pegar com bastante frequência até janeiro do ano seguinte, e sempre na casa de minha mãe, com o conhecimento e o consentimento dela. Isso sempre acontecia à luz do dia.

Posteriormente, nesse mês de janeiro, o reitor me ofereceu em casamento a Pierre Lizier, meu falecido esposo. Depois, continuou me pegando muitas vezes, com o conhecimento e o consentimento de meu marido, durante os quatro anos em que este esteve vivo. Quando Pierre me perguntou se esse sacerdote havia tido relações sexuais comigo, respondi que sim, e então ele disse-me que eu deveria me proteger bem de qualquer outro homem, com a exceção desse sacerdote. De qualquer forma, o padre nunca me pegava quando meu marido estava em casa, apenas quando este se ausentava [...].

Inquisidor: Ao ser pega por esse sacerdote, seja antes de se casar, seja durante o casamento, pensou que era pecado?

Grazida: Como, nesse momento, agradava a mim e também ao reitor, não pensava isso, não me parecia que era pecado. Mas agora, quando tal coisa não me agradaria, se eu tivesse relações com ele, consideraria um pecado [...].

Inquisidor: Pensa que seria pecado se um homem se unisse de maneira carnal com uma mulher, sem terem laços de sangue, seja ela virgem ou deflorada, casada ou não, sendo tais relações prazerosas para ambos?

Grazida: Embora toda união carnal entre um homem e uma mulher desagrade a Deus, não acho que as pessoas cometam pecado se ambas sentem prazer.

Inquisidor: Já que afirma, como disse, que toda união carnal entre um homem e uma mulher – inclusive entre marido e esposa – causa desprazer a Deus, pensa que a união destes desagrada a Deus mais do que a daqueles que não estão casados?

Grazida: A união dos solteiros desagrada mais a Deus do que a dos casados.

Inquisidor: Pensa, então, que não há pecado quando a união é prazerosa para o homem e para a mulher?

Grazida: Não acho que isso seja pecado.

Inquisidor: Há quantos anos tem essa convicção?

Grazida: Desde quando me tornei "conhecida" pelo padre.

Inquisidor: Quem lhe ensinou esse erro?

Grazida: Ninguém, eu mesma [...].

Inquisidor: Pensava que a união carnal de um homem e uma mulher fora do casamento não é pecado por causa das palavras do sacerdote?

Grazida: Sim, por isso não achava que era pecado quando me deitava com ele[26].

26. Confissão de Grazida Lizier (cf. Duvernoy, 1978, p. 300). Tradução do julgamento para o inglês por Nancy P. Stork em: "Cathars and Cathar Beliefs in the Languedoc. Confession of Grazide, widow of Pierre Lizier of Montaillou" (disponível em: http://www.cathar.info/121213_fournier_lizier.htm, acesso em: 9 abr. 2024). Tradução da autora para o espanhol [no original].

Grazida Lizier (fim do século XIII-começo do século XIV) conhecia bem "o pecado da carne", mesmo que ela não o considerasse como tal. Assim o manifestou no interrogatório ao qual foi submetida pelos inquisidores do processo contra a heresia cátara, à qual ela pertencia. Grazida era capaz de entender a linguagem da Igreja quando mencionavam a "carne", algo que, evidentemente, séculos mais tarde, os meninos e as meninas não seriam capazes de entender quando estudassem o catecismo e se confrontassem com a afirmação de que um dos três inimigos da alma era a "carne". Por que, então, se comia carne, e, em algumas casas, quase todos os dias? Esses catecismos, obviamente, faziam referência à relação carnal que Grazida Lizier, uma das mulheres da aldeia de Montaillou – epicentro da heresia cátara na região francesa de Occitânia –, conhecia tão bem. Muitos foram os problemas causados por esse grupo religioso à Igreja de Roma, em especial, devido a seu conceito de sexualidade, diferentemente da ideia que o cristianismo havia estabelecido como virtuosa, talvez não desde o começo, mas numa fase ainda inicial. De fato, formular uma determinada moral sexual constituiu uma das preocupações da Igreja; seu início e sua disseminação parecem ter coincidido com o momento em que essa instituição começou a receber o apoio dos imperadores romanos. A origem não está na própria vida de Jesus Cristo nem naquilo que está registrado no Evangelho a respeito disso, mas, provavelmente, em normas pagãs e judaicas sobre a pureza; em crenças primitivas a respeito da relação entre o sexo e o sagrado; e naqueles ensinamentos estoicos que postulavam certa ética sexual. Embora a chama de uma determinada moral tenha sido acesa a partir de certos preceitos hebraicos, o judaísmo – bem como, mais tarde, o islamismo – tinha diferenças importantes nesse assunto em relação ao cristianismo.

As conotações ideológicas em relação à sexualidade são um ponto-chave a ser levado em conta para entender aspectos fundamentais da maternidade. Por isso, a atenção deste capítulo será dedicada a esse assunto, algo que também leva a refletir sobre a relação entre a sexualidade feminina e a maternidade, bem como sobre o grande valor atribuído pelo cristianismo à virgindade. Para além disso, serão apresentadas também algumas teorias sobre a concepção que foram desenvolvidas durante os séculos medievais.

Sob o controle ideológico da sexualidade estava o interesse em evitar o risco de conflitos "nas estruturas de parentesco, na organização social, na distribuição da herança, nos conceitos de honestidade e decoro etc. Com o objetivo de controlar esses problemas e limitar os conflitos daí resultantes, a sexualidade humana tem sido constantemente normatizada"[27]. A formulação e a normalização de uma ética desse tipo sob o guarda-chuva dos poderes religiosos, políticos ou de ambos ao mesmo tempo podem ter condicionado o comportamento de homens e mulheres e incindido, em maior ou menor medida, sobre a fertilidade de toda uma sociedade. Ou seja, os diferentes filtros ideológicos sobre a sexualidade em geral – especialmente sobre a feminina – acabam determinando o devir da maternidade. Esses filtros ou essas atitudes materializam-se em princípios morais diferentes nas três religiões do Mediterrâneo que, no entanto, compartilham bases comuns provenientes da mesma raiz.

Os cristãos adotaram uma postura restritiva e rigorosa que, sem dúvida, influenciou a procriação ou a concepção dos seres humanos. Por essa razão, é fundamental revisar as ideias e os meios utilizados pela Igreja para alcançar esses objetivos, e questionar até que ponto suas normas foram seguidas pelos fiéis e como conseguiram influenciar na fertilidade daquela época, ou como condicionaram física e emocionalmente as relações entre homens e mulheres.

O controle do corpo, a imposição de limites ao pecado capital da luxúria, chegou a ser um dos componentes centrais da doutrina cristã e foi ganhando legitimidade ao longo desses séculos, como pode ser visto em diferentes obras. Um dos escritores mais importantes da Alta Idade Média, Isidoro de Sevilha, foi o primeiro a definir um pecador como alguém que não cumpriu o mandato da Igreja com relação à sexualidade. Em suas *Etimologías* [Etimologias], ele arrisca a origem desse termo: "Pecador de *pelice*, isto é, de meretriz, quase um putanheiro; porque, entre os antigos, o nome significava essa falta de vergonha, mas, mais tarde, a palavra foi aplicada a todos os tipos de iniquidade"[28]. Assim: "O pecador, portanto, em última análise, não deixa, segundo Isidoro de

27. Cf. Bazán (2008, p. 167).

28. Cf. Isidoro de Sevilha (1982, p. 228).

Sevilha, de atribuir sua culpa às questões sexuais e, em particular, às relações extraconjugais com uma mulher"[29].

Na esfera cristã, a partir do século XII, generalizou-se a tendência a considerar o pecado original como um pecado da carne derivado da lascívia e a assumi-lo, consequentemente, como sendo de natureza sexual. Dessa forma, foi possível utilizar a consciência de pecado dos fiéis como argumento a favor das normas impostas pela Igreja em matéria de reprodução familiar. O endurecimento da postura católica naquele momento pode ter sido em função de seu encontro "com adversários da procriação como os bogomilos e, mais tarde, os cátaros"[30].

Os pecados sexuais, assim como os castigos e as reparações para receber o perdão, aparecem, desde o século VI[31], em manuais de confissão, *summae confessorum*, catecismos e penitenciais – esses últimos eram livros que, como um vade-mécum para confessores, continham um conjunto de regras eclesiásticas relativas ao sacramento em questão e incluíam uma lista de pecados e suas correspondentes sanções. Essa literatura confessional é esclarecedora no que diz respeito aos diversos comportamentos sexuais, especialmente àquelas relacionadas à concepção, como é possível constatar em várias obras. Uma delas é a de Regino de Prüm (842-915), *Las disciplinas eclesiásticas y la religión cristiana* [As disciplinas eclesiásticas e a religião cristã]. Trata-se de um penitencial que serviu como guia de confissão dos sacerdotes e que reunia em uma única lista as 89 perguntas que um bispo deveria fazer aos representantes de uma comunidade cristã sobre o comportamento de seus membros. Dessas perguntas, 22 – ou seja, um quarto – tratavam de pecados sexuais dentro e fora do casamento.

Como no caso anterior, Burcardo de Worms (*c.* 950/965-1025) também descreve em *Corrector et medicus* [Censor e médico, *c.* 1008] – um dos livros penitenciais mais relevantes – um profundo interrogatório voltado, em grande parte, a possíveis comportamentos pecaminosos em relação à "carne". Das 194 questões apresentadas por ele, cinquenta e seis incidiam sobre a moral conjugal

29. Cf. Riesco (2018, p. 723).

30. Cf. Jacquart; Thomaset (1989, p. 91).

31. Cf. Payer (1984).

ou a sexualidade, o que representava quase 30% do total. Mas talvez um dos aspectos mais reveladores da obra *Corrector et medicus* seja o compêndio de penitências que, sob a forma de "taxa de confissão", deveriam ser pagas por cada tipo de pecado. Assim, no que se refere às relações de casal:

Não cumprir com a castidade 20 dias antes do Natal, em dias de jejum e em dias de festas importantes, em locais públicos	40 dias a pão e água
Copular durante o período menstrual	10 dias a pão e água
Copular com a mulher grávida	20 dias a pão e água
Copular sabendo da concepção ou 40 dias antes do parto	10 dias a pão e água
Copular aos domingos	4 dias a pão e água
Copular durante a Quaresma	40 dias a pão e água ou esmola de 26 moedas de ouro
Prostituir a si mesma ou a outra pessoa, ou induzir à prostituição	6 anos de penitência

Esse cerco à sexualidade foi aumentando ao longo dos séculos, de tal forma que as uniões carnais eram proibidas não só aos domingos, mas também às quartas e sextas-feiras e aos sábados, e não apenas no período da Quaresma, mas também durante o Advento, o Pentecostes e a Páscoa. Um bom exemplo da evolução e do avanço das limitações pode ser observado na proibição das relações durante a lactância, pois não é da Alta Idade Média, mas sim do século XIV[32]. Pecados desse tipo costumavam estar à frente dos penitenciais, cuja divulgação contribuiu para estabelecer um código para a moral sexual na Idade Média[33]. A penitência era cumprida? Houve tantas infrações assim? Os cânones penitenciais devem-se à imaginação dos clérigos, e não à realidade; "constituíam um compêndio de supostos delitos e pecados antinaturais pensados no claustro pelo intelecto tortuoso de um clérigo"[34].

32. Cf. Brundage (2000, p. 498).

33. Cf. Gagnon (2010, p. 88).

34. Cf. Gagnon (2010, p. 52).

A partir do século XIII, esses guias penitenciais foram substituídos pelas *summae confessorum*. A *Summa de paenitentia*, do dominicano catalão Raimundo de Peñafort (1175-1275), atingiu um elevado nível de celebridade, o que a transformou em um modelo para autores de diversos países. As *summae confessorum* já não prescreviam "taxas" para o pecado, mas sim que as punições e as reparações que seriam impostas fossem deixadas ao bom-senso do confessor. As infrações sexuais continuaram sendo as mais preocupantes, constituindo mais de 20% dos pecados que chegavam aos ouvidos do sacerdote.

Antes e depois de Raimundo de Peñafort, desenvolveu-se, nos reinos hispânicos, uma literatura que evidencia o interesse por esse tema. São preservados dois livros penitenciais do século X (o de Córdoba e o de Albelda – também conhecido como de vigília por quem o escreveu) e um terceiro do século XI (o de Silos). Além disso, foram escritos vários livros de confissão[35], entre os quais se destaca o *Libro de las confesiones* [Livro das confissões], de Martín Pérez, escrito entre 1312 e 1317 e voltado a "*clérigos menguados de sçiençia*" [clérigos de parca ciência]. Essa obra quase não se debruça sobre a luxúria, não para minimizar sua importância como pecado, mas para evitar que esses clérigos perguntem sobre assuntos excessivamente sombrios. Apesar disso, as poucas linhas que dedica ao tema não deixam de nos lembrar os penitenciais com suas "taxas de pecado".

> E se o marido tiver se unido à sua mulher a partir de vinte dias antes do Natal em diante até o fim dele, ou aos domingos ou nas festas dos apóstolos ou em outras festas maiores ou em qualquer dia de jejum ordenado pela Igreja, ele passará vinte dias a pão e água; e se o fizer na Quaresma, quarenta dias; e se o fizer por embriaguez, passará vinte dias a pão e água.

Outro livro de confissões, quase da mesma época que o anterior, é o *Manipulus curatorum*, escrito em Teruel em 1330 ou 1333. A obra considera os sete pecados capitais como "régua" e, para isso, divide a confissão em cinquenta pecados, dos quais oito estariam relacionados com o quarto deles: a luxúria.

35. Cf. Rábanos (2006).

No século seguinte, um sínodo realizado em Salamanca em 1451 assinalou as épocas do ano em que era proibido casar e, naturalmente, consumar o casamento:

> Desde o Advento de Nosso Senhor Jesus Cristo até o oitavo dia depois da Epifania, ou desde o domingo da Septuagésima até o sábado de Quasímodo, ou a partir de três dias antes da Ascensão de Nosso Senhor Jesus Cristo até o sábado da Santíssima Trindade[36].

Também do século XV, o livro hispânico de confissão de Medina de Pomar é um dos últimos e também um dos mais interessantes. Nessa obra não é o sacerdote que faz as perguntas, mas sim o paroquiano que expõe seus pecados durante a confissão:

> E até mesmo com minha mulher pude pecar de muitas maneiras; e uma delas é contra a honestidade do matrimônio. Isso acontece quando o homem peca por cobiça do deleite da carne e não torna Deus fruto de bênçãos. É o mesmo quando ela está menstruada. É o mesmo se eu for até ela no lugar indevido ou nos períodos em que a Igreja proíbe. É o mesmo se eu for até ela em um lugar desordenado[37].

Mas aquele que se confessa não pecava apenas com sua mulher:

> Além disso, eu digo que a culpa é minha se eu caí em pecado contra a natureza, o que acontece de muitas maneiras. A primeira é quando o homem cuida de alguma mulher ou a mulher de algum homem e, naquele cuidado, se deleita e, portanto, move sua carne, e por aquele pensamento acaba cometendo pecado contra a natureza [...]. A outra maneira é quando o homem comete pecado consigo mesmo, ou o homem com a mulher como não se deve, segundo o que a Igreja defende[38].

O depoimento mostra o pecador a par das normas da Igreja e possivelmente envergonhado. "Em inúmeros textos se estabelece uma relação sutil entre pecado, vergonha e sexualidade, como se fossem uma tríade unida de maneira indissolúvel"[39]. Essa perturbação associada à falta de castidade recaía

---

36. Cf. García y García (1987, p. 3).
37. Cf. Bizzarri; Sainz de la Maza (1993, p. 44).
38. Cf. Bizzarri; Sainz de la Maza (1993, p. 44).
39. Cf. Cacho Blecua (2000, p. 90).

fundamentalmente sobre as mulheres, pois considerava-se que eram elas que incitavam a tais desvios de comportamento. "A partir desse ponto de vista, a elevada estima da vergonha feminina é totalmente coerente, sobretudo no que diz respeito ao controle de seu corpo, sua aparência, suas roupas etc., em suma, de sua sexualidade"[40].

O pavor e a consternação de uma esposa que se deitou com seu cônjuge durante o período de encerramento da Páscoa são observados em uma das *Cantigas de Santa Maria*, a 115 – "*Con séu ben sempre vem*" – que afirma: "Esta é sobre como Santa Maria tirou do demônio o filho que sua mãe lhe havia dado, zangada com o marido porque o tinha concebido no dia de Páscoa". A esse pecado acrescentava a vergonha de ter quebrado o voto de castidade que ambos os cônjuges haviam feito depois de terem vários filhos. Isso nos faz lembrar de Margery Kempe e suas tribulações.

A mulher da cantiga 115 havia pecado ao manter relações com seu marido em um dia proibido, e depois de ter feito votos de abstenção absoluta. É evidente que ela, como mulher, não se preocupava com seu prazer amoroso ou erótico, mas havia alguma preocupação ou algum interesse pela sexualidade feminina? Há poucas referências a essa questão, para além de algumas acusações em determinada literatura misógina de que mulheres são lascivas e perversas. As cantigas de escárnio são um bom exemplo dessa forma insidiosa de se referir às "soldadeiras" – mulheres trovadorescas que cantavam e dançavam – como seres insaciáveis que tinham de usar dildos quando envelheciam e começavam a perder clientes. Parece que estes eram um instrumento utilizado por aquelas que não tinham fácil acesso aos homens, como as antigas "soldadeiras" ou algumas monjas, caso contrário isso não seria mencionado na literatura[41].

Embora escassas, podem ser encontradas algumas informações a respeito de determinados pormenores da sexualidade feminina, como a consignada pela escritora, médica, música, abadessa e superiora de dois conventos, Hildegarda de Bingen, que defendeu o direito das mulheres ao prazer. Hildegarda foi uma das grandes autoras medievais e, possivelmente, a única que evidenciou

40. Cf. Cacho Blecua (2000, p. 91).

41. Cf. Lacarra (2001).

essas ideias. Contudo não faltam homens que, em alguns textos, descrevem as relações sexuais como não sendo pecaminosas. Nesse sentido, vale a pena recordar do monge e médico Constantino o Africano (*c.* 1020-1087), o mais precoce e complexo dos sábios que considerava o sexo algo natural e chegou a descrevê-lo como necessário à saúde. Nessa linha, manifestou-se o filósofo Pedro Abelardo (1079-1142), que negou o caráter pecaminoso das relações entre homem e mulher, assim como o fizeram, pouco tempo depois, o importante teólogo Alberto Magno (*c.* 1193-1280) e, um pouco mais tarde, o erudito judeu e poeta satírico Imanuel o Romano (1261-1328), autor dos versos a seguir:

> O amor nunca leu uma ave-maria,
> o amor não conhece leis ou credos,
> o amor não pode ser barrado por um *pater-noster*[42].

A medicina popular também estava inclinada a destacar esses benefícios, inclusive as propriedades curativas associadas ao sexo. Alguns casos bem peculiares servem de exemplo: em primeiro lugar, a crença de que era um bom remédio para mordida de cobra, já que o orgasmo era visto como um meio de remover substâncias venenosas do corpo[43]; em segundo lugar, uma cantiga de escárnio do "Rei D. Afonso de Castela e de León" conta a história do decano de Cádiz, que, por meio do ato sexual, era capaz de curar as mulheres possuídas e aquelas que padeciam de uma doença chamada *fogo de Sam Marçal*[44].

No entanto, a sátira medieval mostrava o contrário daquilo que a doutrina cristã apontava ao prever terríveis infortúnios para pessoas lascivas: contrair lepra, ir para o inferno e, inclusive, causar grandes males não apenas para um indivíduo, mas para um reino inteiro. Relacionada a esse último está a lenda que explica a perda da Espanha no ano 711 de uma forma a-histórica: o rei

42. Cf. Abrahams (1896, p. 420).

43. Cf. Brundage (2000, p. 199).

44. Cf. Cabanes Jiménez (2006, p. 3). Essa doença – também conhecida como fogo de Santo Antônio ou, em termo científico mais recente, ergotismo – é causada por toxinas produzidas por fungos presentes no centeio e em outros grãos e pode ser contraída a partir da ingestão de produtos contaminados por esporos desses fungos, provocando uma sensação de queimação nos membros que pode levar à gangrena, à convulsão e à morte. Na Idade Média, os sintomas do fogo de Sam Marçal eram associados ao pecado [N.T.].

visigodo D. Rodrigo (fim do século VII-711) teria se juntado de maneira ilícita com Florinda La Cava, filha de D. Julián, conde de Ceuta, o qual, por vingança, acabaria facilitando aos árabes a travessia do Estreito de Gibraltar e, por fim, a conquista da Península Ibérica.

Esses novos habitantes das terras peninsulares, por sua vez, se vangloriavam de uma moralidade menos rigorosa, devido a uma menor restrição de seus códigos religiosos. De fato, parece que o citado Constantino o Africano tirou grande parte de suas ideias heterodoxas sobre sexualidade de certos autores islâmicos. Os médicos dessa cultura acreditavam que a abstinência poderia acarretar problemas de saúde e admitiam que o prazer erótico era por si mesmo satisfatório. Em alguns de seus tratados sanitários também foram reconhecidas as necessidades sexuais femininas, não apenas para aumentar a fertilidade, mas também pela convicção de que a excitação das mulheres era desejável. O próprio Alcorão indica: "Vossas mulheres são vossas semeaduras. Desfrutai, pois, da vossa semeadura como vos apraz; porém, praticai boas obras antecipadamente"[45], o que leva a pensar que essas frases sugerem uma preparação, especialmente das mulheres, antes do ato carnal. Nesse sentido, é preciso registrar obras "erotológicas", também na literatura castelhana, que salientavam que um homem educado e refinado deveria saber agradar a uma dama.

Nessa linha de cuidado da sexualidade feminina se manifestavam os diferentes códigos de leis árabes, que reconheciam o direito da mulher ao prazer sexual[46]. No entanto, esse marco legal para as relações entre homem e mulher dentro do casamento se mostrava desfavorável para o sexo feminino ao permitir que os maridos tivessem até quatro esposas e também tivessem relações sexuais com suas escravas.

Esse mesmo ponto de vista pode ser encontrado na literatura árabe da época. Nela são as próprias vozes femininas que podem esclarecer melhor sobre sua vida íntima, tendo deixado seus rastros em uma abundante poesia lírica, imbuída de altas doses de liberdade. Muitas foram as poetas que escreveram com um frescor que, ainda hoje, chama a atenção. Wallada bint al-Mustakfi

45. Alcorão 2,223.

46. Cf. Myrne (2020).

(994-1091), filha do rei da *taifa*[47] de Córdoba Muhammad III, dirige-se a seu amante Ibn Zaydun com os seguintes versos:

> Assim que anoitecer, espere minha visita,
> pois vejo que a noite é o melhor esconderijo para os segredos;
> sinto um amor por você que, se os astros o sentissem, não
> brilharia o sol nem nasceria a lua, e as estrelas não
> realizariam sua viagem noturna.

Wallada bint al-Mustakfi não foi a única a assumir uma postura arrogante. Também é possível encontrá-la nos versos desta poeta anônima:

> Não é a beleza da hena que embeleza minha mão,
> Mas sim a beleza de minha mão que realça a beleza da hena.

O frescor e a falta de modéstia evidentes nessas composições ficavam limitados às mulheres dos grupos privilegiados da sociedade árabe e às *yawari*, cantoras escravas que desfrutavam de grande autonomia para expressar seus sentimentos, embora também houvesse aquelas que deixavam palavras de frustração sexual em seus versos. Por outro lado, não há notícias sobre essa liberdade ter chegado a mulheres de grupos menos favorecidos.

Essa percepção de maior abertura moral das muçulmanas também é evidenciada na literatura da comunidade judaica. Por exemplo, o poeta hebreu Todros Abulafia (1247-1300), que afirmou que "as meninas árabes, ao contrário das cristãs, são belas e encantadoras... Elas sabem tudo sobre fornicação e são especialistas em luxúria":

> A menina árabe, por outro lado, tem graça e beleza, conforta o coração e afasta as preocupações [...].
> Ao agir, dá prazer; quando se trata de luxúria, ela entende; é uma especialista em fornicar[48].

No entanto, dois detalhes da cultura maometana contradizem essa ideia a respeito da falta de pudor e da maior liberdade sexual das mulheres muçulma-

47. Cada um dos reinos em que a Espanha muçulmana foi dividida após a dissolução do califado de Córdoba [N.T.].

48. Cf. Sáenz-Badillos (1998, p. 208).

nas: o grande valor atribuído à virgindade e a possível prática da ablação ou circuncisão feminina, com o objetivo de eliminar o prazer delas.

O prestígio ligado ao fato de ser virgem pode ser encontrado em diferentes lugares. Assim eram as huris, por exemplo, belas donzelas prometidas como companheiras aos bem-aventurados no paraíso. Além disso, aquelas que, de forma voluntária, escolhiam deixar os homens completamente de lado ganhavam a promessa do profeta: "Toda mulher que, sem ter se casado, morre solteira e virgem entrará no paraíso". As famílias agiam como guardiãs ciumentas da honra de suas mulheres e impunham esse modo de vida a meninas e mulheres jovens. O fato é que a virgindade era altamente valorizada no casamento, de modo que sua perda acidental era geralmente documentada em um cartório:

> Fulan ben Fulan al-Fulani testemunha que foi decreto de Deus e vontade do Senhor que sua filha Fulana, menina virgem, sob sua custódia e proteção, caiu das escadas ou de um banco e perdeu a virgindade. Seu já mencionado pai torna público esse ocorrido para que seja conhecido e divulgado entre os vizinhos, para que o opróbrio que lhe sobreveio seja removido e para que, quando ela atingir a puberdade, nada mais se pense sobre o que lhe aconteceu, como foi mencionado, para que se presuma o pecado e a desonra resulte dele[49].

Um caso extremo desse controle familiar da virgindade em alguns grupos islâmicos seria o ritual da ablação ou circuncisão feminina, já que implicava uma anulação completa de qualquer possibilidade de gozo sexual; mas não há registros desse método no período medieval na área mediterrânea ocidental da África nem no Al-Andaluz; tampouco foi evidenciado em algum tratado médico, embora isso não surpreenderia se acontecesse, pois era uma prática realizada por mulheres e não documentada[50].

Por fim, as ideias da comunidade judaica medieval estão enraizadas na Bíblia, que enfatiza a participação do deus de Israel em todas as etapas da vida humana, especialmente nos momentos em que esta é criada e produzida. Os rabinos e as famílias estabeleciam as regras a serem seguidas pelas mulheres

49. Cf. Marín (2000, p. 167).

50. Cf. Marín (2000, p. 157ss.).

com relação ao sexo, ou seja, eles também administravam a experiência sexual feminina.

No século XIII, Itzjak ben Yedidiah, um rabino do sul da França – especificamente, da região de Provença –, mostrava-se aberto e explícito ao descrever como ele imaginava que um homem e uma mulher se satisfaziam[51].

> Quando um homem circuncidado deseja a beleza de uma mulher e se junta à sua esposa ou a outra mulher gentil em sua aparência, ele se verá realizando sua tarefa rapidamente, gerando sua prole assim que inserir sua coroa. Se ele se deita com ela outra vez, dorme satisfeito. E não haverá notícias dela por mais sete dias. Essa é a forma como o homem circuncidado age diversas vezes com a mulher que ama [...].
>
> Ela não sente prazer com ele quando vai para a cama ou quando acorda. Seria até melhor para ela se ele não a conhecesse e não se aproximasse dela, porque ele desperta sua paixão em vão, e ela permanece em um estado de desejo pelo marido, envergonhada e confusa, enquanto a semente ainda está em sua "reserva"[52].

As palavras desse sacerdote hebreu evidenciam como a satisfação do homem era uma prioridade nas relações sexuais. Ele deveria agir com rapidez para evitar o prazer da mulher, cujos sentimentos, sensualidade e sensibilidade pareciam não ter importância. Uma carta de Maimônides (1138-1204) se expressa no mesmo sentido: "Desfruta da vida com sua companheira, a mulher de sua juventude. Pensem que vocês estão na arca de Noé e consolem-se de maneira ordenada e de acordo com as normas morais, para a procriação e a perpetuação da raça humana"[53]. Portanto, o sexo era concebido como um ato destinado à procriação, embora a lei judaica não proibisse os encontros entre casais sem essa intenção.

Entretanto, outros autores da mesma crença não compartilham da visão do rabino Itzjak ben Yedidiah em *Ha-ma 'mar ba-toladah niqra sod ha-'ibbur* (Tratado sobre a concepção, conhecido como *O segredo da concepção*), do sé-

51. Cf. Saperstein (1980).

52. Cf. Saperstein (1980, p. 98).

53. Cf. Del Valle (1989, doc. XLV).

culo XIV[54], que evidencia as considerações que um marido deve ter em relação à sua esposa, como não buscar manter relações enquanto ela dorme, porque a concepção só é possível se a mulher está sexualmente acordada, para o que ele recomenda um "segredo médico": estimulá-la com todos os tipos de carícias e gestos amorosos. Nesse tratado também há outra restrição: não permitir que um homem se junte a uma mulher que esteja menstruando.

O maior ou o menor grau de permissividade sexual que pode ser observado em diferentes autores hebreus não foi um obstáculo para que, também nessa comunidade, a virgindade tivesse um grande valor. Um bom exemplo disso é o da recém-casada Sororo, que vivia em Alagón, na Província de Saragoça, em meados do século XIV. Acusada por seu marido de não ter chegado virgem ao casamento e muito magoada com a denúncia, a jovem esposa recorreu ao *merino* (a autoridade mais próxima que, em nome do rei de Aragão, poderia intervir em processos locais), pedindo que a queimassem viva se ficasse comprovado que ela havia perdido "seu bem mais precioso, a virgindade"[55]. No processo judicial subsequente, esse juiz convocou mulheres experientes, parteiras das três religiões para examinar Sororo e determinar se ela era virgem ou não.

A maioria dos textos que mencionam a sexualidade das mulheres judias concentra-se, principalmente, na procriação, mas as fontes literárias, com a lírica em primeiro plano, oferecem um retrato voluptuoso das mulheres, nos quais é enfatizada a sensualidade de seus lábios, seus peitos e seus rostos ou seus olhos sedutores. Assim, no século XI, o filósofo neoplatônico e poeta andaluz Ibn Gabirol (*c.* 1021-*c.* 1070) era cheio de elogios: "Seus peitos são como auras de romã em ouro. Quem dera eu ao menos pudesse sorver suas romãs...", "A gazela trouxe um soro que me curou, do néctar dos seus lábios me saciei", "Olhe para a face dela na escuridão da noite, você poderia compará-la com uma tocha ou uma chama!" ou "Com dois olhos, roubou meu coração". Por outro lado, décadas mais tarde, o granadino Moseh ibn Ezra (*c.* 1058-*c.* 1138)

54. Cf. Barkai (1998, p. 32, 82, 88, 95, 212ss.).

55. Cf. Blasco (2011, p. 386).

escrevia: "Como o néctar, seus peitos me adoçaram o coração" ou "os peitos da bela figura à noite me abraçam"[56].

A verdade é que, no contexto cristão, a crença de que as mulheres hebreias desfrutavam de uma maior liberdade sexual teve um grande eco; essa ideia se originou das regras menos rígidas desse credo, mas, nos reinos hispânicos, ela também poderia emanar de uma tradição literária bem estabelecida e difundida. Trata-se do mito de Dona Raquel, a amante judia de Afonso VIII, que, com sua grande capacidade de sedução e predicação sobre ele, levou o monarca castelhano ao pecado.

Por outro lado, a literatura escrita por conversos não parece acrescentar mais nenhum elemento de julgamento sobre a independência das mulheres judias nesse aspecto íntimo, nem em qualquer outro; além disso, reforça os valores cristãos sobre elas. Um bom exemplo é Alfonso de Valladolid, também conhecido como Rabino Abner ou Amer de Burgos, que, em sua obra *Libro de las tres creencias* [Livro dos três credos], enaltece Maria pela pureza e pela virgindade dela, bem como todas as mulheres que sabem manter a castidade. Ele também faz um comentário curioso:

> Agora, quero responder a uma razão que seus sábios dizem e que eu concordo com eles, em que dizem que tão nobre senhor como é Deus, como creem, se humilharia por querer entrar no *corpo de uma mulher, sendo a mulher uma coisa tão suja*[57].

Pode-se notar, então, como nenhuma das três religiões se identificava totalmente com a liberdade sexual das mulheres, mas sim doutrinavam contra. Algo parecido ocorreu nos tratados médicos, que, durante o Medievo, tiveram uma publicidade considerável. Não se pode afirmar que esses tratados omitiram a sexualidade das mulheres, mas esta costumava estar intrinsecamente ligada à maternidade. O mais prestigiado deles, *O cânone da medicina* de Avicena, aponta uma série de métodos para atingir o orgasmo feminino. O médico e filósofo persa, junto a outros autores que o seguiram, sustentava que, para a fecundação, era necessária a emissão de esperma por parte das mulheres e que

56. Cf. Cano (1993, p. 166).

57. Cf. Montoya Ramírez (1995, p. 398).

isso só era alcançado quando se atingia o clímax carnal. Por isso, essa teoria também foi seguida por diferentes teólogos. Na verdade, a ideia de que ambos os sexos tinham esse fluido esteve profundamente enraizada nos séculos centrais da Idade Média, não apenas entre os muçulmanos, mas também entre alguns dos autores cristãos citados.

Essa crença já foi encontrada em um tratado árabe erótico e irreverente do século IX, escrito por Abu Hassan al-Namli, no qual são apresentadas algumas particularidades da sexualidade feminina tal como era entendida[58]. Assim, conta a história de um suposto rei que inquire duas mulheres sobre algumas questões eróticas, como: "Por que as mulheres têm menos fluidos do que os homens? A resposta foi: porque o fluido das mulheres sai do cérebro, enquanto o sêmen dos homens sai das costas", e a viagem a partir do cérebro é mais longa.

Se os homens – sejam eles clérigos ou leigos; sábios ou incultos; muçulmanos, judeus ou cristãos – demonstravam pouca preocupação com a forma como as mulheres viviam sua sexualidade para além da procriação, o que elas sentiam? Elas, de fato, tinham relações sexuais apenas para procriar? A virgindade era uma submissão? Os raros depoimentos dessas mulheres dificilmente permitem responder se elas procuravam ou não viver sua intimidade de outra maneira; apenas algumas poetas árabes – como já foi comentado – declararam abertamente seus desejos eróticos, com uma explicitação muito distante da de outras escritoras da mesma época, que mal mencionavam a questão. Um exemplo disso é a própria Heloísa, uma mulher que poderia ser descrita como "liberada" em suas relações sexuais com Abelardo, na medida em que não considerava que houvesse algo de pecaminoso nisso, mas que, ao demonstrar seu grande amor pelo mestre tentando agradá-lo, nunca expressava qualquer interesse em ser a pessoa a ser agradada. Também cabe salientar que, talvez convencida da ausência de pecado em seus encontros amorosos, Heloísa não buscava ter um filho com eles – diferentemente da maioria de suas contemporâneas, que estavam unidas a seus parceiros por obrigação e preocupadas com o dever de oferecer descendência. Esse foi o caso de Margery Kempe, como já comentado anteriormente, a qual descreveu como horrível o fato de ter de se

58. Cf. Myrne (2020, p. 13).

deitar com o marido e de ter sido forçada a fazê-lo mesmo assim, até convencê-lo do contrário e obter uma dispensa do bispo por escrito.

Por isso, a escolha da castidade na esfera cristã não pode ser entendida como uma simples obediência às normas da Igreja. A virgindade representava um grande valor social que se estendia a cada uma das famílias e das mulheres jovens de todas as religiões. Havia diferentes arquétipos femininos que foram passando de geração para geração como modelo, os quais alguns tratadistas do século XV deixaram expressos em seus escritos. O mais paradigmático tem origem na era clássica e é o de Lucrécia, personagem romana cujo suicídio, depois de ser estuprada, foi frequentemente retratado por pintores posteriores como Ticiano ou Rembrandt e por poetas como William Shakespeare. Esses foram precedidos – e com muitos detalhes –, no fim da Idade Média, por Álvaro de Luna (*c.* 1390-1453), em sua obra intitulada *Libro de las claras e virtuosas mugeres* [Livro das iluminadas e virtuosas mulheres]. Segundo ele, diante do abuso que Lucrécia sofreu, o ambiente ao redor dela tentou confortá-la dizendo que "não havia culpa, mas sim aquele que a forçava, e que a vontade fazia o pecado, não o corpo; pois onde não houvesse consentimento não havia culpa"[59], mas a jovem acabou cravando uma faca em seu peito, em busca da pureza e da morte, depois de pronunciar estas palavras: "Vós vereis, ainda, o que deve o homem ao corpo, pois do pecado eu me absolvo, mas da pena não quero ser livre; e eu não serei um exemplo, para que nenhuma mulher que não seja casta viva depois de mim"[60].

É difícil pensar que outras mulheres violadas seguiram seu exemplo, mas a ideia que transmite, o prestígio de ser virgem, tornou abundantes certos usos que davam reconhecimento a casos de integridade duvidosa, circunstâncias em que as parteiras costumavam intervir, as quais – conforme detalhado no caso de Sororo – acabavam emitindo um veredito fundamental. Foi o que aconteceu também com uma jovem de Saragoça, que foi explorada por parteiras após ser lavada com água quente entre as pernas e a "natureza" (ou seja, as partes genitais), para acabar afirmando:

59. Cf. Álvaro de Luna (1891, p. 115).

60. Cf. Álvaro de Luna (1891, p. 115).

> Estava virgem, sem corrupção alguma, como se tivesse acabado de sair do ventre de sua mãe, e a carne ao redor e ao lado do órgão genital estava tão fresca e vermelha como uma escarlate, sem estar macerada nem de outra cor, e sim com aquela cor que tem toda carne virgem em semelhante lugar[61].

Sob esse mesmo prisma sociocultural que valorizava de maneira positiva o fato de não ter conhecido homens, os mosteiros foram erguidos nos lugares mais adequados para a preservação da virgindade, conforme expôs Jacques de Vitry (*c.* 1160-*c.* 1240) ao afirmar que o casamento era moralmente mais exigente do que a vida monástica[62]. Da mesma forma que o monacato feminino era útil para fugir do controle dos homens da família, ele também serviu, por meio da virgindade, como uma fórmula libertadora que permitiu que algumas monjas rejeitassem um papel sexual imposto[63]. A escritora Teresa de Cartagena (*c.* 1425-fim do século XV), por exemplo, entrou em um convento para se libertar da maldição de Eva, ou seja, das dores do parto e da submissão a um marido[64]. Mas também é possível encontrar casos de mulheres comuns, das quais pode servir de exemplo Antònia Mulet, filha de um carpinteiro de Barcelona, a qual se negou a satisfazer a vontade do pai e se recusou a casar com o homem que ele havia escolhido. Em 1391, o pai exigiu que ela fosse a um notário para cumprir o compromisso de casamento, e a jovem Antònia lhe deu a seguinte resposta diante das testemunhas:

> Meu senhor, eu prometi a Nosso Senhor Deus ser virgem e quero continuar assim, estando em ordem em qualquer convento [...]. Meu senhor, eu já lhe disse, e já lhe disse outras vezes antes disso, que quero ser virgem e casta por causa da promessa que fiz, então eu lhe imploro que não se meta comigo de agora em diante, pois eu não faria um casamento assim[65].

61. Cf. Falcón Pérez (1994, p. 221).

62. Cf. Brundage (2000, p. 438).

63. Cf. Echániz Sans (1992, p. 20).

64. Cf. Majuelo Apiñániz (2008, p. 260).

65. Cf. Vinyoles (2011, p. 372). Documento do Archivo Histórico de Protocolos de Barcelona, notário Bernat Nadal, 1391.

Entretanto, nem todas as monjas cumpriam com o voto de castidade. As visitas pastorais aos conventos revelaram comportamentos que estavam longe do esperado para uma mulher que havia feito esse voto. Eudes Rigaud (*c.* 1210-1275), arcebispo de Rouen, na França, ao visitar o convento de Saint--Saëns[66], em 1259, descobriu que duas parteiras haviam atendido à irmã Nicola de Rouen quando ela deu à luz seu segundo bebê. Nicola costumava ter relações sexuais com Simon, o reitor da paróquia local[67]. Vinte anos depois, em 1279, Suero de Zamora (*c.* 1224-1286), bispo dessa cidade, registrou, nas atas de sua visita pastoral ao Convento de las Dueñas, o problema que estava acontecendo nessa congregação feminina em Zamora, ou seja, que as monjas mantinham relações com monges de uma comunidade próxima[68].

Alguns séculos depois desse escândalo, problemas semelhantes foram encontrados em diferentes partes da Europa. Por volta de 1450, outra visita pastoral – esta ao priorado de Littlemore, na Inglaterra – revelou vários casos de religiosas que apresentavam comportamentos irregulares e pecaminosos. Alguns clérigos visitavam regularmente a priora, Alice Wakeley, e um deles, um monge cisterciense, tinha relações com ela, às vezes por até quatro noites seguidas[69]; além disso, suspeitava-se que a monja Joan Maynard tinha uma relação ilícita com John Somerset, capelão de Sandford; bem como veio à tona o fato de que um estudante de Oxford, familiar da priora, passou um tempo no priorado. Ao fazer essa supervisão, descobriu-se também que duas monjas – Isabel Sydnale e Christine Codherde – dormiam na mesma cama que a vice-priora, Agnes Pidyngtone[70].

Há vários casos conhecidos a esse respeito nos reinos hispânicos. Em 1490, legitimava-se o filho natural de Juan de Valencia – que vivia próximo a Úbeda, na Espanha – e uma monja professa do Convento de Santa Clara[71]. Alguns anos

---

66. Cf. Eudes Rigaud (1852, p. 384).
67. Cf. Johnson (1991, p. 123-124).
68. Cf. Linehan (2000).
69. Cf. Knudsen (2012, p. 97-98).
70. Cf. Yeates; Murray; Moore (2016, p. 13).
71. Cf. Archivo General de Simancas, Registro General del Sello, leg. 149005,46.

depois, em 1497, um documento da Rainha Isabel e do Rei Fernando descreve a intervenção real nesse caso envolvendo uma monja "visitada" por um homem que eles ordenam que fosse punido[72]:

> Ao senhor corregedor da Vila de Sahagún e ao seu prefeito no referido ofício, saúde e graça, saibam que nos foi relatado que um tal Martim Carpinteiro disse que andava apaixonado por uma monja professa chamada Leonor, que se encontrava no Mosteiro de San Pedro de las Dueñas, antes de o referido mosteiro ser reformado para a observância, e que, depois, aqui como quer que se diga, tem sido muitas vezes requerido e admoestado para que deixasse de ver e de falar com a referida monja, disse que não quis nem quer fazer, ao contrário, disse que tem procurado e procura vê-la e falar com ela no mencionado mosteiro, o que tem causado muita infâmia à abadessa e às monjas.

Também no ano de 1497 um inquérito foi realizado em Arévalo, porque o corregedor queria libertar o filho do Comendador Fernando de Valderrábano, Francisco de Valderrábano, o qual estava preso no Convento de Santa María de Gómez Román, nessa cidade, por ter entrado nele à noite e tentado dormir com uma monja[73].

De fato, já na Alta Idade Média, entre os séculos V e X, esse tipo de comportamento é visto nos mosteiros femininos, de modo que, provavelmente, foi um conflito que durou todo o Medievo. Entretanto – embora não faltem casos –, seria difícil afirmar, sem mais informações, que esses comportamentos indisciplinados eram comuns; porém, o fato de atitudes sexuais abertas de pessoas religiosas – tanto homens quanto mulheres – aparecerem em obras literárias e plásticas (como capitéis, arquivoltas ou mísulas de igrejas românicas) leva a pensar que esse problema era mais comum do que se poderia esperar.

É evidente que quem infringia essas normas incorria em um pecado mortal, porque deixava de cumprir o sexto mandamento ("Não pecar contra a castidade"), e também em um pecado capital, o da luxúria. Tais pessoas não mereciam o perdão que era dado àqueles que cometiam o pecado da carne,

72. Cf. Archivo General de Simancas, Registro General del Sello, leg. 149701,245.

73. Cf. Archivo General de Simancas, Consejo Real de Castilla, 16,5.

mas resistiam, pois este era o aspecto com o qual a Igreja mais se preocupava: o prazer. A importância de evitá-lo é demonstrada no julgamento inquisitorial de Maria de Cazalla (1487-meados do século XVI), mãe de vários filhos, "que havia concebido sem deleite"[74]. Mas o prazer era algo considerado difícil de evitar, "porque na maneira de gerar não se pode evitar algum deleite, talvez não tão ordenado como seria necessário, por isso todos os que nasceram e nascerão gerados por um homem e uma mulher nunca foram nem serão isentos de nascer no pecado desse deleite. E esse pecado foi chamado nas Escrituras de 'pecado original'"[75]. Na verdade, era mais uma ideia da Igreja, que desaprovava qualquer tipo de prazer; se ela condenava diversões como a dança – conforme aparece na defesa de outra mulher do início do século XVI, Maria de Santo Domingo (*c.* 1486-1524), em cujo julgamento uma testemunha afirmou que "nunca a viu dançar para se divertir"[76] –, é compreensível que condenasse também o prazer sexual.

Entretanto, também houve autores que defenderam liberar os religiosos do celibato. Um deles foi o conhecido escritor André Capelão (*c.* 1150-*c.* 1220), que, em sua obra *Tractatus de amore* [*Tratado do amor cortês*, *c.* 1187], justifica o fato de os clérigos se apaixonarem, embora chame a atenção que, ao se referir às religiosas, ele observe o seguinte:

> Condenamos totalmente o amor das religiosas e rechaçamos os prazeres de sua companhia como se fossem malcheirosas. Mas não estamos querendo dizer que não podemos nos apaixonar por uma religiosa, e sim que isso causa a morte do corpo e da alma [...]. Se ela encontrar o local adequado para os jogos luxuriosos, logo lhe dará o que você deseja e lhe proporcionará prazeres ardentes, de modo que dificilmente conseguirá evitar as obras abomináveis de Vênus e cometerá pecados fatais.

Contudo, não havia muitas monjas que se aproveitavam da liberdade do convento para agir de maneira pecaminosa e irregular. De fato, a opção pelo mosteiro oferecia "novas possibilidades de atividade para esse coletivo que

---

74. Cf. León de la Vega (2011, p. 198). Processo contra Maria de Cazalla (p. 31).

75. Cf. D. João Manuel (2006, p. 267).

76. Cf. Lunas Almeida (1930, p. 170).

opta por substituir os papéis habituais de esposa ou mãe pela integração em um grupo mais forte"[77]. No entanto, essa escolha estava disponível apenas para as mulheres cristãs; judias e muçulmanas não tinham acesso a esses espaços conventuais que foram definidos como espaços de liberdade. Apesar das diferenças significativas entre as três comunidades que viviam juntas em terras hispânicas, não faltaram mútuas coincidências, conexões e influências entre elas, que se refletiram em aspectos muito variados. É interessante que, da mesma forma que pessoas de ambos os sexos pecavam ou descumpriam as ordens de seus respectivos credos, houve também casamentos das fés judaica e muçulmana que, como os cristãos, renunciaram às relações, seja porque não tinham interesse em ter descendentes, seja porque os homens sentiam repulsa pelo sexo com suas mulheres, seja porque não queriam quebrar os mandamentos que limitavam essas relações à procriação.

De que maneira as normas religiosas podiam afetar as taxas de natalidade? Não há prova de que elas tenham contribuído com o freio demográfico. A dinâmica populacional deve ter funcionado, pelo menos parcialmente, como um sistema autorregulador[78], sem que as prescrições da Igreja sobre as relações sexuais afetassem o equilíbrio da população[79]. Chama a atenção um sermão de Bernardino de Siena do ano 1427 no qual este condenava as moradoras da cidade pelas práticas contraceptivas e abortivas delas, dizendo: "Vocês não percebem que, assim como os sodomitas, são a causa do declínio do mundo?"[80] E certamente elas não viam – e São Bernardino também não – que as normas da Igreja em relação à sexualidade podiam provocar o mesmo problema que ele atribuía a elas. As oscilações demográficas foram resultado de outros mecanismos, entre os quais devem ser citadas as forças econômicas. Independentemente das normas religiosas sobre sexualidade, a população europeia aumentou até meados do século XIV, quando surgiu a peste negra e houve um grande declínio demográfico.

77. Cf. Rodríguez Núñez (1993, p. 113).

78. Cf. Herlihy (2009, p. 144).

79. Cf. Flandrin (1983, p. 69-70).

80. Cf. Herlihy; Klapisch-Zuber (1985, p. 251).

A atitude em relação a questões sexuais descrita até aqui foi intensificada pela situação de crise coletiva causada por essa devastadora pandemia. Juan de Avignon (*c.* 1323-*c.* 1418), ao advertir do perigo que os encontros conjugais podiam provocar em tempos de peste, afirma o seguinte: "E os corpos com maior probabilidade de serem prejudicados por esse ar (pestilento) são os repletos de mau humor ou os fracos de complacência, como aqueles que praticam muito o coito, porque os corpos limpos pouco serão afetados"[81]. O medo do contágio provavelmente levou à restrição das relações sexuais, seguindo o ditado *In peste Venus pestem provocat*[82], ou seja, "Em tempos de peste, Vênus provoca a morte". De fato, na Idade Média, em épocas de grandes doenças – e, em particular, durante a peste negra –, havia um controle de natalidade, de modo que, ao considerar os obstáculos à concepção, as pandemias devem ser levadas em conta juntamente com as restrições religiosas, morais ou comunitárias e com as doenças pessoais e os defeitos físicos dos indivíduos.

Por fim, apesar dos controles ideológicos, religiosos e familiares que lhes foram impostos, e, em muitos casos, enfrentando as dificuldades descritas anteriormente, as mulheres acabaram concebendo e engravidando. Para a sociedade medieval, esse fato estava envolto em curiosidade e opacidade. Isso se manifestou em diferentes ideias sobre como acontecia a fertilização, como se formava o feto e, acima de tudo, qual era o papel de cada um dos progenitores nesses processos. As duas tradições médicas que convergiram e coexistiram nesse período – a aristotélica e a hipocrática – discordavam nesses aspectos. Os seguidores da primeira, iniciada por Aristóteles, admitiam a teoria de que a única contribuição do sexo feminino para a criação de um novo ser era o fluxo menstrual. Esse líquido seria o princípio passivo, enquanto o sêmen masculino forneceria o princípio ativo. Por outro lado, para quem seguia a tradição iniciada por Hipócrates – como Galeno e Rasis ou Rhazes, assim como Trótula de Salerno –, a concepção das crianças ocorria com a participação igualitária de homens e mulheres, pois ambos tinham seu próprio esperma. Com o avanço da Idade Média, a tradição aristotélica foi a que ganhou mais adeptos, o que

81. Cf. Juan de Avignon (1885, p. 324).

82. Cf. Amasuno (2000, p. 141).

representou mudanças na maneira como alguns autores passaram a entender a procriação, tanto do ponto de vista filosófico e ideológico quanto do ponto de vista físico. Essas ideias dos pensadores medievais sobre as condições fisiológicas e médicas para a concepção serão explicadas no capítulo dedicado à gravidez.

Essas escolas e tendências não impediram a influência dos preceitos religiosos, que, ao mesmo tempo que a Igreja demonstrava curiosidade, não tinham a preocupação de se livrar da possível opacidade da fórmula com a qual, em sua opinião, um novo ser humano era criado, já que ainda vigorava a ideia do "milagre da concepção", ou seja, da gravidez alcançada por ajuda divina. Um bom exemplo disso é encontrado na obra *Vida de San Ildefonso* [Vida de Santo Ildefonso], de Arcebispo de Talavera (*c.* 1398-*c.* 1470), em que a Virgem Maria é mostrada anunciando à mãe de Santo Ildefonso que ela obterá o milagre da fertilidade: "Porque terá um filho que estará sempre a serviço de Deus e a meu serviço, de quem Espanha terá um grande lume de virtudes. Por isso a chamam de Lúcia, e de você sairá a luz que permanecerá sempre e perseverará em boas obras"[83]. Anos antes, o já citado Juan de Avignon havia se perguntado se as mulheres podiam conceber como a Virgem Maria, ou seja, sem a necessidade de um homem. Em sua obra *Sevillana medicina* [Medicina sevilhana], ele dedica um capítulo ao tema "Se uma virgem pode conceber sem ser corrompida por um homem: parece que não" e outro a "Se uma mulher pode conceber sem o talante de um homem: parece que não". O próprio título já sugere uma resposta ao questionamento sobre se a mulher pode conceber sem um encontro com um homem ou sem o "talante", a disposição ou a vontade: "Se fosse possível conceber virgem, sem ser corrompida, Isaías não teria dito: '*Ecce Virgo concipiet*' por milagre; mas parece que ocorreu por milagre, já que não é natural uma virgem conceber"[84]. Embora também considerasse impossível esse tipo de concepção, Juan de Avignon registra o que se dizia que acontecia com algumas mulheres que "emprenharam na banheira, apenas por tomar banho na tina em que um homem havia sido banhado"[85], fórmula muito improvável,

83. Cf. Arcipreste de Talavera (1962, p. 8).

84. Cf. Juan de Avignon (1885, p. 270).

85. Cf. Juan de Avignon (1885, p. 271).

mas que ainda era considerada possível por algumas mulheres jovens na segunda metade do século XX. Provavelmente, essa era uma forma de justificar uma gravidez e encobrir um relacionamento que era socialmente inaceitável e considerado pecaminoso. Por outro lado, é uma boa indicação de que algumas das crenças medievais sobre a maternidade foram mantidas vivas até muitos séculos depois.

Assim, o cuidado da sociedade para manter o controle da sexualidade feminina se manifestou de diversas formas. Não eram apenas os castigos impostos pela religião por violar as regras da moral cristã que as mulheres tinham de temer, elas também corriam o risco de serem punidas pelas autoridades do lugar onde viviam. Um bom exemplo disso é a casa de Santa Maria Egipcíaca de Barcelona, fundada em 1409 para juntar mulheres públicas e manchadas pelo pecado e outras "mulheres erradas", que não tinham marido e que queriam se livrar do pecado fazendo penitência[86]. Um documento posterior, do ano 1500, afirma que a casa das egipcíacas havia sido fundada "para colocar em segurança as mulheres adúlteras, protegê-las da ira e dos maus-tratos de seus maridos e convertê-las de sua vida adúltera"[87]. Durante a Semana Santa, viúvas de comportamento moral repreensível e prostituas também eram enclausuradas na casa de Santa Maria Egipcíaca. Esse lugar servia para "proteger as mulheres da ira e dos maus-tratos dos maridos", e assim algumas puderam inclusive salvar suas vidas. As sanções às mulheres adúlteras eram de maior alcance, já que às vezes estas eram assassinadas por seus maridos com total impunidade e até mesmo com a aquiescência das autoridades públicas. Não é incomum encontrar relatos de que um homem que matou sua esposa recebeu o perdão real porque o fez para punir as infidelidades dela. Como exemplo disso, há as palavras de Pedro IV o Cerimonioso (1319-1387), rei de Aragão, sobre o feminicídio cometido por seu padeiro Johan: "Nós sabemos bem que, se ele a matou, fez o que devia, porque ela [...] havia cometido adultério"[88].

86. Cf. Vinyoles (2008, p. 83).

87. Cf. Vinyoles (2008, p. 83-84).

88. Cf. Vinyoles (2008, p. 87).

Em suma, não há dúvida de que a concepção e a sexualidade feminina eram duas questões que andavam de mãos dadas e que as autoridades religiosas e leigas estavam dispostas a controlar, tanto psicológica quanto fisicamente, mesmo que nem sempre alcançassem os resultados desejados, como evidenciado pelos métodos aos quais homens e mulheres recorriam para permanecer sexualmente ativos sem conceber.

2
Não quero ser mãe

Si non caste tamen caute[89]
(Se não casta, ao menos cautelosa)

Uma menina com cerca de 4 anos foi levada ao mosteiro (da ordem gilbertina[90] *em Watton, Inglaterra) [...]. Depois de sua infância, ao entrar na puberdade, passou a se comportar com uma indolência própria da juventude. Sem qualquer amor pela religião, ela não se submetia à ordem nem ao próprio temor a Deus [...].*

Acontece que os irmãos monges (Watton era um mosteiro dúplice, com uma comunidade masculina e outra feminina), encarregados da manutenção, tiveram de entrar no retiro de mulheres para realizar certas obras de construção. Fascinada, essa jovem monja se aproximou para observar com curiosidade seus rostos mais do que o trabalho deles. Entre eles, havia um adolescente com belos traços e um corpo limpo. A menina infeliz fixou seus olhos nele, e ele também voltou seus olhos para ela. Enquanto se olhavam assim, logo a serpente traiçoeira introduziu seu veneno no peito de ambos. No início, apenas como um aceno de cabeça, mas o aceno foi seguido por um sinal. Por fim, romperam o silêncio e trocaram doces palavras de amor. Um acendeu o outro, e juntos semearam

89. Essas palavras, atribuídas a Adalberto de Bremen (primeira metade do século XI), foram repetidas, com algumas variações, por muitos outros autores, incluindo alguns famosos como Pedro Abelardo ou Baldassare Castiglione.

90. Essa ordem religiosa, fundada no século XII na Inglaterra, era dúplice, ou seja, tinha uma parte de ordem monástica feminina e outra de cônegos regulares que auxiliavam as monjas nas cerimônias litúrgicas.

as sementes da luxúria, acicates do desejo. Ele pensava na carne, enquanto ela, como disse mais tarde, o fazia por amor [...].

Ela saiu como virgem de Cristo e voltou como adúltera. Foi cruelmente atraída e, como uma pomba, logo foi apanhada pelas garras do falcão. Jogada no chão, com a boca amordaçada para que não gritasse, sua carne se tornou tão corrompida quanto seu espírito.

Já tendo passado por isso, ela voltou a esse novo prazer. Depois de terem feito isso muitas vezes, as irmãs, admiradas com o ruído que escutavam com frequência, começaram a suspeitar de alguma fraude [...].

O assunto passou para as mãos das virgens. Cheias de zelo por Deus, mas sem o auxílio da sabedoria, desejando se vingar do insulto à virgindade, elas pediram aos monges que lhes entregassem o jovem por um tempo, para que aprendessem algum segredo com ele. Uma vez de posse dele, jogaram-no ao chão e o amarraram, e a causa de todos os males foi apresentada como um espetáculo. O instrumento dele foi colocado nas mãos da jovem, que, contra sua vontade, se viu obrigada a amputá-lo. Então, uma das mulheres que estavam ali pegou o que havia sido mutilado e o jogou, ensanguentado, na boca da pecadora [...].

O bebê já se movia em seu ventre, o leite jorrava de seus seios fartos; sua barriga era tão grande que ela parecia estar grávida de gêmeos. Uma cor de chumbo envolveu seus olhos, seu rosto ficou branco e, assim que seus peitos esvaziaram, eles se encheram novamente de líquido. Sua cela mal a abrigava agora.

(Quando o parto era iminente, as monjas foram à cela da parturiente e encontraram algo extraordinário.)

Apalparam a barriga dela: o inchaço anterior havia se tornado uma magreza tal que suas costas pareciam ter sido coladas ao peito. Apertaram seus peitos, mas não conseguiram tirar líquido deles. Sem poupá-la, elas pressionaram com mais força, e o resultado foi igual. Passaram os dedos por cada articulação, explorando tudo, mas não encontraram nenhum sinal de parto nem mesmo de gravidez. O que encontraram foi o mesmo: tudo restaurado, tudo correto, tudo lindo[91].

91. Cf. Boswell (1988, p. 452-458).

Levada por suas fortes emoções, essa noviça não havia cogitado a possibilidade de contracepção em suas relações sexuais com o jovem monge, e tampouco depois do aborto, quando seu perfil monástico a tornava exatamente o grupo de mulheres mais interessado em evitar ser mãe.

O relato dessa monja sem nome do Mosteiro de Watton serve de introdução a um dos temas fundamentais deste estudo sobre a maternidade: o de mulheres que não queriam ser mães. Assim como hoje, antigamente eram muitas as mulheres que se utilizavam de estratégias para evitar uma concepção ou uma gravidez não desejada. Os métodos contraceptivos e abortivos, sua evolução, sua prática em diferentes grupos religiosos e sociais, e suas implicações médicas, jurídicas e culturais constituem um panorama interessante a ser descoberto por meio de fontes de diversos tipos, como escritos religiosos e hagiográficos, tratados científicos e médicos ou textos jurídicos e literários.

Começar a história do aborto com o exemplo de uma monja só faz sentido se se leva em conta que as primeiras notícias sobre interrupções de gravidez provêm das vidas e dos relatos de santos e santas, encontradas em documentos religiosos, de mosteiros e bispados, hagiográficos ou de outro tipo. Algumas, como a relatada anteriormente, narram as peripécias de religiosas que se livraram de seu estado de gravidez graças a algum milagre. O feto desaparecia, se esfumava, pelo favor de algum santo ou alguma santa. Era um aborto "milagroso".

Os abortos milagrosos podem não ter sido abundantes, mas os "humanos não milagrosos", como as práticas contraceptivas, eram procedimentos conhecidos e utilizados por mulheres e homens. Assim, ao abordar o tema do controle da natalidade, paira uma primeira pergunta: A partir de quando essas práticas se difundiram nas sociedades europeias? A resposta é complexa, porque os estudiosos desses temas estão longe de um consenso, na medida em que alguns consideram que a contracepção era desconhecida na Idade Média, enquanto outros sustentam que era uma prática amplamente difundida. Philipe Ariès defende a pouca frequência da contracepção, baseando-se no silêncio das fontes[92]. Por outro lado, David Herlihy sugeriu "vínculos entre as estatísticas demográficas medievais e a significativa prática demográfica do controle de natalidade"[93].

92. Cf. Biller (1982, p. 21).

93. Cf. Biller (1982, p. 5-6).

O fato é que a tradição medieval mais antiga já contém notícias sobre a interrupção da gravidez. São encontrados indícios de abortos milagrosos em diversas histórias de santas e santos do começo da Idade Média, em especial na hagiografia latina da Irlanda medieval. Os santos desse país - Brígida de Kildare (primeira metade do século VI), Áed mac Bricc (que morreu em 589) e Cainnech de Aghaboe (*c.* 515-600) - intercederam para salvar monjas e outras mulheres de gestações indesejadas. Um padrão semelhante pode ser observado nas histórias dos três, o que pode ser encontrado em leituras como *Vita Cainnechi* (de Cainnech de Aghaboe), o "milagre abortivo" praticado por São Ciarán de Saigir (fim do século V-começo do século VI)[94] que salvou a monja violada Bruinnech, ou o que é mostrado neste trecho de *Vita Prima* de Brígida de Kildare (Santa Brígida da Irlanda):

> Com a força da mais poderosa e inefável fé, abençoou fielmente uma mulher que, depois de um voto de virgindade, havia caído em concupiscência juvenil e cuja barriga agora inchava com a gravidez, e que, uma vez terminada a gestação, sem parto nem dor, recuperou a saúde para a penitência[95].

Como se pode ver, sua história é, no mínimo, semelhante a esta de Áed mac Bricc:

> Em uma viagem, Áed chegou a um lugar de outras virgens santas chamadas Druimard e foi recebido com imensa alegria e hospitalidade. Mas observando a virgem que o servia, o Santo Áed viu que a barriga dela estava inchada e que ela estava grávida. Ele se levantou imediatamente, sem comer, para deixar o local. Em seguida, ela confessou a todos que, em segredo, havia pecado e fez penitência. O Santo Áed abençoou sua barriga, e, imediatamente, a criança desapareceu de dentro dela como se nunca tivesse existido[96].

O medievalista estadunidense David Herlihy situou esses milagres na interação entre o paganismo nativo e a cristianização nascente da Irlanda, a *insula sanctorum*, ou ilha dos santos. Para Herlihy tratava-se de histórias que brilhavam com a "aura do arcaísmo" de um "mundo estranho, eventualmente selvagem,

94. Cf. Callan (2012, p. 289).

95. Cf. Mistry (2013, p. 610).

96. Cf. Mistry (2013, p. 612).

ainda muito vinculado aos costumes pagãos tradicionais e ligeiramente influenciado por um cristianismo ainda imaturo"[97]. Esse historiador ressalta que os penitenciais irlandeses e as leis bretãs proibiam os abortos induzidos, e ele ainda destaca que esses relatos de fetos milagrosamente desaparecidos têm sua gênese em uma época ainda mais antiga e revivida por eles. Essas narrativas dos santos citadas anteriormente mostram, em todo caso, aspectos da vida nos territórios ocupados pelos alemães no começo da Idade Média. Eles parecem constituir um *topos* literário projetado para destacar a barbárie da população pré-cristã[98].

As histórias dos santos irlandeses são imagens muito antigas que combinam a preocupação pela interrupção e a força da virtude dessas figuras religiosas, que podiam fazer desaparecer a infâmia da gravidez entre mulheres que não eram casadas ou que haviam dedicado sua virgindade a Deus. E não são as únicas respostas ao aborto na Alta Idade Média.

Uma outra abordagem para a interrupção da gestação nesses mesmos séculos – embora também milagrosa – é encontrada no poema a seguir sobre o Bispo Germano de Paris, também conhecido como São Germano (*c.* 496-576), que agiu para impedir seu próprio aborto quando estava no ventre da mãe:

> Quando, antes de chegar ao mundo,
> Brilhou no ventre de sua mãe graças a um milagre da virtude:
> Sua mãe havia concebido com mais rapidez do que o habitual,
> Bebendo elixires para abortar,
> Sem perceber que uma mulher dá à luz corretamente no sétimo mês
> Qualquer descendência que se mova no septuagésimo dia.
> Mas a quem a Divina Providência havia preparado para o mundo,
> Nenhum dano poderia prejudicar, tampouco poções
> Uma ordem preservou ao escolhido e o deixou intacto
> A mãe, para não ser transformada em parricida, foi contrariada
> Aquela que queria que João se alegrasse no ventre
> Trouxe Germano aqui por um milagre antes do nascimento[99].

Mas, paralelamente a essas ações milagrosas, também surgem aquelas mediadas pela casualidade. Um bom exemplo disso é o depoimento de uma monja

97. Cf. Herlihy (1984, p. 389-390).

98. Cf. Cormack (2012, p. 206).

99. Cf. Paulus de Winterfeld (1899, p. 124).

do mosteiro fundado por Santa Erentrude ou Erentrudis em Salzburgo (*c.* 710), que, na falta de uma interrupção milagrosa, clamou ao próprio demônio: "Ó diabo, ajuda-me neste meu maior tropeço, e eu lhe entregarei o bebê que darei à luz, em corpo e alma, para a condenação eterna"[100]. Porém, esse filho conseguiu se salvar ao ser entregue, depois de seu nascimento, a uma mulher que o cuidou.

Todas essas imagens do aborto evidenciam a rejeição a essa prática nas sociedades medievais. Não era permitido mostrar monjas interrompendo voluntariamente a gravidez, de modo que o desaparecimento repentino do feto era atribuído a um milagre. Caso a gravidez se tornasse conhecida, toda a comunidade religiosa à qual elas pertenciam – e não apenas elas – seria prejudicada pela má fama causada pelo fato de não terem se mantido virgens e, o que era mais grave, por terem sofrido um aborto.

Tanto essa prática quanto a contracepção são encontradas fora dos conventos – onde eram presumivelmente excepcionais –, estendendo-se à sociedade como um todo e a algumas comunidades em particular, como ilustra a história do sacerdote albigense Pierre Clergue (fim do século XIII-começo do século XIV), um sedutor incorrigível. Este não teve relações apenas com Grazida Lizier – a jovem cátara citada no capítulo 1 –, mas também com outras mulheres, que tornaram-se suas amantes. Uma delas foi Beatriz de Planissoles (*c.* 1274-*c.* 1322), que também veio a ser investigada no julgamento para descobrir e punir os membros desse grupo classificado como herege. Durante sua longuíssima declaração, ela descreveu assim a natureza de sua relação com o sacerdote:

> O que devo fazer se engravidar de você? [Beatriz admitiu que havia perguntado a Pierre Clergue]. Serei desonrada e estarei perdida [...]. Disse-me que tinha uma erva e que, se um homem a carrega quando se deita com uma mulher, ele não pode gerar, nem ela conceber. Perguntei a ele: Que erva é essa? É a mesma que os pastores colocam sobre as panelas de leite quando são enviadas ao coalho, o que impede que ele seja cortado nesse meio-tempo? Disse-me para não me preocupar com o tipo de erva, que era uma erva com essa propriedade, e que ele a tinha.

---

100. Cf. Herlihy (1984, p. 390).

> Depois disso, quando ele desejava me possuir, carregava algo enrolado e enfiado em um saco de linho, do tamanho e do comprimento de uma onça, ou da primeira falange do meu dedo mínimo, com um fio longo que passava ao redor de meu pescoço. E isso, que ele dizia ser uma erva, estava pendurado entre meus seios, bem no início do estômago. Ele a colocava assim sempre que queria me pegar e deixava em meu pescoço até que parasse. Quando queria se levantar, ele a tirava de meu pescoço. E se, às vezes, em uma noite, o padre desejasse me pegar duas vezes ou mais, ele me perguntava, antes de nos juntarmos, onde estava a erva [...]. Era assim que se deitava comigo, e não de outra maneira. Um dia pedi a ele que me deixasse ficar com a erva. Ele me disse que não faria isso, porque assim eu poderia me entregar a outro homem sem conceber[101].

É impossível saber que espécie vegetal – se é que era uma planta – o sacerdote de Montaillou utilizava, mas, ao que tudo indica, o desempenho provou-se ideal, já que ele parecia usá-la com todas as suas amantes, e não há relatos de que alguma delas tenha engravidado. Sua aplicação como método contraceptivo aponta para uma eficiência maior do que a de outras ervas ou elixires utilizados com o mesmo objetivo ou com fins abortivos. A quais outras práticas se recorria para evitar a concepção? E para, intencionalmente, interromper a gravidez? Que mulheres recorriam à contracepção ou ao aborto por necessidade ou não?

Nos séculos medievais – e ao contrário da atualidade – não havia uma diferença tão marcada entre o aborto e a contracepção. Em geral, as fórmulas usadas para ambas as finalidades não diferiam muito, de modo que parece lógico examiná-las em conjunto[102]. Apenas alguns autores especificaram essa diferença, como é o caso de Avicena no volume III de *O cânone da medicina*, e o fato é que os diferentes objetivos de ambos os métodos eram de particular importância na hora dos julgamentos realizados por tribunais religiosos ou laicos.

A contracepção era duramente condenada; isso pode ser observado em um texto do século IX, que afirma: "Uma mulher que tomou uma poção mágica, e que teria engravidado e dado à luz caso não tivesse feito isso, deve ser conside-

101. Cf. Julgamento... (c2018).

102. Cf. McLaren (1990, p. 85).

rada culpada de homicídio"[103]. Entretanto, não é incomum encontrar autores que condenam a contracepção e, ao mesmo tempo, recomendam alguns desses métodos. Diante da dificuldade de evitar o uso de meios para se livrar de uma gravidez ou eliminá-la, recomendava-se agir com cuidado. A frase *Si non caste tamen caute* [Se não castamente, ao menos cautelosamente] já havia sido registrada em meados do século XI e teria se tornado lugar-comum no século XIII. Assim, encontra-se documentada em um texto da Diocese de Passau por volta de 1266, no qual é descrito o tratamento que os padres das paróquias davam à fornicação, alertando as pessoas para agirem "com cautela, se não de forma casta"[104]. Dois séculos mais tarde, de maneira muito semelhante, o Arcebispo de Talavera, Alfonso Martínez de Toledo (*c.* 1398-*c.* 1470), na obra *Corbacho*, deu a entender isso, recomendando que as mulheres fossem precavidas: "O ato vil da luxúria é, de certa forma, tolerado neles, e, embora o cometam, o mesmo não acontece com as mulheres, que, no momento em que praticam tal crime, são consideradas por todos e todas como mulheres de má reputação, sendo tratadas como tal e julgadas assim por toda sua vida"[105]. Provavelmente, essa foi uma recomendação que perdurou durante toda a Idade Média.

A contracepção tem suas raízes, obviamente, em um passado anterior à Idade Média, embora, durante esse período, tenha contado com um desenvolvimento importante. Na verdade, as mulheres – e não os homens como o clérigo Pierre Clergue – eram as verdadeiras conhecedoras desses métodos, de forma que, constantemente, se falava do "segredo das mulheres". Esses conhecimentos eram delas, mesmo que quase nunca escrevessem em que se baseavam. Quem deixou um registro a respeito dessas reservas femininas foi Hildegarda de Bingen; ela conhecia os métodos para impedir o desenvolvimento de um embrião que crescia no útero e destacou vários estimulantes menstruais, como também fizeram outros autores antes e depois dela. Provavelmente, todos estavam cientes de que esses remédios estimulantes serviam não apenas para provocar a menstruação, mas também o aborto. Antes de serem escritos,

103. Cf. Birth... (2013).

104. Cf. Biller (1982, p. 17).

105. Cf. Martínez de Toledo (1979).

esses estimulantes faziam parte da tradição feminina em relação à vida cotidiana[106]. É provável que as mulheres conhecessem bem os métodos para fazer "descer as flores", ou seja, voltar a menstruar, uma expressão de uso comum, utilizada em várias línguas medievais e em diferentes tratados médicos. O *Liber de sinthomatibus mulierum* [Livro sobre os sintomas da mulher], de Trótula de Salerno, argumenta que foram as próprias mulheres que cunharam esse termo[107].

Se esse panorama for levado de volta aos autores de cerca de 1200, é possível encontrar neles uma maior inquietação pela contracepção do que em seus antecessores: "A relação sexual que evitava a concepção foi comparada ao adultério, mesmo que o casal fosse casado de forma legítima. Nem os canonistas nem os escritores moralistas detalharam os métodos contraceptivos que tinham em mente"[108]; entretanto, não seria arriscado supor que o coito interrompido, um método eficaz para aquela época, estivesse em sua mente.

No mundo árabe, a contracepção tem sido discutida recorrendo-se ao Alcorão e aos ditos ou *hadith* do Profeta. O primeiro não se manifesta explicitamente a respeito, e é a partir de algumas referências dos *hadith* que se deduz uma permissividade em relação a esses costumes. O *coitus interruptus* ou *ʿazl* já era praticado na época de Muhammad e não era condenado. Recorrer ao *ʿazl* parece ter sido uma prática mais frequente para evitar a gravidez de uma escrava ou de uma mulher capturada em uma guerra[109]. Um famoso *hadith* esboça uma resposta de Muhammad a respeito:

> Cavalgamos com o Profeta para atacar Banu al-Mustaliq e fizemos algumas mulheres prisioneiras [...]. Nós as desejamos, e a abstinência era difícil. Porém, como queríamos praticar o *coitus interruptus*, perguntamos ao Profeta sobre isso. Ele disse: "Não tens de duvidar, pois Deus predeterminou o que será criado até o dia do julgamento"[110].

106. Cf. Riddle (1992).

107. Cf. Green (2005, p. 51-53; 1998, p. 146-178).

108. Cf. Brundage (2000, p. 352).

109. Cf. Whaley (2007, p. 30).

110. Cf. El Bernoussi; Dupret (2018).

Embora fosse melhor deixá-lo nas mãos de Deus, o filósofo iraniano Al-Ghazali (1058-1111) apontava que o *coitus interruptus* era aceitável para amenizar os problemas econômicos que algumas famílias podiam ter[111]. No século XV, ao ser questionado sobre esse assunto, o jurista Al-Mawwaq respondeu que "um homem não pode praticar [o *coitus interruptus*] com sua esposa [...]. Entretanto, se ela o permite, não há problema"[112]. Al-Mawwaq limitava-se a destacar a doutrina da escola malikí, que, como todas as escolas jurídicas sunitas, aceitava a contracepção. Portanto, os autores muçulmanos, embora contrários a métodos contraceptivos e abortivos, apresentavam uma grande tolerância com os primeiros, o que os diferenciava de autores cristãos como Tomás de Aquino, Alberto Magno ou Bernardino de Siena.

O *coitus interruptus* não era a única prática utilizada, embora fosse a mais inócua e segura em comparação com os preservativos, as misturas ou outros meios frequentes, cuja falta de confiabilidade às vezes era agravada por um alto grau de perigo. Os contraceptivos masculinos eram fabricados com diversos materiais, sendo os mais eficazes e exclusivos aqueles feitos com o intestino de algum animal jovem. Outros contraceptivos eram administrados por via oral ou vaginal, ou eram colocados externamente. Alguns consistiam em misturas que também eram inúteis para o aborto. Havia também toda uma série de produtos tóxicos para os jovens embriões, como supositórios de óleo de cedro, de mandrágora, de pimenta, de menta ou de excrementos de elefante; ou eméticos, como o heléboro, pois pensava-se que o esperma estava dentro do corpo e que, ao vomitar, seria expulso.

Entre os meios que poderiam ser chamados de internos destaca-se a colocação de um pessário (sob a forma de supositório) na vagina. Eram feitos de couro macio, cera, algodão ou fiapos umedecidos em unguento, enrolados em seda, e um fio era acrescentado para facilitar a remoção. Esse pessário podia estimular a menstruação ou, ao contrário, interrompê-la, evitando a queda do endométrio. Não se tratava de uma estratégia nova, uma vez que as prostitutas egípcias fabricavam tampões embebidos em infusões de algumas ervas que

111. Cf. Müller (2012).

112. Cf. Marín (2000, p. 504).

eram introduzidos no sistema genital, e também algumas mulheres de Constantinopla utilizavam como absorvente uma esponja encharcada em suco de limão diluído[113]. Na religião judaica os rabinos aceitavam o uso de uma esponja contraceptiva chamada *mokh*, especialmente aconselhada quando uma mãe estava amamentando e queria evitar uma nova gravidez.

Por outro lado, amuletos e talismãs eram meios externos frequentes. Uma crença muito difundida era a de que pendurar a língua de um veado no pescoço de uma mulher impediria a concepção enquanto ela a usasse, embora um efeito semelhante também fosse atribuído aos excrementos de uma lebre ou a uma perna desse animal. O uso desses objetos ou outros similares não apenas levantava o problema de sua evidente ineficácia, mas também colocava as mulheres que os utilizavam – seja para abortar ou para fazer com que outras abortassem – no centro das atenções sociais, pois elas eram associadas à bruxaria e à feitiçaria.

Embora os métodos de contracepção e aborto pudessem coincidir, o último era muito mais complexo; portanto, para estudá-lo, é necessário responder a uma ampla gama de perguntas, desde o que se entendia por aborto na Idade Média, por que se praticava, quem tomava a decisão de interromper uma gravidez, quais técnicas eram empregadas, como essa prática era vista pelos médicos medievais e, por fim, de que maneira a sociedade, a religião e a lei entendiam e julgavam esse fato.

Gentile da Foligno (século XIV), médico italiano que comentou *O cânone da medicina* de Avicena, arriscou esta definição do aborto:

> Questão na qual se pergunta se é lícito provocar um aborto. Responde-se a partir de Dino del Garbo o que é o aborto: é a saída do feto em um momento em que este ainda não está completo e, portanto, é um natimorto ou um nascido vivo. Em suma, presume-se que o aborto seja a saída do feto prematuramente ou, às vezes, quando ele sai morto no tempo devido[114].

Essa abordagem era válida tanto para a interrupção involuntária quanto para a voluntária. A primeira era vista como um assunto infeliz que pre-

113. Cf. Reverte Coma (1983, p. 79).

114. Cf. Gentile da Foligno (2020).

judicava a mulher, e a segunda como uma questão grave do ponto de vista religioso, moral ou jurídico. A prática do aborto voluntário podia ter como objetivo esconder relações sexuais não permitidas de mulheres solteiras, casadas, viúvas ou monjas, conforme apresentado pelo Arcebispo de Talavera nestas linhas de *Corbacho*:

> Que se a virgindade de uma mulher solteira é perdida, quando ela for se casar, busca maneiras loucas de fazer o que nunca pôde nem poderá ser: de corrupta a virgem, onde muitos males são cometidos [...]. E se, por acaso, essa mulher solteira engravida de um louco amante, procura se livrar da criança morta. Oh, quantos males assim ocorrem, tanto em solteiras quanto em viúvas, em monjas e também em mulheres casadas, quando os maridos são ausentes: as casadas por medo; as viúvas e as monjas por desonra; as solteiras por grande tristeza, pois, como se sabe, elas perdem o casamento e a honra[115].

Além disso, frequentemente recorria-se ao aborto por risco à saúde da mãe ou pela extrema pobreza dela ou do casamento, já que as mulheres com poucos recursos tinham maior probabilidade de usar esse método.

Na verdade, é provável que tenham sido praticadas muito mais interrupções do que as registradas nas fontes. As que ocorreram no âmbito doméstico são desconhecidas, pois não foram consignadas em nenhum lugar, enquanto algumas das mais conhecidas estão relacionadas com denúncias de mulheres que haviam sofrido abortos provocados por ataques de homens[116].

Os métodos aos quais, em último caso, as mulheres da Idade Média recorriam para pôr fim à gravidez eram de diversos tipos, embora os mais difundidos fossem as poções feitas a partir de vegetais. Já alguns textos médicos da Antiguidade recomendavam certas plantas para prevenir ou interromper gestações, como a romãzeira, o zimbro ou a arruda. Os médicos islâmicos acrescentaram mais, e, no século XII, esses tratamentos circularam de forma abundante pela Europa Ocidental. Dessa forma, os escritores cristãos medievais os acrescentaram a seus livros de forma diligente, com pouca ou nenhuma censura, ou inclusive comentando que esses remédios não deveriam ser utilizados.

115. Cf. Martínez de Toledo (1979).

116. Cf. Spivack (2007-2008).

Por exemplo, o médico e filósofo Pedro Hispano (1210/1215-1277), que chegou a liderar o papado de Roma entre 1276 e 1277 com o nome de João XXI, oferece, em seu *Thesaurus pauperum* (Tesouro dos pobres), mais de 26 receitas de contraceptivos, além de várias outras para fazer descer a menstruação, algo que poderia ser interpretado como uma forma de induzir um aborto[117]. Essa obra poderia servir como exemplo de um autor que condena esses métodos e, ao mesmo tempo, fornece informações sobre eles.

Além do tratado de Pedro Hispano, outros também expõem com riqueza de detalhes as fórmulas dessas poções, sem destacar o caráter abortivo delas, mas sim sua utilidade para promover a menstruação. Um deles recomenda uma mistura de arruda e sálvia ingerida com água para curar uma "enfermidade do útero", doença que, certamente, não era outra senão um feto indesejado. Os tratados de Trótula revelam uma complexa receita, que consistia em:

> um punhado de calaminta, erva-gateira, funcho, pelitre, satureja, hissopo, artemísia, arruda, absinto, anis, cominho, alecrim, tomilho, poejo e orégano, um galão de vinho e seis galões de água; ferva tudo e diga para tomarem esse medicamento[118].

Não faltaram casos de mulheres que morreram depois de ingerir essas misturas. Um dos mais prejudiciais era o fungo *Claviceps purpurea* ou esporão-do-centeio, rico em ergotamina, precursor, por exemplo, do LSD. Sua ingestão junto a cereais no pão de centeio, o pão preto dos pobres, provocava uma doença frequente na Idade Média, conhecida, na época, como "mal dos ardentes" ou "fogo de Santo Antônio" – atualmente chamada de ergotismo. Além de seus efeitos alucinógenos, a cravagem tem outros vasoconstritores utilizados desde a Antiguidade em obstetrícia. Dessa forma, gerava contrações uterinas prolongadas, úteis para deter as hemorragias do pós-parto ou para causar um aborto. David Hosack, médico estadunidense do século XVIII, chamou-o de *pulvis ad mortem* [pó para a morte][119].

---

117. Cf. Birth... (2013).

118. Cf. Riddle (1999).

119. Cf. Hosack (1822, p. 205-209) apud Ruiz-Berdún (2015, p. 338).

Esses remédios também foram difundidos em outras comunidades religiosas. De fato, alguns deles chegaram à Europa por meio das traduções dos tratados de Avicena e Al-Razi; Gerardo de Cremona (*c.* 1114-1187), que verteu essas obras para o latim, explicou as qualidades de certas plantas para eliminar os fetos mortos. Da mesma forma, um texto judaico aponta esta receita: "Pegue um *dirhem* de pedra-ímã, bata-o e dê-o para beber com líquido de absinto ou suco de alface; faz maravilhas"[120].

Mas, além desses métodos farmacopeicos, outros métodos mecânicos e menos sutis foram desenvolvidos, como fazer uma sangria no tornozelo, um remédio clássico de "estimulação menstrual" ao qual uma mulher grávida não deve recorrer para o bem do feto. O próprio Avicena no livro III de *O cânone da medicina*, "*De regimine abortus et extractione fetus mortui*" (Sobre o aborto e a eliminação do feto morto), recomendava fazer exercício intenso ou carregar peso. Essas propostas estão alinhadas com outras daquela época, cuja base era que algum movimento brusco do corpo, como o espirro que recomendava Trótula, poderia causar o desprendimento do feto. Relações íntimas durante a gravidez, pulos após o ato sexual ou uma pequena situação econômica que fizesse a gravida passar fome poderiam ser outras causas de interrupção[121].

Por fim, havia outro método: espancar a mulher, o que foi denominado de "aborto por agressão". Alguns documentos ingleses mostram essas práticas. Em 1279, Master Thomas, um cirurgião de Kent, bateu em Agnes Le Deyster e provocou-lhe um aborto. Esse era o objetivo do cirurgião? Ele estava agindo de acordo com um método abortivo reconhecido? É provável que não, mas o aborto por agressão existia, e se qualquer interrupção era, por si só, uma prática incerta e cheia de perigos, a agressão era vista como um método viável de interromper uma gravidez indesejada? Se essa gravidez tivesse ocorrido após

120. Cf. Barkai (1998, p. 192-211). Trata-se da edição crítica de seis tratados hebreus sobre ginecologia, entre eles um atribuído a Isaac ben Sheshet Perfet, autoridade talmúdica radicada temporariamente em Barcelona entre os séculos XIV e XV, intitulado *Terufot le-herayon ha-niqra' Magen ha-rosh* e traduzido para o inglês por Barkai como *Medicaments for pregnancy, called The head's shield* [Medicamentos para gravidez, chamados de escudo da cabeça].

121. Cf. Moral de Calatrava (2006, p. 65-66).

um estupro, bater no abdômen da mulher para interrompê-la era uma solução fácil, especialmente para o próprio estuprador[122].

Alguns abortos por agressão não tinham realmente esse objetivo, mas a violência contra a mulher resultava na morte do feto. Um exemplo disso é o caso de Matilda Bonamy, que, em 1304, durante uma discussão com o homem que a havia engravidado, caiu, entrou em trabalho de parto e morreu[123]. Provavelmente não tinha a intenção de abortar, mas o responsável lucrou muito com uma disputa baseada na sua recusa em casar com Matilda. Portanto, esse homem deveria ser considerado o perpetrador do aborto. Contudo, em geral é difícil conhecer quem o fez ou quem tomou a decisão de acabar com a gravidez, questões interessantes que são uma incógnita, devido ao fato de a documentação a respeito não ser explícita.

O aborto foi um problema religioso e legal. Como era entendido? Era um pecado? Era um crime? Pode-se observar que, por meio da documentação a respeito do assunto, ao longo da Idade Média, a problemática moral que o aborto representava para a comunidade cristã e, em última instância, sua assunção como crime. A origem dessa percepção procede do cristianismo primitivo. Nessa época, um autor da importância de Tertuliano (*c.* 160-*c.* 220) estabeleceu as bases para o que seria a doutrina da Igreja a respeito:

> Da mesma maneira que é proibido o homicídio, não é lícito destruir o que é concebido no útero enquanto o sangue ainda está se formando em um homem. Evitar o nascimento é acelerar o homicídio, não há diferença entre arrancar uma alma que nasceu ou destruir uma que está nascendo. Aquele que será um homem, como todos os frutos, é agora uma semente[124].

Dos escritos desses primeiros padres da Igreja surgem ideias que posteriormente, nos séculos do Medievo, amadureceram. Tomando suas obras como ponto de partida, em particular a de Agostinho de Hipona (354-430), pouco a pouco vai se cristalizando uma determinada perspectiva dos temas de maior interesse para a Igreja, como a sexualidade e tudo o que estava relacionado a ela.

122. Cf. Butler (2011, p. 783-784).

123. Cf. Butler (2011, p. 778-779).

124. Cf. Tertuliano (p. 371-372).

Embora moral e socialmente a Idade Média estivesse muito longe de ser monolítica e muito tenha sido escrito sobre questões como a contracepção e o aborto, da perspectiva atual parece que as mudanças nesse aspecto não foram significativas:

> Poderíamos imaginar que nos mil anos após Agostinho de Hipona teria havido algum desenvolvimento significativo na doutrina cristã sobre o aborto. De fato, não parece ter havido muito desenvolvimento [...]. O ensinamento moral recebido foi aceito, pregado e apoiado com disciplina. Não parece ter sido feito muito para articular e consolidar a variedade de preceitos[125].

Nos mil anos que se passaram desde o século V, no qual viveu Agostinho de Hipona, até o século XV, fim da Idade Média, a doutrina relativa à interrupção da gravidez foi a que emanou dos padres da Igreja. No entanto, a evolução das práticas de aborto durante esse período levou as autoridades religiosas e seculares a terem que acrescentar alguns adendos ao que foi declarado por esses pensadores e que a casuística leva a contemplar e aumentar com o tempo. Entre eles estão: Como eram castigadas aquelas pessoas envolvidas em um aborto? De que maneira as normas religiosas o abordavam? E as leis seculares?

Concílios e sermões muito primitivos esboçam essa preocupação cristã pela interrupção da gravidez; é o caso dos concílios de Elvira (306), Lérida (546), Braga (572) e do Terceiro Concílio de Toledo (589), todos celebrados na Península Ibérica. Por outro lado, o pecado do aborto aparece nos primeiros penitenciais, por exemplo, neste do início do século VIII na Irlanda, em que era declarado: "A mulher que provocar um aborto voluntário do ser que concebeu, depois que ele se estabelecer no útero, [receberá] três anos e meio de penitência. Se a carne estiver formada, são sete anos. Se a alma tiver entrado nela, [são] catorze anos de penitência"[126].

Séculos depois, por volta do ano 1008, o penitencial citado anteriormente, *Corrector et medicus*, do bispo e especialista em direito eclesiástico Burcardo de Worms, impunha:

---

125. Cf. Grisez (1970, p. 150).

126. Cf. Atkinson (1991, p. 87).

> Abortar ou tentar impedir a concepção: penitência de dez anos;
> Aconselhar ou ajudar alguém a abortar: penitência de sete anos[127].

Outras comunidades religiosas eram, no entanto, menos rígidas. A judaica admitia, seguindo o Talmude, três circunstâncias para a contracepção: se a mulher fosse menor de idade, se estivesse grávida ou se estivesse amamentando. Fora dessas práticas, não era permitida, e somente por métodos não invasivos ou *coitus interruptus*. Rabinos e outros pensadores dos séculos XII, XIII e XIV – entre eles e em certas ocasiões o eminente Maimônides – incentivavam a ideia de não tolerar o aborto, exceto nos casos mencionados; no entanto, não faltavam outros autores que não estavam de acordo. A maioria achava que era apropriado se o feto "agressor" colocasse em risco a vida da mãe, como defendia o próprio Maimônides, quem, contradizendo-se novamente, deixou escrito que "um filho de Noé que mata uma pessoa, inclusive um feto no útero de sua mãe, é responsável por um crime"[128].

Essa última preocupação tem suas origens na medicina árabe, especificamente em *O cânone da medicina*, de Avicena, que foi de grande importância com relação a alguns dos preceitos sobre o aborto nas outras duas comunidades religiosas. Portanto, não é raro encontrar as mesmas questões no judaísmo e no cristianismo, e o fato é que, na verdade, permitir a interrupção da gravidez quando a vida da mãe estivesse em risco foi um tema urgente que surgiu para esses dois grupos a partir do século XII, e pode-se observar que havia a mesma preocupação entre os muçulmanos.

Entre os cristãos não havia uma opinião unificada sobre essa questão. Se o teólogo Pedro Cantor (*c.* 1130-1197) considerava que em nenhum caso deveria ser tolerado, nem mesmo diante da possível morte da mãe, Tomás de Aquino (1225-1274), que não enfrentou o dilema de frente, observou alguns detalhes que poderiam levar a pensar que ele estava desculpando a interrupção da gravidez nessa circunstância, uma vez que estava usando o princípio de que é legal matar alguém em legítima defesa, o que, logicamente, seria aplicável às mulheres que, estando grávidas, tinham uma alta probabilidade de morrer no parto[129].

---

127. Cf. Gagnon (2010, p. 47, 117).

128. Cf. Reverte Coma (1983, p. 49).

129. Cf. Noonan (1967, p. 103).

Embora a interrupção da gravidez tenha preocupado os padres da Igreja, não foi antes de Graciano (fim do século XI-*c.* 1159) – e seu famoso *Decreto* (*c.* 1140) – e Inocêncio III (1161-1216) que ela ganhou atenção, à medida que o direito canônico foi ganhando força. Gregório IX (*c.* 1145-1241) providenciou um novo cânone, *Si aliquis*, inspirado no penitencial de Regino de Prüm do século X comentado anteriormente. Ele disse o seguinte: "Se alguém, para satisfazer sua luxúria ou por ódio deliberado, fizer algo a um homem ou a uma mulher, ou lhes der de beber, para que ele não possa gerar ou ela não possa conceber, ou de modo que nenhum bebê nasça, que isso seja considerado homicídio"[130]. Quando se julgava que o feto não tinha alma, ele também era considerado pecado, como indicou Pedro Lombardo (1100-1160) em seu *Livro das sentenças*, pois o qualificava como um pecado contra o casamento[131]. Em seu comentário a essas *Sentenças*, Tomás de Aquino destacou que o uso de ervas abortivas era pecado "contra a natureza, porque até as feras cuidam de seus filhotes"[132]. Portanto, devido ao perigo do aborto, esse último teólogo considerava um pecado mortal manter relações sexuais quando uma mulher estava grávida[133].

No entanto, essa natureza pecaminosa da interrupção da gravidez poderia ir além e chegar ao homicídio. Se os penitenciais a tratavam como um pecado que exigia penitência a pão e água por algum tempo, a ideia que Tertuliano havia expressado por volta do ano 200 foi retomada: o aborto é um crime. De fato, para os cristãos era o pior crime, porque não dava à criança a possibilidade de salvação por meio do batismo. Isso perturbou muito Santo Agostinho, que não conseguia encontrar a resposta para o que aconteceria com esses fetos no dia da ressurreição.

Nessa construção ideológica em torno do aborto, então, podem ser observadas várias etapas: de um conflito inicialmente religioso, de censura espiritual, passou-se a uma condenação moral e social e, por fim, a uma intervenção

130. Cf. Noonan (1967, p. 99).

131. Cf. Noonan (1967, p. 101).

132. Cf. Noonan (1967, p. 101).

133. Cf. Noonan (1967, p. 102).

política e legislativa com o objetivo de sancionar adequadamente tais crimes. As teorias que surgiram sobre a criação do ser humano influenciaram de forma radical nesse processo de construção. Assim, os pensadores medievais tinham ideias diferentes sobre quando o feto era considerado um ser humano vivo. Alguns acreditavam que, quando seus membros estivessem formados, seria possível especular que se tratava de uma pessoa, enquanto outros pensavam que o embrião teria uma alma por volta de quarenta dias após a concepção, se fosse do sexo masculino, ou noventa dias depois, se fosse do sexo feminino, o que fazia com que fosse considerado um menino ou uma menina, ou até mesmo um homem ou uma mulher. Noções semelhantes existiam no pensamento islâmico, embora para alguns o feto não fosse considerado um bebê até cerca de cento e vinte dias, ou quatro meses, aproximadamente, quando Deus soprava a vida nele e ele se tornava um ser humano[134]. A ideia de que a origem exata da vida estava na própria concepção não era própria do pensamento medieval, mas sim uma noção que, com exceção do caso ambíguo do Império Bizantino, surgiria no século XVI com a Reforma Protestante[135].

A transposição dessas normas religiosas para a legislação dos diferentes territórios ou a conivência entre eles foi muito precoce. Já na Alta Idade Média, as leis dos reinos germânicos que se estabeleceram no ocidente europeu, como a lei sálica, a dos alamanos, a dos frísios ou as leis dos visigodos refletiam as ideias cristãs sobre a interrupção da gravidez que estavam presentes no pensamento dos padres da Igreja e que Agostinho de Hipona tinha ajudado a difundir. Em sua obra *De nuptiis et concupiscentia* [O casamento e a concupiscência] ele se refere ao aborto como uma obra de "luxúria cruel" ou "crueldade luxuriosa" e o considera um homicídio[136], além de classificar como mal casados, caso o casal que cometa o crime esteja em matrimônio:

> Às vezes, essa crueldade libidinosa, ou, se preferirem, essa libido cruel, vai tão longe que empregam drogas esterilizantes e, se estas se mostrarem ineficazes, matam no seio materno o feto concebido e o jogam fora, preferindo que sua prole desapareça antes de ter vida

134. Cf. Kueny (2013, p. 69).

135. Cf. Müller (2012, p. 30ss.).

136. Cf. Noonan (1967, p. 96).

> ou, se já vivia no útero, matam-na antes de nascer. Repito: se ambos são assim, não são cônjuges, e se se uniram desde o início com essa intenção, não contraíram matrimônio, mas que tenham firmado um acordo de coabitação. Se ambos não forem assim, digo sem medo que ou ela é uma prostituta ou ele é um adúltero[137].

Um bom exemplo dessa permeabilidade da moral cristã à legislação dos nascentes reinos europeus pode ser encontrado no reino visigodo. Se, atualmente, o aborto representa um amplo debate e um profundo conflito político e social, no passado medieval, seja hispânico ou de outros reinos, a disputa se refletia nas esferas política e religiosa. Nessa linha, não faltavam menções a respeito disso em alguns dos concílios de Toledo, em particular no terceiro (589), no qual o Rei Recaredo (559-601) renunciou ao arianismo para abraçar o catolicismo; no cânone XVII do concílio, sob a rubrica "Que o bispo, em união com os juízes, castigue de forma muito severa aqueles que matam seus filhos", afirma-se:

> Entre muitas queixas que chegaram ao conhecimento do santo concílio, uma delas contém tanta crueldade que não pode ser ouvida pelos sacerdotes reunidos; e é que, em algumas partes da Espanha, os pais, desejosos de fornicação, matam seus filhos, sem dar atenção à piedade; os quais, se acham tedioso aumentar muito a família, devem primeiramente punir a si mesmos por fornicação; pois se eles se casam para procriar filhos, são culpados de parricídio e fornicação, porque, ao matar seus próprios fetos, mostram que se casam não para ter filhos, mas para saciar sua leviandade. Portanto, e tendo essa maldade chegado ao conhecimento de nosso gloriosíssimo senhor, o Rei Recaredo, sua glória dignou-se a ordenar aos juízes do lugar onde o fato ocorreu que, em união com o sacerdote, fizessem uma investigação exata de tão horrendo crime e o proibissem com severidade[138].

A *Lex visigothorum* (654) também aborda essa questão com grande severidade em sua censura ao aborto. De fato, é provável que se trate da mais implacável de todas as leis então em vigor nos reinos ocidentais sob a influência cristã. Nesse código de leis, a interrupção da gravidez tornou-se uma questão altamente politizada, dada a convergência entre o governo, a lei e a religião.

---

137. Cf. Agostinho de Hipona, *De nuptiis et concupiscentia*.

138. Cf. Juan Tejada y Ramiro (1850, p. 247).

No entanto, um panorama semelhante também surgiu nos reinos orientais, como é o caso do Império Bizantino, no qual o aborto foi condenado desde muito cedo, de modo que a morte do feto, considerado um bebê desde o momento em que o útero recebeu a semente, foi valorizada da mesma forma que o infanticídio ou o assassinato. As punições para as pessoas associadas a essa prática variavam do exílio ao confisco de bens ou à morte.

Um exemplo que ilustra muito bem o alcance de toda essa normativa que proíbe a interrupção da gravidez é encontrado nos diferentes níveis legislativos dos reinos hispânicos. As leis castelhanas, o *Fuero Juzgo* e as *Partidas*, juntamente com os códigos e outras normas de caráter local, constituem uma excelente evidência, pois refletem a casuística que afetava a sociedade medieval.

O livro VI, título III, do *Fuero Juzgo* é dedicado "aos que tolhem mulheres que não tenham parido", ou, em outras palavras, aquelas que tenham causado abortos. Compreende sete leis que listam diferentes punições, dependendo das situações e do envolvimento de homens, mulheres livres ou servas[139]:

> I. Dos que fazem as mulheres abortar com ervas.
>
> Se algum homem der ervas à mulher para que ela aborte, ou para matar o filho, aquele que o fizer deve ser condenado à morte, e a mulher que tomar ervas para abortar; se for escrava, deve receber 200 açoites; se for livre, deve perder sua dignidade e será entregue como serva a quem o rei ordenar.
>
> II. Se o homem livre fizer a mulher livre abortar à força.
>
> Quem ferir uma mulher grávida de alguma maneira, ou, por qualquer ocasião, lhe causar um aborto, se a mulher morrer, aquele deve ser condenado à morte pelo homicídio que causou. E se a mulher abortar e não houver outro mal, se ambos – o homem e a mulher – forem livres, e se o feto estivesse formado dentro, deverá pagar 150 salários; e se o feto não estivesse formado, deverá pagar 100 salários.
>
> III. Lei antiga. Se a mulher livre fizer outra mulher livre abortar.
>
> Se alguma mulher livre fizer com que outra mulher livre aborte à força, ou por qualquer ocasião, ou fizer perder algum membro, deverá sofrer a mesma pena que um homem livre, conforme a lei.

139. Cf. Fuero Juzgo... (2002, p. 106-107).

Essas três primeiras leis afetam apenas pessoas livres; as três seguintes, servos e servas; se um homem livre fizesse com que uma destas abortasse, ele teria de pagar 20 soldos a quem fosse seu senhor; se, por outro lado, um servo se envolvesse em tais práticas com uma mulher livre, ele receberia duzentos açoites e se tornaria servo dela; por fim, se um servo provocasse a interrupção da gravidez de uma mulher na mesma condição que a dele, teria de pagar 10 soldos ao senhor, além de receber duzentas chicotadas. Da mesma forma, a sétima lei do *Fuero Juzgo* impunha punições severas àqueles que matassem seus filhos no útero ou após o nascimento, e condenava a tentativa de aborto da mesma forma que o ato consumado. Na segunda metade do século XIII, a obra *Las siete partidas* também dedicou uma lei a essa questão. No título VIII da lei VIII da sétima partida, "Como uma mulher grávida que conscientemente come ou bebe ervas com o objetivo de expulsar a criança será punida como homicida", afirma-se:

> Mulher grávida que bebesse ervas sabendo disso ou qualquer outra coisa com a qual expulsasse o feto, ou se ferisse com punhos no ventre ou com outra coisa com a intenção de perder o feto, e se perdesse por isso, dizemos que, se o feto já estava vivo no ventre, então, quando ela fez isso, deve morrer e sofrer a pena que está contida na lei que vem logo após esta, que começa: "Se o pai..."; se tivesse feito por força, assim como os judeus fazem com suas mulheres mouras em Toledo; então quem a obrigou deve sofrer essa pena; e se, por acaso, o feto não estivesse vivo, então não se deve castigá-la com a morte, mas ela deve ser desterrada para uma ilha por cinco anos[140].

Esse mesmo item condena à morte um homem que fere uma mulher grávida se o feto morrer, pois é considerado homicídio:

> Essa mesma pena deve receber o homem que ferir sua mulher sabendo que ela está grávida, de tal maneira que ela perdesse o que carregava no ventre devido à ferida; e se outro homem estranho o fizer, deve ser punido com pena de homicídio, caso o feto estivesse vivo quando morreu por culpa dele; e se ainda não estivesse vivo, [o homem] deve ser desterrado para alguma ilha por cinco anos[141].

---

140. Cf. Afonso X o Sábio (1555, partida VII, título VIII, lei VIII). "*Si el padre...*": assim começa a *Partida* (décima segunda) 7.8.12, mencionada na citação.

141. Cf. Afonso X o Sábio (1555, partida VII, título VIII, lei VIII).

Isso reflete o debate sobre quando um feto poderia ser considerado um ser humano, e as próprias sentenças dependiam do estágio de desenvolvimento do embrião. Se estivesse vivo, ou seja, se tivesse uma alma, o aborto era considerado homicídio e punido com a morte; por outro lado, se o feto não estivesse tão avançado, a punição era o banimento para uma ilha por cinco anos. Também na coroa de Aragão, o aborto era considerado um crime, e como tal se manifesta nos *Furs de València* [Foros de Valência] de Jaime I (1208-1276)[142]: "Que o homem ou a mulher que matar seu filho, ou a mulher grávida que matar seu filho no ventre, seja queimado"[143].

Pode-se concluir que normas semelhantes são encontradas na maioria dos reinos europeus. Por exemplo, na Inglaterra, Henry de Bracton (1210-1266), clérigo e jurista, indicava, no *Tractatus de legibus et consuetudinibus regni Angliae* ["Tratado sobre as leis e costumes do reino da Inglaterra], que "se alguém bater em uma mulher grávida ou lhe der veneno para fazê-la abortar, se o feto for formado ou *animatum* [com alma], especialmente se for *animatum*, isso é homicídio"[144].

Mas em um nível inferior a essas leis do reino, na esfera hispânica, estavam os regulamentos dos foros que, em casos como os de Cuenca e Soria, manifestam-se de forma explícita com relação à interrupção, algo quase excepcional, já que os problemas femininos são costumam aparecer neles. O Foro de Soria se refere ao crime de aborto e atribui a pena máxima ao fato de que à mulher "lhe deram remédios para a morte" da criança concebida[145]. Da mesma forma, o foro da cidade valenciana de Requena afirma:

> daquela que fizer o necessário para abortar o que tiver no ventre. A mulher que, sabendo disso, fizer o necessário para abortar, queimada seja, se for manifesto; se não, salve-se com ferro em brasa.

142. Cf. Beneyto (1982, p. 106).

143. Cf. Fur 9.7.77: "*Hom o fembra qui son fill ociurà, o si fembra que serà preyns en qualque guisa lo port que havie e·l ventre ociurà, sia cremada*".

144. Cf. Henry de Bracton (1922, p. 341).

145. Cf. Sáinz Guerra (2006, p. 147).

> Também, a mulher que disser que concebeu de algum homem e não for acreditada, que tome o ferro em brasa, e se se queimar, que não seja acreditada; e se resultar sã, que o pai receba o filho e crie-o, como diz o foro[146].

As punições das autoridades religiosas não eram as mesmas para todas as mulheres. Tinha-se mais consideração por uma mulher pobre, que não podia sustentar seu filho, do que por uma mulher sem essa preocupação. O *Decretum* de Burcardo de Worms, do qual faz parte o livro penitencial mencionado anteriormente, *Corrector et medicus*, diz: "Há uma grande diferença entre uma mulher pobre que faz isso por causa da dificuldade de alimentar uma criança e uma fornicadora que faz isso para esconder seu crime"[147]. A legislação laica, entretanto, não aponta para essas diferenças.

As sentenças eram cumpridas? A abundante documentação religiosa, jurídica e médica a respeito da proibição dessa prática e do endurecimento das penas não é traduzida em evidências escritas sobre punições de abortistas. Essa escassez de provas gráficas é comum a tudo o que se relaciona às ações, aos comportamentos e às crenças do povo, em particular das comunidades rurais. Por isso é muito difícil encontrar testemunhas de um aborto, ainda mais se este foi praticado de forma intencional ou resultado de negligência obstétrica. Isso torna impossível verificar se as abundantes sanções legisladas eram realmente impostas e cumpridas. Apesar disso, alguns exemplos permitem lançar alguma luz sobre essa questão interessante.

É o caso do município de Cocentaina, na província espanhola de Alicante, onde um médico judeu chamado Abrahim Abengullel foi julgado, em 1318, por ter oferecido uma poção à base de ruibarbo que provocou o aborto de uma mulher grávida. O acusado não foi punido, pois a justiça entendeu que ele havia dado o remédio adequado para o que a mulher tinha[148]. Nesse caso, os juízes deram razão ao médico, e é de se perguntar se eles não agiriam da mes-

146. Cf. Domingo Iranzo (2008, livro II, título I, rubrica 33, p. 160). Transcrição da autora [no original].

147. Cf. Jutte (2008, p. 77).

148. Cf. Ferragud Domingo (p. 21).

ma maneira em outras situações semelhantes. Não seria arriscado supor que os próprios poderes laicos responsáveis por processar esses fatos vissem na interrupção da gravidez um pecado, e não um delito, e, nessa linha, fossem consideradas apropriadas as penas impostas pelas autoridades eclesiásticas, que costumavam ser de outra natureza. Mas não parece que essas últimas, tão inclinadas a limitar as práticas contraceptivas, tenham feito muito para evitá-las, ou mesmo, em alguns casos, tenham olhado para o outro lado. É difícil tentar adivinhar razões para isso; estas poderiam ir desde a ineficiência das soluções oferecidas pelo próprio clero até o risco de acusações falsas, frequentes no período medieval. De fato, a condenação por interromper a gravidez envolve certos riscos, especialmente quando surgiam denúncias insidiosas cujo objetivo era tentar punir uma determinada mulher por motivos pessoais. Um bom exemplo disso pode ser encontrado na história da casa real da França, quando o Rei Lotário II (835-869) quis se divorciar da esposa, a Rainha Teutberga (século XVII), para se casar com a amante Waldrada (835-869), com quem tinha vários filhos. Lotário acusou Teutberga de ter relações incestuosas com o irmão e de ter feito um aborto, o que era completamente falso, já que, em primeiro lugar, ela não podia ter filhos[149] e, em segundo lugar, se tivesse existido, esse relacionamento adúltero teria sido "antinatural"[150], de forma que ela não poderia ter engravidado. Lotário promoveu essa acusação porque, naquela época, o aborto era um dos motivos pelos quais o divórcio poderia ser solicitado e obtido, como aconteceu nesse caso.

Teutberga foi vítima, portanto, de uma falsa acusação que acarretou a perda do seu título de rainha da França. Foi uma condenação política, além de um caso excepcional, pois poucas mulheres sofreram esse tipo de punição. Aquelas que pertenciam a outros grupos sociais experimentavam, antes de mais nada, a reprovação social que o aborto ocasionava, provavelmente a retaliação mais perturbadora a ser considerada. De fato, mais do que as penas religiosas ou laicas, o maior temor era o julgamento da sociedade, algo que parece fazer parte daquilo que alguns antropólogos da segunda metade do século XX chamaram

149. Cf. Hincmaro de Reims (2016).

150. Cf. Mistry (2011, p. 224).

de cultura da vergonha[151], um sentimento que poderia afetá-las mais do que a culpabilidade, embora ambas – vergonha e culpa – tenham algumas características em comum[152]. Embora a culpabilidade tenha desempenhado um papel importante, com o componente adicional da influência religiosa, era o medo da vergonha frente a seus semelhantes que as levava a se arriscar fazendo um aborto, risco muito elevado, em particular pela alta probabilidade de morrer, ainda maior do que no próprio parto. A vergonha relacionada ao sexo tem perdurado por séculos e chegou até o século XX: "Se o engano, a mentira, a traição etc. são uma demonstração clara da falta de vergonha, o comportamento sexual é o que mais pode dar motivos para exibir essa falta, especialmente no sexo feminino", destacava o antropólogo social e hispanista Julian Pitt-Rivers (1919-2001) a respeito de um povo andaluz no século XX[153].

A dimensão sociocultural das práticas contraceptivas é um aspecto importante para levar em consideração. Para entendê-la, é preciso se perguntar sobre os dilemas pessoais que levaram as pessoas a utilizar esses métodos: prazer ou procriação, rejeição à ilegalidade da contracepção ou forma de evitar problemas econômicos?

A disseminação dessas práticas e desses comportamentos durante os séculos medievais é evidente. A contracepção, por exemplo, se espalhou dos círculos de prostituição ou dos encontros clandestinos, onde era comum, até chegar às próprias relações conjugais. É difícil entender como se propagou, mas algumas fontes sugerem que sua disseminação se acelerou a partir do século XII em diante. Alguns versos do "Paraíso", de Dante, até o ano de 1300, expõem a situação lamentável de Florença e seu declínio, em contraste com as virtudes dessa cidade-Estado no começo do século XII. Dante "faz clara alusão" aos métodos contraceptivos no casamento[154]. Um exemplo ilustrativo da proliferação dessas práticas pode ser o *coitus interruptus*. Para além da mais que possível comunicação por tradição oral, de pais para filhos, foi contempla-

151. Cf. Peristiany (1993, p. 23).

152. Cf. Montero Bosch (2016, p. 125).

153. Cf. Pitt-Rivers (1971, p. 140).

154. Cf. Herlihy (1970, p. 88/96).

do o papel dos confessores, que eram consultados sobre questões de criação de crianças, uma vez que, nas perguntas que formulavam sobre pecados sexuais, podiam divulgar métodos que, de outra forma, não teriam chegado a uma pessoa sem instrução. Além disso, também se especulou sobre a possibilidade de contatos com comunidades judaicas, em que esses costumes para evitar a gravidez parecem ter sido bastante difundidos nos séculos XII e XIII[155].

De qualquer forma, pode-se observar que a comunicação que as pessoas estabeleciam entre si sobre essas práticas era muito tímida, algo que provavelmente se deu não apenas por sua expressa proibição religiosa ou civil, mas também pela forte condenação social que a contracepção e, em especial, o aborto implicavam. Esse fato foi muito bem refletido na literatura medieval, tanto piedosa quanto secular, como pode ser visto nestes versos de *Carmina burana*:

> Quando saio, todos me olham como se eu fosse um monstro.
> Quando veem meu estômago, cutucam uns aos outros e se calam enquanto eu passo.
> Sempre se tocam com os cotovelos, apontando o dedo para mim, como se eu tivesse feito algo portentoso.
> Eles acenam com a cabeça
> e me julgam digno da pira, porque uma vez pequei[156].

Por outro lado, os *fabliaux* (espécie de fábulas) descrevem casos de encontros sexuais proibidos que, em algumas ocasiões, terminavam em gravidezes indesejadas, após usar contraceptivos que costumavam falhar[157]. No livro de sátiras *Facetiae*, de Poggio Bracciolini (1380-1459), aparece a história de uma abadessa de um mosteiro de Roma que se apaixonou por um frade, o qual implorava frequentemente que ela tivesse relações sexuais com ele. Diante da recusa da abadessa por medo de engravidar e de incorrer em punição, ele prometeu dar a ela um "breve", um pequeno escrito que, amarrado ao pescoço, permitiria que ela mantivesse relações com quem quisesse sem risco. Ela acreditou e satisfez seu desejo. Três meses depois, ela se deu conta de que estava grávida, e, quando descobriu, o religioso fugiu. Sentindo-se traída, ela desa-

155. Cf. Biller (1982, p. 20).

156. Cf. Schmeller (1894, estrofe 88, 3, p. 171).

157. Cf. Van de Walle (p. 321-330).

marrou o breve e nele encontrou um texto que, em palavras vulgares, dizia: "*Asca imbarasca, non facias te supponi et non implebis tascam*" (Abracadabra, não te deixes seduzir e não encherás a xícara)[158]. Mais uma vez há o exemplo de uma monja que rompe com a dedicação exclusiva de sua vida a Deus. Nesse caso, como nos de outras monjas grávidas, sua preocupação pela sanção social é agravada pela índole religiosa e moral. A hagiografia e a literatura se encarregaram de resolver esses problemas recorrendo aos abortos milagrosos, típicos dos primeiros séculos do período medieval e que reapareceram mais tarde, na Plena e na Baixa Idade Média.

Paralelamente a isso, há uma história muito interessante, embora não seja propriamente um aborto milagroso, já que o bebê chegou a nascer. Esse relato faz parte da obra *Los milagros de Nuestra Señora*, de Gonzalo de Berceo, e se intitula "Sobre como uma abadessa foi engravidada e por seu convento foi acusada e, depois, pela Virgem foi liberada". Essa história retrata a abadessa de um convento que se distinguia por sua grande virtude, sua boa reputação e sua habilidade como governante de sua comunidade religiosa:

> Nessa abadessa havia muita bondade,
> era de grande reputação e de grande caridade,
> governava seu convento com toda vontade,
> vivendo segundo a regra com toda honestidade.

A abadessa se apaixonou:

> Mas a abadessa caiu uma vez,
> fez uma loucura que é muito vedada;
> pisou, por sua conta, erva forte envenenada,
> quando bem se cuidou, viu-se embuchada.

E acabou engravidando:

> Foi crescendo o ventre contra as delicadezas,
> foram-se formando manchas nas bochechas,
> umas eram grandes, outras menorzinhas,
> pois nas primeiras acontecem essas coisinhas.

158. Cf. Bracciolini (1879, p. 134).

Ela tentou esconder a gravidez, mas, quando isso não foi possível e o momento do parto se aproximou, recorreu à Virgem Maria, que atendeu a seu pedido:

> Ao sabor do prazer da Virgem gloriosa
> não sentindo a mãe dor alguma,
> nasceu a criança coisinha mais formosa,
> mandou a Gloriosa que os anjos a prendessem.
> Disse-lhes aos anjos: "A vós ambos castigo,
> levai essa criancinha a fulano meu amigo;
> dizei que a crie para mim, eu assim vos digo,
> pois ele acreditará em vós, logo estará comigo".

Após esse período, ela acorda e:

> Apalpou com suas mãos quando se lembrou
> do ventre, dos lados e de cada dor;
> encontrou seu ventre vazio, a cintura muito magra[159].

Diante da perplexidade das monjas, que estavam incomodadas com a abadessa, a comunidade exigiu que ela prestasse contas perante o cabido, mas ela se dirigiu ao bispo para pedir perdão. No entanto, encontrou-se com um prelado que estava furioso com ela e que, assim que a viu, admoestou-a pelo pecado que havia cometido:

> O bispo logo começou a repreendê-la
> por ter feito uma coisa pela qual devia ser punida,
> e não deveria continuar como abadessa,
> nem entre outras monjas deveria habitar:
> "Toda monja que comete tal desonestidade,
> que não guarda seu corpo nem tem castidade,
> deve ser expulsa da sociedade;
> e que lá onde quiser faça tal sujidade"[160].

O bispo quis colocá-la à prova e enviou dois clérigos de sua confiança para verificar a condição da abadessa:

> Enviou os clérigos nos quais ele mais confiava
> para que provassem de que maneira estava;
> tiraram-lhe a saia, embora lhes pesasse,
> acharam-na tão seca que parecia uma tábua.

---

159. Cf. Gonzalo de Berceo (2006, 537abc).

160. Cf. Gonzalo de Berceo (2006, p. 555 e 556ab).

Não encontraram nela sinal de gravidez,
nem leite, nem rastro de uma malformação,
disseram: "Isso não é outra coisa senão grande vaidade,
nunca foi levantada tamanha falsidade".

A intervenção da Virgem Maria remove os traços de maternidade que permaneceriam na monja após o parto; ao contrário dos abortos milagrosos do início da Idade Média, a criança recém-nascida não desaparece, mas sim é levada por anjos a um eremita para ser cuidada.

Gonzalo de Berceo escreveu esse milagre da Virgem poucos anos antes de o escândalo das monjas dominicanas ou donas de Zamora se tornar conhecido. O assunto, uma abadessa ou uma monja grávida, podia fazer parte da vida cotidiana da época, "quando as práticas sexuais liberais de clérigos e monjas eram um segredo aberto que nem mesmo as autoridades eclesiásticas encobriam"[161], de forma que, "ao escrever sobre isso, não houve denúncia, mas recreação, atualização, reivindicação e, talvez, sarcasmo envolto em piedade mariana"[162]. Esses casos indicam a existência de mulheres que priorizavam sua liberdade e que mantinham relacionamentos sem querer ser mães, ou seja, supostamente tinham o desejo maternal atribuído ao sexo feminino. Georges Duby assinalava vários exemplos registrados nas hagiografias dos últimos séculos da Idade Média[163], entre eles os das italianas Margarida de Cortona (1247-1297), Angela de Foligno (1248-1309) e Umiltá de Faenza (*c.* 1226-1310). Margarida de Cortona, como uma segunda Madalena, após um longo concubinato e de uma vida dissipada, entrou em um convento e negligenciou seu filho ilegítimo "sem demonstrar o menor senso de maternidade". Semelhante foi a jornada de vida de Angela de Foligno, embora ela só tenha dado esse passo após a morte de seu marido e de seus filhos. Por fim, Umiltá de Faenza, pintada por Pietro Lorenzetti (*c.* 1280-1348), depois de se tornar mãe de dois filhos que morreram após serem batizados, ela convenceu o marido a manter um casamento casto.

161. Cf. Benito-Vessels (2003, p. 11).

162. Cf. Benito-Vessels (2003, p. 11).

163. Cf. Opitz (1991, p. 340).

Umiltá representa um exemplo do último dos meios aos quais as mulheres casadas que não queriam ser mães poderiam recorrer. Esses são os chamados casamentos espirituais, ou seja, casamentos que são celebrados, mas não consumados, porque uma ou ambas as partes se propõem a levar uma vida de abstinência sexual. Havia, portanto, mulheres capazes de impor essas condições nos encontros voltados à procriação. Foi o caso da citada Margery Kempe, que implorou ao marido que pusesse um fim às relações carnais. Beda o Venerável (*c.* 672-735), em *Historia Ecclesiastica Gentis Anglorum* [História eclesiástica do povo inglês], relata a vida de Eteldreda de Ely (*c.* 636-679), filha do rei da Ânglia Oriental, a qual, após ficar viúva, se casou pela segunda vez com o Rei Egfrido (*c.* 645-685):

> Apesar de ter vivido com ele por doze anos, ela sempre preservou intacta a glória da virgindade, como o bispo Wilfrido, de feliz memória, me contou respondendo às minhas perguntas, quando alguns duvidavam que isso tivesse acontecido dessa forma, dizendo que ele era uma testemunha garantida de sua virgindade, a ponto de Egfrido ter prometido a ele que lhe daria muitas terras e dinheiros se conseguisse persuadir a rainha a usar o casamento, porque sabia que ela não amava a nenhum homem além dele [...] o milagre divino pelo qual a carne sepultada daquela mulher não se corrompeu no túmulo dá a entender que ela permaneceu incontaminada por qualquer contado com um homem[164].

Alguns casos de casamentos espirituais da realeza ou da nobreza foram objeto de estudo aprofundado. Um dos primeiros conhecidos seria o de Pulquéria (399-453), imperatriz do Império Romano do Oriente, embora a não consumação de seu vínculo com o Imperador Marciano (*c.* 392-457) se devesse ao voto de castidade que ela havia feito antes de se casar e ao fato de que, por razões políticas, não tinha interesse em ter filhos. Na Alta Idade Média se destaca o caso da rainha anglo-saxônica e abadessa de Ely, Eteldreda, cujo nome derivaria, mais tarde, para "Audrey", que se manteve casta em seus dois casamentos. Por fim, na Baixa Idade Média, foi significativo o que ocorreu entre Dauphine de Puimichel (1283-1360) e Elzéar de Sabran (1285-1323). Decidida a manter sua virgindade desde que tinha 7 ou 8 anos, essa senhora provençal

---

164. Cf. Beda o Venerável (2013, p. 221).

foi forçada a se casar, embora não tenha consentido em fazer isso até que seus parentes prometessem ajudá-la a manter esse *status*. Vivendo no mesmo reino, e na mesma época, Dauphine de Puimichel encarna um modelo de sexualidade que é o polo oposto ao da herege cátara Grazida Lizier, com cuja confissão este capítulo foi introduzido. A primeira é defensora da virgindade; e a segunda, da concupiscência.

Após um ano de casados, Elzéar quis consumar a união de maneira carnal, mas Dauphine inventou um estratagema para manter seu casamento espiritual:

> Dauphine fingiu estar gravemente doente; permaneceu na cama e manteve a dieta de quem não está bem. Então, depois de um pequeno intervalo, a febre realmente tomou conta dela com um certo tipo de garganta inflamada.
>
> [...] "Elzéar [disse a seu marido, a quem havia chamado], tenho um segredo para lhe contar, porque sinto que você me ama com ternura. Por isso, você deve saber que não posso ser salva dessa grave doença, a menos que me prometa uma coisa: se cumprir a promessa, em breve, com a ajuda de Deus, vou melhorar; caso contrário, não serei salva". Ao que o mencionado Elzéar, sorrindo, disse: "O que é que você deseja?" E ela respondeu: "Prometa-me e eu lhe contarei". Então ele disse: "Eu prometo".

A promessa era manter a virgindade de Dauphine e o já conhecido casamento espiritual, fatos de grande preocupação para Elzéar, não tanto por sua própria satisfação sexual, mas sim pela impossibilidade de gerar uma prole.

> "Concordo, mas como lidaremos com meus pais, já que eles querem expressamente que nos empenhemos em ter filhos?" Ao que ela respondeu: "Não hesite, porque Deus concorda com essa decisão e buscará uma solução"[165].

Como Dauphine e Elzéar, Brígida da Suécia manteve por dois anos um casamento espiritual com seu marido Ulf, e sua filha Katarina (1331-1381), que se casou na adolescência com Eggert von Kyren, imitou o casamento casto de Maria e José. Esse era um comportamento típico de mulheres que seguiam

165. Cf. Elliott (1995, p. 285-286).

rigorosamente a doutrina cristã e que provavelmente pretendiam, embora não tenham conseguido, ser um modelo para outras mulheres de sua época.

Pode ser que houvesse outras razões, além das espirituais, para manter um casamento sem relações carnais. Há um exemplo interessante, o da rainha de Mércia, Æthelflæd (870-918), filha de Alfredo o Grande (*c.* 849-899), rei dos anglo-saxões, a qual, após dar à luz uma filha, decidiu não ter mais relações com seu marido por causa do parto terrível pelo qual ela passou, embora recorrer ao espiritual possa ter sido simplesmente uma boa desculpa[166]. O sofrimento deve ter sido tão grande que ela colocou seu bem-estar pessoal à frente da obrigação política das rainhas, que era principalmente a de ser mãe.

166. Cf. Guilherme de Malmesbury (1911, p. 123) apud Docray-Miller (2000, p. 62).

3
Quero ser mãe

Notifico a Vossa Senhoria, pois sei que lhe agradará saber que estou grávida. Encontro-me bem com a gravidez, graças a Deus[167].

Encontro-me bem com a gravidez, graças a Ele. E confio em sua misericórdia que, em meados deste mês, será o momento de parir ou de, sem pressa e sem grande dor, dar à luz, se assim for sua vontade.

Pela graça de Nosso Senhor Deus, suspeitamos estar grávida.

Como é algo que, como sabeis, nos dá prazer [...] que pela graça de Deus estou grávida [...] como é algo em que, como sabeis, encontramos prazer [...] que pela graça do Espírito Santo estou grávida [...]. Como, assim, destemida [...] fomos muito enfraquecidas e provocadas a grande vômito, e finalmente levadas a algo que não gostaríamos de fazer, senão descansar, e, consequentemente, necessitamos de conforto com coisas que nos dão prazer, entre elas ouvir e saber muitas boas notícias[168].

Esses breves relatos pertencem a cartas que Iolanda de Bar (1365-1431), rainha de Aragão, enviou a diferentes pessoas a seu redor, anunciando a boa-nova de que estava grávida. No primeiro fragmento, datado de 1381, uma jovem, Iolanda, de apenas 15 anos, anuncia com alegria sua primeira gravidez ao sogro, Pedro IV o Cerimonioso, rei de Aragão. Naquela época, ela ainda era duquesa de Girona, um ano após seu casamento com João, o filho mais velho do Rei Pedro, e não se tornaria rainha até o falecimento deste, em 1387. O

167. Cf. Bratsch-Prince (1998, p. 21).

168. Todos os fragmentos em Bratsch-Prince (1998, p. 26).

segundo fragmento faz parte de uma missiva dirigida à rainha viúva Sibila de Fortià (1350-1406), a quem, como mulher, confia os aspectos mais íntimos da maternidade. O terceiro fragmento é apenas uma linha da carta que, em 1388, Iolanda enviou ao legado papal Luis de Monjoy, quando estava grávida de seu filho Fernando, que nasceu e morreu em 1389[169]. O quarto e último escrito pertence a outra carta enviada a um dos nobres do reino, o conde de Roda. Família, amigos e até o papa recebiam anúncios da gravidez dessa rainha. Ela os enviava em tom alegre e feliz, com orgulho e também cautela, provavelmente sem esquecer de que "suas gravidezes eram claramente questão de Estado"[170].

Em quinze anos de casamento com João I de Aragão (1350-1396), Iolanda engravidou oito vezes, mas só uma filha chegou à idade adulta, o restante da prole viveu apenas dias, meses ou alguns poucos anos; e uma de suas gestações não vingou. De qualquer forma, é evidente que ela e a maioria das rainhas queriam e até mesmo precisavam ser mães. A partir desse exemplo, neste capítulo serão abordadas as razões que levavam algumas mulheres, não só as rainhas, a querer ser mães, e analisados o que impediu ou dificultou esse processo, particularmente a infertilidade e a impotência, bem como os meios utilizados para solucionar esses problemas e produzir descendentes.

Iolanda de Bar cumpriu com sua principal função como rainha: ser mãe. Assim como ela, outras monarcas exerciam o papel de "incubadoras" da prole do rei. Como sua obrigação mais decisiva e importante, Iolanda de Bar cumpriu com êxito seu dever de mãe, pois não apresentou dificuldades para conceber. No entanto, logo a sorte virou contra ela, porque nenhum de seus filhos chegou à coroa de Aragão. O primeiro deles, o menino Jaime, que teria sido o herdeiro do reino, faleceu aos 5 anos; outros dois garotos morreram pouco depois de nascer; e três de suas filhas também tiveram uma vida muito curta. Foi, portanto, uma menina que também se chamava Iolanda a única sobrevivente de sua longa linhagem de descendentes, mas alguém que, por sua condição feminina, não pôde aceder ao trono aragonês.

---

169. Cf. Bratsch-Prince (1998, p. 26). O documento original se encontra no Archivo de la Corona de Aragón (ACA), reg. 2053, fol. 76r.

170. Cf. Bratsch-Prince (1998, p. 26); ACA, reg. 2053, fol. 79v-80r.

Quando seu marido João I morreu e ela tinha a esperança de abrigar outro herdeiro, Iolanda de Bar apresentou um comportamento que, para dizer o mínimo, causou inquietação à nova corte; é que a rainha afirmava estar grávida[171]. A nova rainha, sua cunhada Maria de Luna (1353-1406), esposa de Martim I (1356-1410), exigiu imediatamente que medidas fossem tomadas. Ela dizia ter recebido uma informação de que "a Rainha Dona Iolanda, que afirmava estar grávida, tinha abortado". Dessa forma, perguntou-se à própria Iolanda, que:

> Declarou que, embora fosse assim – que apresentasse alguns sinais de haver abortado –, na verdade estava grávida; e acrescentou a isso algumas palavras de grande sentimento, como se estivesse ameaçando que os tempos poderiam mudar e voltar a seu estágio inicial, que, por estar grávida, ela não valia menos de forma alguma[172].

O que significavam essas palavras "ameaçadoras" da rainha? Se sua condição fosse verdadeira e ela tivesse um filho homem, "os tempos poderiam mudar", pois esse rebento de João I seria o herdeiro do reino. Sua afirmação de que "ela não valia menos em nada por causa de sua gravidez" leva a pensar sobre o papel das cartas mencionadas anteriormente com as boas-novas de suas gestações. Essas missivas podem ser mais do que o eco de sua voz e representar seu papel no corpo político e o poder que ela exercia como monarca, apesar de sua juventude. Como sua dimensão essencial como rainha estava na gestação do herdeiro do trono, é compreensível que ela se sentisse frustrada quando seus filhos e filhas morriam – especialmente os meninos –, pois não lhe bastava ser mãe, ela precisava ser mãe de um menino. Quando seu marido morreu, em 1396, só a infanta Iolanda estava viva, daí a esperança de que ela estivesse grávida de um menino.

Diante da suspeita de que ela não estivesse realmente grávida, ou de que tivesse sofrido um aborto, colocaram para protegê-la "quatro damas muito honradas e sabidas [...], e a rainha respondeu com um semblante que ficaria feliz com isso e até exigiu que assim o fizessem"[173]. Essa vigilância não parecia

---

171. Cf. Piera (2019, p. 219).

172. Cf. Zurita (1610, livro X, cap. LVII, p. 398).

173. Cf. Zurita (1610, livro X, cap. LVII, p. 398).

incomodá-la, mas a incomodava o fato de que a rainha viúva Sibila de Fortiá, a quarta esposa de Pedro IV, também vivia no palácio onde morava. Em vista disso, "determinou-se que a Rainha Sibila deveria deixar o palácio, e ela foi alojada no mosteiro dos frades [...]; e o palácio real foi deixado livre para a Rainha Iolanda"[174]. Esse gesto mostra o poder de uma soberana que alegava estar grávida, embora "a gravidez tenha sido tal que ela não deu à luz"[175]. Não havia certeza na época, tampouco foi possível descobrir mais tarde se a rainha estava grávida; não seria arriscado supor que essa gestação estava mais em sua cabeça do que em seu ventre, pois ela desejava ardentemente ter um filho, e isso pode tê-la levado a agir simulando uma gravidez e a subsequente perda da criança.

As boas-novas que Iolanda de Bar enviou a algumas pessoas de seu entorno ao saber de suas gestações também foram enviadas por outras rainhas e mulheres. Há exemplos como o de sua predecessora, a primeira esposa do Rei João I, Matha de Armagnac (1347-1378), duquesa de Girona e marquesa de Cervera, que também escreveu algumas missivas sobre o assunto. Em 1375, ela escreveu para sua tia, a condessa de Urgel, informando-a de que "a pedra que você nos deu nos fez muito bem, e você deve saber que estou grávida desde o Natal"[176]; a data da carta indica que era sua segunda gestação. Da primeira havia nascido um menino, Jaime, que provavelmente não viveu mais do que dois meses. Matha precisava de descendentes para que tivesse concebido um herdeiro quando seu marido subisse ao trono.

Uma segunda carta dessa natureza é endereçada por Matha de Armagnac ao Rei Pedro IV em fevereiro de 1377; ela o avisa "como nosso senhor Deus me concedeu a graça de estar grávida"[177]. Dessa gestação resultou o filho Afonso, que morreu no mesmo ano. Embora pareça não ter sido necessário, Matha de Armagnac recorreu a um remédio para engravidar: a pedra que sua tia havia lhe dado de presente, um dos recursos aos quais muitas outras mulheres recorreram por medo da infertilidade.

174. Cf. Zurita (1610, livro X, cap. LVII, p. 398).

175. Cf. Zurita (1610, livro X, cap. LVII, p. 398).

176. Cf. Próspero de Bofarull (1898, vol. 6, carta 12, p. 324).

177. Cf. Próspero de Bofarull (1898, vol. 6, carta 22, p. 329).

Há muitos registros de outras rainhas e mulheres poderosas da Europa Ocidental e Oriental sobre o desejo de ser mãe. Um dos primeiros corresponde à já citada Teutberga (século IX), repudiada pelo marido, que poderia se juntar a outras consortes francesas que seriam privadas de seus direitos como monarcas por não terem descendentes ou filhos homens, em um reino onde as mulheres eram impedidas de subir ao trono.

Também há exemplos de imperatrizes do Império Bizantino. No começo do século X, a amante e depois esposa do Imperador Leão VI (866-912), Zoé Carbonopsina (886-911), ansiosa para conceber um futuro herdeiro e incapaz de engravidar, recorreu à mediação divina. Assim, foi para o santuário da Virgem de Pege, em Constantinopla, e mediu um novelo de seda com o mesmo comprimento da imagem da Virgem exposta ali, o qual depois ela enrolou em suas entranhas. No ano 905, Zoé Carbonopsina deu à luz um filho que, mais tarde, se tornaria o Imperador Constantino VII Porfirogênito (r. 913-959)[178].

Na primeira metade do século XI, o escritor Miguel Pselo conta a história de outra Zoé bizantina, a esposa do Imperador Romano III (968-1034), Zoé Porfirogênita (978-1050). Essa história mostra não apenas o desejo maternal da imperatriz, mas também do próprio imperador, que é quem toma medidas e faz com que sua esposa também as tome:

> Tendo sido julgado digno da coroa, em detrimento de todos os outros, Romano enganou a si mesmo acreditando que reinaria durante muitos anos e deixaria como sucessora uma família destinada a herdar o trono por muitas gerações. Aparentemente ele não se deu conta de que a filha de Constantino, com quem viveu após sua aclamação, era muito velha para conceber e já era estéril (na verdade, ela tinha 50 anos quando se casou com ele); diante da incapacidade natural, ele se agarrou cada vez mais a suas ambições, levado por sua própria fé no futuro. Por outro lado, ignorou o requisito físico prévio para a concepção. No entanto, ele recorreu a especialistas que lidam com distúrbios sexuais e afirmam serem capazes de induzir ou curar a infertilidade. Submeteu-se ao tratamento com unguentos e massagens, e exigiu que sua esposa fizesse o mesmo. Na verdade, foi ainda mais longe: foi introduzido à maioria das práti-

178. Cf. Talbot (2012, p. XVI).

> cas mágicas, amarrando pequenas pedrinhas ao corpo, pendurando amuletos em si mesmo, usando correntes, embelezando-se com o restante das bobagens. Como suas expectativas nunca se concretizaram, o imperador finalmente desistiu desesperado e deu menos atenção a Zoé[179].

No século XII é encontrado outro bom exemplo no epistolário de Hildegarda de Bingen. Trata-se de uma carta dirigida a ela por cinco abades, com o seguinte conteúdo:

> Quem lhe traz esta carta é uma nobre senhora, esposa de um homem que a ama muito. Com grande devoção dirige-se a você, humilde e a pé, embora pudesse ter chegado a cavalo e em alta companhia. Veio pela seguinte razão: embora tenha tido filhos em seu casamento, já há algum tempo é estéril. Aqueles primeiros filhos morreram, e não conseguiu gerar outros, de modo que seu marido e ela estão consumidos pela dor. Por essa razão voou até você, donzela e amiga de Cristo, com a firme convicção de que, por meio de seus méritos com Deus e suas orações, poderá alcançar a fecundidade e, já com um filho, apresentar o fruto abençoado do ventre dela a Cristo. Portanto, como oramos pelos dois, ela e o marido, pedimos que ore por eles perante o Pai. Que Deus lhes conceda o desejo de seus corações[180].

A portadora dessa carta era, certamente, Beatriz de Borgonha (1140-1184), segunda esposa de Frederico I (1122-1190), também conhecido como Frederico Barbarossa ou Barba Ruiva, embora permaneça a dúvida sobre uma possível troca de datas. Casou-se com Frederico em junho de 1156, e o primeiro descendente deles não havia nascido até 1157. Deve ser um erro, porque, embora ela tenha dito que teve filhos, a primeira, Beatriz, não nasceu antes de 1162. Se foi ou não um deslize cronológico, fica evidente que Beatriz de Borgonha pretendia ficar grávida, apesar de ter levado alguns anos. O resultado final, no entanto, foi um êxito, já que desde 1162 concebeu três filhas e oito descendentes masculinos. Hildegarda não podia lhe oferecer nenhuma ajuda além da oração:

> Com relação à sua solicitação para que a ajuda de Deus torne a esposa fértil, isso corresponde à vontade e ao pleno poder de Deus, pois Ele sabe em que caso deve conceder e em que caso deve negar a prole, já

179. Cf. Miguel Pselo (livro III, Romano III, 5).

180. Cf. Hildegarda de Bingen (vol. I, carta LXX, p. 153).

> que não julga de acordo com a visão dos homens, mas sim de acordo com seu julgamento interior. No que me diz respeito, conforme seu pedido, implorarei a Deus por ela, mas Ele fará o que divina e misericordiosamente desejou que fosse feito a partir daquele momento[181].

Assim como outras rainhas, Beatriz de Borgonha queria gerar descendentes o mais rápido possível após seu casamento, mas, também como outras mulheres, experimentou os obstáculos de sua pouca idade para conceber. Isso também aconteceu com Leonor da Aquitânia (1122-1204), que, aos 15 anos, pretendia engravidar depois de se casar, em 1137, com Luís VII da França (1120-1180). É verdade que ficou grávida, mas perdeu o bebê. Após seis anos sem engravidar novamente, a ansiedade de ser mãe a levou a pedir ajuda a Bernardo de Claraval (1090-1153), um monge cisterciense que era reverenciado como um homem santo, mas que, no entanto, só podia lhe oferecer ajuda espiritual. Por fim, em 1145, nasceu a Princesa Maria, mas foram necessários mais cinco anos para que ela conseguisse engravidar de sua segunda filha, Alice, que nasceu em 1151. No ano seguinte, em 1152, Luís VII e Leonor da Aquitânia se divorciaram. As razões não são claras, embora os apoiadores de Luís tenham exposto características negativas de Leonor, entre elas o fato de não conseguir gerar um filho homem, necessário no reino da França, onde a lei sálica impedia que as mulheres reinassem. No mesmo ano do divórcio, Leonor da Aquitânia se casou com o Rei Henrique II da Inglaterra (1133-1189), com quem teve oito filhos em treze anos: cinco homens e três mulheres.

A demora para trazer herdeiros ao mundo podia acarretar consequências graves para as rainhas. Foi o caso de Iolanda de Aragão (1236-1300), que contraiu matrimônio com o rei de Castela Afonso X o Sábio (1221-1284) em 1249, quando ela ainda não tinha completado 13 anos; esperava-se que não demorasse mais de dois anos para dar à luz o primeiro filho do casamento. No entanto, a gravidez não acontecia, até que começaram a surgir especulações sobre a infertilidade de Iolanda. Afonso foi coroado em 1252 sem ter descendentes. Será que ele temia nunca tê-los? Seja como for, enviou um emissário ao rei da Noruega com a suposta intenção de encontrar outra esposa:

---

181. Cf. Fraboschi; Avenatti de Palumbo; Ortiz (2015, p. 207).

> Esse rei D. Afonso, tendo se casado antes do fim do reinado de seu pai com Dona Iolanda, filha do Rei D. Jacques de Aragão e irmã do Rei D. Pedro, porque não tinha filhos dela, sentiu um grande pesar. E vendo que isso a prejudicava, enviou seus mensageiros ao rei da Noruega implorando que lhe enviasse sua filha em "casamento"[182].

Contudo isso não aconteceu. Antes de 1257, quando a Princesa Cristina da Noruega (1234-1262) chegou em terras castelhanas, Iolanda já havia trazido ao mundo Berenguela, Beatriz, Fernando e Leonor, um parto por ano; outros sete ainda estavam por vir. A rainha se viu submetida a uma enorme pressão para gestar a descendência de Afonso X. Essa história recorrente aconteceu com muitas monarcas e deve ser entendida como uma coerção política e social, embora ter herdeiros também fosse uma obsessão e até mesmo uma necessidade. Afinal, ter filhos era sua tarefa fundamental e impactava seu próprio prestígio. Tanto que algumas concubinas também mostraram grande interesse em ser mães. A figura de Leonor de Gusmão (1310-1351), amante de Afonso XI (1311-1350), é prova disso; seus dez filhos com ele serviram não apenas para construir um clã nobiliário do qual surgiria a dinastia Trastâmara, mas também para consolidar a força da própria Leonor.

Esse entusiasmo pela maternidade não era algo exclusivo das mulheres de monarcas cristãos europeus, mas também das mulheres de califas e emires. Suas esposas e concubinas almejavam ter descendentes deles e até mesmo se tornar *umm walad*, "progenitora do herdeiro", o que conferia um *status* muito desejado. O privilégio que ser mãe podia proporcionar chegava também nas mulheres de outros grupos sociais no mundo árabe. As mulheres escravizadas que pariam um filho de seu senhor não podiam ser vendidas e eram libertadas após a morte deste. No Al-Andaluz encontra-se o exemplo representativo de Subh (940-999), uma prisioneira que teve dois filhos de Al-Hakam II (915-976), califa de Córdoba desde 961. Ele cobria Subh com presentes e riquezas, como merecia uma *umm walad*, e até permitia que ela saísse do harém sempre que desejasse. Sua posição de mãe do herdeiro conferiu a ela um grande poder e uma influência na política do califado de Córdoba no fim do século X.

---

182. Cf. Afonso X o Sábio (1998, p. 8).

Se as mulheres da realeza e da nobreza queriam ou precisavam ser mães, esse também era o caso das mulheres das classes populares, conforme demonstrado por uma ampla gama de casos em toda a escala social. No nível mais baixo, deve-se observar as servas da gleba, que poderiam ser prejudicadas se não tivessem filhos legítimos ou se fossem estéreis. O senhor feudal de um servo ou uma serva sem descendência – os chamados *mañeros* ou *mañeras* em Castela e *eixorchs* na Catalunha – podia considerar-se prejudicado se não lhe fosse garantida a mão de obra que esperava dos descendentes destes. Por essa razão, esse senhor tinha o direito de lhes exigir uma prestação, chamada de *mañería* em Castela e de *extorquia* na Catalunha, conforme estabelecido em algumas jurisdições, embora houvesse muitas isenções de pagamento. Em alguns lugares, o senhor ficava com os bens do servo estéril ou *mañero*:

> Os homens que morrem aos 20 anos e as mulheres, a partir dos 16 anos, sem filhos, são considerados *magninos* [*mañeros*] em todo o território do bispado, exceto se for uma mulher que morre no parto ou um homem que deixa a mulher grávida, pois estes não são considerados *magninos*. E todos os bens móveis, imóveis e semoventes, além do ouro e da prata daqueles que morrem *magninos*, pertencem ao bispo[183].

Também havia mulheres entre os grupos urbanos que encontraram vantagens na maternidade, embora a documentação seja escassa a esse respeito. É possível citar Isabel d'Avènes, monja do leprosário da cidade de Rouen, na França, chamada, pelo Arcebispo Eudes Rigaud, de *domicella*, uma jovenzinha nobre, provavelmente internada quando criança nesse hospital de leprosos[184]. Sua relação com Pierre de Couronne, o capelão desse lugar, e a gravidez subsequente representaram uma oportunidade para ela, pois ser mãe permitiu que ela deixasse o leprosário[185].

Mulheres comuns que desejam ter descendentes estão em toda parte. Um exemplo curioso é encontrado na cidade de Bury St Edmunds, na Inglaterra. Nesse lugar era celebrado um ritual chamado *Bury Bull*, no qual uma procissão

---

183. Cf. Diccionario Panhispánico del Español Jurídico. Citação extraída do Archivo Histórico Nacional, seção Clero, livro 6355, Lugo, fol. 28r.

184. Cf. Eudes Rigaud (1852, p. 546).

185. Cf. Brenner (2015, p. 71).

de monges conduzia um boi branco enfeitado com flores e laços pelas ruas e pelas pastagens do lugar. As mulheres que desejavam conceber o escoltavam e acariciavam os flancos do animal, e, quando chegavam ao ponto-final da procissão, na Abadia de Angel Hill, entravam para rezar e deixar oferendas. A cerimônia talvez fosse mais mágica do que religiosa. Aquelas que participavam pediam a Santo Edmundo para que engravidassem e tivessem uma boa hora[186].

A devoção a Santo Edmundo não parece ter se limitado às mulheres comuns. Há notícias da quarta gravidez de Leonor da Provença (1223-1291), a esposa de Henrique III da Inglaterra (1207-1272). O desejo do rei de ter um filho homem, embora o primogênito já fosse, levou-o a prometer ao abade da prestigiosa abadia real de Bury St Edmunds que, se nascesse um filho homem, daria a ele o nome do santo, o mártir anglo-saxão Edmundo. Quando a rainha entrou em trabalho de parto, o rei ordenou que fosse cantada a antífona de Santo Edmundo[187].

Outro grupo de mulheres com forte desejo de se tornarem mães eram aquelas que almejavam herdar os bens de seu marido após a morte dele, algo que não lhes era garantido se não tivessem descendentes. Essa casuística se reflete e é legislada nas *Partidas*:

> Há algumas mulheres que, após a morte de seus maridos, dizem que estão grávidas deles, e porque nas grandes heranças que permanecem após a morte dos homens ricos pode acontecer de as mulheres trapacearem nos partos, mostrando os filhos de outras pessoas dizendo que eram delas; portanto, os sábios antigos mostraram uma maneira de os homens se protegerem contra isso e disseram que quando uma mulher diz que está grávida de seu marido, ela deve informar isso aos parentes dele mais próximos, dizendo-lhes como ela está grávida de seu marido[188].

Embora possa parecer difícil, havia casos de fraude. É o que aponta Jaume Roig na obra *Espill o Llibre de les dones* (*c.* 1460), a história de uma protagonista que, incapaz de ter filhos, finge uma gravidez[189]. Provavelmente, era uma artimanha utilizada pelas mulheres com problemas de fertilidade e que queriam

186. Cf. Gibson (1989, p. 44-45).

187. Cf. Howell (1998, p. 45).

188. Cf. Afonso X o Sábio (1555, partida VI, título VI, lei XVII).

189. Cf. Roig (2014).

a herança do marido para si. O código das *Partidas* sugere isso, como foi visto anteriormente, ao incluir entre os assuntos legislados o caso daquelas que enganaram seus cônjuges fingindo que estavam grávidas e que, "quando chegam na hora do parto, pegam filhos de outras mulheres de forma enganosa e os colocam consigo na cama, dizendo que nasceram delas"[190]. Como se tratava de um estratagema que favorecia que um filho ou uma filha de outro homem fosse herdeiro do marido da mulher que propiciava essa ilegalidade, o código indicava que, em casos dessa natureza, "o marido pode acusar a esposa"[191].

Há casos documentados. Na Inglaterra do século XIII há a história de uma mulher estéril que simulou uma gravidez usando uma almofada à medida que o momento do suposto nascimento se aproximava. Ela também arranjou uma criada para lhe dar uma recém-nascida, que ela fez passar por sua própria filha, e ao mesmo tempo contratou a mãe biológica da criança como ama de leite. Com esse truque, ela conseguiu obter a herança do marido em detrimento do cunhado, irmão dele. No entanto, quando chegou o momento, a "falsa" herdeira", ou seja, a criança emprestada, também não conseguiu ter filhos, e foi então que o cunhado conseguiu manter o legado do irmão morto[192].

O desejo de ser mãe chegou nas condenadas à pena de morte e em risco de serem executadas. Enquanto estivessem esperando uma criança, essa sentença não seria aplicada. Há casos documentados de mulheres presas que, à espera de uma execução iminente, emendaram uma gravidez atrás da outra. O código das *Siete partidas* também legislam sobre essa questão:

> Do mesmo modo, dizemos que não devem submeter a tortura a [...] mulher que estivesse grávida até que dê à luz, mesmo que fossem encontradas suspeitas bem-fundamentadas contra ela. Isso é devido à honra da ciência e à nobreza que a mulher tem em razão do bebê que carrega no ventre, que não merece o mal.
>
> [...]
>
> Do mesmo modo, dizemos que, se alguma mulher grávida fizesse algo que merecesse a morte, não devem matá-la até que tenha pari-

190. Cf. Afonso X o Sábio (1555, partida VI, título VI, lei XVII).

191. Cf. Afonso X o Sábio (1555, partida VI, título VI, lei XVII).

192. Cf. Afonso X o Sábio (1555, partida VII, título XXX, lei II).

> do. Porque se o filho que nasceu não deve ser punido pelo erro do pai, também não merece ser punido pelo erro da mãe aquele que está no ventre. E se alguém, contra isso, condenasse uma mulher grávida sabendo, deveria receber pena igual à daquele que mata outro sem motivo[193].

Como a gravidez dessas condenadas era considerada válida, inclusive antes de os movimentos fetais serem observados? Embora o direito consuetudinário fosse um sistema masculino, havia uma exceção: a dos jurados de parteiras. Se uma mulher solicitasse a suspensão de sua execução pelo fato de estar grávida, um grupo de parteiras era responsável por inspecioná-la e determinar se suas alegações eram verdadeiras. Assim, essas mulheres ocupavam uma posição de grande autoridade. Seus vereditos eram definitivos, ou seja, se elas demonstrassem que a acusada estava mesmo grávida, ela deveria voltar para a prisão. Apesar da importância de seu papel, pouco se sabe sobre elas e sobre suas qualificações para fazer parte de tais júris.

Todas essas mulheres que queriam ser mães no Medievo tiveram de enfrentar os problemas políticos, econômicos ou pessoais descritos anteriormente, além de outras preocupações como, por exemplo, encontrar fórmulas contra a infertilidade, lidar com um aborto espontâneo ou até mesmo recorrer à adoção.

Muitas delas se viram mergulhadas em problemas biológicos – seus ou de seus parceiros – que lhes impossibilitavam de ter descendentes e frustravam seus anseios maternos. Assim, a esterilidade era um grande problema, especialmente nos grupos sociais mais privilegiados, para os quais era fundamental garantir a continuidade dinástica.

A esterilidade tem preocupado de maneira especial desde que, no século XII, o *Decreto* de Graciliano (*c.* 1140), texto básico do direito canônico, estabeleceu a impotência como causa de anulação do casamento. No entanto, esse fato já havia incomodado pensadores e comunidades anteriores, conforme manifes-

193. Cf. Afonso X o Sábio (1555, partida VII, título XXI, lei XI).

tado em obras de diversos autores[194]. Nas *Etimologías* de Santo Isidoro há uma análise das possíveis causas:

> Após alguns dias de menstruação, o sêmen não consegue germinar, porque não há sangue que o regue. Um sêmen pequeno não adere ao local por falta de força de aderência; da mesma forma, o sêmen muito espesso também não tem força para gerar [...]. Há homens e mulheres estéreis tanto porque a semente ou o sangue é muito espesso quanto porque é muito pequeno[195].

Essa ideia de esterilidade em ambos os sexos é retomada também por Avicena em *O cânone da medicina*:

> A causa da esterilidade pode estar no esperma do homem ou no da mulher, ou nos membros do útero, ou nos do pênis e dos órgãos do esperma. Ou pode derivar de uma causa situada nos primórdios, como tristeza, temor, tremor, dores de cabeça, fraqueza da digestão e indigestão que provoca náusea; ou por um erro acidental[196].

Assim como em *De sinthomatibus mulierum*, um dos tratados de Trótula de Salerno, Hildegarda de Bingen destacava, em sua obra *Cause et cure* [Causa e cura], que ambos os sexos poderiam ser estéreis[197]. Além disso, a filósofa e santa germânica argumentava que a esterilidade poderia ter três origens, a saber: um sêmen masculino muito líquido, um útero muito frio e, por fim, o julgamento de Deus. Foi essa última causa que Hildegarda apontou como responsável pela infertilidade da já mencionada Rainha Beatriz de Borgonha, quando ela pediu-lhe ajuda e mediação.

Os tratadistas hispano-judeus seguiam essa linha, conforme observa o *Zijrón ha-ḥolayim ha-hovim be-klé ha-hera-yón*, ou *Memória das doenças que afetam os órgãos reprodutivos*, um breve tratado hebraico do fim do século XII ou início do século XIII baseado no livro III do *Cânone*[198] de Avicena. Uma

---

194. Sobre a doutrina predominante na Idade Média referente à esterilidade e suas causas, cf. Jacquart; Thomaset (1989, p. 177-186) e Montero Cartelle (1993, p. 27-30).

195. Cf. Isidoro de Sevilha (1982, livro XI, p. 275-276).

196. Cf. Isidoro de Sevilha (1982, livro III, cap. XXI, p. 1) e Massé (2016, p. 137).

197. Cf. Moulinier (2009, p. 215-234).

198. Cf. Caballero Navas (2019, p. 89).

das passagens dessa obra anônima diz: "Sobre a esterilidade e o que impede a gravidez. A causa pode ser a impureza do sêmen do homem ou do fluido da mulher, ou um temperamento maligno no útero, ou um abscesso duro, ou uma afecção nos órgãos [reprodutivos], ou um pênis curto"[199].

Da mesma forma, o fisiologista inglês Johannes de Gaddesden (*c.* 1280-1361) também considerava, em sua obra *Rosa anglica* (1314), que a infertilidade pode afetar ambos os cônjuges: "A esterilidade é o defeito de conceber homens e mulheres; no homem, pode-se dizer que é a incapacidade de agir e gerar um feto, e na mulher, a incapacidade de conceber"[200]. Gaddesden descreve esse problema como a frustração, a interrupção ou o dano da concepção, e, apesar de novamente apontar para ambos como possíveis inférteis, não atribui a eles a mesma responsabilidade. Isso também é enfatizado por inúmeros tratadistas, tanto médicos quanto religiosos: o homem estéril não gerava, a mulher não concebia, e era ela que era submetida a todos os tratamentos e remédios.

Uma das causas apontadas como responsáveis pela infertilidade era a obesidade. É o que dizem, seguindo Hipócrates, Arib ibn Sa'id e Hildegarda de Bingen. O primeiro argumenta que o sobrepeso faz com que o corpo se encha de pituíta (secreção mucosa), e isso impede a gravidez[201]. Hildegarda, por outro lado, afirma que a obesidade bloquearia o canal de parto e a criança não sairia[202]. Porém, da mesma forma, a magreza também significava um problema: "As mulheres não estão aptas a engravidar quando são magras e de carne magra", como é possível ler no *Liber de sinthomatibus mulierum*[203].

Além desses tratados, vale destacar como obra fundamental o *Compilacio de concepcione* [Compilado de concepção], de Arnaldo de Vilanova (1240-1311), provavelmente a primeira monografia medieval dedicada à esterilidade[204].

199. Cf. Caballero Navas (2019, p. 103).

200. Cf. Johannes de Gaddesden (1314).

201. Cf. Arjona Castro (1983, p. 52).

202. Cf. Pawlik (1997, p. 131).

203. Cf. Caballero Navas (2006, p. 381-425).

204. Cf. Montero Cartelle (2010).

Por outro lado, o questionário diagnóstico a ser feito às pessoas estéreis é interessante. As sete primeiras perguntas das quarenta e uma listadas na *Cura sterilitatis* [Cura da esterilidade][205] são:

1. Se a mulher está muito gorda;
2. Se é velha ou jovem;
3. Se ela está com o marido todos os dias;
4. Se alguma vez esteve grávida;
5. Se teve um aborto;
6. Se os humores descem e de que cor são;
7. Se se percebe quente ou fria.

Em tratados posteriores, dos séculos finais da Idade Média, essa forma de ver as coisas se mantém e a preocupação a respeito dos casamentos realizados com a intenção de procriar se evidencia. Por exemplo, a esterilidade como consequência da constituição física é apontada no *Libro de las confesiones*, de Martín Pérez (começo do século XIV)[206]. Assim, ao falar "Dos doze embargos que impedem e desfazem o casamento", destaca:

> O décimo segundo embargo, que é o último impedimento contra o casamento, é não poder cumprir a conjunção carnal. E esse embargo é legítimo, com razão, com direito e segundo a natureza, porque o casamento é ordenado por Deus para produzir uma linhagem e para o cumprimento do dever conjugal em que o marido deve à esposa e a esposa deve ao marido, e aquele que não pode cumprir com a conjunção carnal não pode gerar frutos, nem pagar a dívida, e portanto o casamento não pode ser consentido. Portanto, quem é assim embargado não pode se casar, e, se casar, tal casamento pode ser desfeito. E esse embargo pode ocorrer de duas maneiras: pode ser uma incapacidade natural, quando, segundo a natureza, algum homem ou alguma mulher não pode cumprir com a conjunção carnal, assim como o homem que é naturalmente frio e a mulher é naturalmente fechada[207].

205. Cf. Montero Cartelle; Herrero Ingelmo (2003, p. 93).

206. Cf. Pérez (2002) e Thieulin-Pardo (2012).

207. Cf. Pérez (2002, p. 723).

Também na transição para a Idade Moderna as mesmas razões ou razões muito semelhantes que impediam a concepção continuaram sendo apresentadas, conforme observado pelo médico e humanista Francisco López de Villalobos (1473-1549):

> O motivo por não poder engravidar
> a mãe ou o esperma o causaram,
> por ser muito quente não pode gerar,
> por ser úmido e frio não pode coagular,
> por ser seco ou espesso, ou por ser muito fino;
> por ser maldisposto o marido ou a mulher,
> por estar embriagado, ou por ser criança ou velho,
> ou não há conveniência entre os dois
> para a geração, e esta poderia ser feita
> por qualquer um deles com outro par[208].

Não conseguir engravidar ou sofrer de impotência eram problemas comuns em ambos os sexos, embora com diferentes manifestações e incidências, e, portanto, diferentes diretrizes para sua solução. A mulher que não podia ter relações sexuais era uma mulher "fechada", que tinha uma membrana ou um acréscimo carnoso que a impedia de consumar a relação sexual, a introdução do sêmen na vagina e, assim, a concepção[209]. A solução para "abri-la" geralmente era a cirurgia, mas não há notícias de que fosse uma prática comum. As parteiras podiam fazer isso, embora os cirurgiões não as considerassem profissionais qualificadas. O médico francês Guy de Chauliac, que diferenciava entre hermafroditismo e fechamento vaginal, descreveu, em sua obra *Cirugía* [Cirurgia], o procedimento a ser realizado:

> A cura é uma com corte, se for acrescentada carne com navalha, ou com sutura com fio. Mas se for com pele ou couro, com as unhas seja aberto, ou com a navalha e extremidade em forma de cânula de madeira ou chumbo untada com manteiga. Ou com azeite. para que possa urinar. Ou varinha na qual se enrole um pano formando uma pequena vara ou bastão, para que, colocada muitas vezes, substitua (a vara), ou se uso de coito, ou cópula, para que não se volte a fechar[210].

---

208. Cf. López de Villalobos (1948, p. 331).

209. Cf. Moral de Calatrava (2013, p. 466).

210. Cf. Moral de Calatrava (2013, p. 469).

Quando era demonstrado um caso de mulher "fechada", a Igreja permitia a dissolução do casamento, mas, por vezes, uma mulher que não tivesse tido relações sexuais com seu marido podia tê-las com outro homem. Nessa circunstância, as leis religiosas e civis se inclinavam para obrigá-la a voltar para o marido. O código hispânico das *Partidas* legislava da seguinte maneira:

> Se a mulher for fechada, como diz na lei antes desta, de maneira que a pudessem separar de seu marido, se acontecesse de, depois, ela se casar com outro, que a conhecesse de forma carnal, deve-se separá-la do segundo marido e devolvê-la ao primeiro, pois parece que, se ela tivesse ficado com ele, também poderia ser conhecida da mesma forma que com o outro. Mas, antes de separá-los, devem verificar se são semelhantes, ou iguais, naqueles membros que são necessários para gerar. E se entenderem que o primeiro marido não é muito mais velho do que o segundo, então devem voltar a devolvê-la ao primeiro marido[211].

O exame dessas mulheres "fechadas" geralmente era realizado por parteiras, grandes conhecedoras da anatomia feminina, mas às vezes elas também recebiam a tarefa de examinar homens estéreis. Uma imagem que ilustra uma cópia do *Decreto* de Graciano mencionado anteriormente mostra um jovem cuja túnica é aberta por duas mulheres para mostrar seus órgãos genitais a dois homens da lei[212]. É uma imagem que mostra a inspeção que a justiça podia realizar em maridos incapazes de manter relações com suas esposas porque eram impotentes.

A infertilidade masculina, em geral, era outro grande motivo de preocupação. O número de reclamações baseadas nessa causa que foram registradas para dissolver casamentos nos séculos medievais permite inferir a magnitude do problema.

Além de causas físicas ou naturais, acreditava-se que a impotência podia ocorrer devido a razões psicológicas ou mágicas. A ideia de que certos feitiços e sortilégios causariam impotência era muito difundida, mas foi particularmente notável nos últimos séculos da Idade Média. Do século XII em diante, a re-

211. Cf. Afonso X o Sábio (1555, partida IV, título VII, lei III).

212. Iluminura flamenga do século XIII (Walters Art Gallery, Baltimore, W. 133, f. 277).

lação entre o esotérico e a disfunção erétil foi introduzida nas disciplinas então consideradas "universitárias", ou seja, as três ensinadas nos Estudos Gerais: o Direito Canônico, a Teologia e a Medicina[213]. Essa questão foi particularmente preocupante quando o casamento cristão estava sendo definido e os motivos que justificavam sua dissolução deviam ser legislados. Por isso, no século XII, a impotência aparece de maneira mais abundante nas obras de alguns canonistas, a partir das quais se começa a contemplar a mais peculiar de suas formas, a causada por métodos mágicos[214].

Há registros antigos de feiticeiras e feitiços que interferiam nas relações conjugais. Já no século IX, o Arcebispo Hincmaro de Reims (806-882) apresentou algumas dessas práticas esotéricas em *De divortio Lotharii regis et Theutbergae reginae* [O divórcio do Rei Lotário e da Rainha Teutberga]. Essa obra tem como tema central o divórcio do Rei Lotário II e, como guia, as respostas que Hincmaro deu às perguntas que outros bispos supostamente lhe fizeram ao pedir conselhos sobre o assunto. A décima quinta dessas contestações afirma: "Se é possível que seja verdade, como muitos homens dizem, que há mulheres que, por maldade, colocam um ódio irreconciliável entre marido e mulher, e são capazes de semear o amor por meio de palavras entre um homem e uma mulher"[215].

Essa questão sobre se poderia ou não ser verdade que havia mulheres que, por maldade, impediam a consumação do coito seguiu durante toda a Idade Média, embora as contestações dadas deixam claro que a crença de que isso era verdade prevalecia. Duas obras podem servir como bons exemplos. Guiberto de Nogent (*c.* 1055-1124) descreve em sua autobiografia, escrita no começo do século XII, os problemas no início do casamento de seus pais:

> Logo no começo dessa união legítima, o ato conjugal tornou-se ineficaz devido aos encantamentos de certas pessoas. Porque dizia-se que o casamento deles atraiu a inveja de uma madrasta que, tendo sobrinhas de grande beleza e nobreza, planejava enlaçar uma delas com meu pai. Como não teve sucesso em seus planos, diz-se que ela

213. Cf. Rider (2006, p. 2).

214. Cf. McLaren (2010, p. 76 ss.).

215. Cf. Hincmaro de Reims (1852, p. 716; 2016).

> usou artes mágicas para impedir completamente a consumação do casamento. Assim, a virgindade de sua esposa permaneceu intacta por três anos, período no qual ela suportou silenciosamente seu grande infortúnio[216].

Dois séculos depois, no século XIV, o *Libro de las confesiones*, de Martín Pérez, reafirmava a ideia de que havia poderes sobrenaturais que impediam que os homens consumassem o casamento: "Há outro não poder que não é natural, mas ocorre por obra de homens e mulheres, assim como o corte dos membros naturais nos homens, e assim como *malefícios* em homens e mulheres, a que chamam ligamento"[217].

Assim, a crença em feitiços como causa de impotência ou esterilidade, especialmente entre os homens, parece ter sido muito presente na sociedade. Alguns exemplos dos séculos XIV e XV que chegaram à justiça permitem corroborar esse fato. É o caso de uma mulher escravizada tártara chamada Marta, que, em 1387, foi punida por fazer "amatórios" entre um casal de Barcelona, Arnau Barró e sua esposa, para que ele não pudesse ter relações sexuais com outra mulher[218]. São do começo do século XV as *Ordenanzas del Valle de Àneu* [Ordens do Vale de Àneu], em que são mencionados alguns feitiços malignos para obstruir amores conhecidos como "ligaduras":

> Se um homem ou uma mulher fizer uma ligadura sobre o homem ou a mulher para impedir e perturbar o casamento, de maneira que o marido não possa realizar a cópula carnal com sua esposa, que aquele ou aquela que fizer tal ligadura ou maldição corra pela cidade [leia-se seja açoitado(a)] e perca a metade da língua[219].

No Archivo Histórico Nacional de España há outros três casos documentados, também do século XV. O fragmento a seguir pertence ao primeiro deles:

> D. Fernando e Dona Isabel, a Antônia Lopes, mulher que foi de Pedro Martínez, falecido, e mulher que agora é de Johan de Castroverde, vizinho da cidade de Guadalajara, saúde e graça. Saiba que o hábil

216. Cf. Guiberto de Nogent (1825, p. 386).

217. Cf. Pérez (2002, p. 723).

218. Cf. Vinyoles (2011, p. 240).

219. Cf. Vinyoles (2011, n. 43, p. 240).

> Fernando Martínez de Manzanares, vizinho da Vila de Madri, nos fez relação [...] dizendo que, no ano que passou [...], o referido Pedro Martínez, seu pai, partiu desta presente vida, e disse que ele, como seu filho legítimo e herdeiro [...], encontrou nas casas em que o seu dito pai vivia [...] certos feitiços [...], os quais, segundo ele, foram feitos por você, Antônia Lopes, a seu referido pai durante o matrimônio[220].

Portanto, o texto afirma que tais feitiços causaram a morte de Pedro Martínez, e, embora não afirme explicitamente que eles tinham a intenção de torná-lo impotente, é possível que esse tenha sido o caso, já que a mulher não chegou a ter filhos. De qualquer forma, são um exemplo esclarecedor do uso de feitiços para causar algum tipo de doença especificamente em homens.

Outros documentos, também do reinado dos Reis Católicos, informam sobre denúncias registradas em casos semelhantes de maldições destinadas a gerar impotência masculina. Uma delas foi registrada em 1494 por Juan de Carrión e sua esposa contra Alonso Santos e a esposa dele, a quem acusam de ter enfeitiçado o primeiro[221]. Um ano depois, Pedro Manuel, residente no município de Huete, apresentou-se a Fernando e Isabel para exigir justiça pelos maus-tratos que considera ter recebido por parte das autoridades que estavam cuidando de seu caso. O demandante afirma que, "dizendo que pode haver seis anos, mais ou menos, que ele se casou [...], segundo manda a Santa Mãe Igreja, com uma mulher, a qual disse que se chama Esperança, com a qual disse que não conseguiu se relacionar de maneira carnal", atribuindo a isso o fato de ter sido enfeitiçado e se tornado impotente. Ele acrescenta que Pedro Alvarez de Anaya, juiz comissário pelo provisor de Cuenca, submeteu-o a um teste perante um notário e testemunhas, o qual teria consistido em comprovar se ele demonstrava vigor com outras mulheres, e disse: "Procuro todas as formas e maneiras que posso para corromper à sua mencionada mulher porque dizia que era em si muito estreita". Pedro Manuel denunciava aos monarcas que ha-

220. Intimação a Antonia López a pedido de Fernando Martínez de Manzanares, que a acusa de ter enfeitiçado Pedro Martínez, seu pai, primeiro marido dela (5 de novembro de 1480, Archivo General de Simancas, es.47161.ags//rgs, leg. 148011, 236).

221. Archivo General de Simancas, es.47161.ags//rgs, leg. 149402, 251.

via sido alvo de injustiça, porque o prefeito do município de Pareja o separou de sua esposa e o submeteu à vergonha pública, fazendo-o subir no lombo de um asno, e que, além disso, os notários, por temor ao referido prefeito, não quiseram lhe dar testemunho[222]. Trata-se de um caso um tanto estranho, pois Pedro Manuel atribui sua impotência a uma maldição, mas é submetido a um teste para provar isso, no qual afirma que sua esposa era "muito estreita". O fato de ter sido submetido a chacotas e zombarias leva a pensar que sua disfunção não era temporária, como se poderia supor a partir da necromancia, mas sim permanente. Outra denúncia aos Reis Católicos foi apresentada em 1496 pela esposa de Rodrigo de Dueñas, que acusou Maria de Cuevas de ter enfeitiçado seu marido. Nesse caso, não há conexão entre o conjuro e a impotência, mas provavelmente foi uma desculpa para explicar que Rodrigo abandonou a esposa e os filhos atraído por Maria de Cuevas, a acusada[223]. Ou seja, mesmo que essa terminologia fosse usada, não seria arriscado supor que não havia nada de sobrenatural na relação de Rodrigo de Dueñas com a suposta feiticeira.

É possível, então, pensar que muitas dessas acusações de bruxaria tivessem um componente prático diferente, já que a impotência constituía uma causa de dissolução conjugal. Portanto, algumas dessas maldições ou ligaduras serviam como uma fórmula para justificar uma esterilidade difícil de ser comprovada ou que deixava o homem em uma situação desagradável de falta de virilidade. Entretanto, também é preciso levar em consideração a crença em eventos sobrenaturais da sociedade medieval, nesse caso combinada com sua tradição misógina.

Isso pode ser observado em *Malleus maleficarum* [*O martelo das feiticeiras*], um tratado completo sobre a caça às bruxas do fim do século XV. Nesse livro são descritas algumas passagens em que uma delas pratica magia em um homem com o objetivo de torná-lo impotente. O fragmento a seguir, por exemplo, é muito representativo das crenças e das práticas usadas para incapacitar um homem sexualmente:

---

222. Archivo General de Simancas, rgs, leg. 149503,522.

223. Archivo General de Simancas, es.47161.ags//rgs, leg. 149601, 127.

> Na cidade de Ratisbona, um jovem mantinha relações com uma garota. Quando quis abandoná-la, perdeu seu membro viril sob os efeitos de algum sortilégio, a ponto de não poder tocar nem ver nada além de uma superfície achatada. Angustiado com isso, foi a uma taverna para comprar vinho. Sentando-se por um momento, começou a conversar com uma mulher para contar-lhe em detalhes a causa de sua tristeza, mostrando-lhe o que estava acontecendo em seu corpo. Com astúcia, ela lhe perguntou se ele suspeitava de alguma mulher. Ele disse que sim e deu o nome dela, contando-lhe o que havia acontecido com ele. A mulher então lhe disse: "Se não for suficiente usar boas maneiras para persuadi-la a lhe devolver a saúde, será melhor usar um pouco de violência". Assim, quando o crepúsculo chegou, o jovem se posicionou no caminho pelo qual a bruxa geralmente passava. Quando a viu, implorou-lhe que devolvesse a saúde a seu corpo. Ela se declarou inocente e afirmou que não sabia nada sobre o assunto. Então, jogando-se sobre ela, enrolou uma toalha em seu pescoço, sufocando-a, enquanto dizia: "Se você não me devolver a saúde, morrerá em minhas mãos!" Como não podia gritar, o rosto dela já estava inchado e enegrecido. "Liberte-me", disse, "e eu o curarei". O jovem afrouxou o nó e a pressão. A bruxa então o tocou entre as pernas e disse: "Você já tem o que deseja". Como o jovem contou mais tarde, ele se sentiu perfeitamente bem, mesmo antes de confirmar pela visão e pelo tato que seu membro lhe havia sido devolvido apenas pelo toque da bruxa[224].

É de se perguntar se as realizadoras desses feitiços eram merecedoras de algum castigo. Hincmaro de Reims, na décima sétima resposta de seu livro *De divortio Lotharii regis et Theutbergae reginae*, destacava: "Se por acaso esses homens maléficos ou essas mulheres feiticeiras fossem encontrados, o que deveria ser feito a respeito?"[225], além de considerar que as penas por praticar ligamentos ou ligaduras aos homens deveriam seguir as leis dos príncipes cristãos. Bons exemplos disso podem ser encontrados na legislação medieval, tanto religiosa quanto laica. Assim, em um dos penitenciais citados anteriormente, no capítulo 1, o *Corrector et medicus*, de Burcardo de Worms (*c.* 1020), se afirmava:

224. Cf. Sprenger; Institoris (2004, p. 261).

225. Cf. Hincmaro de Reims (1852, p. 726).

> Você acreditou ou participou da superstição de que existem mulheres capazes de mudar os sentimentos dos homens por meio de maldições e encantamentos, transformando o ódio em amor e o amor em ódio, ou que, por meio do mau-olhado, elas podem arrasar com os bens dos homens ou destruí-los? Se você acreditou em tais atos ou participou deles, deverá cumprir pena durante um ano nos feriados determinados[226].

Tempos depois, em alguns foros castelhanos dos séculos XI a XIII, a pena a ser aplicada era muito mais cruel: nada menos do que a fogueira. Isso está registrado nos foros de Cuenca, Alcaraz, Zorita e Requena. Esse último indicava exatamente[227]:

> [34] sobre as que são ligadoras de homens
>
> Além disso, a mulher que ligar homens ou feras ou outras coisas, queimem-na, senão, salve-se com o ferro quente, e se for homem o ligador, tosquiem-no e torturem-no e expulsem-no da cidade, e, se ele se negar, ordenamos que se salve por combate (luta).

Se à esterilidade natural se somava aquela causada de forma "sobrenatural", e se era também uma das razões para a nulidade do casamento, é compreensível a preocupação demonstrada nos documentos medievais a respeito disso. A prática confirma as teorias que haviam sido registradas por canonistas, teólogos e outros escritores. Uma extensa casuística do século XIII em diante demonstra isso.

Em primeiro lugar, serão observados três casos notáveis que foram apresentados a Inocêncio III (papa entre 1198 e 1216), conhecidos por sua correspondência com diferentes bispos franceses e italianos. O primeiro caso ocorreu em 1204, quando Inocêncio III escreveu a Hugo, arcebispo de Siponto, a respeito de uma mulher de sua diocese, casada com um homem impotente por causas naturais (*viro naturae frigidae*), que tinha um amante. O papa obrigou a mulher a voltar para o marido, mas este, envergonhado pela disfunção da qual sofria, ingressou em um mosteiro e morreu alguns dias depois. O segundo caso é de 1206, quando Inocêncio III escreveu a Hugo de Noyers, bispo de Auxerre, e descreveu o caso de frigidez da senhora Odeardis, que, embora estivesse casada

226. Cf. Gagnon (2010, p. 122).

227. Cf. Domingo Iranzo (2008, livro II, título I, rubrica 34, p. 160).

há vários anos, era incapaz de ter uma conjunção carnal com o marido. Quando o bispo ficou sabendo, entrou em contato com algumas parteiras para que examinassem Odeardis, as quais emitiram um parecer dizendo que, devido à falta (ou presumivelmente ao tamanho) dos órgãos sexuais necessários (*naturale deerat instrumentum*), ela nunca poderia ser esposa ou mãe. O prelado, considerando esse problema como congênito, anulou o casamento do casal e permitiu que o ex-marido se casasse novamente, mas ordenou que Odeardis entrasse em um convento para manter a continência perpétua. Porém o bispo descobriu, mais tarde, que a supracitada havia conseguido ter relações sexuais com outro homem, rejeitando a vida religiosa e se casando novamente. O terceiro caso é conhecido graças a uma carta que Inocêncio III enviou, em 1207, ao abade cisterciense de Mauléon, na diocese de Poitiers. Um homem havia vivido com sua esposa por um longo tempo sem terem se deitado juntos. O bispo de Poitiers havia anulado o casamento, depois de ouvir a confissão da esposa sobre a impotência do marido. Ela havia se casado novamente, enquanto ele havia se unido por matrimônio com outra mulher, com quem conseguiu consumar o casamento[228].

Mas o caso mais importante apresentado a Inocêncio III foi o de Filipe Augusto, rei da França entre 1180 e 1223, que havia rejeitado sua esposa, a Princesa Ingeborg da Dinamarca. Embora o problema tivesse surgido antes, na época de Celestino III, papa entre 1191 e 1198, se prolongou durante anos, como descrito em *Gesta Innocentii Papae III*:

> Quando [Ingeborg da Dinamarca e o bispo Pedro de Roskilde com sua escolta] cruzaram o mar e chegaram a Amiens, onde o rei da França, impaciente pela demora, esperava sua chegada, casou-se com ela [Ingeborg] no mesmo dia, e, no dia seguinte, ordenou que ela fosse solenemente coroada perante os príncipes reunidos, tanto eclesiásticos quando seculares, por Guilherme, arcebispo de Reims. Mas, por sugestão do demônio, durante essas solenidades de coroação, começou a detestar, tremer e empalidecer violentamente ao vê-la, de modo que, profundamente perturbado, mal pôde permanecer até o fim do compromisso solene. Imediatamente surgiu a palavra "divórcio"[229].

228. Cf. Rousseau (2014, p. 423-425).

229. Cf. Rousseau (2014, p. 410).

Trata-se de uma história um tanto difícil de explicar e de entender, pois Filipe Augusto defendia que o casamento não havia sido consumado, o que Ingeborg negava. Seja como for, não parece crível que tenha havido algum tipo de feitiço que tenha causado a impotência do rei, mas sim um problema sério para o reino da França, para o reino da Dinamarca e até mesmo para o papado.

O recurso à denúncia diante da impotência masculina devia ser um fato, e algumas mulheres recorreram aos juízes para resolver o problema. Um exemplo do século XIV e do reino da Inglaterra é a denúncia feita por Tedia Lambhird, esposa de John Sanderson, em 1370, ao tribunal eclesiástico da cidade de York. Três mulheres foram incumbidas de inspecionar John; as referidas parteiras relataram ao tribunal que:

> O membro do referido John é como um intestino vazio de pele manchada, e não tem carne nem veias na pele, e a metade de sua parte dianteira está toda preta. E a referida testemunha acariciou-o com as mãos e colocou-o no sêmen, e, tendo sido assim acariciado e colocado naquele lugar, não se expandiu nem cresceu. Ao ser perguntada se ele tem um escroto com testículos, ela disse que ele tem a pele de um escroto, mas os testículos não ficam pendurados no escroto, e sim estão conectados à pele, como é o caso dos meninos pequenos[230].

As dificuldades de concepção, independentemente de sua causa, estavam contempladas pela legislação devido a seus efeitos sobre o casamento como uma instituição destinada a ter descendentes. Os manuais religiosos estampavam aqueles casos mais preocupantes e que apareciam nos códigos seculares. Assim o fazia, por exemplo, o *Libro de las confesiones*, de Martín Pérez, ao refletir esses aspectos normativos relacionados com os problemas para conseguir engravidar. Como código secular, pode-se destacar a legislação pertinente contida nas *Siete partidas*, de Afonso X o Sábio; a quarta partida especifica que se o homem apresenta problemas físicos que o impeçam de conceber, o casamento será invalidado: "Além disso, aquele que fosse castrado, ou que lhe faltassem aqueles membros, mesmo que tenha entendimento para consentir, não valeria

230. Cf. Pedersen (2011, p. 82).

esse casamento: porque não poderia se juntar com sua mulher de forma carnal para fazer filhos"[231].

As *Partidas* estavam alinhadas com a legislação de outros países da Europa Ocidental, onde a influência dos canonistas levantou a possibilidade de anular um casamento por questões de impotência ou frigidez, mesmo que a justificativa dada para isso fosse o desejo de um dos parceiros de fazer parte do clero.

Esse motivo para a anulação do casamento acabou servindo não só para casos verídicos de esterilidade, mas também como desculpa para dissolver de forma legal casamentos que simplesmente já não eram mais convenientes. Esse foi o caso da já mencionada Rainha Teutberga, embora sua infertilidade nem parecesse tão importante.

Há bons exemplos de casais desfeitos sob a proteção da impotência masculina nas fontes documentais, alguns particularmente interessantes na esfera hispânica, em especial de membros da nobreza. No século XIV, torna-se conhecida a invalidação do casamento de Brianda Maza por não ter sido consumado nos quatro anos em que ela esteve casada com Lope Ximénez de Urrea, embora tenha tido que esperar mais dez [anos] para obtê-la[232].

O Rei Henrique IV (r. 1454-1474) também teve seu vínculo com Branca de Navarra (1424-1464) anulado em 1453, um ano antes de subir ao trono, de acordo com os motivos apresentados em seu documento de divórcio:

> Sentenciamos que a intenção do dito senhor príncipe é completamente comprovada, assim como a confissão da dita senhora princesa, e juramentos e declarações feitos pelos ditos senhores príncipe e princesa, com os afirmadores e conjuradores de seus juramentos, assim como pelos ditos e depoimentos das ditas parteiras e inquisição feita pela dita pessoa eclesiástica por nosso mandato, bem como pelos testemunhos e provas apresentados por parte do dito senhor príncipe, a saber: que o dito senhor príncipe há mais de doze anos contraiu matrimônio com a dita senhora princesa, e que, durante o referido tempo, coabitaram e continuaram juntos como marido e mulher, segundo os príncipes semelhantes costumam coabitar por um

231. Cf. Afonso X o Sábio (1555, partida IV, título II, lei VI). Cf. também Quiroga (2007, p. 58).

232. Eles já estavam separados em 1379, e a anulação só chegou em 1391 (cf. Archivo Histórico de la Nobleza, es.45168.ahnob/1//osuna, c.668,d.27-48).

> espaço de tempo de três anos ou mais, e que o dito senhor príncipe teve relações carnais com a dita senhora princesa com todo amor e vontade, fielmente; mas que o dito senhor não pôde ter seu conhecimento marital por estar ligado com ela[233].

Nesse documento fica evidente o interesse que o Príncipe Henrique tinha em ter descendentes com sua esposa, mas há relatos de que a princesa era "impotente", condição para a qual o casal tentou os remédios habituais:

> É que com devotas orações e outros remédios, os ditos senhores procuraram desatar e desfazer o referido ligamento, e que depois coabitou com ela, e que sempre sentenciou e está ligado à dita senhora princesa, e que não pôde nem pode ter conhecimento marital dela, e que a dita senhora princesa está virgem e incorrupta, e que o dito senhor príncipe é varão potente no que se refere a outras mulheres, e não está ligado, salvo no que diz respeito à dita senhora princesa, e por isso devemos dar e damos sua intenção como bem comprovada, e sentenciamos que se prova que o dito ligamento do dito senhor príncipe é totalmente contínuo e perpétuo com a dita senhora princesa [...], e apartamos e separamos, e fazemos o divórcio entre eles do matrimônio que contraíram, pela referida causa e impedimento do dito ligamento; e declaramos que o dito matrimônio de direito não tem nem está entre os ditos senhores príncipe e princesa, pela referida causa e impedimento do dito malefício e ligamento[234].

Chama a atenção que no documento se mencione a disfunção da rainha, quando o problema, se houvesse, era do rei. Este, apelidado de "o impotente", podia ter relações com mulheres que não eram suas esposas, mas algo o impedia de se relacionar com suas cônjuges. Não consumou o casamento com a primeira, Branca de Navarra, o que levou à anulação matrimonial, e havia dúvidas de que ele tivesse relações com a segunda, Joana de Portugal (1439-1475)[235], o que levou a um grave problema de sucessão, pois havia dúvida de que sua filha, Joana a Beltraneja, tivesse sido gerada por ele.

Não faltam outros exemplos de mulheres que tiveram seus casamentos dissolvidos por motivos de esterilidade, mesmo que para isso tivessem que

233. Cf. Pidal; Pinedo Miraflores; Salvá (1862, p. 446).

234. Cf. Pidal; Pinedo Miraflores; Salvá (1862, p. 446).

235. Cf. Marañón (1934).

alegar seu desejo de entrar para um mosteiro. Esse foi o caso de uma contemporânea de Branca de Navarra chamada Maria de Manrique (séculos XV-XVI), que, casada com o senhor de Fuentidueña, Rodrigo de Castañeda, e depois de alguns anos de união sem descendentes, professou no Convento de Santa Clara de Astudillo (*c.* 1452)[236].

Algumas décadas antes, no começo do século XV, Maria de Albornoz (*c.* 1382-1440) ingressou no Convento de Santa Clara de Guadalajara por não ter filhos em função da suposta esterilidade de seu marido, Henrique de Vilhena (1384-1434)[237]. A história deles é um pouco obscura. Henrique de Vilhena aspirava se tornar mestre de Calatrava, embora não pudesse por estar casado[238], mas seu primo, o Rei Henrique III (1390-1406), tinha interesse que ele conseguisse aquele posto, então argumentou:

> Que aquele casamento de Dom Enrique não era válido, pois ele era impotente devido a um impedimento perpétuo e natural, segundo ele mesmo lhe havia dito: e que Dona Maria queria pedir o divórcio, e, provada a impotência de seu marido, o casamento seria anulado, e ele ficaria livre para entrar na Religião da Cavalaria de Calatrava. Depois, Maria de Albornoz (a quem o rei tinha afeição) entrou com uma demanda de divórcio com base na impotência de seu marido [...]. Dada e consentida a sentença, Dona Maria ingressou no Mosteiro de Santa Clara de Guadalajara: não para ser monja, mas para estar ali recolhida[239].

Mas esse interesse do rei em separá-los também podia ser pelo fato de que Henrique III "tinha afeição" pela senhora Maria de Albornoz[240] e provavelmente queria que ela estivesse livre para ele. Ao alegar impotência, as autoridades concordaram com o divórcio entre os dois, embora seja verdade que Henrique de Vilhena não sofria dessa disfunção, como atestam as paternidades de Beatriz de Vilhena e da escritora Isabel de Vilhena.

---

236. Cf. Prieto Sayagués (2021, p. 748-749).

237. Cf. ambas as referências em Prieto Sayagués (2021, p. 748-749).

238. Uma boa explicação sobre o assunto a respeito de Maria de Albornoz e a suposta impotência de seu marido pode ser encontrada em "Crónica de Juan II", I e IV (cf. Rosell, 1875-1878, p. 279a).

239. Cf. Rades y Andrada (1572, fol. 66 v.).

240. Cf. Cátedra (1981, p. 29).

É bem provável que tenha havido muitos outros casos como os desses casais, como denunciava o bispo Hincmaro de Reims já no século IX; procuravam por ele mulheres com falsas acusações de não ter consumado o casamento e homens que apresentavam alegações vergonhosas sobre suas esposas[241]. Em uma de suas cartas, a respeito do divórcio do Conde Estêvão de Auvérnia, Hincmaro incide sobre as falsas insinuações e o cuidado que os clérigos devem ter a esse respeito, mas também antecipa a importância da esterilidade e da impotência, cuja trajetória ao longo de toda a Idade Média é demonstrada pelos exemplos destacados[242]:

> Devido à incontinência, podem correr juntos em direção a outras mulheres. Mas nessas coisas é preciso fazer primeiro uma investigação sutil e uma discrição razoável, se é que pode haver alguma impossibilidade de relações nos homens, como se fosse natural – já que também há alguns eunucos, como está escrito, que nascem assim desde o ventre da mãe – ou se esse impedimento lhe acontece por obra do demônio, como costuma acontecer. Se isso ocorre por causa de feiticeiras ou magas, mas nunca nem em nenhum lugar injustamente, com a permissão do julgamento de Deus e o trabalho do demônio, exorte aqueles a quem essas coisas acontecem, com o coração contrito e o espírito humilde, a fazer confissão pura a Deus e ao sacerdote sobre todos os seus pecados e com lágrimas abundantes e as mais generosas esmolas e orações e jejuns satisfaçam ao Senhor[243].

Por fim, há um caso curioso de 1497 que diz respeito a um personagem notável, Lucrécia Bórgia (1480-1519), a filha de Alexandre VI (Rodrigo Bórgia), papa entre 1492 e 1503. Seu pai a casou aos 13 anos com Giovanni Sforza, membro de uma família poderosa com a qual Alexandre VI considerava lucrativo se relacionar. Após perder o interesse pelos Sforza, Alexandre VI pressionou Lucrécia a desfazer o casamento e exigiu que Giovanni confessasse uma suposta impotência, para que pudesse esgrimi-la como motivo para conceder a anulação.

241. Cf. Stone (2011, p. 273).

242. Cf. Reynolds (2016).

243. Cf. Hincmaro de Reims (Epístola 136, c2010, p. 105).

Contudo, e apesar desses casos duvidosos ou forçados para obter um divórcio, a infertilidade era uma grave contrariedade que muitas pessoas tiveram que enfrentar em seu dia a dia como casal, especialmente as mulheres que pretendiam ser mães. Por isso, a busca por remédios e instruções para auxiliar na concepção era uma preocupação para as pessoas na Idade Média, como explicitado em diversos tratados e manuais. Chama a atenção o fato de que foi somente nos séculos finais da Idade Média que o termo "esterilidade" se cristalizou, em alguma medida emprestado do léxico que estava sendo criado pelas incipientes escolas de medicina da época.

O primeiro passo necessário para aplicar esses tratamentos era determinar qual dos dois membros do canal precisava deles, algo que não era nada simples de esclarecer, apesar da existência de certas fórmulas para conseguir isso ou, pelo menos, tentar. Um documento do ano 1100, aproximadamente, registra: "Para saber se um homem ou uma mulher são estéreis é preciso que, à noite, cada um urine em um recipiente, e em cada recipiente devem colocar suas próprias raspas de pele; é estéril aquele em cujo recipiente crescerem vermes"[244]. Não é muito diferente do método proposto um século antes por Arib ibn Sa'id no *Libro de la generación del feto, el tratamiento de las mujeres embarazadas y de los recién nacidos*:

> Se for necessário saber com certeza se a impossibilidade de conceber (esterilidade) é do homem ou da mulher, a urina de cada um é derramada em um pé de alface ao pôr do sol; se o pé tiver secado na manhã seguinte, o indivíduo que tenha essa urina será estéril[245].

O presumido ou a presumida infértil poderia, então, recorrer a algum dos remédios populares que circulavam por tradição oral – como a pedra usada por Matha de Armagnac, a rainha de Aragão citada anteriormente –, mas também àqueles propostos por autores de prestígio como Hildegarda de Bingen, que, quando consultada por Beatriz de Borgonha sobre a melhor maneira de engravidar, recomendou-lhe a oração, método praticado durante toda a Idade Média. A reza era um importante apoio ao qual se recorria em busca de

244. Cf. Pinto (1973, p. 517).

245. Cf. Guijarro Hortelano (2010, p. 264).

descendentes, juntamente com as peregrinações, as ações de caridade ou as promessas, como pode ser visto em obras literárias e, em especial, nas vidas dos santos.

A *Vida de san Alejo* [Vida de Santo Aleixo] consiste em uma narrativa lendária da qual existem várias versões em diferentes idiomas[246]; a primeira que se tem conhecimento está em um manuscrito do século XI encontrado na biblioteca do Mosteiro de San Pedro de Cardeña, em Burgos, Espanha, e que atualmente se encontra na British Library. Na narrativa, uma mulher sem filhos reza a Jesus Cristo, e este lhe concede o que ela pedia: ter um filho santo, Santo Aleixo.

> E ele tinha uma mulher de alta linhagem que se chamava Aglays, muito boa senhora. E amava muito a Jesus Cristo e o servia com todo o seu poder e de toda a sua vontade. Mas não podia ter filhos, e, por isso, sentia um grande pesar. E Eufemiano jejuava todos os dias até a nona hora e mandava colocar em seu palácio três mesas para que se assentassem os pobres e os enfermos [...]. E sua mulher o seguia em fazer boas ações, assim como aquela que tinha por costume. E todos os dias ela fazia suas orações a Jesus Cristo e dizia: "Bom Senhor Jesus Cristo, lembre-se de mim, que sou sua serva, e me dê tal fruto de meu marido que seja para sua honra e conforta meu coração e minha alma" [...]. Assim, teve um filho de vida muito santa[247].

Da mesma forma, a estrofe XV de *Vida de Santa Oria*, obra escrita por Gonzalo de Berceo na segunda metade do século XIII, diz:

> Rogavam a Deus sempre com firme coração,
> Que lhes quisesse dar alguma criação[248].

É outro caso de progenitores piedosos que, por meio de suas orações à divindade, conseguem gerar uma filha da categoria de Santa Oria. Trata-se, portanto, de um clichê da literatura hagiográfica que se repete em diversas vidas de santos, como a *Vida de san Ildefonso* [Vida de Santo Ildefonso], uma obra que também tem várias versões.

---

246. Cf. Vega (1991, p. 67-68).

247. Cf. Vega (1991, p. 67).

248. Cf. Gonzalo de Berceo (1992).

Em *Vida de san Ildefonso* (*c.* 1303), atribuída ao autor Beneficiado de Úbeda, pode-se ler o seguinte: "Fazia a boa senhora sempre essa oração a Deus e a Santa Maria com pura devoção, que lhes quisessem dar algum filho homem que fosse a seu serviço, e de outra maneira não. Perseverava ela naquele pedido"[249].

O Arcebispo de Talavera escreveu, em meados do século XV, outra versão de *Vida de san Ildefonso*, na qual a mãe do santo também recorria à oração para alcançar a maternidade:

> Havia, na cidade de Toledo, um cavaleiro da linhagem do dito Santo Eugênio, muito rico e abastado de bens temporais, que se chamava Dom Estêvão [...]. E tinha por esposa uma nobre senhora que se chamava Dona Lúcia. Mas, por ser estéril, não tinha frutos de bênção; por isso, compartilhava amplamente de suas coisas com os pobres e com os necessitados, rogando a Deus que lhe concedesse um fruto que fosse para seu serviço. E especialmente a Santa Maria, de quem era muito devota, que rogasse a Deus que lhe desse um fruto que fosse para seu serviço e dela; e, se assim não fosse, que não lhe desse. Essa senhora era tão devota de Santa Maria, que nunca se afastava de seu coração a oração da ave-maria. Pois, perseverando ela nessa oração, apareceu-lhe uma noite, em sonhos, a virgem Santa Maria dizendo-lhe assim: "Filha, saiba que eu sou mãe daquele que salvou o mundo e o comprou por seu precioso sangue [...]. E por que você me serve devotamente e me louva, saiba que lhe foi concedido o seu pedido. Aqui terá um filho que estará sempre a serviço de Deus e a meu serviço, o qual será muito conhecido por suas virtudes na Espanha"[250].

As invocações a Santa Maria são especialmente importantes desde que a figura da Virgem ganhou grande autoridade no século XII. Não é raro, portanto, achar esses apelos à mãe de Deus em obras literárias. Excelentes exemplos podem ser encontrados em *Cantigas de Santa Maria*, de Afonso X. Na cantiga 21 – "*Santa Maria pod' enfermos guarir*" – uma mulher pedia: "*Ai Sennor, oe mia oraçon, e por ta mercee un fillo baron me dá, con que goy' e te possa servir*"[251]. Nesse caso, a mulher não estava apenas desejando descendentes, mas também pedindo que a criança que viesse a nascer fosse do sexo masculino.

249. Cf. Walsh (1992, p. 77).

250. Cf. Martínez de Toledo (1962, p. 5).

251. Cf. Afonso X o Sábio (1986, p. 110).

A cantiga 43 – "*Porque é Santa Maria*" – relata, em suas cinco primeiras estrofes, a intercessão da Virgem por um casamento estéril de Daroca, que tinha ido em peregrinação a Santa Maria de Salas, em Huesca:

[...]
E porend' un ome bõo que en Darouca morava,
de ssa moller, que avia bõa e que muit' amava,
non podia aver fillos, e porende se queixava
muit' end' el; mas disse-ll' ela: "Eu vos porrei en carreira
[...]
Com' ajamos algun fillo, ca se non, eu morreria.
Poren dou-vos por conssello que log' a Santa Maria
de Salas ambos vaamos, ca quen se en ela fia,
o que pedir dar-ll-á logo, aquest' é cousa certeira."
[...]
Muit' en proug' ao marido, e tan toste se guisaron
de fazer sa romaria e en seu cam' entraron.
E pois foron na eigreja, Santa Maria rogaron
que podessen ayer fillo ontr' el e ssa conpanneira.
[...]
E a moller fez promessa que se ela fill' ouvesse,
que con seu peso de cera a un ano llo trouxesse
e por seu servidor sempre na ssa eigreja o désse;
e que aquesto comprisse entrou-ll' ende par maneira.
[...]
E pois aquesto dit' ouve, ambos fezeron tornada
a Darouca u moravan; mas non ouv' y gran tardada
que log' a poucos de dias ela se sentiu prennada,
e a seu temp' ouve fillo fremoso de gran maneira.
[...]

Após conseguir a gravidez desejada e voltar para casa com seu filho, a mulher esqueceu-se de cumprir a promessa de oferecer como uma oferenda o peso da criança em cera. Por esse motivo, ela recebeu como terrível castigo a morte da criança e teve de retornar ao local em que havia se dirigido à Virgem, carregando a cera prometida e seu rebento sem vida:

Des que lle naceu o fillo, en logar que adianos
déss' end' a Santa Maria teve-o grandes set' anos
que lle non vo emente nen da cera nen dos panos
con que o levar devera, e cuidou seer arteira.
[...]

Ca u quis te-lo fillo e a cera que tia,
deu fever ao meno e mató-o muit' aga,
que lle nunca prestar pode fisica nen meeza;
mas gran chanto fez la madre pois se viu dele senlleira.
[...]
Que o soterrassen logo o marido ben quisera;
mas la madre do meno disse con gran coita fera
que el' a Santa Maria o daria, que llo dera
con sa cera como ll' ela prometera da primeira.
[...]
E dizend' a grandes vozes: "A ti venno, Groriosa,
con meu fill' e cona cera de que te fui mentirosa
en cho dar quand' era vivo; mas, porque es piadosa,
o adug' ante ti morto, e dous dias á que cheira.
[...]
Mas, que fez Santa Maria, a Sennor de gran virtude
que dá aos mortos vida e a enfermos saude?
Logo fez que o meno chorou eno ataude
u jazia muit' envolto en panos da liteira.
[...]

A Virgem ressuscita o menino, mas a cantiga enfatiza o castigo por mentir e quebrar promessas. Assim, essa criança de Daroca e provavelmente outras voltam à vida quando sua mãe, a primeira beneficiária do favor celestial, acaba cumprindo seu voto com Maria.

Mas as mulheres podiam recorrer a outros meios além da proteção divina para curar a infertilidade. A própria Hildegarda, em outra carta endereçada a uma certa Sibila de Lausanne, a exorta a colocar em seu peito e em seu ventre um filactério que dizia: "No sangue de Adão, nasce a morte; no sangue de Cristo, a morte foi contida. Em nome do sangue de Cristo, eu lhe ordeno, sangue, retenha esse fluxo"[252]. A ilustre abadessa parece acreditar no poder terapêutico e taumatúrgico da escrita que utiliza, nessa ocasião, como remédio contra a infertilidade. A análise dessa autora e de outros leva a um paradoxo: embora pensassem que a esterilidade podia recair sobre qualquer um dos cônjuges, os remédios eram destinados fundamentalmente para elas.

252. Cf. Hildegarda de Bingen (1994, vol. 3, carta CCCXXXVIII).

Em *Liber de muliebria causa* [Livro sobre a condição feminina], por exemplo, era recomendado àquelas que desejavam conceber um filho homem que bebessem, junto a seus maridos, uma poção feita com os órgãos sexuais de uma loba[253]. Isso não foi testado por Iolanda de Bar nem por nenhuma das rainhas de Aragão ou da França, que precisavam tanto de herdeiros do sexo masculino.

Essa preocupação dos pensadores cristãos era compartilhada pelos árabes e pelos judeus. O multifacetado andaluz Ibn al-Khatib (1313-1374) oferece a seguinte receita: "Pegue quimosina de lebre e de cabra em partes iguais, triture e coloque na esponja [pessário] por três dias; em seguida, mergulhe-a com lascas de marfim no valor de dois *dirhams* com água e mel por vários dias seguidos". Segundo a obra judaica *Zijrón*:

> Sobre os bons pessários [para ficar grávida]. Pegue nardo, açafrão, almécega, mirra e castóreo, amasse-os bem com óleo de nardo ou óleo de moringa e gordura de ganso, e faça pessários que ela deverá usar durante os dias de sua purificação, trocando-os a cada três dias[254].

A "medicina" popular recomendava fórmulas semelhantes: "Colocar útero de lebre, seco e em pó, em uma poção; se a mulher e o homem beberem ao mesmo tempo, ela conceberá. E se ela beber sozinha, não conceberá nem menino nem menina"[255]. A fertilidade da lebre, embora seja um símbolo de concupiscência, levava ao desejo de fazer uso de certas partes de seu corpo.

Ainda no manuscrito aljamiado aragonês do século XVI, citado na introdução deste livro, são encontrados esses remédios para engravidar:

> Pegue os absintos e perfume-se com eles por nove manhãs; depois, pegue a nêpeta moída e peneirada em ovos assados por nove manhãs, e então conceberá com a permissão de Alá.
>
> [...] Pegue o esterco da quimosina da lebre misturado com mel e faça pó por nove dias e nove noites, e então conceberá com a permissão de Alá.
>
> [...] Pegue a açofeifa, a alcaravia, os absintos, a erva-doce, a semente de aipo, a semente de funcho, a semente de manjericão, o gengibre, a canela, a semente de alfazema e a farinha de trigo; cozinhe tudo com

253. Cf. Cadden (1995, p. 230).

254. Cf. Caballero Navas (2019, p. 104).

255. Cf. Pinto (1973, p. 520).

> manteiga de vaca. E quando tiver tomado tudo isso por nove dias em jejum, depois a mulher deve entrar no banho, e depois beber a nêpeta por mais nove dias, cozida com leite de cabras, e então conceberá com a permissão de Alá[256].

O uso desses métodos não científicos não foi bem-sucedido na busca por descendentes. De fato, é possível que um bom número de casais ou esposas tenha decidido não utilizar nenhum deles. Entre os casos mais curiosos pode-se destacar o de uma mulher que queria beber um xarope que poderia ajudá-la a engravidar, mas o marido não permitiu por medo de que a gravidez estragasse a bela figura da mulher[257].

Outro exemplo peculiar foi o da Rainha Joana de Portugal, consorte de Henrique IV de Castela. Como não conseguia ficar grávida, prepararam um dispositivo para ela, uma cânula de ouro, para realizar uma "inseminação artificial". O viajante Hieronymus Münzer contou essa história em *Viaje por España y Portugal* [Viagem pela Espanha e por Portugal], no fim do século XV, e descreveu: "Os médicos construíram um tubo de ouro, o qual a rainha introduziu no útero para ver se conseguiria receber o sêmen por meio dele"[258]. O médico judeu Samaya Lubel, após várias tentativas, não teve sucesso[259]. O problema não era de Joana, mas provavelmente da fraqueza do sêmen do rei; mas, de qualquer forma, foi um grande conflito que deu lugar a uma mudança radical na política dos reinos hispânicos. Seja como for, mais uma vez uma rainha, Joana de Portugal – assim como Iolanda de Bar, Beatriz de Borgonha, Leonor da Aquitânia, Iolanda de Aragão e muitas outras –, queria e precisava ser mãe. A documentação não permite conhecer casos específicos de mulheres de outros grupos sociais que desejavam ou precisavam ser mães, mas presume-se que dar à luz uma criança era um desejo muito comum nas sociedades, sejam elas de maior ou menor nível econômico, rurais ou urbanas, que valorizavam muito a fertilidade[260].

256. Cf. Guijarro Hortelano (2010, p. 490).

257. Cf. Assis (1988, p. 32).

258. Cf. Münzer (2019, p. 108).

259. Cf. Maganto Pavón (2003, p. 253).

260. Cf. Wilson (1984, p. 187).

Parte II
Durante o parto

Maria deu à luz seu filho primogênito, envolveu-o em panos e deitou-o em uma manjedoura.

O Evangelho de São Lucas (Lc 2,4-7) apresenta dessa maneira a cena do nascimento de Jesus Cristo que a arte medieval refletiu reiteradamente. Trata-se de uma imagem plácida e tranquila que todas as mulheres podiam contemplar; no entanto, não seria arriscado supor que as grávidas que a olhavam não esperavam um parto assim. Nessas representações, Maria aparecia com um semblante tranquilo e sem manifestações de dor no rosto, algo lógico em um nascimento que não lhe causou sofrimento algum e no qual não houve sangue. De fato, a ideia a respeito da indignidade de representar o parto natural de Maria levou a evitar sua imagem recostada, ao contrário do que havia sido feito nos exemplos da arte bizantina, e a optar por mostrá-la sentada, segurando o menino carinhosamente, ou de joelhos adorando-o. Além disso, essas cenas tendiam a se tornar mais afetuosas e íntimas ao acrescentar a Virgem alimentando Jesus. Entretanto, todas essas imagens do nascimento que se proliferaram na pintura, na escultura e em outras formas de expressão estavam muito longe da realidade que as mulheres enfrentavam, e não apenas aquelas de origem socioeconômica mais baixa. As gestantes que esperavam dar à luz em dias ou meses sabiam que seus partos seriam muito diferentes daquele. De fato, durante o período da gestação, o medo do parto era algo que estava muito presente em suas vidas.

O primeiro capítulo da Parte II aborda a gravidez, um período que deve ser visto em um sentido diferente da concepção, já que essa última tem um componente ideológico importante, com uma grande incidência das crenças religiosas, sociais, culturais e populares, que precisam ser estudadas antes e de forma separada da gravidez. Esse capítulo explora as considerações médicas e técnicas, bem como as crenças e os costumes relacionados à gestação, mantidos por mulheres da Idade Média: como a gravidez era entendida, como o feto era formado e seu desenvolvimento durante os meses entre a concepção e o parto, como o sexo do bebê poderia ser conhecido e como se preparar para evitar ou remediar um aborto espontâneo são alguns dos pontos que serão abordados no capítulo 4. A representação de mulheres em estado na arte medieval também será examinada nesse capítulo, em especial a atenção dada por parte dos artistas plásticos do Medievo à imagem da Virgem Maria grávida.

Se a gravidez era um período de temor, este ia aumentando conforme o parto se aproximava, um momento crítico para as mulheres, que, nas últimas semanas ou dias de gravidez, não tinham apenas medo da dor, mas, acima de tudo, da morte: ao iniciarem o esforço para dar à luz não tinham nenhuma garantia de que veriam seu próprio filho ou sua própria filha. Não havia calmantes, nem anestesia epidural, nem qualquer outro tipo de anestesia, de modo que todas as dores eram sofridas sem a possibilidade de reduzir sua intensidade; também não havia meios de profilaxia e higiene para evitar infecções, o que, em algumas ocasiões, levava à morte das parturientes. O parto, como momento transcendental para uma mãe, será tratado no capítulo 5, analisando-o a partir do momento em que começam os preparativos, passando pelas comidas mais apropriadas, pelo exercício físico, pelas orações que podem ajudar, pela sala para dar à luz, pelas mulheres que podiam dar assistência e ajudar no parto, pelos instrumentos utilizados, pelas melhores posições para a saída do bebê, pelos problemas que podiam surgir quando era impossível tirá-lo e ainda não se conhecia a prática da cesárea para salvar a mãe e, por fim, se tudo corria bem, pela alegria de ver a criança recém-nascida.

Por outro lado, no capítulo 6, serão abordadas diferentes questões a serem levadas em conta após o parto, ou seja, os primeiros cuidados materno-infantis e as medidas que eram tomadas para que a mãe superasse as possíveis infecções causadas no parto e para proporcionar à criança recém-nascida a alimentação necessária (a natural, através da amamentação; e a espiritual, por meio do batismo para os cristãos ou da circuncisão para os judeus e os muçulmanos).

4
Longas horas de espera: o período antes do parto

Portanto, esse sangue faz fluir uma espuma fria na mulher, que coagula como consequência do calor liberado por sua carne e se desenvolve, dando lugar a uma formação sanguinolenta. Essa espuma se torna estável nesse calor e, posteriormente, cresce, graças à secreção da matéria seca expelida pelos alimentos ingeridos pela mãe, e se transforma em uma figura humana pequena e compacta até que a mão do Criador, que formou o homem, a encharque completamente, da mesma forma que um artesão molda um sublime jarro.

Tudo será formado de maneira completa e precisa, semelhante a uma figura que o pintor molda com precisão para dar a ela uma forma concreta. Em todos os lugares onde algum dia haverá membros devem ser feitos cortes até a pele fina que mantém tudo isso unido; é semelhante ao barro que se racha pelo calor do sol. Depois, a carne seca será liberada do veneno, e a carne verdadeira será regada pelo sangue verdadeiro. Com o calor da mãe, tudo isso se desenvolverá e dará lugar a uma massa gordurosa disforme ainda sem vida. Essa obra é realizada em um mês, ou seja, exatamente no tempo em que a lua cresce e diminui.

Então, como Deus quer e como Ele ordena, o sopro da vida se aproxima e toca essa formação sem o conhecimento da mãe, como um vento quente e violento, como um vento que sopra de maneira ruidosa contra uma parede, e entra de forma abundante e se agarra a todas as articulações dos membros dessa figura[261].

261. Cf. Pawlik (1997, p. 86).

Hildegarda de Bingen ilustrava com essas palavras sua ideia sobre a formação do feto, uma sequência de dois passos, que representava a gênese do corpo e a gênese da alma. Antes dessa ilustre abadessa, Santo Isidoro de Sevilha expôs em um capítulo sobre o corpo[262] o que, a partir de seu ponto de vista, era o processo de geração humana e as funções do sêmen e o fluxo menstrual no início do embrião. O bispo de Sevilha e muitos outros pensadores medievais estavam preocupados em entender e explicar quando o feto surgia e quando sua capacidade de formação ou animação, entendida com a aquisição de uma alma por esse ser, se manifestava. O ponto de vista mais difundido era o de que essa ação ocorria entre quarenta e oitenta dias depois da concepção[263].

Se o ser humano devia a alma à intervenção divina, a formação do corpo era o resultado de um processo, em boa medida, sujo e infeccioso:

> A primeira vilania que o homem tem em si é a matéria a partir da qual é gerado, tanto por parte de seu pai quanto por parte de sua mãe; e também a maneira como se gera [...]. Depois de ser gerado no ventre de sua mãe, não é seu governo, senão de coisas tão sobejas, que naturalmente não podem se fixar no corpo da mulher, exceto quando está grávida. E isso Deus quis que naturalmente as mulheres tivessem aqueles humores necessários nos corpos, que governassem os bebês; além disso, o lugar em que estão é tão cercado de más umidades e poluído que, se não fosse por uma membrana muito fina criada por Deus, que está entre o corpo do bebê e aquelas umidades, não poderia viver de maneira nenhuma [...]. Além disso, é conveniente que sofra muitos trabalhos e muitas dificuldades enquanto estiver no ventre de sua mãe. Também porque, ao fim dos sete meses, todo homem está completo e não necessita mais do governo daqueles humores excessivos dos quais se alimentava; já que não precisa tanto deles, pela diminuição que sente do alimento, reclama; e, se é tão forte que possa romper aquelas membranas das quais está cercado, não permanece mais no ventre de sua mãe [...]. E esses são os que nascem aos sete meses e podem viver tão bem como se tivessem nascido aos nove meses; mas se, então, um não consegue romper aquelas membranas das quais está cercado, fica cansado e como doente pelo grande trabalho que teve, e permanece todo o oitavo mês fraco e sem o governo necessário. E se nascer naquele oitavo mês, de nenhuma

262. Cf. Isidoro de Sevilha (1982, livro XI, cap. 1).

263. Cf. Müller (2012, p. 3).

> maneira poderá viver. Mas, ao entrar no nono mês, porque já esteve um mês completo, e já descansado e com as forças recuperadas, em qualquer momento que nascer no nono mês, quanto às razões citadas, não deve morrer; mas, quanto mais tempo passar no nono mês, tanto mais saudável e mais seguro é para sua vida; e ainda dizem que pode passar até dez dias do décimo mês, e aqueles que nascem nesse tempo são muito mais fortes e mais saudáveis, embora sejam mais perigosos para suas mães[264].

Foi assim que Patronio explicou ao Conde Lucanor "o que é o homem em si", começando por sua nutrição no ventre materno e sua formação nos meses que antecederam o parto. A passagem mostra algumas noções sobre como era entendida a gravidez no século XIV, quando D. João Manuel (1282-1348) escreveu os relatos que compõem *El conde Lucanor*. Patronio conhece bem a duração da gestação, e aponta os problemas que poderiam surgir se o nascimento iniciasse no oitavo mês. Essa última parece uma ideia difundida, já que, por exemplo, Bernardo de Gordonio, ao relacionar o parto com o domínio dos planetas, sustenta que "começa a dominar Saturno no oitavo" mês e, por ser um planeta frio e seco, aquele que nasce pode não viver. O nono mês é diferente, porque "começa a regência de Júpiter, que é um planeta bom, e, portanto, pode viver"[265]. Na mesma linha se manifesta o *Lucidario* de Sancho IV, com um título para o capítulo LXXXIII que é esclarecedor: "Por que razão vive o bebê que nasce aos nove meses e aos sete meses, mas não o que nasce aos oito meses"[266]. Por isso o *Lucidario* não limita a influência que os planetas têm na gestação aos últimos três meses, mas sim a todos eles:

> No primeiro mês começa a agir nela o primeiro planeta, que é Saturno. Assim como ele, é fria e seca, e vai enfraquecendo aquela semente da qual se faz o feto. O segundo mês é regido por Júpiter, que é quente e úmido e, por isso, faz o feto crescer e se estender no ventre de sua mãe. O terceiro mês é governado por Marte, que é quente e seco e, por isso, faz o feto se mover para querer alma cheia de vida. O quarto mês é do sol, que é quente e seco, e se manifesta nela com obras completas de alma de vida que Deus criou nela, e isso acontece

264. Cf. D. João Manuel (2006).

265. Cf. Bernardo de Gordonio (1991, vol. VII, n. 16, p. 324).

266. Cf. Sancho IV (1968, p. 270).

> igualmente no macho e na fêmea. O quinto mês é regido por Vênus, que é frio e úmido, e, nesse mês, o feto se estende mais em seus membros e suas feições começam a se definir. O sexto mês é de Mercúrio, que tem uma compleição temperada e tende à secura, e, nesse mês, os membros dos fetos começam a secar mais, ao mesmo tempo que vão se tornando mais vivos e fortes, preparando-se para nascer. O sétimo mês é o da lua, que é fria, temperada e úmida, e de grande movimento, além de ser a mais próxima de nós. Ela faz o feto crescer e se mover, para testar e sair[267].

Entre os autores medievais havia certo consenso em fixar os nove meses como o tempo ideal para o parto; assim afirmavam Averróis (1126-1198) e Arib ibn Sa'id, que até mesmo o especificava em duzentos e setenta e cinco dias.

A duração total da gravidez e o período de formação do feto são encontrados no código das *Partidas*, embora de forma um tanto imprecisa. Trata-se de uma referência legal para determinar se um filho póstumo realmente pertencia ao pai falecido, para a qual era necessário saber a extensão temporal de uma gravidez, porque, "se o nascimento ocorrer no primeiro dia do décimo primeiro mês da morte do marido, a criança nascida não será considerada filha deste"[268].

Enquanto a duração da gravidez e os períodos mais ou menos propícios para dar à luz eram bem conhecidos, ainda há muitas questões a serem levantadas: Quando era um bom momento na vida da mulher para engravidar? Como ela sabia que estava grávida? Quais cuidados precisava ter, em especial, para evitar possíveis riscos? Havia alguma forma de saber o sexo do bebê ou algum método para, pelo menos, adivinhá-lo? Os preparativos para os meses de gravidez e para o parto são conhecidos? A questão das mulheres grávidas está refletida na legislação? Essas são algumas das muitas perguntas que podem ser feitas, embora algumas não possam ser respondidas e outras só possam ser respondidas parcialmente ou sem certeza absoluta.

À primeira pergunta – quando era um bom momento para engravidar, ou, em outras palavras, qual é a idade adequada? --, Hildegarda de Bingen novamente dá uma resposta: "Se uma mulher concebe um filho antes dos 20 anos

267. Cf. Sancho IV (1968, p. 270-271).

268. Cf. Afonso X o Sábio (1555, partida IV, título XXIII, lei IV).

de idade [...], trará ao mundo um filho doente [...]. A partir dos 50, e também, em algumas mulheres, a partir dos 60, param as menstruações, e o útero começa a se encolher"[269]. De acordo com essa abadessa e escritora alemã, a melhor época para ser mãe oscila entre os 20 e os 50 anos, ao que depois acrescenta que raramente uma mulher, devido à sua extraordinária constituição, poderia ter descendentes depois de chegar aos 80 anos. No entanto, havia uma referência bíblica: Sara, a esposa de Abraão, que, segundo o Gênesis (Gn 17,17), concebeu aos 90 anos, algo que só seria possível com mediação divina ou como consequência de uma forma de contar o tempo diferente da atual. Sua nora Rebeca também foi mãe tardia, pois parece que deu à luz seus filhos gêmeos, Esaú e Jacó, já com 60 anos. Ambas as matriarcas apresentam paralelos com Santa Isabel, a prima da Virgem, que havia passado anos casada com Zacarias sem ter descendentes. Era considerada estéril, até que, um dia, ela estava visitando o Templo de Jerusalém, e Zacarias recebeu do Arcanjo Gabriel a notícia de que sua esposa ficaria grávida. O Evangelho Segundo São Lucas diz: "Alguns dias depois, Isabel, sua mulher, engravidou e por cinco meses ficou escondida, dizendo: 'Assim o Senhor fez comigo, quando lhe agradou acabar com a humilhação que eu passava perante o povo'"[270], a qual foi causada por sua esterilidade e por sua gravidez em idade tão avançada.

Mães com gestações após os 50 anos eram raras, ao contrário das precoces, com filhos aos 15 ou 16 anos, idade na qual corriam mais risco de mortalidade, como destacou Hildegarda. Uma delas foi a sua contemporânea, Leonor da Aquitânia, que tentou ser mãe assim que se casou com Luís VII da França e que, conforme mencionado anteriormente, perdeu o bebê. Leonor não deu à luz sua primeira filha, Maria, até 1145, quando já tinha 23 anos. Sua prima Petronila de Aragão (1136-1173), entretanto, conseguiu ter descendentes com apenas 15 anos. As irmãs Leonor e Margarida da Provença – a primeira, casada com o Rei Henrique III da Inglaterra, e a segunda, com Luís IX de França (1214-1270) – também tiveram de esperar. O cronista Mateus de Paris expressou sua preocupação com a falta de prole em ambas, embora tenha admitido

269. Cf. Pawlik (1997, p. 129).

270. Cf. Lc 1,24-25.

que eram muito jovens. Leonor foi obrigada a ter descendentes com apenas 13 anos, a partir do momento em que se casou, e acabou conseguindo em 1239, com 16 anos. Sua irmã Margarida, que também se casou na mesma idade, o fez, por sua vez, em 1240, com 19 anos.

Surge, então, a pergunta sobre como todas essas rainhas ou qualquer outra mulher do Medievo sabiam que estavam grávidas. Na ausência de "preditores" químicos havia outras técnicas menos confiáveis que assumiam essa função. O já citado médico andaluz Arib ibn Sa'id destacava dois métodos a esse respeito; o primeiro consistia em inserir um alho na vagina, planta cujo cheiro, em caso de gravidez, chegava ao nariz da gestante; o segundo era tão simples quanto beber água com mel à noite, após o jantar, algo que produziria gases dolorosos, o que funcionaria como um indicador positivo[271]. Outra possibilidade frequentemente usada pela medicina medieval e com maior base científica era a observação da urina, embora também fosse um possível alvo de fraude[272].

A insegurança dos métodos é percebida quando algumas mulheres usam palavras como "presumo estar grávida" ou "penso que estou grávida"[273]. Na verdade, elas não podiam saber com certeza se estavam grávidas até sentirem os movimentos do feto. Isso pode ser confirmado por algumas das notícias que chegaram até nós sobre as rainhas. Poucos meses depois de dar à luz seu terceiro filho, Elizabeth de York (1466-1503), rainha da Inglaterra, começou a sentir um movimento familiar no útero que lhe forneceu a prova de que havia concebido pela quarta vez. Ela já estava na metade da gestação. Os sintomas que teve nos primeiros meses eram difíceis de diagnosticar, e os médicos recomendaram que ela esperasse para sentir o movimento do feto[274].

Seja como for, a confirmação de uma gravidez desejada costumava ser motivo de profunda alegria. Isso era demonstrado por algumas rainhas ou nobres nas cartas que enviavam, e também Abelardo ao tomar conhecimento por parte de sua adorada Heloísa: "A menina soube que estava grávida, e, com grande

271. Cf. García Herrero (1990, p. 36).

272. Cf. García Herrero (1990, p. 36-37).

273. Cf. García Herrero (1990, p. 37).

274. Cf. Norton (2017).

alegria, me disse imediatamente por escrito, perguntando-me o que eu pensava que deveria ser feito"[275].

A partir desse momento, o desejo de levar essa gestação a um final feliz levava as grávidas a uma série de cuidados de acordo com as tradições cultural, familiar e popular de sua época. Tais tradições determinavam um período vital de incansável proteção, que englobava aspectos físicos e espirituais e que podia ocorrer em casa ou no hospital. Nessas instituições, a motivação para amparar as gestantes se manifestava, já que nelas eram acolhidas aquelas que estavam em apuros, as quais geralmente pertenciam às camadas sociais menos favorecidas.

Essa ideia de proteção também pode ser encontrada nos tratados médicos da época, pois neles são emitidas várias recomendações e conselhos que podiam ser aplicados durante esses nove meses. Francisco López de Villalobos reúne alguns deles no *Sumario de la medicina*, e ainda por cima em verso:

> E deve administrar a mulher grávida
> com iguarias boas e muito lenitivas
> ameixas e caldo antes de comer
> e vinho aromático e bebida muito boa;
> fugir dos azedos e aperitivos,
> e fugir do medo, da raiva e da tristeza,
> e deixar de lado as corridas e os pulos,
> e, ao comer, dê-lhe uma pera madura,
> ou algum bom marmelo, e, em vez de cura,
> algum *diamargaritón* você lhe dará[276].

Em geral, uma ampla gama de considerações foi levada em conta, incluindo os alimentos e as bebidas adequados, os estados de ânimo, a administração de um medicamento (o *diamargaritón*, feito de extrato de pérola e margarida) e, por fim, a redução do esforço físico, pelo menos o de maior intensidade.

Uma vez chegando às últimas semanas de gestação, os cuidados mudavam para o uso de uma ampla variedade de cintos, cintas ou "faixas de parto".

---

275. Cf. Pedro Abelardo (1993, p. 51).

276. Cf. López de Villalobos (1948, p. 333). Segundo a Real Academia Española, *diamargaritón* é um composto medicinal feito com pérolas trituradas e outros ingredientes, utilizado para fortalecer o coração, a cabeça e o estômago [N.T.].

As que foram mais bem registradas são aquelas formadas por uma espécie de tira larga feita de pergaminho, seda, ferro ou outros materiais e que era ajustada na parte baixa do ventre. Diferentes referências e imagens em catedrais e mosteiro ingleses deixam clara sua existência. Por exemplo, havia um cinto vinculado a Santo Anselmo muito requisitado para acompanhar gestantes no parto. E havia mosteiros que alugavam esses cintos, como está documentado na própria Abadia de Westminster, uma vez que, nas contas da rainha inglesa Elizabeth de York, mãe de Henrique VIII (1491-1547), aparece o pagamento de seis xelins e oito centavos ao monge que lhe levou o cinto em dezembro de 1502. É possível que a rainha o tenha usado até 2 de dezembro de 1503, dia em que nasceu sua filha Catarina. Poderia se tratar de uma relíquia da faixa que a Virgem havia utilizado antes do parto e que intensificou o culto a Maria na Inglaterra a partir do fim do século XIII. No entanto, essa vestimenta não ajudou a Rainha Isabel a superar o parto, já que uma infecção a levou à morte pouco tempo depois.

Uma análise bioquímica de uma dessas faixas permitiu reafirmar certas ideias anteriores sobre as crenças, as orações ou os hábitos praticados por mulheres grávidas. Por exemplo, a descoberta de marcadores proteicos de mel, leite de cabra, ovo, leguminosas ou cereais indica algumas coincidências com as dietas recomendadas em tratados médicos, como consta, a título de exemplo, nos escritos de Trótula: "Pegue uma pitada de dormideira, uma pitada de gordura de ganso, quatro pitadas de cera e quatro de mel, uma onça de azeite, as claras de dois ovos e o leite de uma mulher. Misture tudo e insira por meio de um pessário"[277].

Pode-se citar a faixa ou a cinta que a Rainha Elizabeth de York vestiu, mas são poucas as notícias encontradas sobre o emprego desses artefatos, embora as abundantes imagens da Virgem grávida utilizando um desses acessórios sugerem que seu uso pode ter sido generalizado. A verdade é que o testemunho sobre as faixas de parto não é a única informação que chegou a nosso conhecimento graças à documentação de personalidades importantes, mas o mesmo se aplica a outros cuidados, que, em grande parte, dependiam do nível social

277. Cf. Fiddyment *et al.* (2021).

da gestante. As rainhas, sem dúvida, receberiam atenção cuidadosa, como, em certa medida, também a receberiam senhoras de grupos proeminentes e médios. Algumas delas, por exemplo, podiam se dar ao luxo de contar com o aconselhamento direto de certos médicos ou sábios de sua época. A Condessa Beatriz de Saboia (*c.* 1198-*c.* 1267), mãe da rainha da França Margarida da Provença, solicitou o de Aldebrandin de Siena (segunda metade do século XIII), que escreveu para ela um breve tratado com lições sobre a gravidez, o parto e o cuidado dos recém-nascidos. Entre as cortesias que as rainhas e as mulheres nobres recebiam pode-se notar que seus maridos modificavam alguns planos de viagem em função da condição delas. Essas decisões radicavam tanto em reduzir os riscos do parto quanto em assegurar que a prole nascesse no próprio território do reino. Mateus de Paris narra alguns casos da realeza da Inglaterra[278], entre eles o do citado Rei Henrique III, que atrasou o retorno de Bordeaux para seu reino porque sua esposa, Leonor da Provença, estava nessa cidade esperando o nascimento iminente de sua filha Beatriz (1242)[279]. Também é possível encontrar casos de mulheres grávidas que não viajaram com seus maridos, novamente em uma descrição dada por Mateus de Paris a respeito de um caso em particular. Esse cronista fala de Leonor de Inglaterra, irmã de Henrique III e esposa de Simão de Montfort (1208-1265), que, por estar grávida, permaneceu na Europa continental em vez de acompanhar seu marido à Grã-Bretanha[280]. Casos semelhantes podem ser encontrados entre as monarcas hispânicas: Joana de Portugal, a segunda consorte de Henrique IV de Castela, estava em Aranda, vila concedida a ela pelo rei, e, "estando ali, a rainha engravidou, ficando o rei muito feliz [...]; o rei ordenou que o arcebispo de Sevilha fosse a Valladolid, e que a rainha, por causa de sua gravidez, ficasse em Aranda"[281].

Todas essas formas de cuidado indicam que, na Idade Média, a gestação não era vista como um período desconfortável, mas sim como um momento em que a vida estava em perigo. Embora não tenham sido encontradas evidên-

278. Cf. Harris-Stoertz (2012, p. 273).

279. Cf. Howell (1998, p. 35).

280. Cf. Harris-Stoertz (2012, p. 273).

281. Cf. Enríquez del Castillo (1789, p. 53).

cias arqueológicas, ou tenham sido encontradas poucas, de sepultamentos de mulheres grávidas, não seria arriscado presumir que um bom número delas morreria. Graças a escavações feitas em uma tumba dos séculos VII ou VIII em Ímola, na Itália, veio à tona um número significativo de casos em relação ao fim da gravidez. Nesse túmulo foi encontrado, junto a um esqueleto de mulher, o esqueleto de um feto de aproximadamente 38 semanas de gestação, ou seja, muito perto do nascimento. A hipótese do grupo de arqueólogos que estudou essa tumba é de que a mulher faleceu e foi enterrada com o bebê no útero, mas os gases em decorrência da decomposição do corpo acabaram por expulsá-lo. Esse fenômeno impressionante foi chamado de "parto de caixão"[282].

Tendo em vista o lugar privilegiado que a religião ocupava na sociedade medieval, as recomendações para as mulheres grávidas não se limitavam aos cuidados físicos, mas também se estendiam aos cuidados espirituais. As orações para as gestantes eram comuns, assim como as orações à Virgem Maria, a sua mãe Santa Ana ou a outros santos e santas que eram considerados defensores das grávidas.

Algumas cerimônias extraordinárias também eram realizadas, como as de rainhas francesas ou das esposas dos delfins, título que designava os primogênitos dos reis da França, herdeiros do trono. A Catedral de Nossa Senhora de Chartres abrigava a *sancta camisia*, uma relíquia do véu que, segundo dizem, a Virgem estava usando no momento da Anunciação[283]. Quando os monges dessa cidade tomavam conhecimento da gravidez de uma monarca ou de uma esposa de um herdeiro, preparavam uma túnica branca e dourada, colocavam-na sobre essa relíquia durante nove dias, e, em seguida, quatro dos religiosos a entregavam.

Por outro lado, esses cuidados espirituais se manifestavam também na devoção a virgens, santas ou santos. Na famosa pintura de Jan van Eyck intitulada *O casal Arnolfini* (1434) há uma pequena estátua de Santa Margarida colocada em uma cadeira junto ao leito nupcial. Assim como outras gestantes, a esposa do mercador italiano residente em Bruges Giovanni di Nicolao Arnolfini, que aparece na pintura em estado avançado de gestação, teria se encomendado a

282. Cf. Pasini *et al.* (2018, p. 78-81).

283. Cf. Gibson (1989, p. 63-64).

essa santa para pedir um bom parto. A devoção a Santa Margarida era comum entre as mulheres do noroeste da Europa, equivalente à que se tinha por outras santas nos reinos hispânicos. Santa Margarida, também conhecida como Margarida de Antioquia, era a padroeira das mulheres grávidas, por ter conseguido sair da barriga do dragão que a havia devorado, cortando-o com a pequena cruz que ela carregava consigo. Na Idade Média, escapar das tripas desse animal mitológico era o equivalente a se libertar da prisão da gravidez. Além desse feito, é provável que o culto a Margarida foi devido à sua identificação com Juno Lucina, a divindade pagã a quem as mulheres romanas da Antiguidade clássica recorriam em seus partos. Margarida, em sua origem grega, também significava pérola, e ao pó dessa gema eram atribuídas qualidades coagulantes para a prevenção das hemorragias, um dos maiores perigos do parto.

Entretanto, os grupos sociais menos favorecidos tinham Santa Ana, a mãe da Virgem, como uma imagem de culto para pedir favores relacionados à maternidade; em alguns lugares, as mulheres rezavam diante de um altar dedicado a ela ou colocavam uma imagem dela na cama[284].

Rainhas, princesas, nobres e burguesas podiam receber um melhor atendimento durante a gravidez, mas isso não significa que as mulheres dos grupos menos privilegiados estivessem desprotegidas, embora houvesse poucos meios para ajudá-las. Em alguns reinos há relatos de hospitais onde as desvalidas eram atendidas, alguns até fundados especificamente para elas. A partir da perspectiva atual, isso pode parecer normal, mas estava longe de ser assim no Medievo. Os hospitais administrados por religiosas eram proibidos de admitir mulheres grávidas, visto que elas eram solteiras, sem um marido ou um homem que as amparasse, e que haviam sido expulsas por suas famílias, ou eram empregadas, prostitutas ou imigrantes. Pouco a pouco essas instituições passaram a aceitar gestantes, embora ainda fossem cautelosas em alguns casos, especialmente com aquelas que eram consideradas pecadoras ou mulheres ruins.

As instituições de caridade fundadas por algumas monarcas foram alguns dos primeiros hospitais a aceitar gestantes. A Imperatriz Matilde (1102-1167), filha de Henrique I de Inglaterra (*c.* 1068-1135), não impediu que mulheres de

284. Cf. Brandenbarg (1995, p. 31-65).

origem humilde que estivessem grávidas recebessem ajuda no hospital, sendo, portanto, uma pioneira nessa linha, e por isso a crônica de Aldgate fez um grande elogio a ela: "Assídua visitante de doentes, um constante apoio para pessoas pobres, uma 'cossofredora' com pessoas presas, um apoio a grávidas"[285]. Um século depois, por volta de 1240, o Rei Henrique III da Inglaterra fez uma doação ao Hospital de São João Batista de Oxford, com o objetivo de custear uma câmara especificamente dedicada a mulheres que se preparavam para dar à luz, embora não fosse permitida a entrada de mulheres libertinas que tivessem engravidado[286]. Em uma bula papal de 1250 dirigida ao Hospital de Saint John em Cambridge, Inocêncio IV (papa entre 1243 e 1254) autoriza o funcionamento da instituição de acordo com a Regra de Santo Agostinho e estabelece que as pessoas doentes e fracas devem ser recebidas com toda a bondade e a misericórdia, exceto quando se tratar de pessoas grávidas, leprosas, feridas, paralíticas e com distúrbios mentais[287].

Data do fim do século XIII o Hospício de Notre Dame de Fontenilles em Tonnerre, França, que Margarida da Borgonha (*c.* 1250-1308), rainha da Sicília, mandou construir para ajudar mulheres grávidas. Acredita-se que sua preocupação com os riscos que corriam as gestantes foi uma consequência de ela ter engravidado duas vezes sem que nenhuma delas tivesse se concretizado[288].

O objetivo de todas essas estratégias de proteção era reduzir os riscos da gestação, especialmente a perda do bebê e, em menor medida, as possíveis complicações que pudessem comprometer a vida da mãe. A interrupção da gravidez era muito comum no primeiro trimestre, conforme relatavam os tratados médicos. Em um dos mais antigos, já mencionado anteriormente, intitulado *Libro de la generación del feto*, de Arib ibn Sa'id, se afirma:

285. Cf. Huneycutt (2003, p. 113).

286. Cf. Orme (2003, p. 86).

287. Cf. Hospitals... (1948, p. 303-307); Cooper (1874, p. 171).

288. Cf. Bowers (2007, n. 33, p. 89).

> Convêm às mulheres grávidas que aumentem suas precauções no primeiro mês de gestação, contra movimentos, saltos [...], até que a gestante entre no segundo mês.
>
> [...] Nesse mês, deve-se evitar cometer os erros que as gestantes cometem involuntariamente, porque teme-se que o feto morra se o aborto for realizado, pois ele ainda é um pedaço de carne não formado.
>
> [...] E se a mulher grávida adoecer e seus seios diminuírem subitamente, ela sem dúvida abortará de maneira inevitável. E quando diminuir apenas um peito e a gravidez for gemelar, ela abortará apenas um feto[289].

Esse médico cordobês destaca também algumas das causas de aborto espontâneo consideradas comuns: "Queda, golpe, febre, abscesso, corrida, gritos e acidentes profundos da alma"[290]. Assim como outros tratadistas, Arib ibn Sa'id recomenda que as mulheres grávidas descansem e tomem algumas ervas úteis para prevenir a interrupção da gestação. Temendo a ocorrência iminente, as parteiras procuravam tomar as medidas necessárias para evitá-la, incluindo chamar um médico. Porém, além dos remédios físicos que um médico ou outra pessoa poderia administrar, era comum recorrer à oração como último recurso. Em um manuscrito devocional do fim da Idade Média encontrado na paróquia do município catalão de Santa Maria de Mansolí há uma prece peculiar, "adequada para toda mulher grávida"[291] que quisesse evitar o aborto; a oração inclui uma espécie de galimatias, dificilmente compreensível mesmo para quem conseguisse murmurá-la: "*Jhesús. Anna hach Santa Maria. Santa Elisabet hach Sent Johan Baptista, e Sancta Maria hach nostro Senyor. Maguor aguer, aguor magor, guallis maguor, agor guallis, guallis maguor*"[292].

Além do perigo de um aborto involuntário, também era um sério problema a "gravidez abdominal" ou "ectópica", na qual o feto se desenvolve fora da cavidade uterina, porque também colocava em risco a vida da mulher que passava por isso. O médico andaluz Abulcasis (936-1013) foi o primeiro a descrever esse problema, no ano de 963.

---

289. Cf. Arjona Castro (1983).

290. Cf. Comenge i Ferrer (1974, p. 83).

291. Cf. Vila i Medinyà; Sierra Valentí (2012, p. 52).

292. Cf. Vila i Medinyà; Sierra Valentí (2012, p. 52).

Os remédios usados para evitar essas interrupções naturais não eram muito diferentes dos já relatados para abortos induzidos. Assim, Hildegarda de Bingen prescrevia algumas receitas para "aquelas mulheres em que a concepção costuma falhar, mas que não são estéreis, e sim férteis"[293]. Uma das receitas que ela recomendava consistia em ferver em leite de vaca ou de ovelha algumas folhas verdes de oleandro ou choupo e depois beber essa poção. Na obra *Lapidario*, de Afonso X, são descritas várias pedras que ajudavam a evitar que a gestação desse errado. Uma das mais famosas é a "que chamam *gebratifez*, que quer dizer, em caldeu, 'guardador de fetos' [...]. Sua virtude é tal que, se a mulher grávida a carrega consigo, livra o feto do mal até o momento de parir e, além disso, faz com que ela dê à luz de forma leve e sem perigo"[294].

Apesar desses remédios, foram muitas as mulheres de todos os grupos sociais que sofreram abortos espontâneos, como foi o caso citado anteriormente da Rainha Iolanda de Bar, que também o registrou em seu extenso epistolário. Essa referência é encontrada em uma carta enviada a seu primo Carlos (1361-1425), o infante primogênito de Navarra e futuro Rei Carlos III (r. 1387-1425), a quem ela "culpou" por essa perda. Nessa carta, Iolanda afirmava que fazia poucos dias que ele a havia incentivado a dançar, e que, com a fadiga subsequente, "perdeu um sobrinho que teria se chamado Carlos como você"[295]. A rainha baseava sua argumentação em algumas das causas apontadas nos tratados médicos, a saber, em fazer exercício excessivo ou saltar de forma agitada. O fato é que diferentes testemunhos deixam claro que não era recomendado que as monarcas grávidas se movimentassem por causa do "perigo que caminhar representa às mulheres grávidas"[296], ou, no caso de terem de fazer, elas eram transportadas em padiolas. Deslocar-se ou fazer exercício era considerado, portanto, um risco para a gestação. Deve-se levar em conta que o número de interrupções de gravidez naquela época era alto, cerca de um quarto das gestações que chegavam a termo.

---

293. Cf. Schiller (1997, p. 68).

294. Cf. Afonso X o Sábio (1981, p. 36).

295. Cf. Próspero de Bofarull (1898, vol. 6, carta 52, p. 347).

296. Cf. Enriquez del Castillo (1789, p. 64).

Outro aborto espontâneo foi sofrido por Joana de Portugal em 1463. A *Crónica de Enrique IV*, escrita por Diego Enríquez del Castillo, o relata da seguinte maneira:

> Chegou a notícia de que, estando a rainha um dia sob o sol que entrava por uma janela de seu aposento, pegou fogo em sua cabeça, queimando um pouco dos cabelos dela; e, se não tivesse sido rapidamente socorrida pelas mulheres que estavam com ela, o fogo teria colocado sua vida em risco. Por causa desse susto, ela perdeu um filho de seis meses, o que deixou o rei não apenas pesaroso, mas desconcertado e muito triste[297].

Esse testemunho aponta para outras causas que não as físicas e que o médico occitano Bernardo de Gordonio qualifica como "acidentes da alma, assim como a ira, o temor"[298]. Fosse por uma ou outra razão, o preconceito dominante estabelecia que a perda do bebê, ou seja, o aborto, mesmo que fosse espontâneo, era responsabilidade da mulher[299]. Provavelmente não foi esse o caso quando a Rainha Isabel a Católica sofreu um aborto em sua segunda gravidez[300].

Quando isso acontecia era necessário praticar uma curetagem do útero. Para isso, eram utilizados instrumentos muito rudimentares. Em *Kitāb al-Taṣrīf* [O método de medicina], Abulcasis inclui desenhos destes, junto com uma explicação detalhada: "Ganchos para extrair um feto morto e, se for necessário, até três ganchos presos nos olhos, no pescoço, na boca, na clavícula ou nas costelas. Se o feto não saísse inteiro, os ganchos eram novamente aplicados às partes restantes"[301].

Ainda que essas práticas, provavelmente, não fossem comuns entre os médicos da comunidade cristã, não faltam relatos que informam sobre sua execução em caso de necessidade. Em *De Vitae Patris Emeritensiorum* é contada a história de Paulo, um médico de origem grega e arcebispo de Mérida que viveu

297. Cf. Enriquez del Castillo (1789, p. 64-65).

298. Cf. Bernardo de Gordonio (1991, vol. VII, n. 15, p. 322).

299. Cf. Moral de Calatrava (2006, p. 47).

300. Cf. Príncipe... (c2022).

301. Cf. Hibbard (2000, p. 2).

no século VI e salvou da morte uma mulher que reteve um feto morto em seu útero:

> Em um transe de morte, foi atendida pelo prelado, médico de grande reputação antes de receber as ordens sagradas, e que, superando os escrúpulos para agir, dada sua condição sacerdotal, e depois de pedir permissão ao cabido catedralício, dedicou-se à intervenção, praticando com admirável sutileza, por meio de um ferro sutil, uma incisão muito sutil, despedaçando os membros já apodrecidos do feto, com ótimos resultados para a mãe, que prontamente se recuperou[302].

Nas gestações desejadas que progrediam podia acontecer de a futura mãe querer saber o sexo do bebê? Havia métodos para isso? Claro, mas nenhum era realmente confiável, embora diversos tratadistas fizessem referência a alguns sinais na mulher grávida que podiam ser úteis. Por exemplo, Arib ibn Sa'id dizia:

> Se a gestante tiver um rosto bonito, pés limpos, se seus movimentos forem leves e seu rosto for alegre, tudo indica que o bebê será um menino. E se ela tiver a tez alterada, a pele com manchas escuras, se seus movimentos forem lentos e seus sentidos estiverem torpes, isso indica que será uma menina, porque o menino fortalece o calor e torna a tez mais bonita, fluidifica o sangue, ativa os sentidos, ajuda a suavizar os movimentos; a menina tende para o frio, que altera a pele, congela o sangue, torna a cor mais escura e corrompe a pele[303].

A referência à boa cor do rosto coincide com a avaliação de Trótula em *De passionibus mulierum*, que também acrescenta o tamanho relativo dos peitos como um sinal para determinar o sexo do bebê: "Se for menino, a gestante terá o seio direito maior, enquanto, se for menina, o seio maior será o esquerdo"[304].

Antes de Trótula, Constantino o Africano (*c.* 1020-1087) havia estabelecido outro método: se o esperma se deposita na parte quente do útero direito nasce um menino; se se deposita na parte fria do útero esquerdo nasce uma menina[305]. Pouco depois desse autor, Hildegarda arriscou outra hipótese, em-

302. Cf. González Navarro; Usandizaga Beguiristáin (2006, vol. I, p. 55).

303. Cf. Arjona Castro (1983, p. 60-61).

304. Cf. Green (2002, p. 81).

305. Cf. Cadden (1995, p. 63).

bora não exatamente sobre o sexo do bebê: se a semente paterna fosse vigorosa e os pais se amassem de maneira recíproca, nasceria uma criança forte; se a semente do pai fosse vigorosa, o pai amasse a mãe, mas esta não correspondesse, daria à luz uma criança fraca e sem virtudes. Nenhuma das hipóteses – nem a de Constantino o Africano, nem a de Hildegarda de Bingen – seria útil para a mãe saber o sexo do bebê, uma vez que não havia como saber onde o esperma tinha sido depositado nem se ele era vigoroso ou fraco.

Naqueles séculos também foi difundida a ideia de que "a gravidez de menina é pior, mais incômoda, com inchaços nas pernas e má digestão, é mais prolongada e afeta o lado esquerdo do corpo (a de um menino, o direito), mas as abordagens teóricas, como tantas outras vezes, caem por terra ao se confrontarem com o habitual"[306]. Além disso, circulava também um boato de que, se alguém oferecesse um lírio e uma rosa a uma mulher grávida e ela escolhesse o lírio, estava grávida de um menino; enquanto, se escolhesse a rosa, estava grávida de uma menina, uma superstição que sobreviveu até os dias de hoje, pelo menos em algumas sociedades europeias, sendo transmitida em seu folclore.

A insegurança da gravidez também podia se manifestar em outro problema que afetava algumas mulheres, as chamadas "falsas gestações", conhecidas atualmente como gravidez molar ou mola hidatiforme. Nesses casos, a mãe apresenta sinais de gravidez e se dá conta disso, mas o desenvolvimento pelo qual ela passa não corresponde estritamente ao do embrião, mas sim a uma hipertrofia do tecido placentário na forma de cistos dermatoides, ou seja, a mola do útero. Esse distúrbio poderia ser diagnosticado se não fossem observados movimentos fetais após quarenta e cinco dias, o que, de outra forma, é difícil de ser observado em um estágio tão precoce.

Atualmente já se sabe que sua causa é uma falha na fecundação, mas o *Zijrón*, o pequeno tratado ginecológico hebraico do fim do século XII ou do início do século XIII, aponta para outras causas:

306. Cf. García Herrero (1990, p. 39).

> Pois [a mola] se forma imediatamente após o coito, quando o fluido da mulher não se misturou com o esperma do homem, de modo que este perde sua força geradora. Então, o líquido que é o fluido da mulher se deposita no útero, que, ao ser nutrido, torna-se uma coisa sem forma[307].

Tempos depois, no início do século XIV, Bernardo de Gordonio definia a mola como "um pedaço feio de carne, quase sem forma; alguns chamam de *pecus*, outros chamam de *fratrem lombardorum*, outros de *arpia*, mas com os nomes não devemos nos preocupar"[308]. Outro médico, Michele Savonarola, deixou em seu livro *Practica major* (*c.* 1440) um capítulo dedicado à obstetrícia que, em uma parte, apresentava o título "Sobre a mola", uma das raridades que poderiam acontecer numa gravidez[309].

Esse fenômeno também era abordado em outros compêndios médicos, e, embora todos estivessem de acordo em expor sua raridade, o que eles não explicavam eram suas causas. Gordonio estava inclinado a pensar que isso ocorria em função do esforço excessivo no trabalho de parto e, no caso das mulheres de Apúlia, na Itália, porque se alimentavam muito mal[310]. Michele Savonarola sugeria a possibilidade de que a mola – que as mulheres italianas de sua época chamavam de *fera* – pudesse ser o resultado de um feto que havia morrido no útero da mãe. Quando ela concebeu novamente havia crescido em seu corpo uma massa de carne, ou às vezes duas, que nada mais eram do que fetos que não haviam se desenvolvido e foram expostos pelo desenvolvimento normal de um novo bebê. Em uma explicação muito interessante a respeito do assunto, Savonarola diz:

> Em algumas regiões de Apúlia, como observou meu pai, as mulheres dão à luz um feto e, ao mesmo tempo, uma *fera*, que pode se parecer com uma coruja, um falcão, uma águia, um lagarto ou outras coisas semelhantes. As mulheres alegam que, quando esse feto, a fera, aparece como uma *fera* nobre, ou como um gavião ou algo semelhante, então o feto foi gerado por uma pessoa distinta. Se a *fera* for vil –

307. Cf. Caballero Navas (2019, p. 106).

308. Cf. Moral de Calatrava (2006, p. 50).

309. Cf. O'Neill (1974, p. 223).

310. Cf. O'Neill (1974, p. 223).

> como uma coruja, um lagarto ou algo semelhante –, então o feto foi gerado por um indivíduo rústico ou um homem de classe baixa, e essa *fera* às vezes mata o feto. Pois se diz que essa propriedade [letal] é tão grande que se ao ser trazida ao mundo, na hora do parto, [a fera] ataca a criatura humana, o feto morre instantaneamente. Essas coisas são verdadeiras, mas não podem parecer, porque não temos o costume de ver tais coisas aqui[311].

No entanto, muitas outras teorias foram sugeridas para justificar a origem dessas falsas gestações; em primeiro lugar, que "a própria semente da mulher era capaz de gerar essa patologia"[312]; em segundo lugar, "a possibilidade de que a ausência de capacidade generativa da semente do homem pudesse carregar consigo essa má-formação"[313]. Também era utilizado o termo "cozimento excessivo", pois se acreditava que a mola era proveniente do "cozimento" excessivo do sangue menstrual[314]. Por fim, não faltavam acusações de luxúria e masturbação.

Eventualmente, o tratamento para essa patologia era a evacuação do conteúdo uterino, às vezes mediante o uso de ervas como o ruibarbo, embora muitas mulheres mantivessem a mola em seu corpo durante anos, inclusive até sua morte.

Os relatos sobre os riscos que as mulheres grávidas corriam geralmente se limitam aos grupos da alta sociedade, mas é possível presumir que esses riscos eram maiores entre as menos privilegiadas. Em todo caso, pode-se observar como os primeiros códigos legais dos reinos germânicos já mostravam uma preocupação em proteger as mulheres menos favorecidas, pois estas seriam as principais beneficiárias do grande valor que se concedia às gestantes. É provável que isso tenha ocorrido porque, em uma sociedade ameaçada pela violência, os legisladores davam uma grande importância ao nascimento de bebês saudáveis. Nesse sentido, foi demonstrado como na *Ley de los francos salios* [Lei dos francos sálios, *c.* 500] – estabelecidos na parte norte da atual França – uma mulher em idade reprodutiva era três vezes mais valorizada do que um homem, valendo 600 *solidi*, a moeda bizantina, em vez de 200.

---

311. Cf. O'Neill (1974, p. 225).

312. Cf. Moral de Calatrava (2006, p. 50).

313. Cf. Moral de Calatrava (2006, p. 50).

314. Cf. Calbi (2005).

Uma dinâmica parecida pode ser observada em outros corpos legislativos posteriores. O assassinato de uma gestante era considerado um crime duplo. Dessa forma, em Turene e Anjou, no século XIII, um homicídio dessa natureza tinha tal *status* que deveria passar pelo julgamento dos barões, e não dos tribunais comuns. Nos costumes de Beauvais, nessa mesma época, a pena capital ou outras sentenças violentas eram adiadas se a mulher condenada estivesse grávida. O atraso desses corretivos tinha como objetivo salvar o bebê da morte ou das possíveis consequências do castigo físico. Nos reinos hispânicos, nos séculos XII e XIII, alguns foros e as *Partidas* desenvolveram uma normativa semelhante à francesa, ou seja, dupla condenação e não execução da pena de morte até que a delinquente grávida tivesse dado à luz.

No caso dos foros de Cuenca, Teruel, Albarracín e Sória, também é possível observar uma vocação protetora das mulheres de grupos sociais mais baixos, embora apenas pelo fato de estarem grávidas. Assim, por exemplo, manifesta-se no foro da cidade de Cuenca que: "Aquele que matar uma mulher grávida deve pagar por duplo homicídio, se o requerente conseguir prová-lo; se não, salva-se da pena de duplo homicídio; e se a ferir e, por isso, ela abortar, deve pagar uma pena pecuniária pela ferida e pelo homicídio, e da ferida outro tanto"[315]. Da mesma forma legisla o foro de Teruel ao estabelecer o mesmo castigo: "Aquele que matar uma mulher grávida deve pagar por duplo homicídio, se for condenado; se (não), salva-se assim como por duplo o homicídio. Mas se a ferir e, por isso, ela abortar, pague a pena pecuniária da ferida e do homicídio, se for condenado; se não, salva-se assim como por homicídio, e depois também pela ferida"[316]. Nesses casos, pode-se ver como a pena por assassinato era aumentada se a vítima fosse uma mulher grávida, porque eram contadas duas vidas. Se ela não estivesse grávida, a pena era independente do sexo do falecido. Entretanto, não faltam exceções a essa norma tão generalizada a respeito da dupla condenação; em *Libro de los Fueros de Castilla*, se um homem mata uma mulher grávida, só paga a pena pecuniária dela porque o bebê ainda não nasceu[317].

---

315. Cf. Ureña y Smenjaud (1935, livro II, cap. 1, p. 333).

316. Cf. Gorosch (1950, p. 108).

317. Cf. Martínez Blanco (2002, n. 40, p. 119).

Há documentos que comprovam a proteção de mulheres grávidas que foram vítimas de ataques ou que foram enganadas pelos homens que dormiam com elas; vários litígios apresentados no fim do século XV para os Reis Católicos são bons exemplos. Esses arquivos também informam sobre a punição imposta a qualquer pessoa que matasse uma mulher grávida, ou a quem, sem a intenção de matá-la, tenha engravidado uma mulher por meio de mentiras e ela acabasse morrendo durante a gravidez ou no parto.

Em novembro de 1492 foi apresentada a Isabel e Fernando a petição de uma mulher de Sevilha, na qual esta denunciava que a filha de sua irmã, chamada Beatriz Fernández, grávida de seis meses, havia sido assassinada pelo marido Rodrigo Álvarez quando estavam na cama. A justiça o condenou à pena de morte, mas Rodrigo fugiu e se refugiou na Vila de Montilla, que pertencia a D. Alonso de Aguilar, onde conseguiria escapar dessa punição[318].

Um exemplo da imposição da pena de morte àqueles homens que tivessem engravidado uma mulher e ela acabasse morrendo é encontrado em um documento do Rei Fernando o Católico no ano de 1499. Um certo Juan de la Torre havia dormido "carnalmente" com Constança Alonso, "sua parente em quarto grau, e a engravidou, gravidez da qual ela morreu. A justiça da referida cidade de Ueda o condenou à pena de morte"; mas "os parentes da referida Constança Alonso o perdoaram, conforme parece pelas cartas de perdão"[319]; o rei decidiu perdoá-lo e permitir que ele vivesse sua vida normalmente. A justiça da cidade o puniu com a morte por ele ter engravidado sua parente, que morreu durante a gravidez, embora mais tarde, após o perdão da família da falecida, o rei tenha resolvido o caso.

Um terceiro exemplo fala sobre uma mulher que morreu no fim de sua gravidez, durante o parto. Trata-se de um caso peculiar, no qual o acusado é um homem que, por meio de força e enganação, teve relações com duas mulheres: mãe e filha. Em 1496, a denúncia foi apresentada pelo marido de Catarina de San Pedro e pai de Isabel de San Pedro, ambas vítimas de Alonso Monte, que, "em diversas partes e diante de muitas pessoas, se gabou" de ter mantido rela-

318. Cf. Archivo General de Simancas, rgs, leg. 149211, 222.

319. Cf. Archivo General de Simancas, rgs, leg. 149905, 136.

ções com elas, o que levou as duas mulheres a abandonar a cidade de Segóvia, onde viviam, provavelmente por vergonha. A filha morreu durante o parto, e o pai solicitou ao rei "as maiores e mais duras penas" para Alonso Monte; o rei atendeu ao pedido e ordenou que o homem fosse julgado em Segóvia e, se fosse considerado culpado, "prendam seu corpo e o mantenham preso e bem guardado" para ser conduzido perante o rei[320]. As penas pela morte de uma mulher grávida eram severas, mas os condenados faziam todo tipo de manobras para evitar que fossem cumpridas, e há relatos de que alguns conseguiam.

A legislação era branda com as mulheres grávidas, como se observa em *Partidas*, em que está incluída a norma de adiar o justiçamento da mulher grávida. Um conceito similar aparece no *Fuero Real*: por um lado, adia a execução da gestante em caso de ter sido condenada à morte, e, por outro, se tivesse alguma dívida a pagar "e não tivesse como pagar, mandamos que a cobrem por prisão ou de outra forma sem pena corporal, até que pague o que deve"[321]. Um exemplo representativo da conformidade dessa última lei é a suspensão da intimação de Maria Palomeque. Essa moradora de Casarrubios del Monte havia sido acusada da demolição de umas casas em Navalcarnero, e exigiu-se o pagamento de uma grande quantia como indenização. Ela, no entanto, alegou ter "dado à luz recentemente e estar doente do parto, com febre e outras doenças"[322], o que inclusive a levou a pedir que o caso fosse arquivado. No caso de serem condenadas à morte, elas tentavam engatar uma gravidez após a outra; é assim que o grande misógino Jaume Roig conta em *Espill*, quando narra a história de uma mulher que tentou engravidar assim que deu à luz para evitar a forca e ganhar mais nove meses.

Se todas essas normativas forem analisadas em conjunto, pode-se ver que a lei busca proteger não à mulher, mas sim ao feto, e é nesse sentido que as *Partidas* se expressam: "Enquanto o feto estiver no ventre da mãe, tudo o que for dito ou feito em seu benefício deve favorecê-lo da mesma forma como se tivesse nascido, assim como tudo o que for dito ou feito em prejuízo dele ou de

---

320. Cf. Archivo General de Simancas, rgs, leg. 149609, 64.

321. Cf. Fuero Real (2018, 4,5, 2).

322. Cf. Archivo General de Simancas, rgs, leg. 150010, 162.

suas coisas não o prejudicará"[323]. Esse código castelhano também impõe a pena de morte a qualquer pessoa que agrida uma mulher grávida e, assim, provoque um aborto, o que pode ser considerado homicídio:

> A mesma pena dizemos que deve haver para o homem que ferisse sua mulher sabendo que ela estava grávida, de maneira que, pela ferida, ela perdesse o que tinha no ventre; e se outro homem estranho o fizesse, deve haver pena de homicídio, caso o feto estivesse vivo quando morreu por culpa dele; e se ainda não estava vivo, [o homem] deve ser desterrado para alguma ilha por cinco anos[324].

As penas aplicadas dependiam do desenvolvimento do feto, e tudo isso é uma consequência do debate sobre o momento em que o feto começava a ser considerado um ser humano. Se estivesse vivo, ou seja, se tivesse alma, o aborto causado pelo ataque a uma grávida era tipificado como homicídio, e a punição era a morte; mas se não fosse esse o caso, a sentença para o agressor era de cinco anos de banimento em uma ilha. A lei, portanto, tendia a salvaguardar os direitos dos não nascidos mediante a proteção da mulher grávida, e assim pode ser entendida a figura do "guardador" presente nas *Partidas*: "Tanto o pai quanto o avô podem nomear um guardião para o filho ou o neto menor de idade que esteja sob sua guarda, conforme mencionado, quer tenha nascido, quer esteja no ventre da mãe"[325].

Esse corpo normativo elaborado no reinado de Afonso X faz alusão a muitas outras disputas que poderiam afetar as gestantes. Assim, as *Partidas* falam, por exemplo, sobre as mulheres escravizadas que engravidaram de seus donos, detalhando a situação daquelas a quem havia sido prometida a liberdade, mas cujos senhores esperavam "maliciosamente que aquela criança nascesse para que fosse serva". O significado da lei era o oposto e estabelecia que deveriam ser "livres, tanto a mãe quanto a criança que dela nascesse"[326].

323. Cf. Afonso X o Sábio (1555, partida IV, título XXIII, lei III).

324. Cf. Afonso X o Sábio (1555, partida VII, título VIII, lei VIII).

325. Cf. Afonso X o Sábio (1555, partida VI, título XVI, lei III).

326. Cf. Afonso X o Sábio (1555, partida V, título XXIII, lei III).

As *Partidas* também contemplam os casos de clérigos que driblavam o celibato e eram responsáveis por uma gravidez. Nesse caso, esses sacerdotes eram privados da possibilidade de promoção em suas ordens religiosas:

> Não pode usar das ordens que tinha anteriormente nem subir a maiores, a menos que seja concedido pelo papa. O mesmo ocorreria se algum clérigo ferisse uma mulher grávida como forma de castigo; ou lhe desse ervas com a intenção de medicá-la; ou fizesse qualquer outra coisa sem pensar que assim a criança seria perdida, pois se, por tal razão, a criança que estivesse viva morresse, ele não pode subir a ordens maiores nem usar das que tinha anteriormente[327].

Por fim, os foros navarros de Novenera contêm ainda outra deferência com relação às mulheres grávidas, em particular, elas eram isentas de algumas obrigações legais, como prestar o juramento em processos judiciais[328].

A gravidez correspondia a uma época de grande esperança nos casamentos, na qual o bebê desejado era alcançado, e abria um período em que a abstinência sexual que os cristãos tinham de seguir era parcialmente suspensa. Embora essa fé permitisse relações conjugais apenas para procriação, uma vez iniciada a gestação não havia lugar para mantê-las; mas como esse princípio poderia contradizer o da dívida conjugal, a Igreja acabou, de certo modo, flexibilizando-o como norma[329]. A partir do século XIII, depois de Alberto o Grande e Tomás de Aquino, os teólogos "admitiram que os cônjuges podiam se unir por outros motivos além da procriação, porque a função do casamento é, segundo São Paulo, evitar a fornicação, e como durante esse período nem as pulsões sexuais do marido nem as da esposa desapareceriam, o remédio do casamento poderia ser necessário aqui"[330]. No século XV o médico italiano Michele Savonarola defendia em seu tratado *De regimine praegnantium* que o útero só se abriria com um impulso sexual intenso: "Diferentemente de qualquer outro ser vivo (exceto as éguas), só as mulheres mantinham relações sexuais durante a gravidez, e, assim como Alberto Magno, Savonarola sustentava que, du-

327. Cf. Afonso X o Sábio (1555, partida I, título VI, lei XV).

328. Cf. Diez de Salazar (1983, p. 103).

329. Cf. Martínez Blanco (2002, p. 96).

330. Cf. Flandrin (1984, p. 215).

rante essa época, as mulheres estariam em sua forma mais voluptuosa"[331]. No entanto, ao mesmo tempo parece que não recomendava os encontros íntimos frequentes, pois, em seus escritos, exorta os maridos a não alimentarem tão bem suas esposas grávidas, pois isso aumentaria o desejo carnal delas.

O conflito sobre a atividade sexual das mulheres grávidas deu origem a muitas confusões e conjecturas, especialmente quanto ao fato de as próprias relações influenciarem o desenvolvimento embrionário de alguma forma. Havia a crença de que o pai poderia usar seu sêmen para moldar o feto em processo de formação, seu futuro filho, fazendo com que este se parecesse mais com ele; mas havia um preconceito ainda mais peculiar de que, quando ela se recusava a manter esses encontros, isso estava associado ao fato de que ela esperava um menino, como defendeu o médico persa Al-Razi (854-925). Pode-se suspeitar, em todo caso, que a preferência declarada por ter filhos em vez de filhas levaria a pensar que uma gravidez boa e sem complicações era sinal de que a mulher carregava em seu ventre um menino[332].

O arquétipo da mulher grávida que não tem relações com seu cônjuge e dá à luz um menino, por óbvio, é a própria Virgem. Seu ventre – no fim das contas, o receptáculo em que os seres humanos são gestados – era o mais valorizado, e isso é expresso na própria oração da Ave-Maria: "Bendita sois vós entre as mulheres e bendito é o fruto do vosso ventre, Jesus". Na polêmica sobre a barriga de aluguel há a tentação de classificar o ventre de Maria como um "ventre de aluguel", com base na ideia de que ela se prestou a ser a mãe de Deus sem que seu filho tivesse sido concebido por José, seu marido.

Dessa forma, sua gravidez transformou-se no modelo de referência para as mães cristãs, o que fez com que o culto à Virgem grávida prosperasse nos séculos finais da Idade Média. A partir do século XIII, com apoio do Rei Afonso X, a Festa da Expectação de Maria, em 18 de dezembro, ganhou novo fôlego, embora sua gestação virginal, por obra e graça do Espírito Santo, anunciada pelo Arcanjo Gabriel, tenha acarretado um profundo debate teológico.

331. Cf. Kremmel (2020, p. 73).

332. Cf. Kremmel (2020, p. 73).

O interesse pela concepção do filho de Maria e pelo seu desenvolvimento pode ser visto nas imagens artísticas geradas. A Anunciação é uma das cenas mais representadas pelos artistas do Medievo, as imagens da Virgem grávida são muito menos frequentes. Também há uma combinação de ambas, pois algumas esculturas de Maria grávida fazem parte da sequência da Anunciação. Essa foi uma fórmula de sucesso nos reinos de Castela e de Portugal no fim do século XIII e em boa parte do século XIV. É provável que esses anúncios de gravidez sejam o resultado da promoção da mencionada Festa da Expectação de Maria[333]. Nas atuais províncias de Leão e Zamora podem ser encontradas as primeiras representações desse motivo. Retratam a Virgem em pé, com uma mão no ventre. As mais antigas, do fim do século XIII, são as da Catedral de Leão e da Basílica de Santo Isidoro, nessa mesma cidade. As da Colegiata de Santa María la Mayor, templo religioso localizado em Toro, e as da Igreja de Santa Maria la Real, em La Hiniesta, ambas na Província de Zamora, são do começo do século XIV.

Em uma disposição diferente, sentada em um trono, a Virgem grávida aparece em duas imagens impressionantes do século XV: a do Museu de Arte de Girona e a da Galeria Nacional de Arte Medieval de Praga. Desse mesmo período há outra das esculturas mais interessantes sobre esse motivo. Ela está localizada na Basílica de Saint-Julien de Brioude, em Auvergne, França, e retrata a Virgem, dias antes de dar à luz, deitada com uma mão sobre o ventre e a outra apoiando a cabeça. Sorrindo, Maria está feliz e confiante na ajuda de Deus diante de um acontecimento tão perigoso como o parto.

Há uma outra representação única de Maria também do século XV; trata-se do fragmento de um sepulcro exibido no Museu Sorolla, em Madri, que retrata uma cena inédita naquela época: a visita que ela fez, já em estado avançado de gestação, a sua prima Santa Isabel.

Além desses projetos esculturais, as imagens de Maria grávida também podem ser encontradas em pinturas, manuscritos iluminados, mosaicos e até mesmo em esculturas de marfim, sendo a pintura o meio em que se encontra o maior número de representações marianas. Tanto autores anônimos quanto

333. Cf. Ibáñez Palomo (2015).

mestres renomados procuraram retratar essa nova e prestigiosa representação da Virgem.

Nos séculos XIV e XV, em diferentes igrejas da Toscana, alguns pintores a retrataram em algumas imagens conhecidas como *madonnas* do parto ou virgens do parto, usando telas e afrescos. A mãe de Cristo geralmente é retratada em pé, sozinha ou junto a santos, anjos ou patronos, e com a mão pousada sobre o ventre. As mais representativas do século XIV são a de Bernardo Daddi (1280-1348), conservada na Galleria degli Uffizi, de Florença; a de Taddeo Gaddi (1300-1366) sobre um afresco da Igreja de São Francisco de Paula também de Florença; e os diversos trabalhos realizados por Nardo di Cione (1320-1366). A *Madonna del parto*, de Franchi Rossello di Jacopo (*c.* 1376-1456), atualmente no Museo della Casa Fiorentina Antica, em Florença, data do primeiro quarto do século XV, bem como o famoso afresco pintado por Piero della Francesca (1415-1492) na Igreja de Santa Maria di Momentana em Monterchi, Toscana.

Provavelmente foi uma relíquia do cinto da Virgem, exibida em Prato, na Toscana, que inspirou essas representações da *madonna* do parto, nas quais a figura de Maria em pé usa uma faixa ou cinta amarrada e com um nó sobre seu ventre saliente. Uma imagem semelhante, da Virgem retratada com uma faixa de parto, está representada em uma das *Cantigas de Santa Maria*, de Afonso X o Sábio, a de número 306: "*Por gran maravilla tenno*". Nela é relatada a história do "herege romano", um homem que, ao ver, na Igreja de São João de Latrão, um afresco da Anunciação com Maria grávida e usando uma dessas faixas, cometeu o pecado de defender que Jesus não pôde ser concebido por obra e graça do Espírito Santo. Assim que esse herege proferiu tal afirmação, o controverso cinto deslizou em torno da cintura da Virgem e o abdômen dela encolheu.

Paralelamente a essas pinturas castelhanas e italianas da mãe de Jesus em estado de gravidez, os artistas flamengos do século XV procuraram captar outro momento significativo da vida materna da Virgem, o qual foi mencionado anteriormente: a visita à prima Santa Isabel, também grávida. Elas foram retratadas por Roger van der Weyden (*c.* 1399-1364), Dierik Bouts (*c.* 1415-1475), Mestre de Perea (fim do século XV) e muitos outros. Grande parte das obras desses mestres detalha o gesto de Isabel tocando a barriga de sua prima grávida.

São também curiosas as imagens dessas duas gestações, nas quais os fetos que as duas primas gestam aparecem representados dentro das barrigas transparentes de suas mães. Há uma infinidade de exemplos; um dos mais interessantes está no Museu Lázaro Galdeano, em Madri, e pertence a um autor anônimo de meados do século XV. Naquela época não havia tecnologia para elucidar o desenvolvimento uterino dos embriões, de modo que Jesus e São João são pintados como bebês completamente formados.

Como já mencionado anteriormente, para além do universo escultural e pictórico, Maria grávida também foi retratada com o uso de outras técnicas e materiais. É o caso dos mosaicos, como o bizantino na Igreja de São Salvador de Chora, em Istambul, e das esculturas de marfim, como um dos painéis de um díptico do século XV mantido no Musée de Cluny, em Paris, no qual, além disso, São José aparece tocando o ventre de sua esposa. Também são belíssimas as imagens de Maria grávida que aparecem em diferentes manuscritos iluminados, como os dois extraordinários exemplos do século XV que compõem o livro *Heures à l'usage de Rome*[334], conservado na Bibliothèque Nationale de France, e a obra do iluminador flamengo Willem Vrelant (século XV) que se encontra no Getty Museum, em Los Angeles.

Apesar desse número considerável de representações da Virgem Maria ou de Santa Isabel, é difícil encontrar exemplos de outras mulheres grávidas nas obras de arte medievais. Dois casos muito notáveis são o já comentado retrato de *O casal Arnolfini* e a campesina em estado avançado de gestação que aparece em *Les Très Riches Heures du duc de Berry* (*c.* 1412). Esse último é provavelmente o manuscrito iluminado mais importante do início do século XV e contém um calendário no qual a agricultora grávida aparece na imagem de setembro.

Há também outras obras em que é difícil distinguir a gravidez das mulheres retratadas. É o que ocorre no extraordinário *Tríptico Portinari*, de Hugo van der Goes (*c.* 1430-1482), datado de aproximadamente 1475. Nele, Maria Madalena usa uma indumentária que cria uma aparência de gravidez para o observador. Há quem tenha visto nela até um "*verdugado*", vestimenta que as damas usavam para dar volume à saia. Feita de "*verdugos*" (ramos flexíveis), essa peça

334. Cf. Banque d'images Bibliothèque Nationale de France, Manuscritos, latin 1174.

tinha como objetivo disfarçar a gravidez e, em alguma medida, pode ser considerada um antecessor do guarda-infantes (também chamado de crinolina), que se tornaria tão famoso a partir do século XVI. O *verdugado* foi difundido na sociedade medieval desde que Joana de Portugal, esposa de Henrique IV de Castela, o usou pela primeira vez, por volta de 1468. Após duas gestações com o monarca, Joana teve uma terceira com D. Pedro de Castilla y Fonseca (*c.* 1439-1475), sobrinho do Arcebispo Alonso de Fonseca (*c.* 1415-1473), que o próprio Henrique IV havia providenciado para vigiar o confinamento da rainha em Alaejos, na Província de Valladolid. O cronista Alonso de Palencia (1423-1492) se refere assim ao seu esforço para disfarçar essa situação incômoda:

> Conseguiu manter segredo sobre o inchaço do ventre por algum tempo, graças à roupa que, de maneira intencional, havia adotado algum tempo antes e que, depois de seu exemplo, também foi adotada por outras damas nobres na Espanha: umas saias largas que cobriam os membros femininos com um volume de pregas montado em vários aros duros escondidos e costurados sob o tecido, os quais faziam com que os corpos até mesmo das mulheres mais magras parecessem gordos e inchados, de modo que não havia nenhuma mulher vestida com esse traje que não fosse considerada grávida e prestes a parir[335].

Fruto dessa relação extraconjugal, Joana de Portugal deu à luz dois filhos, um dos poucos casos bem documentados de gravidez de gêmeos e nascimentos múltiplos. Pouco se sabe sobre esse tipo de gestação no período medieval, apesar de ser um assunto de interesse na maternidade. Naquela época não se sabia se uma mãe ia ter gêmeos até o momento do nascimento, como continuou acontecendo na Espanha rural até a segunda metade do século XX.

A gravidez múltipla era de interesse para médicos e outros autores interessados na procriação. Aristóteles e Avicena já haviam salientado a possibilidade de superfecundação e de superfetação, ou seja, a eventualidade de uma nova fertilização durante a gravidez, e alguns tratados médicos medievais refletem essas ideias; um exemplo é a obra já conhecida *Practica major*, de Michele Savonarola[336]. A crença popular era muito menos sofisticada e sustentava que uma gravidez gemelar

335. Cf. Lawrance (2016, p. 116).

336. Cf. O'Neill (1974, p. 226-228).

era consequência de uma dupla parentalidade, ou seja, que a mulher havia tido relações com seu marido e com um amante, o que em muitos níveis sociais não deve ter sido tão comum. Dessa forma, se no parto aparecia um segundo rebento, a mãe padeceria de uma dor dupla: além da dor do parto prolongado, também a do desprezo social de ser marcada como adúltera. No entanto parece que, na prática, as coisas podiam ser muito diferentes, pois há alguns relatos sobre a ajuda dada a mães de origem pobre que tiveram gêmeos, já que as autoridades municipais destinavam certa quantia de seu orçamento para ajudá-las.

Passados os nove meses e já perto do fim da gravidez, aumentava o medo das gestantes face a um acontecimento tão doloroso e incerto como o parto; esse foi o caso já mencionado da Rainha Elizabeth de York, que alugou para as suas últimas semanas de gravidez a faixa de parto com caráter de relíquia, que se acreditava ter sido usada pela Virgem Maria. Outra monarca, Petronila de Aragão, escreveu seu primeiro testamento quando, aos 15 anos, corria risco de vida após dar à luz seu primeiro filho. Essa era uma prática comum entre certas senhoras de Aragão que queriam deixar seus elevados recursos econômicos convenientemente legados: "Todas as mulheres de Saragoça que fazem um testamento esperando um filho se referem 'ao póstumo ou à póstuma', ou a 'póstumo, póstuma ou póstumos', quando o volume levanta a suspeita de que possa acontecer um nascimento múltiplo"[337].

Os preparativos para o parto eram, portanto, múltiplos entre os grupos privilegiados. Uma perspectiva dos preparativos realizados pela realeza pode ser encontrada em algumas crônicas reais. Assim, em *Crónica de Juan II* é indicado o protocolo das pessoas que deveriam estar perto da rainha. Por exemplo, os membros mais relevantes do alto clero que a acompanhavam, embora sem acesso à câmara de parto:

> Nessa época, a Rainha Dona Maria estava em Illescas, e se aproximava a hora de seu parto. Então, o rei ordenou que, além dos prelados que continuamente a acompanhavam, estivessem com ela: Dom Luís de Guzmán, mestre de Calatrava; Dom Diego de Fuensalida, bispo de Zamora; Diego Pérez de Sarmiento, reposteiro-mor do rei; e Martin Hernández de Córdova, alcaide dos Donceles. O rei deu essa ordem

337. Cf. García Herrero (1990, p. 39).

> porque essa sempre foi a tradição nos primeiros partos das rainhas na Espanha[338].

João II (1405-1454) também pediu a algumas das mulheres mais poderosas do reino que ficassem perto da Rainha Maria:

> E também ordenou o rei que viessem Dona Joana de Mendoza, esposa do almirante Dom Alonso Enríquez; Dona Maria, monja de Santa Clara, filha do Rei Dom Pedro; a esposa de Diego Pérez de Sarmiento; e Dona Elvira Portocarrero, esposa de Álvaro de Luna, senhor de Santistevan; e Dona Teresa de Ayala, priora do Mosteiro de Santo Domingo el Real de Toledo[339].

São muito conhecidos os preparativos para o parto da Rainha Elizabeth de York, em especial o de seu quarto filho, pois ela e o marido ficaram muito preocupados com o fato de terem engravidado apenas três meses depois do nascimento de seu terceiro rebento. Mais uma vez, ela seguiria as Ordenanças para um Nascimento Real, que sua sogra, Margaret Beaufort (1443-1509), havia elaborado quando Isabel estava prestes a dar à luz seu primeiro filho, em 1486. Essas ordenanças determinavam que, um mês antes do parto, a rainha deveria se retirar para um local só para mulheres, à luz de velas.

> Estando Vossa Alteza satisfeita com a câmara em que dará à luz, esta deve ser decorada com ricas roupas de Arras, paredes, teto, janelas e tudo o mais, exceto uma janela, que deve ser coberta para que ela tenha luz quando lhe convier. Em seguida, uma cama real deve ser colocada, e o chão deve ser coberto várias vezes com tapetes[340].

Seguindo também as mesmas ordenanças e um mês antes da data prevista para o nascimento de seu quarto filho, o rei e a rainha se instalaram em Sheen, a oeste de Londres, para esperar o momento. Isabel ocupou quartos tranquilos e evitou o tumulto que poderia resultar do torneio que seu marido havia preparado para aquelas semanas de espera. Ela permaneceu em seus aposentos, deitada em uma escuridão asfixiante, pois as janelas, por protocolo nos aposentos

338. Cf. García (2017, p. 421).

339. Cf. García (2017, p. 421).

340. Cf. Margaret… (2013).

reais, tinham de ser cobertas. Ela esperou nesse mundo feminino até que, no dia 2 de julho de 1492, deu à luz uma filha.

Alguns anos depois, em 1527, nascia o Rei Felipe II (1527-1598). Sua mãe, a Imperatriz Isabel de Portugal, enviou a roupinha para vestir o recém-nascido a Maria de São João (1491-1565), uma das visionárias mais conhecidas e respeitadas da época, para que ela a benzesse. Começava o século XVI, estava iniciando a era conhecida como Renascimento e surgia o humanismo, a sociedade mantinha os mesmos costumes e as mesmas ideias sobre as mães que haviam germinado durante a Idade Média.

5
O parto

In Dei nomine. *Amen. Que todos saibam que no ano da Natividade de Nosso Senhor Jesus Cristo de 1490, dia que era contado no décimo dia do mês de janeiro, entre dez e onze horas antes do meio-dia, dentro de uma câmara na qual as janelas através das quais se recebia luz ficavam voltadas para a rua, nos cômodos superiores, situados dentro das casas do magnífico senhor Martín Gil de Palomar y de Gurrea, um senhor da localidade de Argavieso, situadas na paróquia de San Juan del Puente da cidade de Saragoça, cujas casas ficam em frente às do* micer[341] *Martín de Pertusa, com uma rua pública chamada La Guchillería; estando a magnífica Isabel de la Cavallería, filha do magnífico e egrégio senhor* micer *Afonso de la Cavallería e esposa que foi do magnífico senhor Pedro da França, falecido – senhor que era da localidade de Burueta –, deambulando pela referida câmara, com as janelas abertas e algumas velas benzidas acesas, acompanhada por duas mulheres que a carregavam sob as axilas, queixando-se das dores da sua gravidez, preparando-se e querendo parir.*

Fomos pessoalmente constituídos, eu, Domingo Cuerla, notário, e as testemunhas escritas e nomeadas a seguir, chamados com muita instância por parte da referida Isabel para assistir a seu parto e pessoalmente lá inspecionar e ver o bebê que a referida Isabel, filha, daria à luz; e ela disse que exigia de mim, notário, e solicitou que da administração de seu parto, como do bebê que ela daria à luz, fizesse e redigisse escritura pública e carta.

---

341. De acordo com o *Diccionario de la lengua española* da Real Academia Española, *micer* era o tratamento honorário da coroa de Aragão [N.T.].

E então, tendo dito isso, foram pessoalmente constituídas na referida câmara e diante da referida Isabel, Catarina de Cutanda, também conhecida como Salinas, viúva, que foi esposa de Gabriel de Salinas, falecido, e Aina de Medina, esposa de Gonzalo Tizon, pedreiro, parteiras ou vulgarmente chamadas madrinhas para a administração dos partos, também particularmente chamadas para administrar o parto da referida Isabel. Ao que as referidas Isabel de la Cavallería e madrinhas, eu, o referido Domingo Cuerla, notário, a pedido da referida Isabel e na presença das testemunhas mencionadas a seguir, apalpei com as mãos seus corpos e entre suas pernas, e ao levantar as saias de suas roupas até a camisa para ver e reconhecer se com alguma cautela ou engano as madrinhas trariam algum bebê e se a referida Isabel tinha algum bebê sob suas saias. E bem, eu, referido notário, e as testemunhas, nada mais, salvo suas roupas, vestidos e adornos pessoais, visualmente a referida Isabel e as madrinhas não tinham.

As quais madrinhas, a todo requerimento da dita Isabel de la Cavallería, ajoelhadas no chão e com as mãos na figura ou na imagem de Nosso Senhor Jesus Cristo e dos Quatro Evangelistas, ali solenemente juraram, beijando e adorando a referida imagem e os evangelhos, administrar bem e sem fraude, arte ou engano algum o parto da dita Isabel.

E assim feito, foi descoberto um leito que estava na referida câmara, no qual vimos, eu, dito notário, e as testemunhas, que não havia nada nele ou debaixo dele, salvo a roupa necessária para o adorno.

E assim feito, a dita Isabel de la Cavallería sempre queixando-se e preparando-se para parir, eu, dito notário, e testemunhas a seguir nomeadas ali presentes e observando, vendo a referida Isabel de la Cavallería, as madrinhas e as outras pessoas que ali estavam, com vontade e intenção deliberada de que não cometessem nem pudessem cometer algum engano de trazer algum bebê, trocando um pelo outro, e a dita Isabel de la Cavallería queixando-se das dores de seu parto, deitada de costas nos braços e nas pernas do dito senhor Martín Gil de Palomar y de Gurrea, senhor de Argavieso, o qual se esforçava, sentado em uma cadeira, segurando Isabel com algumas relíquias sobre o ventre e muitas velas benzidas que ali estavam ardendo. E as madrinhas que estavam ali, Aina ajoelhada diante da dita Isabel de la Cavallería e a referida Catarina Salinas entre as pernas de Isabel de la Cavallería, sentada em um escabelo, com um pano estendido sobre seus joelhos para administrar o parto e receber a criança que nasceria. E foi colocada uma bacia de latão limpa, conforme visualmente vimos, entre as pernas da dita Isabel de la Cavallería, na qual eu, notário, e as testemunhas sentíamos e víamos cair o sangue e a água que, com as dores do parto e a pressão do corpo, saíam da dita Isabel de la Cavallería.

E assim, depois de muitas grandes dores que acometiam a dita Isabel de la Cavallería, vimos – eu, dito notário, e as testemunhas a seguir nomeadas, além de algumas outras pessoas que estavam ali presentes e quiseram ver – a referida Isabel de la Cavallería parir, e vimos sair, como de fato ocorreu, de seu corpo uma criança toda molhada, com os olhos fechados. A referida criança foi recebida nas mãos e no mencionado pano da dita Catarina de Cutanda, também chamada de Salinas, madrinha. E segurando a criança em suas mãos, conforme dito e observado por mim, notário, e pelas testemunhas, vimos ela pendurando o fio da vida do leito que dentro do corpo da dita Isabel de la Cavallería estava preso na referida criança nascida. E que a dita madrinha Salinas, administrando o referido parto, trabalhava para receber e tirar, como de fato recebeu e tirou, o leito do qual a dita criança se havia nutrido do corpo da referida Isabel de la Cavallería, leito o qual eu, referido notário, e as testemunhas vimos cair dentro da bacia com muito sangue que estava ali.

E assim, feito tudo o que foi supracitado, a dita Catarina de Cutanda, também chamada de Salinas, madrinha, revelou a referida criança nascida que estava envolta no mencionado pano no qual a havia recebido, pública e visualmente a vimos eu, dito notário, e as testemunhas a seguir mencionadas, além dos outros que estavam ali e quiseram vê-la, que a referida criança nascida era um menino, pois tinha todos os membros masculinos que os homens têm, e, especificamente, seu membro e seus testículos, vulgarmente chamados de pau e colhões.

E assim, vista e reconhecida a referida criança nascida como menino, conforme mencionado, a dita Catarina, madrinha, na minha presença, notário, e de testemunhas a seguir nomeadas, cortou o fio da vida do dito menino e criança nascida e o envolveu no referido pano que tinha.

E feito tudo o que foi supracitado, a dita Isabel de la Cavallería, estando adormecida e quase fora de si pelo duro parto que teve, o mencionado senhor Martín de Gurrea, senhor de Argavieso, disse que, em seu nome, e também como procurador que era da dita Isabel de la Cavallería que havia parido, para conservação do direito da dita Isabel de la Cavallería e do direito de quem tivesse ou viesse a ter interesse no futuro, solicitou a mim, dito notário público, que fizesse e emitisse uma ou muitas cartas públicas sobre as coisas supracitadas, tantas quantas fossem necessárias.

Isso foi feito na cidade de Saragoça, nos dias, no mês, no ano, nas casas e no lugar mencionados. Todas as presentes testemunhas das coisas supracitadas: mestre Pedro de Juana, sapateiro, e Fernando Domínguez, notário, moradores de Saragoça[342].

Isabel de la Cavallería fazia parte de uma importante família convertida de Saragoça. O registro que um notário fez do parto de Isabel em 1490 é um documento essencial para elucidar um evento tão íntimo e importante como o nascimento de uma criança. Para uma mulher medieval, esse não era apenas um dos momentos mais importantes de sua vida, mas também um dos mais perigosos[343]. Resgatado do Archivo Histórico de Protocolos de Saragoça pela medievalista Carmen García Herrero, esse manuscrito descreve de maneira direta, sem intermediários, como uma mãe daquela época trouxe seu filho ao mundo. A profusão de palavras do documento ilustra alguns dos costumes, dos hábitos e das expectativas do nascimento, ao mesmo tempo em que abre uma série de questionamentos que requerem alguma explicação. Por exemplo: Era comum lavrar ata? Quando isso era necessário? Quem auxiliava os notários?

Por outro lado, o caráter exaustivo e rico em detalhes dessa descrição também levanta a questão sobre a própria representatividade do parto de Isabel de la Cavallería no complexo panorama religioso e social do Medievo. Ela deu à luz em um dormitório. Será que era sempre assim? Que outros cuidados uma parturiente podia receber? Essa jovem aragonesa foi atendida por duas parteiras às quais o notário chamou de "madrinhas", mas, pela perspectiva atual, parece estar faltando a supervisão de um médico. Esse era o habitual? Qual era o conhecimento dessas parteiras? Elas seguiam as normas ou as recomendações dos tratados médicos da época? Para responder a todas essas perguntas, depara-

342. Cf. García Herrero (2005, p. 43-46).

343. Cf. Murray (2001, p. 395).

-se, também, com a enorme e incomensurável casuística de nascimentos durante os séculos medievais. Por essa razão, foram selecionados, dentre os documentos, os exemplos mais representativos para iluminar essa diversidade, o que destacará as graves desigualdades sociais que prevalecem já na hora do nascimento.

As fontes documentais sugerem a evolução de alguns aspectos do nascimento, como a própria assistência recebida pela parturiente, os hábitos e as práticas do parto ou a ênfase dada a determinadas fases ou consequências deste. O fato é que o parto é um processo de caráter tanto biológico quanto cultural, no qual se destacam, além das variações físicas entre as diferentes populações humanas, aquelas experimentadas por seus usos e costumes em relação a seu período histórico. Assim como ocorre em outros aspectos da maternidade, distintas fontes serão utilizadas para investigar essa questão, das quais não devem ser omitidas, em nenhum caso, suas diferentes naturezas espacial e temporal.

À imagem quase administrativa que o documento anterior fornecia do parto de Isabel de la Cavallería, era possível acrescentar outra imagem mais sutil, a das fontes iconográficas, que oferecem cenas do nascimento da Virgem, de São João Batista ou do Menino Jesus. As cenas retratadas por alguns pintores aragoneses do século XV nos permitem imaginar outros aspectos do parto de Isabel, assim como de outras damas importantes da sociedade de Saragoça.

Documentos notariais como o de Isabel de la Cavallería só eram expedidos para as mulheres de grupos sociais favorecidos. Seu marido havia morrido alguns meses antes, e ela precisava de testemunhas que confirmassem que o menino que saiu de seu corpo era seu filho. Por isso a própria Isabel exigiu a presença de um escrivão, Domingo Cuerla, para que este lavrasse ata sobre o assunto. O escrivão vasculhou o quarto, olhou debaixo da cama e atestou que não havia ninguém, exceto algumas roupas necessárias; ele examinou também as duas amas de leite, apalpando seus corpos e levantando seus vestidos para confirmar que nem elas nem a própria parturiente estavam escondendo um bebê. O objetivo dele era verificar se não havia nenhum truque pelo qual Isabel não tivesse dado à luz de fato, mas sim simulado o parto. Se tal fraude fosse comprovada, o "nascido" não teria direito à herança do pai falecido e Isabel não desfrutaria das prerrogativas provenientes da maternidade do herdeiro.

Esse requisito de controle notarial só era exigido pelas famílias de alta classe que queriam evitar qualquer fraude que afetasse sua linhagem. A medievalista Carmen García Herrero revelou outra carta pública de parto, também de Saragoça; ela foi emitida por outro notário, Pedro Lalueza, para emitir um parecer de que Juana de Torrellas, que havia perdido seu marido uns meses antes, tinha dado à luz um bebê[344]. Trata-se de outra dama de um grupo privilegiado que queria fazer constar seu parto para receber a herança correspondente.

Na verdade, Isabel de la Cavallería ou Juana de Torrellas não faziam mais do que cumprir a lei das *Partidas*, que, difundindo esse possível problema, exigia que os familiares do marido fossem informados sobre a gravidez antes da morte deste e permitia que esses familiares vigiassem o parto e comprovassem que o nascimento era verdadeiro:

> Além disso, dizemos que, quando a mulher sentisse em si mesma tais sinais e entendesse que o parto estava próximo, deveria ainda informar outra vez os parentes de seu marido para que viessem observá-la e cuidá-la, se quisessem, e quando já estivesse aflita em função do parto, não deveria haver nenhum homem na casa em que ela estivesse, mas poderiam estar ali até dez mulheres boas que fossem livres, e até seis criadas, desde que nenhuma delas estivesse grávida, além de outras duas mulheres que estivessem acostumadas a ajudar mulheres durante o parto[345].

Portanto, os cuidados eram excessivos para evitar qualquer artimanha, de forma que na casa da parturiente era preciso:

> [Acender] todas as noites, até o parto, três fogueiras, para que não possa haver nenhum engano às escondidas; e, quando a criança nascer, devem mostrá-la aos parentes do marido, se eles quiserem vê-la, e, observando essas coisas na mulher de quem houvesse dúvida se estava grávida ou não, a criança que dela nascesse seria herdeira[346].

Uma vez que esses pré-requisitos tenham sido cumpridos pela viúva, a criança recém-nascida poderia desfrutar da herança paterna. O filho de Isabel de la Cavallería teria acesso a ela porque sua carta de parto dá fé dessas

344. Cf. García Herrero (2005, p. 41).

345. Cf. Afonso X o Sábio (1555, partida VI, título VI, lei IX).

346. Cf. Afonso X o Sábio (1555, partida VI, título VI, lei XVII).

premissas legais. Na câmara em que ela dá à luz não há outros homens além do notário nem outras mulheres além das parteiras, embora não fosse arriscado supor que, na casa dessa família proeminente, existissem outras pessoas encarregadas de tarefas como carregar água, roupas ou velas para iluminar. A posição das parteiras pegando a parturiente pelas axilas não é casual e coincide com o que foi apontado por Arib ibn Sa'id no século X: "Uma mulher estará à sua direita e outra, à sua esquerda, e elas a segurarão com força, a animarão para o parto e a reconfortarão"[347].

A presença de um notário para certificar o nascimento de um herdeiro legítimo de um falecido era necessária também em casos de maridos interessados na herança da esposa que falecesse ao dar à luz; no entanto, não há notícias sobre isso, embora, quando se temia o pior, o marido tomasse medidas para que, mesmo se não fosse um notário, houvesse, de qualquer forma, alguém que testemunharia. É possível observar o exemplo de Catherine Partenay, esposa de Pierre Francheville, um mercador abastado que vivia em Vannes, na França. Tratava-se de um parto arriscado – a parteira havia estado ao lado de Catherine durante toda a semana anterior – e quase contemporâneo ao de Isabel de la Cavallería, já que aconteceu no dia 5 de julho de 1486. Tem-se um conhecimento detalhado dele devido ao interrogatório que foi feito no julgamento realizado a pedido de Pierre Francheville[348]. Praticamente todas as pessoas que estavam presentes no parto testemunharam nesse julgamento, a saber: nove mulheres e um homem, mais especificamente um sacerdote. A gravidez tinha sido complexa e prenunciava um parto difícil, por isso aconteceu em uma alcova preparada com fogo na lareira, em pleno mês de julho, e contou com a presença de alguns profissionais que se encarregariam de auxiliar a mãe e a criança em caso de qualquer possível eventualidade; o padre para cuidar das almas, e as mulheres para cuidar dos corpos.

Guillemette, a parteira, forneceu, no interrogatório, um relato sobre o ocorrido que evidencia as práticas daquela época. Catherine não deu à luz na cama, mas sim em posição vertical, com a ajuda de uma cadeira obstétrica, embora a partei-

---

347. Cf. Arjona Castro (1983, p. 91).

348. Cf. Kerhervé (1982, p. 391-396).

ra não descreva o método com clareza, talvez intimidada pelos presentes na sala ou talvez enciumada dos segredos de sua arte. A irmã da parturiente a segurava por trás, agarrando-a entre seus braços. Após o nascimento da criança (uma menina), o sacerdote, que estava no quarto, batizou-a com o nome de Vicenta.

O testemunho dado pela parteira era o mais importante, porque permitia dar uma resposta precisa ao dilema que se apresentava, e se a criança sobrevivesse à sua mãe, mesmo que só por alguns instantes, o pai poderia fazer uma reivindicação legal do patrimônio de sua filha morta, ela própria herdeira legítima da falecida. Se viúvos como Pierre Francheville pudessem comprovar essa situação, recebiam os bens de suas esposas por meio de filhos que morreram depois delas. Essa nuança não passou despercebida pelos juristas. No século XIV, um deles, o italiano Baldo degli Ubaldi (1327-1400), escreveu um *consilium* erudito para resolver uma disputa legal sobre se uma criança havia nascido viva ou morta.

Como é possível ver, havia um cuidado sobre a veracidade do parto principalmente por interesses econômicos, o que significava que a atenção estava voltada para a condição da criança e também para saber se ela realmente havia nascido, tendo em vista os casos existentes de "falsos partos".

Esse caso sórdido de interesses evidencia os significados adicionais de um parto e o papel complexo que as parteiras desempenhavam nele. A função delas transcendia as tarefas de cuidado da mãe e as boas-vindas à criança recém-nascida e as situava em uma posição jurídica importante. Dessa forma, as parteiras eram requeridas em disposições legais para provar a idade ou a filiação de um indivíduo e, a partir do século XIV, para esclarecer casos de roubo de crianças, gravidez oculta, infanticídio, esterilidade, impotência, anulação de um casamento ou investigação da moralidade.

A madrinha Salinas, que participou do parto de Isabel de la Cavallería, não precisou intervir em nenhum caso desse tipo, já que o próprio notário ficou encarregado de certificar as vicissitudes do processo, como o local onde ocorreu: "Uma câmara cujas janelas pelas quais entra luz dão para a rua, nas habitações altas, situadas dentro das casas do magnífico senhor Martín Gil de Palomar y de Gurrea, senhor da localidade de Argavieso". O espaço do nascimento, dependendo de seu tamanho e cuidado, denotava as diferenças econômicas na sociedade daquela época. Podia ser a luxuosa câmara de uma rainha ou a pobre alcova em que a maioria das gestantes daria à luz. O próprio quarto conjugal seria o local mais comum para isso, entendendo isso como algo normal na vida do casal. No entanto, as mulheres mais desfavorecidas davam à luz em ambientes com condições sanitárias mais precárias, como estábulos, palheiros ou manjedouras, como refletido nas representações do nascimento de Jesus, especialmente nos momentos em que a arte procurava destacar os valores cristãos de pobreza e humildade da família de Cristo e dos pastores que o visitaram. Assim, no mundo campesino, os partos aconteciam no curral ou no lugar onde os animais eram guardados, porque a temperatura era melhor; trata-se de algo que continuou ocorrendo até o século XX em algumas regiões do mundo[349].

Por outro lado, se as mulheres de níveis socioeconômicos alto ou médio davam à luz com a ajuda de parteiras, as de camadas mais baixas o faziam sendo amparadas por vizinhas ou mulheres da família, que as acompanhavam e ajudavam na fase final do parto. Havia também aquelas que o faziam completamente sozinhas; esse foi o caso de Genixia Bertoldi, uma jovem de Pinerolo, um pequeno povoado italiano da região do Piemonte, no ano de 1352:

> Era por volta da meia-noite quando deu à luz. Anteriormente, Genixia havia negado ser a mãe da criança encontrada morta enrolada em um paninho, havia afirmado que era virgem. No entanto, outras mulheres do povoado presumiram que ela estava grávida por causa de seu corpo inchado, e o juiz então pediu a duas delas que examinassem Genixia, cujos seios demonstravam que havia leite. Resultado: positivo. Cerca de quinze dias antes da audiência, Genixia havia se queixado de dores nas laterais do corpo e usou isso como desculpa para ir para a cama, e agora disse a verdade a respeito disso para o juiz. Estava sozinha quando deu à luz. Não havia chamado nenhuma mulher para ajudá-la, explicando agora ao juiz que não podia, porque estava sozinha. Ela não queria envergonhar sua família; [havia falado para si mesma]: "Depois de dar à luz, eu me calarei, para que ninguém fique sabendo"[350].

349. Está documentado na Itália por: Filippini (2021).

350. Cf. Biller (1986).

Circunstâncias como a dessa jovem italiana – ou seja, a ocultação da gravidez e do parto considerados motivos de vergonha, o parto "clandestino" e solitário e a negação do abandono da criança recém-nascida – não faltariam em outros lugares. Um caso que aconteceu em Úbeda, na Província de Jaén, Espanha, ilustra essas práticas: as suspeitas de que uma jovem, Guiomar de Benavides, havia dado à luz "clandestinamente" fizeram com que a justiça se apresentasse em sua casa. Guiomar de Benavides teve seus seios apalpados, e algumas parteiras foram chamadas para examinar se a jovem era "virgem ou corrompida"[351]. Foi possível comprovar que ela era virgem, portanto não havia dado à luz nem tomado uma decisão tão lamentável quanto a de Genixia. Alguns casos nunca vieram à tona nem foram denunciados, e houve outros em que a morte da criança foi de fato intencional, como parece ter sido o caso de Guillemette de Thorry, uma jovem de 18 anos de Louviers, no norte da França, que, assim como Genixia, procurou não levantar suspeitas de seus parentes. No momento de dar à luz, em 1414:

> Por medo de que seu pai e sua mãe a ouvissem chorar e se queixar e que seu parto fosse descoberto, pegou a carapuça e tapou sua boca com ela, e, com a dor, desmaiou e ficou assim desacordada, com muita dor e engolida por cerca de meia hora. Depois, ela se recuperou e descobriu que, durante o desmaio, havia tido um filho que já não estava mais vivo [...]; no dia seguinte, ela se levantou e foi trabalhar nos vinhedos[352].

É provável que Guillemette não tenha lamentado a perda da criança, pois assim estava a salvo dos sofrimentos que podiam vir de seu entorno, geralmente cruel com as jovens que engravidavam de maneira ilegítima. A situação era grave, e já a partir do século XIII tratou-se de aliviar um pouco isso; alguns hospitais começaram a acolher grávidas que precisavam de cuidados. Esse tipo de caridade era reservado àquelas mulheres em situação de escassez extrema ou a prostitutas sem marido nem lar. Uma carta de Luís XI de França (1423-1483) datada de 1478 dá uma ideia de como tais mulheres eram tratadas quando recorriam a essas instituições para dar à luz:

351. Archivo General de Simancas, rgs, leg. 150002, 183.

352. Cf. Brissaud (1972, p. 235).

> A quinta sala está abaixo da Sala Nova, num local secundário e fechado, onde se encontram as gestantes, já que é conveniente que estejam em um local fechado, secundário e secreto, e não à vista de todos, como o restante dos doentes[353].

As mulheres que, como Isabel de la Cavallería, contavam com uma câmara própria, passavam por uma fase de preparação para o parto. Não há qualquer registro escrito sobre o que Isabel fez, mas não seria arriscado afirmar que ela teria seguido os costumes próprios de sua época: munir-se dos objetos necessários para o desenvolvimento do parto e prepará-los para o uso, seguir as recomendações que eram dadas para acomodar o corpo e a alma e deixar de sobreaviso as mulheres que a atenderiam. Na coroa de Aragão era comum a designação de uma madrinha além de uma parteira, mas as profissionais desse ofício também eram chamadas de parteiras, comadres[354] ou "mulheres experientes", como são denominadas no código das *Partidas*. O notário que esteve presente não deu testemunho sobre essas preliminares espirituais e materiais, mas é possível inferi-las de certos textos contemporâneos que as descrevem. Esses usos eram muito difundidos, mas não estavam disponíveis para todas as mulheres, e não tanto por razões econômicas, mas sim culturais.

Alguns desses usos eram conhecidos desde antes; há registro disso no texto hebraico procedente do sul da França, intitulado *El libro de los infortunios de Dina – El libro de la generación* [O livro dos infortúnios de Dina – O livro da geração] (do fim do século XIII ou do início do século XIV), que descreve os instrumentos necessários na câmara do parto, como uma cadeira com determinadas condições, uma cama dura para repousar nos momentos de maior dor e uma cama macia para repousar após a expulsão. A cadeira e a cama não podiam faltar, embora pareça improvável o uso de duas delas[355], especialmente porque a parturiente em geral estava sentada, já que a posição deitada não facilitava a saída do feto. O documento notarial de Domingo Cuerla não descreve isto, mas essas salas costumavam abrigar um fogareiro para deixar o ambiente

353. Cf. González Hernando (2013, p. 6).

354. Cf. Moral de Calatrava (2018, p. 16).

355. Cf. González Hernando (2013, p. 7).

mais confortável, amornar as roupas reservadas para a criança ou aquecer algumas refeições para a mãe, e também havia recipientes com toda a água necessária para lavar a mãe e o filho ou a filha, ou panos limpos para envolver a criança[356]. O notário menciona um crucifixo e as Escrituras Sagradas para dar fé de seu testemunho.

Esses cuidados preventivos revelam as grandes diferenças que existiam entre uma rainha, uma princesa ou uma nobre, por um lado; as burguesas de origem rica ou de classe média, por outro; e, por fim, as mulheres de origem rural ou urbana, camadas sociais mais humildes. Como em outros casos, há um viés no conhecimento difundido, já que só existem documentos sobre os preparativos das primeiras; presume-se, graças às recomendações de escritores e tratadistas, os da classe média; mas não se sabe se as camponesas ou as mulheres pobres das cidades podiam aspirar a algum preparativo. Não seria arriscado supor que elas se dedicavam ao trabalho até os sinais mais claros de que o parto era iminente.

Há registros explícitos dos preparativos excepcionais que eram feitos quando as rainhas estavam quase dando à luz. Quando Maria de Aragão (1403-1445), rainha de Castela, ia dar à luz um de seus filhos, seu marido, o Rei João II, ordenou que as pessoas mais proeminentes do reino estivessem perto dela, homens e mulheres, como indicado no capítulo anterior.

Antes do parto da rainha inglesa Elizabeth de York, também buscaram-se amas de leite. Na medida do possível, o cenário do parto seguiria os requisitos das já citadas Ordenanças para um Nascimento Real, que sua sogra havia mandado elaborar quando o nascimento do primeiro filho de Isabel, o Príncipe Artur da Inglaterra, estava prestes a acontecer, em 1486. Essas ordenanças especificavam detalhes como os móveis e a decoração da sala onde o menino nasceria e onde a mãe, antes e durante o parto, permaneceria à luz de velas[357].

O uso da meia-luz para os nascimentos parece ter sido um costume das classes mais abastadas e foi até mesmo elogiado por Arnaldo de Vilanova no século XIII. Esse médico de Aragão também prescreveu que o recém-nascido

356. Cf. González Hernando (2013, p. 14).

357. Cf. Norton (2017).

deveria ser colocado sobre palha quente, em um local o mais próximo possível do ventre materno, pois qualquer mudança repentina poderia prejudicá-lo.

Em geral, os tratados clínicos dos séculos finais da Idade Média dirigidos a mulheres do "estamento povo" aconselhavam o cuidado tanto do corpo quanto da alma. Com relação ao corpo, Bernardo de Gordonio afirma:

> Quando o parto estiver se aproximando, ela deve ser banhada em uma tina na qual haja malvas e malvaviscos, violetas e camomila e coroa do rei. Em seguida, deve ser untada com óleo de gergelim e com óleo de amêndoas doces e ádipe de galinha e, depois, deve descer ladeira abaixo. E quanto mais se aproximar do parto, deve comer comida em pouca quantidade e rica em alimento, como caldo de galinha gorda, e beber vinho aromático[358].

Como no caso de outras mulheres cristãs, a preparação espiritual que Isabel de la Cavallería poderia ter feito era a de se encomendar à Virgem, à Santa Librada, padroeira dos partos, ou a algum outro santo. O documento notarial lido descreve que Isabel tinha algumas relíquias em seu ventre, o que sugere que ela, de fato, buscava amparo religioso.

É muito plausível que o ato de se encomendar à Virgem Maria tenha sido o mais frequente. Um poema de Francisco Imperial sobre o parto da Rainha Catarina de Lencastre (1373-1418), quando esta deu à luz o desejado herdeiro de Castela, o futuro Rei João II, destaca o local que a Virgem ocupava nas súplicas das parturientes:

> passando a aurora, chegando o dia,
> sexta-feira, primeiro do terceiro mês,
> não sei se velava, nem sei se dormia,
> ouvi em voz alta: "Ó doce Maria!",
> com jeito de senhora que estava no parto,
> e deu três gritos, depois disse o quarto:
> "Ajudai-me, Senhora, esperança minha".
> Em voz mais baixa, eu a ouvi dizer:
> "*Salve, Regina*! Salvai-me, Senhora!",
> e às vezes parecia que eu ouvia:
> "*Mother of God, help*! Ilumine-me agora".

358. Cf. Bernardo de Gordonio (1991, VII, 16, p. 324).

E com jeito de senhora devota que ora:
"*Quam bonus Deus!*", eu a ouvi rezar,
e ouvi como se estivesse se apiedando:
"*Ṣā iḥa bik: al-ʾewin al-qabîla mora*"[359].

Na prévia organização do parto também era conveniente escolher a parteira, como Bernardo de Gordonio recomenda em seu *Lilio de medicina*, obra na qual sugere determinadas condições a serem atendidas no momento da escolha, como: "que tenha as mãos finas e os dedos longos"[360].

Não é possível provar que Isabel de la Cavallería tenha seguido esses conselhos, mas pelo menos uma delas, Catarina de Cutanda, chamada de madrinha Salinas, tinha ganhado a reputação de boa parteira, provavelmente por sua idade avançada e sua grande experiência[361]. Essas profissionais acompanhavam a parturiente desde o surgimento das primeiras dores abdominais ou desde o rompimento da bolsa. Antes de começar as tarefas próprias do nascimento, Isabel de la Cavallería exigiu que as duas parteiras, de joelhos e com as mãos sobre a imagem de Jesus Cristo e os Santos Evangelhos, jurassem solenemente administrar bem o parto, sem fraude, arte ou engano de qualquer tipo. Não seria arriscado supor que esse tipo de ritual fosse comum apenas entre famílias privilegiadas, como a dos Cavallería.

A ata notarial mostra que essa senhora de Saragoça deu à luz com muita dor. A maioria das mulheres esperava isso. Era o castigo merecido após o pecado original, e autores tanto religiosos quanto laicos frequentemente lembravam disso. Um exemplo disso é o *Rimado de palacio*, do Chanceler Pedro López de Ayala (1332-1407), que contém estes versos:

"Teus filhos com dor em teu concebimento
parirás", disse a Eva, "e sob o mandamento
de teu varão serás: isto por escarmento
ficará para sempre, sem outro mudamento"[362].

359. Cf. Imperial (1977, p. 65-66); Guerriero (2017, p. 400): "Dizer que foi feito quando nosso senhor o Rei D. João nasceu [...] o qual foi feito pelo *micer* Francisco Imperial".

360. Cf. Bernardo de Gordonio (1991, VII, 16, p. 324).

361. Cf. García Herrero (2005, p. 23).

362. Cf. López de Ayala (1978, n. 12, estrofe 1484).

Eva, a pecadora que havia recebido como castigo o parto com dor, era a antítese de Maria, que concebeu e deu à luz sem pecado. Trata-se de um contraste tipológico evidente entre aquela que trouxe o pecado ao mundo e aquela que pariu o filho de Deus a fim de salvá-lo. Maria teve de fazer isso sem sofrimento, porque, para preservar a virgindade, o trato genital feminino não podia se abrir. Jesus nasceu de forma milagrosa e assim o descreve o *Livro da infância do Salvador*, um dos evangelhos apócrifos escrito por um autor desconhecido do século IX: "Seu olhar estava fixo no brilho intenso que a luz que havia nascido emitia. E essa luz foi pouco a pouco se condensando e assumindo a forma de uma criança". No entanto, foram disseminadas certas ideias que contradiziam essa tese; de fato, em algumas representações da natividade, a Virgem aparece semideitada sobre um colchão de palha. Essa é uma cena típica da chamada fórmula "siríaca" característica da arte bizantina, que denota certo sofrimento em Maria, o que ratificaria a natureza humana de Cristo.

Essa ideia de que a Virgem não sofreu ao dar à luz se espalhou por toda a Europa após as visões de Santa Brígida da Suécia (na segunda metade do século XIV)[363] e chegou até mesmo à narrativa islâmica, como pode ser visto no seguinte relato sobre o nascimento de Jesus:

> Disse [o contador] que, quando Maryem estava no dia e na hora que Chibril [Gabriel] lhe disse que daria à luz, saiu da casa que estava, fugindo por medo de Zacariye e dos Beni Yçrayle (os judeus). E foi a um lugar deserto, aproximou-se de uma tamareira seca, sem fruta nem verdura, e aquela tamareira era conhecida entre as pessoas e tinha um buraco dentro. E Maryem entrou no buraco, dizendo:
>
> – Ai de mim! Se eu estivesse morta, não seria afortunada. E, na hora, Chibril chamou-a e disse:
>
> – Ó Maryem, não te entristeças, que teu senhor já preparou uma cama para tu te deitares.
>
> E então fez muitas orações a Alá por isso. E depois gritou-lhe uma segunda vez e disse:
>
> – Ó Maryem, aceita os ramos e cairão tâmaras da tamareira para ti.
>
> E ela seca sem verdura, e ele disse:
>
> – Come e vai e sente prazer.

363. Cf. González Hernando (2010, p. 95).

Depois, Maryem pariu seu filho, Yçe [Jesus], *A'm* [a paz esteja com ele] [...].

E disse Ybnu [filho de] Apec que Alá o perdoe, que Alá abriu as portas dos céus, e desceram à terra sete *açςafes de alamaleques* [fileiras de anjos] e um pilar de claridade, que resplandecia com ele a terra e os céus pelo poder do senhor do mundo. E então Yçe caiu do ventre de sua mãe, dizendo:

– Não há senhor além de Alá, Yçe é *Roh de Allah* (Jesus é o espírito de Alá) e sua palavra.

E Maryem se acalmou depois de ouvir isso e fez muitas orações a Alá por isso, agradecendo a Alá com muita gratidão[364].

A verdade é que poucas mulheres teriam o benefício do modelo divino e não sentiriam dor no parto; algumas delas dariam à luz com pouco sofrimento, mas a maioria o experimentaria com grande intensidade. Assim demonstram diferentes obras literárias, como estes versos do *Libro de Apolonio* (*c.* 1250):

Quando chegou o momento de parir
Começou as primeiras contrações a sentir
As dores foram tão intensas que queria morrer
Dizia que nenhuma fêmea deveria conceber[365].

Contudo também são encontrados testemunhos literários e hagiográficos de mulheres que tiveram um "parto sem dor" graças à mediação da própria Maria ou de algum outro santo ao qual recorreram. Essa prática era comum na Europa medieval, as grávidas buscavam proteção, segurança e fortaleza na figura divina que tinha dado à luz sem sofrimento. A obra *Los milagros de Nuestra Señora*, de Gonzalo de Berceo, relata a história de duas mulheres que, em seus partos, não padeceram graças à intervenção da Virgem. Outra história, uma das mais curiosas, é encontrada em *El libro de los exemplos*, de Clemente Sánchez de Vercial (*c.* 1365-*c.* 1426):

Na cidade de Bitervo, uma mulher estava em trabalho de parto, e as dores eram tão intensas que ela achava que ia morrer. E já perdendo as forças, sem que nenhum medicamento lhe fizesse efeito, prometeu guardar a Festa de São Francisco; em seguida, sem esforço, ela pariu.

364. Cf. Fernández Medina (2014, p. 263-264).

365. Cf. Anônimo (1987, n. 157, p. 177).

> E depois, esquecida da graça e do bem que havia recebido, no dia de São Francisco começou a trabalhar, e o braço direito estendido ficou paralisado e seco, sem que ela pudesse dobrá-lo[366].

Podiam ocorrer casos de mulheres que sentiam menos dor ou que contavam com uma constituição que lhes permitia suportá-la melhor. Por diversas razões, chegavam a se considerar virtuosas. Carmen García Herrero cita duas rainhas com tais qualidades: Maria de Montpellier e Isabel I de Castela – também conhecida como Isabel a Católica. A primeira nutria tanto desejo por ter um filho que, quando Jaime I nasceu: "Pariu com grande satisfação, pois a certa e tão justa esperança que sempre depositava em Nosso Senhor a fez parir sem sofrimento"[367]. Sobre Isabel a Católica, Lucio Marineo Sículo afirma que, entretanto, foi "forte para sofrer as dores corporais [...]; ela nunca foi vista se queixando, nem nas dores que sofria em suas doenças, nem nas do parto, que é algo de grande admiração"[368]. Fernando del Pulgar diz o mesmo a respeito dela quando narra o primeiro parto da rainha católica, em 1470, no nascimento de sua filha Isabel: "Ela mantinha seu semblante tão contido que, mesmo durante as dores do parto, escondia seus sentimentos e se forçava a não mostrar nem dizer a tristeza que as mulheres sentem ou demonstram nesse momento"[369]; para ocultar seus sentimentos, exigiu que cobrissem seu rosto com um véu muito espesso[370].

Alertadas da dor que se aproximava, as gestantes usavam alguns medicamentos que estavam a seu alcance para tentar aliviá-la. Havia muitas receitas para um bom nascimento e amuletos que podiam ajudar a ter um bom parto. No *Lapidario* é mencionado um mineral chamado "pedra parideira", a "terceira pedra de Júpiter que faz parir rapidamente"[371]. Outra prática baseava-se em colocar sobre o ventre o cinto-relíquia ou a faixa-relíquia que haviam usado nos dias, nas semanas ou nos meses anteriores.

366. Cf. Sánchez Vercial (1961, exemplo 165, p. 137).
367. Cf. García Herrero (2009, p. 83-84).
368. Cf. García Herrero (2009, p. 84).
369. Cf. Fernando del Pulgar (1780, p. 37).
370. Cf. Cruz y Hermida (2004, p. 692).
371. Cf. Afonso X o Sábio (1981, p. 193).

Tudo isso porque a morte durante o nascimento era uma possibilidade mais do que evidente. Uma em cada quarenta mulheres morria no parto, algumas no primeiro, outras no decorrer de algum dos muitos pelos quais passavam ao longo da vida, e o número médio de rebentos por mãe foi estimado em 4,42, mais de um terço das mulheres tinha seis ou mais descendentes[372]. Isso acontecia em todos os grupos sociais, embora tenha havido mais evidências disso na realeza, na nobreza ou nos grupos enriquecidos. A mãe de Guiberto de Nogent deve ter estado muito próxima da morte na época de seu nascimento, como ele explica em sua autobiografia:

> Depois de ter sofrido muitas dores, finalmente se aproximou o momento de se livrar delas; ao sentir que suas dores aumentavam, pensou que ia dar à luz de forma natural; mas, de repente, eu me voltei para seu ventre. Já meu pai, seus amigos, os parentes, comovidos por uma dor profunda, viram que, ao causar a morte da mãe, a criança também pereceria por não encontrar a saída [...][373].

Segundo o próprio Guiberto de Nogent, a salvação chegou com a ajuda da Virgem Maria, após as súplicas da família. No relato desse autor está presente o temor à morte, companheira constante e temida dos nascimentos ao longo da Idade Média, a qual aparece em relatos medievais sobre a gestação e o parto "moldados por um sentido agudo da vulnerabilidade da mãe e da criança e ilustrados com descrições de tragédias que acabaram com a vida de um dos dois ou de ambos"[374]. O medo da morte e da dor, juntamente com o medo de perder o fruto de tantos meses de espera, atormentava as parturientes. Não é de estranhar que fosse costume desejar "uma boa hora" a uma mulher prestes a parir.

Há muitos exemplos que poderiam ser dados de rainhas que faleceram no processo de dar à luz. Dagmar (*c.* 1186-1212), soberana da Dinamarca, morreu no nascimento de seu segundo filho; Branca de Anjou (1280-1310), rainha de Aragão, faleceu em seu décimo parto; Isabel (1470-1498), filha dos Reis Católicos casada com o rei de Portugal, morreu no nascimento de seu filho Miguel de

---

372. Cf. Harris (2002, p. 126).

373. Cf. Guiberto de Nogent (1825).

374. Cf. Park (2010, p. 18).

la Paz; e a mencionada rainha da Inglaterra Elizabeth de York faleceu poucos dias depois de seu sétimo parto, em 1503.

Naquele momento, na fase expulsiva, Isabel de la Cavallería contava com a presença de uma das parteiras de joelho diante dela, enquanto a outra, a madrinha Salinas, estava entre suas pernas para receber a criança recém-nascida.

> Colocada uma bacia de latão limpa, conforme pudemos observar, entre as pernas da dita Isabel de la Cavallería, na qual eu, notário, e as testemunhas sentíamos e víamos cair o sangue e a água que, com as dores do parto, saíam do corpo da dita Isabel de la Cavallería.

Esse acontecimento era descrito como repulsivo pela maior parte da sociedade e por certos autores. Santo Agostinho considerava repugnante nascer entre sangue, urina e fezes que sujariam o chão se não caíssem numa bacia como a descrita pelo notário. Isabel de la Cavallería deu à luz sentada, mas havia outras posturas possíveis; algumas mulheres, embora provavelmente poucas, o faziam deitadas; um terceiro grupo o fazia em uma cadeira ou poltrona com uma ranhura para que a parteira pudesse manusear a mulher e a criança ao sair; e, mais raramente, havia aquelas que se colocavam de joelhos e puxavam uma corda para aumentar o esforço abdominal. Diversas esculturas em igrejas românicas, miniaturas iluminadas e também pinturas apresentam evidências dessas posturas de parto. As *Cantigas* de Afonso X proporcionam um autêntico mostruário sobre as formas de dar à luz: nas imagens é possível encontrar uma mulher parindo em uma cadeira, outra de joelhos e outra parindo na água.

Em esculturas de igrejas românicas, especificamente em mísulas, aparecem mães dando à luz de cócoras; provavelmente representavam essas camponesas que costumavam parir sozinhas, como descrito anteriormente no caso de Genixia. No entanto, não faltavam vizinhas nas aldeias para ajudá-las. O saber popular a respeito do parto que as mulheres do meio rural valorizavam não era muito diferente daquele que as parteiras praticavam em ambientes urbanos. As que auxiliaram Isabel de la Cavallería seguiam costumes populares, alguns dos quais narrados há séculos e que também ficaram gravados nos escritos de médicos ou filósofos árabes como Averróis ou Arib ibn Sa'id. No *Libro de la generación del feto*, Arib ibn Sa'id expunha:

> Todos os [médicos] antigos fazem com que a gestante seja colocada em uma poltrona para o parto, com as pernas penduradas, e a poltrona tem uma espécie de fenda na base para que a parteira possa sentar-se na frente da parturiente para fazer as manobras. Não será conveniente que a parteira sente a gestante no assento para parir antes de observar se ela tem "marca" e se o colo do útero está aberto. Porque evidentemente aumentará seu cansaço e, às vezes, ela poderá até desmaiar. Em seguida, ela deverá sentar-se no assento para parir e deverá ser colocado sob seus pés um véu ou um pano para que ela não possa ser prejudicada pelo chão nocivo[375].

Averróis recomendava essa prática e destacava que as parteiras precisavam estar atentas ao início da dilatação do colo do útero; quando a largura necessária era alcançada, deveriam fazer com que as futuras mães sentassem nas cadeiras de parto "mandando-lhes fazer força para que o feto fosse expulso, o que é feito pelo músculo que reveste o útero e que expele as fezes e a urina"[376].

A tarefa da parteira consistia em: massagear o ventre, verificar se o colo do útero estava dilatando, garantir que o feto se colocasse em uma posição adequada, ajudar em sua expulsão, cortar o cordão umbilical e, por fim, retirar a placenta. Além disso, frequentemente ela ficava encarregada de mostrar a criança recém-nascida para que as pessoas que estivessem na casa pudessem ver seu sexo e seu estado de saúde em geral. Não há registro do uso de instrumentos, exceto aquele necessário para cortar o cordão umbilical, que devia ser de madeira, tecido ou vidro, não de metal, porque isso podia trazer mau agouro ao recém-nascido. Só há notícias a respeito disso em um comentário bíblico que o rabino Jacob ben Asher de Toledo, do século XIV, fez sobre o Êxodo (Ex 1,15), no qual ressalta que as parteiras carregavam, em geral, um instrumento chamado *shepoperet*, um pequeno tubo que se usava para desobstruir as vias respiratórias de crianças que nasciam inconscientes[377].

Essa falta de instrumental médico era suprida com outros meios, como magias, orações, talismãs, amuletos, pedras preciosas, enfim, todo um repertório próprio das tradições medievais.

---

375. Cf. Arjona Castro (1983, p. 91).

376. Cf. Averróis (1998, p. 171).

377. Cf. Caballero Navas (2014, p. 377-401).

O histórico de Isabel de la Cavallería mostra a combinação das ideias dos tratadistas e das práticas populares das parteiras. Elas não contavam com conhecimentos teóricos, mas sim com uma vasta experiência baseada no fato de terem presenciado ou ajudado muitas dessas situações e de serem receptoras de uma longa tradição oral. Por isso, o ofício de parteira gozava de uma alta estima social. Em teoria, eram mulheres de idade avançada; algumas, como a madrinha Salinas, com uma grande fama, o que fazia com que as senhoras ricas e poderosas reivindicassem sua ajuda. As parteiras contribuíam para tornar a sala de parto um espaço em que as mulheres eram as únicas admitidas e, em casos excepcionais, apenas um notário ou um médico. Essa configuração fazia parte da ideia de que o parto era como uma outra doença de mulher e, portanto, um tabu, um segredo que as próprias mulheres tinham de guardar. O prefácio de um texto ginecológico escrito na Inglaterra no começo do século XIV[378] afirma: "Este livro foi escrito para que uma mulher possa ajudar outra com sua doença, de maneira que ela não tenha de revelar seus segredos a *uncurteys men*"[379].

Um caso inusitado de presença masculina na sala de parto é o próprio nascimento do Menino Jesus, no qual estava presente o pai, São José, que é retratado pelas imagens da Natividade como ausente, sonolento ou pensativo com a mão na bochecha. Outra exceção é que é o próprio José, e não a parturiente, que chama as parteiras. Os evangelhos apócrifos as mencionam pelo nome. Algumas versões falam de Zelomí ou Zaquel; outras mencionam uma segunda parteira, Salomé, que, ao tentar examinar a virgindade de Maria, teve sua mão carbonizada[380].

Porém, as parteiras não eram chamadas apenas para auxiliar no parto, elas também eram solicitadas às vezes para ajudar uma mulher estéril. Esse pode ter sido o caso de Maria de Castela (1401-1458), esposa de Afonso V o Magnânimo e rainha de Aragão entre 1416 e 1458, que pediu à sua família castelhana que providenciasse a chegada de uma parteira chamada Maria Oto, pois não conseguia engravidar.

---

378. Cf. Manuscrito da Biblioteca Britânica, Sloane 2463.

379. Cf. Weiland (1999, p. 63).

380. Cf. Morente Parra (2009, p. 815).

Anos antes, outra monarca aragonesa, a já citada Iolanda de Bar, solicitou que a judia valenciana Bonadona a atendesse em seus partos, preferindo ela à profissional francesa oferecida por sua mãe e diante da relutância de seu marido, o Rei João I de Aragão. Ele, quando ainda era criança, deveria se casar com a infanta francesa Joana de Valois (1351-1371), que faleceu de forma repentina. Nesse momento, João de Aragão pensou que sua futura esposa havia sido vítima de algum feitiço maligno, e que apenas Bonadona, a parteira da corte, tinha poderes para fazer isso. Por isso mandou prendê-la. Sua mãe, a então rainha de Aragão, Leonor da Sicília (*c.* 1325-1375), solicitou que Bonadona fosse liberada, alegando que era impossível que a parteira, que vivia em Valência, pudesse matar alguém que estivesse no sul da França; além disso, uma das meias-irmãs de João, Joana de Aragão (1344-1385), estava grávida e precisava dos serviços de Bonadona[381].

O interesse por essa parteira judia colocava em dúvida a legislação sobre as parteiras de crenças diferentes daquelas das parturientes. Nas cortes de Valladolid de 1258 estabeleceu-se uma regra que proibia que judias ou muçulmanas atendessem a mulheres cristãs e vice-versa, embora o texto exato afirme que "nenhuma mulher cristã crie filho de judeu ou de mouro, nem nenhuma mulher judia nem moura crie algum cristão"[382], o que parece indicar que essa proibição está mais relacionada à amamentação. Outras reuniões de cortes subsequentes mantiveram restrições semelhantes entre as mulheres das três religiões. A partir da perspectiva hebraica, a Mishná destaca algo parecido – especificamente, que uma filha de Israel não deve ser parteira de uma mulher gentia, ou seja, não judia. Porém, esta poderia ser parteira de uma filha de Israel. Shelomoh ben Abraham ben ʻAdret de Barcelona (1235-1310) determinou em um *responsum* que uma parteira judia poderia tratar uma infiel em troca de uma compensação financeira. Essas prescrições, no entanto, foram desrespeitadas tanto por israelitas quanto por cristãos. Um bom exemplo disso é o da família real de Aragão ao recorrer à judia Bonadona. As grávidas, independentemente de sua fé, recorriam a ela e a outras mulheres hebreias; além disso, em

381. Cf. Vinyoles (2011, p. 237).

382. Cf. Cortes... ([1836], p. 13).

localidades em que havia apenas uma parteira, não existia outra possibilidade a não ser violar a norma, como no caso de Catarina de Llenana, que vivia perto de Medinaceli, a qual afirmou diante do Tribunal da Inquisição de Siguenza: "Todas as mouras e as judias dão à luz com ela porque não havia outra parteira"[383].

Quando Isabel de la Cavallería deu à luz, ela podia escolher ser atendida por uma parteira cristã, algo que não estava à disposição de suas antepassadas por serem judias. Precisamente, as parteiras hebreias eram as que tinham a melhor fama. Em algumas pinturas da Baixa Idade Média a parteira era representada com um sinal na testa, que a identificava como membra dessa comunidade. Uma delas pode ser encontrada em *O nascimento da Virgem*, que Giovanni da Milano pintou em 1365 para a Capela Rinuccini da Basílica de Santa Cruz de Florença; a outra, em "Nascimento de São João Batista", que Bernat Martorell organizou, por volta de 1435, no *Retábulo dos Santos João*, de Vinaixa[384].

As parteiras muçulmanas, por outro lado, também eram muito valorizadas. De fato, várias rainhas escolheram parteiras dessa comunidade para assistir a seus partos. Uma delas foi a filha de Henrique II de Castela, Leonor de Trastâmara (1362-1415), a qual se casou com o Rei Carlos de Navarra. Quando estava prestes a dar à luz seu primeiro rebento, pediu conselho a seu irmão, o Rei João I, o qual lhe recomendou a moura Xenci, que não apenas assistiu a essa rainha de Navarra, como também ganhou a confiança dela a ponto de ser mencionada como comensal em sua mesa[385]. A Rainha Catarina de Lencastre, mencionada anteriormente, também teve uma muçulmana como parteira, chamada Dona Fátima. Um dos versos do poema em língua árabe citado anteriormente a respeito do parto dessa soberana, *Ṣā iḥa bik: al-ʾewin al-qabîla mora*[386], menciona a *qabîla*, nome pelo qual as parteiras eram chamadas no Al-Andaluz. Elas atendiam a grávidas muçulmanas e das outras duas comunidades sem descriminação e realizavam algumas funções semelhantes às de

383. Cf. Carrete Parrondo; García Casar (1997, vol. VII, doc. 403, p. 148).

384. Atualmente, no Museu Nacional d'Art de Catalunya (MNAC), em Barcelona.

385. Cf. Narbona Cárceles (2006, p. 412).

386. Cf. Imperial (1977, p. 65).

suas colegas dos reinos cristãos, já que todas elas haviam aprendido com as mesmas fontes.

Chama a atenção o fato de que a Rainha Catarina de Lencastre tenha confiado suas gestações a Dona Fátima, tendo em vista que foi ela, como regente do reino, que, em 1412, promulgou o ordenamento de Valladolid, o qual estabelece "que nenhum judeu ou judia, nem mouro ou moura, sejam comerciantes de especiarias, nem boticários, nem cirurgiões, nem médicos"[387].

Junto aos textos médicos e jurídicos, as obras literárias ajudam a entender o mundo das parteiras e oferecem uma visão complementar sobre a importância de dar à luz com a assistência de boas parteiras. É o caso de uma passagem significativa da obra *Libro de Apolonio*. Quando Luciana se casa com Apolônio e abandona o lar paterno, o Rei Antíoco concede à sua filha várias mulheres para acompanhá-la:

> O rei deu à filha, para ir mais acompanhada,
> Licórides, a ama por ele criada;
> deu-lhe muitas parteiras, mas uma melhorada,
> que em todo o reino não havia nenhuma igualada[388].

E o fato é que as funções dessas profissionais iam muito além da assistência às grávidas, pois elas assumiam outras funções de caráter jurídico-legal e até mesmo religiosas nos reinos cristãos. Essas últimas eram designadas a elas em casos de risco de morte do bebê de uma mãe cristã, já que era a parteira quem tinha de administrar seu batismo. Costumava ocorrer apenas em situações delicadas, como a de um feto com a cabeça para fora e com dificuldades para retirar o resto do corpo. Isso ficou evidente em diferentes sínodos cristãos, como o de Burgos, em 1412, no qual o Bispo João Cabeça de Vaca (século XIV-1413) observava: "E se a criança, estando no ventre da mãe, tirar a cabeça e houver medo de que morra antes de nascer [...], mas se a criança tirar a mão ou o pé ou outro membro qualquer, não podem batizá-la, pois em outros membros do homem não há entendimento como na cabeça". Porém, o que acontecia se a parteira não era cristã? É bem provável que, para salvar a alma da criança re-

387. Cf. Fernández y González (1866, doc. LXXVII, p. 400).

388. Cf. Anônimo (1987, estrofe 259, p. 174).

cém-nascida, tenha sido aceito que a parteira, mesmo que fosse muçulmana ou judia, pudesse batizar; pelo menos isso é o que se pode deduzir da doutrina de Isidoro de Sevilha, ratificada pelo Papa Nicolau I (*c.* 820-867). O *Catecismo de Pedro de Cuéllar* indica uma fórmula simples para administrar o sacramento nesses casos, na qual a parteira simplesmente pega a água para derramá-la sobre a cabeça que está nascendo e diz: "Criança de Deus, eu te batizo em nome do Pai e do Filho e do Espírito Santo"[389].

Um trabalho que pode ser considerado tão bonito quanto a assistência ao parto nem sempre foi bem recompensado. Há poucas informações sobre a remuneração recebida pelas parteiras. Essa remuneração podia ser em forma de presentes ou mercês que as famílias ricas realizavam para cada nascimento ou em forma de salários estipulados por localidades e prefeituras. No entanto, a maioria das parteiras que atendiam ao povo comum o fazia como um ato de boa vontade, o que hoje seria chamado de "sororidade".

As referências mais claras a esse respeito correspondem, novamente, às camadas sociais mais altas. No reino de Castela, a parteira de Catarina de Lencastre, Dona Fátima, recebeu o privilégio da isenção de impostos concedida a ela e ao marido pelo Rei Henrique III, por ela atender ao parto de sua primeira filha[390]. Na Inglaterra há registro do pagamento à parteira que assistiu à Rainha Elizabeth Woodville (1437-1492) no nascimento de seu filho, o Rei Eduardo V (1470), e do salário anual de dez libras que Alice Massy recebeu por atender aos partos de Elizabeth de York[391]. Também há alguns relatos de famílias italianas em que os padrinhos contribuíam com presentes para as mulheres responsáveis pelo nascimento da criança da qual eram padrinhos ou madrinhas[392].

Por outro lado, desde o século XIII, algumas municipalidades da França pagavam um salário às *sages-femmes*, mulheres sábias ou parteiras que exerciam o ofício em favor de todas as grávidas que precisavam de seus serviços. A

389. Cf. Martín; Linage (1987, p. 188).

390. Cita o documento do Archivo de Simancas Diana Pelaz Flores: "La parturienta te llama, oh partera morisca. El servicio de las parteras musulmanas en la Corte castellana del siglo XV a través de las crónicas y otros testimonios documentales" (p. 182-191; n. 255, p. 187).

391. Cf. Warnicke (2017, p. 111).

392. Cf. Ménager (2014).

esse respeito há um registro de pagamento na prefeitura de Amiens, em 1267, e outros na cidade de Bruges, onde a parteira recebia doze salários por dia, com base em duzentos e setenta dias por ano[393]. Em outras cidades, esse grupo se beneficiava de isenções de impostos ou recebia entregas de lenhas.

Algumas vilas e cidades hispânicas desenvolveram um regulamento específico a respeito, esse é o caso das "ordenanças de parteiras" de algumas localidades bascas. As de Portugalete (1459) e Plencia (1509) obrigavam essas profissionais a atender a todas as mulheres que precisassem, sob pena de 200 maravedis. Da mesma forma, o conselho lhes pagava 30 maravedis por cada parto assistido, que eram complementados por outros 20 maravedis pagos pela própria mãe. No entanto, elas não podiam aceitar mais dinheiro ou seriam multadas com 100 maravedis[394]. Essas ordenanças não especificavam se havia exceções em caso de mulheres de diferentes religiões, mas supostamente não.

Pode-se concluir que a remuneração desse ofício estava mais na esfera da estima social do que na da provisão econômica, apesar dos incontestáveis riscos que as parteiras corriam.

A presença delas nos lares durante alguns acontecimentos tão delicados podia torná-las conhecedoras involuntárias de determinados segredos. Além disso, em algumas ocasiões, como já mencionado, elas também podiam ter que enfrentar a justiça ao serem denunciadas pela morte da criança ou da mãe. Há exemplos que ilustram isso em diferentes cidades europeias, onde, em alguns casos, havia também um problema subjacente de convivência religiosa, de forma que as denunciadas eram judias ou muçulmanas que haviam atendido a parturientes cristãs, porém não faltam casos de acusações a parteiras desse último credo.

Floreta d'Ays, parteira judia, foi levada ao tribunal penal de Marselha em 1403 para responder pelo falecimento de Garsendeta, uma grávida cristã. Esse é um dos primeiros julgamentos conhecidos por negligência. O parto de Garsendeta, a princípio normal, havia sido atendido por outra parteira chamada Filipa, mas, duas horas depois do nascimento da criança, a placenta não havia

393. Cf. Ménager (2014).

394. Cf. Castrillo Casado (2020, p. 678-679).

sido expelida, de maneira que tornou-se necessária a intervenção de Floreta. Seu trabalho foi descrito da seguinte forma por ela mesma, diante da audiência que a julgava:

> Ela queria remover a placenta do útero de Garsendeta, [e] destapou completamente seu braço direito e o enfiou até o cotovelo dentro da vagina da referida Garsendeta. E moldando a placenta, de modo que pudesse expeli-la, segurou o útero grosseiramente e, de uma maneira pior do que as palavras podem dizer, aniquilou e asfixiou o útero. E indo de mal a pior, cruel e brutalmente rompeu a extensão do cordão umbilical da criança que, como disse anteriormente, [estava] inteiro e saudável, hábil e deliberadamente amarrado à coxa da referida Garsendeta. E por causa de sua ruptura, todo o sangue que havia permanecido no corpo da referida Garsendeta após o parto jorrou repentinamente de seu corpo[395].

Os procedimentos diferentes das duas parteiras evidenciam a discordância dos médicos daquela época sobre como lidar com a retenção da placenta. Embora essas profissionais não tivessem formação fora do saber popular que haviam adquirido, Floreta parecia seguir Abulcasis, que considerava melhor a remoção manual da placenta, e Filipa seguia Avicena, que preferia "esperar para ver".

Talvez por isso a primeira tenha sido acusada de praticar um procedimento que acelerou a hemorragia e a morte da parturiente, ou havia algum outro motivo? O tribunal obrigou Floreta a testemunhar, assim como o restante das mulheres presentes na sala, todas elas cristãs[396]. Filipa, a primeira a intervir, também o era, mas a parteira mais experiente era a judia Floreta, a quem se recorreu quando o problema se precipitou. Parece provável, portanto, que o componente étnico-religioso tivesse uma influência fundamental nessa acusação de 1403, possivelmente incentivada pelas pregações contra os hebreus e os muçulmanos que Vicente Ferrer havia feito alguns anos antes. Não se sabe qual foi o castigo que Floreta recebeu, mas, fosse este severo ou não, seu caso é paradigmático sobre os riscos do ofício de parteira.

---

395. Cf. Green; Smail (2008, p. 208).

396. Cf. Green; Smail (2008, p. 198).

Também foram encontrados casos complementares de cristãs castigadas por atender a uma grávida hebreia, em Girona, por exemplo, onde o bispo da cidade ordenou que os padres de uma paróquia absolvessem, em 1353, doze mulheres punidas por ajudar uma parturiente judia[397].

As parteiras Ygnes de Arias e Isabel Rodrigues, de Sevilha, também eram cristãs e foram processadas em 1491. Marina de Ávila havia acusado ambas perante os Reis Católicos. Isabel e Fernando condenaram as duas a serem "desterradas da dita cidade de Sevilha com duas léguas ao redor e, da mesma forma, privadas dos ditos ofícios de parteiras por toda a vida, que não usassem dele sob pena de morte"[398].

Outro exemplo de natureza diferente, mas com excelente documentação, é o de Axa a Parteira, muçulmana que exercia esse ofício em Segóvia. Axa estava envolvida em um processo judicial que durou três anos (de 1492 a 1495) com sua vizinha Juana Ruiz, motivado por seu pedido de isenção de impostos como viúva de fidalgo[399]. Juana Ruiz havia se deparado com o problema de ser considerada uma mulher impura e de maus hábitos, motivo pelo qual o juiz chamou Axa a Parteira como testemunha. É provável que a mulher muçulmana fosse a única a praticar esse ofício nessa cidade castelhana, ou talvez a mais reconhecida, e no tribunal ela declarou que tinha auxiliado a requerente em um parto, depois que esta ficou viúva. Esse testemunho podia constituir a prova definitiva para privar Juana Ruiz do privilégio de isenção de impostos que ela reivindicava como viúva de fidalgo. Sua resposta, em 1491 (um ano antes da data do primeiro documento preservado sobre esse processo judicial), foi uma denúncia por injúria contra Axa, que levou esta à prisão, durante um período em que ela também não tinha renda por não poder exercer sua profissão. Após anos de litígio, Axa foi inocentada de toda a culpa, mas havia passado por sete meses de reclusão apenas por ser a responsável pelos nascimentos em Segóvia

397. Cf. Caballero Navas (2014, p. 397).

398. Cf. Archivo General de Simancas, rgs, leg. 149111, 311.

399. Cf. Archivo General de Simancas, Registro General del Sello, leg. 149207, 112; ags, rgs, leg. 149207, 127.

e por conhecer, provavelmente melhor do que ninguém, muitos dos segredos sexuais de seus concidadãos[400].

Além desses problemas com conotações religiosas, o trabalho de parteira começou a sofrer outros problemas de natureza profissional, pois suas práticas se tornaram suspeitas para os novos médicos formados no mundo acadêmico. Desde o começo do século XIII, os incipientes Estudos Gerais, com a especialidade de Medicina, começaram a lutar contra aquelas pessoas que exerciam seu ofício sem ter feito o *cursus* de formação prescrito. Entretanto, os ataques ao trabalho das parteiras não foram imediatos, e, durante os séculos XIII e XIV, elas continuaram sendo a autoridade e os médicos seguiram recomendando a intervenção delas. O fato de os nomes das parteiras serem precedidos pelo título de "dona" implica um reconhecimento social de sua sabedoria e de suas habilidades.

Arnaldo de Vilanova pode ter sido um dos primeiros a tentar diminuir esse grupo; pensou-se isso, embora, na realidade, ele tenha se limitado a criticar o "experimento", provavelmente emprestado de práticas bizantinas, de uma *vetula* ou parteira de Salerno. Essa mulher fazia com que a parturiente tomasse três grãos de pimenta e sussurrava uma oração para ela com conotações supostamente diabólicas: "*Bizomie lamion lamium azerai vachina deus deus sabaoth, pleni sunt caeli et terra gloria tua, osanna in excelsis. Benedictus qui venit in nomine Domini, osanna in excelsis*"[401].

No século XV, entretanto, essas críticas foram mais longe, e as parteiras começaram a ser vistas como concorrentes dos médicos, ainda mais quando sua profissão foi oficializada e um exame de admissão perante representantes do município ou das guildas tornou-se cada vez mais frequente. Como resultado, essas profissionais passaram a experimentar certa marginalização, em grande medida porque era malvista pela Igreja a participação delas em batismos de emergência.

Paralelamente a esse processo, o controle desse ofício se desenvolveu nas esferas hispânica e europeia em geral, baseando-se tanto na legislação dos reinos quanto na dos conselhos. Nos *Furs de València*, do século XIII, o exercício da medicina era proibido às mulheres, exceto se cuidassem de crianças peque-

400. Cf. Jesús Fuente (2017, p. 309-333); Pelaz Flores (p. 185).

401. Cf. Salvador de les Borges (1957, n. 18, p. 68).

nas ou de outras mulheres, ou seja, se atuassem como parteiras. Em 1484, o Conselho de Burgos tomou a seguinte decisão: "Se para tratar as doenças de mulheres de alguma cristã fosse chamada alguma moura, esta poderia ir com a licença dos senhores assistentes e alcaides ordinários dessa cidade"[402]. Assim, materializou-se a proibição da prática da medicina às mulheres mudéjares, a menos que atuassem como parteiras e ajudassem grávidas cristãs. Exceções legais, como as dessas duas localidades, foram o caminho que permitiu que as parteiras superassem as restrições impostas a seu trabalho e pudessem continuar realizando seu ofício.

No entanto, contribuíram para o controle do trabalho das parteiras as crenças sobre feitiços, magias ou maldições que afetavam os nascimentos e que, por exemplo, ficaram evidentes em algumas crônicas reais. Esse pode ter sido o caso do parto de Maria de Portugal (1313-1357), rainha de Castela casada com Afonso XI. Segundo a *Crónica de los reyes de Portugal*, Leonor de Gusmão, a amante do monarca, contratou uma feiticeira moura que:

> Prometeu e assegurou que, enquanto tivesse entre suas mãos fechadas os feitiços que sabia, como a rainha estivesse de parto, morreria sem nunca parir. E, como prova do efeito que teria na rainha esse abominável ofício de feiticeira, ela primeiro fez uma experiência em outra mulher da cidade, a qual, estando de parto, por seus encantamentos, nunca pôde parir e morreu[403].

A acusação de feitiço tinha duas funções: atacar a concubina real como assassina em potencial de Maria de Portugal e enaltecer a força desta ao confrontar com bravura as dificuldades do parto. A *Crónica* faz um relato muito interessante sobre as vicissitudes desse nascimento, começando por observar o papel do pai, o Rei Afonso XI, cujo interesse por Maria era nulo, mas que se mostrava alegre com a chegada de um herdeiro.

O médico conseguiu fazer com que a rainha desse à luz e destruiu o feitiço da moura que havia sido contratada para matar a criança e a mãe. A *Crónica* afirma que o doutor foi bem recompensado por isso, mas não diz se as par-

---

402. Cf. Barceló (1989, p. 212-213).

403. Cf. Academia Portuguesa da História (1952, vol. II, p. 158).

teiras que estavam ao lado dele na sala de parto também foram, após assim ter solicitado o próprio rei: "E fiquem aqui comigo somente as mulheres, que obedeçam em tudo o que eu mandar".

Um século depois, no século XV, percebe-se um declínio da arte do trabalho de parteira entre as importantes mudanças culturais que ocorreram. Essas profissionais foram classificadas como perigosas e supersticiosas, e diferentes autoridades laicas e religiosas tomaram medidas para colocar ainda mais empecilhos no trabalho delas. Dois documentos do fim desse século evidenciam esse desejo de controlar: a *Ley de Fundación del Tribunal del Protomedicato* [Lei de fundação do Tribunal do Protomedicato], promulgada pelos Reis Católicos em 1477; e o tratado para a perseguição de bruxas, *Malleus maleficarum*, publicado em 1486.

No que diz respeito à iniciativa dos Reis Católicos, ela só podia ser aplicada às parteiras que haviam trabalhado em locais com grande número de habitantes, já que, no meio rural, essas profissionais sem estudos continuavam sendo as únicas disponíveis para ajudar a trazer crianças ao mundo. O *Protomedicato* estabelecia as condições que deveriam ser cumpridas pelos médicos e cirurgiões e dava protagonismo a esses profissionais em detrimento das parteiras, mas não as designava explicitamente. Essa falha foi corrigida pelos soberanos em 1498[404], com uma medida pragmática que as obrigava a passar por um teste ou um exame, a qual seria revogada por uma norma posterior de Felipe II.

Por outro lado, do ponto de vista religioso, um grande antagonista desse ofício foi o *Malleus maleficarum* ou *O martelo das feiticeiras*, que implementou uma bula papal de 1484 conhecida como *Summis desiderantes effectibus*. Nela, o Papa Inocêncio VIII reconhece que as feiticeiras são reais e relaciona os atos delas com Satanás. A inclusão disso no *Malleus maleficarum* o legitima de maneira implícita ao naturalizar a bruxaria no ambiente europeu. Esse tratado contém referências explícitas às parteiras e aos costumes delas, considerando-as bruxas que "fazem morrer de diversas maneiras aquele que é concebido no útero, buscando o aborto, e, quando não fazem isso, oferecem as crianças ao diabo". Com um caráter profundamente misógino, a obra chega a defender

404. Cf. Archivo General de Simancas, cca, div, 1, 56.

que “ninguém prejudica mais a religião católica do que as parteiras”. Essa estigmatização não era nova, mas o impulso dado a ela pelo *Malleus maleficarum* foi significativo. Contudo, não há evidências documentadas de que, além da hierarquia eclesiástica, a sociedade medieval considerava as parteiras como feiticeiras[405] e que, por consequência disso, elas foram objetos de perseguição, assim como essas últimas.

Em paralelo a essa mudança cultural, também no século XV, os cirurgiões começaram a marcar presença nos partos difíceis de famílias abastadas[406]. As parteiras foram relegadas a ajudar naqueles nascimentos em que não havia complicações, enquanto esses médicos podiam:

> Retirar um falso feto, retirar a placenta, extrair uma mola, deter um fluxo copioso de sangue, fazer dar a volta ou variar a perversa situação que a criança apresenta, retirar uma criança já morta, extrair a cabeça que ficou dentro do útero separada do corpo e fazer uma cesariana após a morte da mãe[407].

Isso também é uma consequência do fato de que, em geral, a intervenção de parteiras e vizinhas em partos complexos era malsucedida, e a falta de cuidados médicos mais precisos acabava, muitas vezes, causando o falecimento da mãe. A taxa de mortalidade de parturientes ao dar à luz ou no puerpério devido a lacerações, sépsis e hemorragias devia ser muito alta; acredita-se que uma a cada quarenta mulheres morria no parto, embora pesquisas recentes sugiram porcentagens menores. Uma evidência dessa alta mortalidade é o pedido que aparece em algumas orações, em especial naquelas dedicadas a São Bartolomeu e a Santa Bárbara: “Que nenhuma mulher morra durante o parto”. Trata-se, no entanto, de um argumento fraco que só pode ser especulado, devido à ausência de informações precisas por causa da falta de registros de óbito.

Francisco López de Villalobos, médico de Zamora, propôs, em alguns versos do *Sumario de la medicina*, uma lista de causas que podiam acarretar problemas no nascimento:

---

405. Cf. Harley (1990, p. 1).

406. Cf. Alexandre-Bidon; Closson (1985).

407. Cf. Usandizaga (1944, p. 217).

> Por ser corpulenta ou pequenina aquela que pare,
> porque o que nasce está grande ou malposicionado,
> pela matriz estar seca ou estreita,
> por ser o tempo que queima ou congela,
> a secundina é de composto duro;
> porque a parteira é muito simples e ruim,
> porque os membros vizinhos são doentes,
> por todas as causas dessa maneira
> padece de mau parto, e não é muito que morra
> quem pare com fortes dores contínuas[408].

Esses cirurgiões formados nas incipientes instituições acadêmicas podiam estar mais conscientes das complicações obstétricas, mas eles também não contavam com a preparação nem com os meios para enfrentar problemas graves. Em *O cânone da medicina*, Avicena havia avisado sobre isso, o que o levou a pensar em uma interrupção no último instante:

> Quando o parto se torna difícil por quatro dias, então já se presume que o feto está morto, ou seja, não se espera que esteja vivo. Pelo fato de que esteja preocupado pela vida da mãe e não pela do feto, certamente estuda uma forma de extraí-lo. Mas se não temos certeza de que o feto está morto, nem de que se tenha corrompido, então é a mulher que nos causa preocupação no parto, seja porque é muito fechada e pequena no colo do útero, seja porque é fraca e não consegue expulsar o feto quando este está completo, e então o médico deve prevenir isso, e antes de que o feto esteja completo o médico deve fazê-lo sair. Se não está completo quanto pode ser expulso, a mãe morre[409].

Diante da ausência de diretrizes ou modelos claros de atuação, o próprio López de Villalobos apontou um método para extrair a secundina – termo que faz referência à placenta e a outros anexos embrionários – ou os fetos mortos:

> A senhora no parto, se não expulsa a placenta,
> assim que deixou lá a secundina,
> o espirrar para isso aproveita,
> e, se isso não basta, tire-a com mecha

408. Cf. Usandizaga (1944, p. 84-88).

409. Cf. Gentile da Foligno (2020, p. 183-196).

ou com incenso de arruda e sabina[410].

López de Villalobos chegou a médico de câmara dos Reis Católicos e de Carlos V e é um bom exemplo da mudança que se iniciou no século XV, quando os médicos, homens, assumiram boa parte das tarefas de obstetrícia que até então haviam sido praticadas pelas mulheres. Anteriormente excluídos dos quartos onde aconteciam os partos, os médicos começaram a ganhar terreno, e há evidências de seu cuidado com as parturientes de alta estirpe. Esse é o caso do primeiro parto de Isabel a Católica, em 1470, que foi atendido por Juan Rodríguez de Toledo, catedrático de Salamanca[411]. Seu segundo parto, o do Príncipe João, foi assistido pelo médico judeu Lorenzo Badoc, sob os cuidados da famosa parteira conhecida como Herrera ou Herradera, vizinha da Rua Feria, em Sevilha[412]. O futuro da medicalização dos nascimentos estava em andamento. Talvez não seja uma coincidência que, nesses mesmos anos, uma série de crônicas reais elaboradas tenha divulgado o mito de que o nascimento de Júlio César havia ocorrido por cesariana, fato que pode ter sustentado a ideia de que os partos eram mais seguros se estavam nas mãos de médicos. Junto à disseminação dessa crença – no mínimo, discutível –, espalhou-se a de que o nome dessa técnica tinha sua origem em César, baseando-se na similaridade de ambas as palavras. No entanto, não há registros de que o ditador romano tenha vindo ao mundo dessa maneira. Além disso, no século I a.C., só podia ser realizada uma cesariana no corpo de uma parturiente morta, e sabe-se que Aurélia não faleceu até os anos em que seu filho estava participando da campanha da Gália[413]. Foi Plínio o Velho quem relacionou o termo "César" com o verbo latino *caedere* (cortar), verdadeira raiz da palavra "cesárea". Mais tarde, Isidoro de Sevilha chegaria à mesma conclusão ao se referir à incisão feita no ventre materno.

O fato é que a cesárea era a principal intervenção cirúrgica do parto; há relatos, e também imagens, que permitem afirmar que as parteiras, e não apenas

410. Cf. López de Villalobos (1948, p. 333-334).

411. Cf. Cruz y Hermida (2004, p. 692).

412. Cf. Cruz y Hermida (2004, p. 695). O apelido da parteira era "Herradera".

413. Cf. Filippini (2021, p. 140).

os médicos, a praticavam. Apesar de algum precedente romano, como o indicado anteriormente, a cesárea começou a ser realizada em meados do século XIII. Embora, teoricamente, fosse possível aplicá-la em muitas das complicações do nascimento, a cesárea só era realizada quando o feto era considerado viável dentro do útero, mas a mãe já havia morrido. Aguardava-se a expiração da parturiente, e, nesse momento, era feita uma incisão no ventre para retirar o bebê. Entre as recomendações estava manter a boca da mãe aberta, o que supostamente facilitaria a respiração da criança.

No mesmo século XIII, os Estudos Gerais especializados em medicina que haviam surgido na Europa Ocidental não incluíam o aprendizado da cesariana como procedimento cirúrgico; e os estudantes também não podiam recorrer aos médicos árabes em busca dessa formação, já que o Islã não a apoiava por motivos teológicos ou legais.

A regulamentação sobre a cesárea e a aceitação dessa forma de nascimento estavam vinculadas ao cristianismo e à posição que a Igreja foi adquirindo em cada momento. Sua prática implicava uma exposição pública do corpo feminino nu, o que poderia despertar uma rejeição moral e religiosa. Os primeiros relatos sobre a postura da Igreja a respeito disso surgem também nesse crítico século XIII. Em 1208, Odo de Sully, bispo de Paris, insistiu na ideia de que o feto deveria ser retirado do ventre se fosse considerado vivo, mesmo que a mãe tivesse falecido. No Concílio de Canterbury de 1236, os participantes se manifestaram de maneira semelhante, o que se manteve nas décadas seguintes. Tomás de Aquino, no século XIII, havia defendido essa ideia na *Summa Theologiae*[414], a fim de garantir que a criança vivesse o suficiente para que o batismo fosse administrado. O Concílio de Tréveris de 1310 é muito claro a respeito disso: "Quando uma mulher morre durante o parto é preciso tentar fazer uma cesárea imediatamente e batizar a criança, se esta ainda estiver viva. Se não, a criança deve ser enterrada fora do cemitério. Caso seja possível supor que a criança está morta no ventre da mãe, não há necessidade de realizar a opera-

414. Cf. Tomás de Aquino (2006, III. 68. 11).

ção"[415]. Essa legislação eclesiástica foi desenvolvida posteriormente e formou a base para a que surgiria mais tarde, nos códigos laicos.

Embora a norma para essa cirurgia fosse realizá-la em uma parturiente que já tivesse falecido, houve aquelas que foram submetidas a ela antes de morrer e até mesmo experienciaram um parto por essa via e continuaram vivas. A tese mais difundida negava que qualquer mulher tenha sobrevivido à cesárea até o século XVI, mas um estudo recente sobre Beatriz de Bourbon (1320-1383), a segunda esposa do Rei João da Boêmia (1296-1346), mostra o contrário. Com 17 anos ela conseguiu dar à luz a Venceslau I de Luxemburgo por meio desse método[416].

Contudo, a maioria das crônicas que mencionam cesáreas realizadas em mulheres vivas tende a entrar no campo do milagroso, pois, naquela época, essa prática era considerada fisicamente impossível. Relatos procedentes de fontes eclesiásticas da Alta Idade Média mencionam casos de cesáreas associados a milagres ou crônicas hagiográficas. Esse seria o caso da intervenção do Bispo Paulo de Mérida (século VI), a quem se atribui a salvação de "uma jovem casada que ficou com um feto morto em seu útero durante vários dias", história citada no capítulo anterior[417].

Uma linha parecida é seguida por esta outra história, que ocorreu no Mosteiro de Saint Gall no século IX, segundo a qual um bebê foi separado do corpo da mãe catorze dias antes do previsto e envolto na gordura de um porco recém-abatido[418].

Nas *Cantigas* de Afonso X o Sábio – em especial, na sétima, intitulada "*La abadesa preñada*" –, é descrito um caso de cesariana, apresentado como um acontecimento maravilhoso devido à bondade e ao poder ilimitados da Virgem Maria. Entretanto, as imagens que ilustram esse nascimento corresponderiam,

415. Cf. González Hernando (2013, p. 7).

416. Cf. Pařízek; Drška; Říhová (2016, p. 321-330); Goeij (2016). A historiadora da medicina medieval Mónica H. Green tem uma posição crítica com relação a esse resultado, como destaca Killgrove (2016).

417. Cf. González Navarro; Usandizaga Beguiristáin (2006, p. 55).

418. Cf. MacKinney (1937, p. 41).

de forma crível, às técnicas utilizadas na segunda metade do século XIII, quando as *Cantigas* foram produzidas.

Um parto muito difícil costumava ser o parto de gêmeos. Nem as mães, nem as parteiras, nem os médicos estavam preparados para lidar com isso, entre outras razões porque, até que acontecesse, não se sabia da existência do segundo bebê. Além disso, não ocorriam apenas complicações de natureza física, mas também socioeconômicas, como a manutenção e o cuidado repentinos de duas crianças por uma mãe sem recursos. Em alguns lugares, as autoridades municipais forneciam certa ajuda, por exemplo, em Paredes de Nava, onde, na segunda metade do século XV, a quantia de 200 maravedis era entregue a famílias pobres que tiveram gêmeos[419]. Essa contribuição, habitual em lugares e cidades medievais, não levava em consideração a ideia difundida e maliciosa de que os gêmeos eram a consequência de relações extraconjugais da mãe, de maneira que cada uma das crianças era de um homem diferente. A cultura medieval não ignorava os mitos clássicos, e, sem dúvida, a lembrança dos gêmeos Castor e Pólux – um, filho de Zeus; o outro, de Tíndaro – havia persistido.

Em casos de nascimentos duplos ou triplos, costumava recair sobre as mulheres uma maior responsabilidade moral e biológica. Michele Savonarola, em *De regimine praegnantium*, culpava as mulheres pela falta de vontade delas para evitar relações sexuais quando já estavam grávidas.

Dada a complexidade que o nascimento simultâneo de duas crianças poderia envolver, por exemplo, para efeitos de primogenitura, os códigos civis legislaram a esse respeito. Para o reino de Castela, as *Partidas* indicam:

> Às vezes, nascem duas crianças de uma vez do ventre de uma mãe, e fica a dúvida sobre qual delas nasceu primeiro; e dizemos que, se uma delas é macho e a outra é fêmea, devemos entender que o menino nasceu primeiro, pois não se pode averiguar o contrário. E se ambos forem meninos e não for possível saber qual nasceu primeiro, então ambos devem ter aquela honra e herança que teria tido o que nascesse primeiro, ao qual, em latim, chamam *primogenitus*[420].

419. Cf. Jesús Fuente (1992, p. 54).

420. Cf. Afonso X o Sábio (1555, partida VII, título XXXIII, lei XII).

Há referências a nascimentos múltiplos, inclusive de seres de aparência monstruosa. Essas referências costumam fazer parte de lendas, nas quais os nascimentos múltiplos ou monstruosos estavam associados à suspeita (ou até mesmo à acusação) de adultério; algumas chegaram a fazer parte de crônicas e histórias. Em *Primera crónica general*, de Afonso X o Sábio, há um relato que faz referência a um rei nascido de um parto de séptuplos[421] que foi jogado na Albufera por sua mãe; contudo, ele teve a sorte de ser salvo pela boa ação de um homem que passava pelo local.

Outros meios também reuniram os partos de seres monstruosos, deixando notícias como esta: "Algumas mulheres virtuosas e algumas parteiras me informaram, sem mentiras ou falsidades, que uma mulher deu à luz três animais parecidos com quadrúpedes; estavam vivos e em movimento"[422], ou outra em que uma mulher havia concebido um ser em forma de serpente[423]. A cantiga 108 expõe o caso de um judeu que não acredita em Deus e que é castigado por Merlin com o nascimento de um filho com a cabeça ao contrário. Circulavam conjecturas um tanto incríveis, como a de que algumas crianças nasciam com cara de macaco porque suas mães tinham olhado para animais desse tipo durante a gravidez. A definição de "monstro" da obra *Tesoro de la lengua castellana*, de Sebastián de Covarrubias, é a seguinte: "Monstro [*sic*]: é qualquer parto contra a regra e a ordem natural, como nascer o homem com duas cabeças, quatro braços e quatro pernas; como aconteceu no Condado de Urgel, em um lugar chamado Cerbera, no ano 1343, em que nasceu um menino com duas cabeças e quatro pés"[424]. A natureza e o significado dessas descrições não são totalmente claros, pois a própria legislação contempla os partos monstruosos, estabelecendo que os nascidos sem forma humana não seriam considerados filhos e determinando que seus pais não teriam a obrigação de deixar-lhes bens em herança. Diferenciava-se, então, a consideração desses nascimentos do que foi legislado nas *Partidas*, segundo as quais: "A criatura que nasce com figura

421. Cf. Afonso X o Sábio (1906, t. I, cap. 426, p. 242).

422. Cf. Barkai (1998, p. 134).

423. Cf. Caballero Navas (2014, p. 398).

424. Cf. Covarrubias (1977, p. 812).

de homem, ainda que tenha membros soberanos (grandes) ou minguados, não é impedida de herdar os bens de seu pai ou de sua mãe e de outros parentes"[425].

Na sociedade da Baixa Idade Média circularam histórias de muitos outros nascimentos que beiravam o mito, mas que serviam, entre outras coisas, para enfatizar a singularidade de algumas figuras notáveis desde o berço. As duas mais conhecidas são as de Jaime I o Conquistador, rei da coroa de Aragão, e Frederico II (1194-1250), imperador do Império Romano-germânico. No caso do monarca de Aragão, o próprio fato de sua concepção se destaca, já que sua mãe, Maria de Montpellier (*c.* 1180-1213), enganou o Rei Pedro II de Aragão (1178-1213) para engravidar na única ocasião em que tiveram relações sexuais[426]. A história – ou, mais precisamente, a lenda – conta que a rainha, desejando segurar o rei, que pretendia se divorciar dela, tramou um encontro em um quarto escuro, de maneira que seu marido esperava se deitar com a amante dele, embora fosse a Rainha Maria que estivesse na cama.

A origem de Frederico II foi objeto de várias lendas, difundidas por cronistas e escritores, que elevaram seu nascimento à categoria de maravilhoso e até mesmo milagroso. Esse nascimento foi comparado com o de outras figuras como Isaac, filho de Abraão e Sara, a qual conseguiu conceber na velhice, ou João Batista, filho de Zacarias e Isabel, prima da Virgem Maria, que era infértil e também conseguiu engravidar em idade avançada. Constança, rainha da Sicília e esposa do Imperador Henrique VI, também era tida como estéril devido à sua idade, 40 anos, motivo pelo qual a notícia de sua gravidez foi considerada enganosa, até mesmo pelo próprio marido. Por essa razão, Henrique VI consultou o franciscano Joaquim de Fiore, conhecido por suas profecias, que lhe assegurou que Frederico era seu filho. Outra lenda afirma que Constança deu à luz em uma praça pública de Jesi, na Itália, para calar os céticos ou desmentir os embustes, fato que chegou a aparecer em algumas ilustrações da época, como uma muito conhecida da *Nuova cronica*, de Giovanni Villani (*c.* 1348). Nenhum desses relatos têm validade histórica, mas denotam as medidas incomuns pelas

425. Cf. Afonso X o Sábio (1555, partida IV, título XXIII, lei V).

426. O Rei Jaime I contava em *El libro de los hechos*: "De que maneira fomos concebidos [...] nosso pai, D. Pedro, naquela época, não amava nossa mãe, a rainha; naquela noite em que ambos estiveram juntos, quis o Senhor que nós fôssemos concebidos. Assim, nossa mãe se sentiu grávida".

quais Constança teve que passar para provar sua gravidez e sua legitimidade. Ela chegou até a jurar sobre os evangelhos e perante um legado papal que Frederico era filho dela e de Henrique, segundo afirmou o cronista inglês Roger de Howden (século XII).

Esses fenômenos de idealização ou mitificação de alguns nascimentos também requeriam meios de comunicação, algo para o qual a literatura foi um meio excelente. Um bom exemplo dessa forma de difusão às vezes não é encontrado em apenas uma obra, mas sim em várias, como pode ser visto em vários relatos sobre o nascimento do Rei Sancho Garcês II de Pamplona, cujo apelido era Abarca. O *Romance del hijo póstumo* [Romance do filho póstumo] relata isso da seguinte maneira:

> D. Alonso, D. Alonso a cavalo caminhava
> com a triste rainha de nove meses grávida.
> Desceram por Saragoça, sendo ela saragoçana,
> e, na metade do caminho, aconteceu uma desgraça:
> mataram D. Alonso e as pessoas que ele levava,
> e na triste da rainha deram três punhaladas.
> Por onde a adaga entra, o menino estende a mão.
> – Pegue, criada, este menino, dê-o para ser criado por uma ama;
> dê-o para uma solteirinha que o ame mais do que à própria alma,
> e diga-lhe: "Meu filho, filho da desgraçada,
> nasceste em campo verde, podendo nascer na cama".
> – Mãe, se eu morrer, que me enterrem em sagrado,
> me enterrem em campo verde por onde passe o gado,
> que os pastorzinhos digam: "Aqui morreu o desgraçado;
> não morreu de febre nem de dor no flanco,
> mas morreu de mal humor, pois seu pai foi desterrado"[427].

Esse romance faz parte do volume *De rebus Hispaniae* (Dos feitos da Espanha), do arcebispo de Toledo Rodrigo Jiménez de Rada. Este, de origem navarra, por sua vez, o havia retirado das genealogias conhecidas como *Libro de las generaciones* ou *Liber regum*, escritas entre 1194 e 1196. Esse volume excepcional narra a seguinte história em navarro-aragonês de La Rioja:

> Esse Rei García Íñiguez tomou por sua esposa a Rainha Urraca, e tiveram um filho chamado Sancho Garcés, e depois ficou conheci-

427. Cf. El hijo… (c2019).

> do como Rei Sancho Abarca, e contarei como. Os mouros mataram o Rei García Íñiguez, e sua mulher ficou grávida, a Rainha Urraca. E depois, em Lacumberri, perto de Pamplona, feriram-na com uma lança, e a mãe morreu, e o filho nasceu vivo pela ferida da lança. Esse filho foi levado por um homem rico da montanha e criado da melhor maneira possível[428].

Essa mesma fonte do *Libro de las generaciones* formou a base da redação subsequente no idioma catalão da *Crònica real de Pedro IV de Aragó* – nomeada incorretamente de *Crónica de San Juan de la Peña*. Essa é uma versão mais amplamente romanceada do nascimento e da criação do futuro Sancho Garcês II, que, mais tarde, foi usado pelo rimador e editor valenciano Joan de Timoneda para compor a obra *Romance del rey Abarca*, cujos primeiros versos dizem "Pelos mais densos montes / e lugares de Navarra" e que, em 1573, viria a publicar em sua obra *Rosa española*.

A idealização ou a mitificação de alguns nascimentos, especialmente a alegria de ter o próprio filho, era lógica. Para algumas famílias, esse fato podia representar mudanças importantíssimas, e a disseminação do conhecimento era fundamental. Um bom exemplo é o do filho homem dos Reis Católicos, João, tão desejado que foi anunciada uma recompensa de 50 mil maravedis para quem desse a notícia; quem o fez foi Martín de Távara, criado pela Rainha Isabel, mas não há evidências de que ele tenha recebido a quantia prometida.

Por fim, seria necessário incluir um tipo de parto que poderia ser colocado no polo oposto aos anteriores, por ser considerado clandestino, criminoso e ilícito, e que poderia envolver o uso de vários estratagemas para ocultá-lo ou falsificá-lo, de maneira que ecoou em obras literárias cômicas ou satíricas que deram lugar a exemplos interessantes.

Há um relato impressionante do século XV que introduz o tema de algumas mulheres contrárias ao aborto e que precisaram recorrer a algum outro método para lidar com uma gravidez não desejada que tenham enfrentado; é uma narrativa que faz parte da obra *Intercenales*, de Leon Battista Alberti, em que se encontra "a conexão entre a ironia e a amargura, entre imagens vívidas e

428. Cf. Serrano y Sanz (1919, p. 211).

reflexões filosóficas que caracteriza grande parte da prosa latina de Alberti"[429]. Uma dessas *intercenales* é "Vidua", uma história divertida em forma de diálogo entre Vidua, uma jovem viúva rica que se apaixona por um homem que não é seu falecido marido, e Vetula, sua antiga conselheira. Alberti a apresenta como uma senhora de honra impecável: "Uma jovem viúva elegante e sem filhos levava uma vida modesta e frugal que lhe rendeu a reputação de grande castidade e piedade"[430]. No entanto, ela sofre uma grande decepção quando, após se apaixonar por um homem atraente, fica grávida. Preocupada em acabar com sua reputação ela mantém a gravidez em segredo, compartilhando-a apenas com Vetula, que promete ajudá-la a garantir que ninguém descubra: "Podemos fingir uma gravidez e um nascimento. Você não viu minha filha ser desposada como virgem, depois de ter dado à luz seu terceiro filho? Estas são nossas artes e nosso talento: iludimos e enganamos nossos maridos"[431]. E é assim que Vetula faz:

> Escondidas no lugar mais secreto da casa, nós duas fingiremos celebrar ritos sem um sacerdote. Quem adivinhará que você deu à luz lá? [...] Há algo que minha arte não possa fazer? Eu lhe digo que sua barriga não causará escândalo. É simples e fácil. Depois que você der à luz, eu a envolverei em camadas de tecido. Com essas camadas de tecido aliviaremos o inchaço anterior. Em seguida, fingindo que você está doente, nós as removeremos gradualmente a cada dia. Uma mulher que deseja enganar sempre encontra um jeito.

A literatura dos reinos hispânicos também desenvolveu essa temática de mulheres com gestações indesejadas que dão à luz e conseguem encobrir o fato. Nesse sentido, são bem expressivos os versos a seguir, de *Coplas de las comadres* [Canções das comadres], de Rodrigo de Reinosa[432], escritor considerado de segunda categoria, mas poeta genial e incisivo que recria ambientes marginais:

> Quando grávida me vi

429. Cf. Garin (1964, p. 381).

430. Cf. Sorrenti (2014, p. 210).

431. Cf. Sorrenti (2014, p. 214).

432. Cf. Reinosa.

Antes que chegasse o parto
Bebi a água do esparto (abortivo)
Com a qual duas vezes abortei
E as criaturas meti
Sob a terra em um curral
Para encobrir meu mal
Ninguém soube até aqui.

Comadre, isso senti
E tive tais maneiras
Com azeite e cadeiras
Minha fama eu encobri
E, em seguida, à minha porta saí
Após parir, me enfeitava
E ainda disseram que virgem estava
Como no dia em que nasci.

E vendo-me em tal erro
Na hora de casar
Eu fui me aconselhar
Com a parteira Leonor
ela me deu algo muito melhor
Com agulha e linha juntos
Fez em mim um ponto negro
Com o qual senti grande dor.

6
Depois do parto

Um rei tinha uma filha, uma pequena órfã que ficou sem mãe, e uma boa ama ele procurava. Para criá-la, nela o bom rei confiança depositava. Ela muito a amava e também a estimava bem. Ela adormeceu à luz da retama.

Quando acordou, Teresina dava vozes que atordoavam.

Tão bem ouviu o bom rei, que no alto do palácio estava:

– Por que choras, Teresina? Por que choras tu, coitada?

– Choro por uma mantinha de lã que se queimou.

– Se queimou a de lã, eu te darei uma de holanda. Mostre-me minha filha, que quero ver o rosto dela.

– Sua filha estava dormindo, não queria acordá-la. Estando nessas razões, Teresina faleceu.

Os sinos dos céus tocaram de alegria.

Valei-me Nossa Senhora! Valei-me Soberana!

Nos versos do romance *La nodriza del infante* [A nutriz do infante] é revelado um dos primeiros passos a serem dados após o parto, o de amamentar a criança recém-nascida, seja pela mãe, seja por uma ama de leite. Foram encontradas mais de cento e setenta versões desse poema nas literaturas francesa, occitana, catalã, castelhana e marroquina-sefardita[433]. Na versão apresentada no início deste capítulo a rainha faleceu no parto de sua filha, e, para alimentá-la, o rei

433. Cf. Romero (1999, p. 154-175).

arranja uma ama chamada Teresina. Em um determinado momento, ela adormece sem querer e, quando acorda, descobre que o fogo queimou o corpo da pequena menina. A repetição do romance aponta para um acidente doméstico comum, independentemente do nível econômico, em todo o horizonte europeu e talvez até universal. Na Inglaterra há registros que dizem que "se uma criança morresse em um incêndio no berço, a investigação deveria determinar não apenas a causa da morte, mas também quem a descobriu, como o incêndio começou, quais pessoas deveriam estar presentes e em que data ocorreu"[434].

A ampla expansão geográfica desse romance e sua sobrevivência até o próprio século XX podem estar relacionadas à preocupação das famílias com a sobrevivência dos recém-nascidos. O número de bebês que morriam no parto era supostamente elevado, mas o risco de morte continuava durante suas primeiras horas, dias ou semanas de vida. O cuidado fundamental nesse período era a alimentação, o que era complicado se a mãe tivesse morrido ao dar à luz ou não produzisse leite suficiente. Em muitos casos, as amas ou amas de leite – como Teresina no romance – assumiam essa tarefa por ela; mas, em outros, a escassez material podia ser tanta que as mães não conseguiam cuidar das crianças recém-nascidas e recorriam ao infanticídio ou ao abandono.

Na cultura cristã havia ainda outro problema adicional, o da "alimentação espiritual", que possibilitava a salvação das almas, materializada para os cristãos no Sacramento do Batismo, a cerimônia de introdução na comunidade, assim como outras religiões praticavam diversos ritos para marcar e celebrar a chegada de um novo membro.

Neste capítulo serão abordados os aspectos críticos que uma mãe tinha de enfrentar nos dias seguintes ao parto. Por um lado, os cuidados que ela tinha de receber como puérpera, já que, assim como o parto, o pós-parto também era um momento de grande vulnerabilidade. Por outro lado, os cuidados naturais e espirituais que uma criança recém-nascida tinha de receber, cuja vida estava em perigo.

Inúmeras pinturas do século XV retratam em detalhes a vida da mãe e da criança nos primeiros momentos após o parto. No retábulo da igreja paroquial

434. Cf. Hanawalt (1977, p. 3).

de Santa María, em Borja (Saragoça, *c.* 1460), obra dos irmãos Nicolás e Martín de Zahortiga, destaca-se a cena do nascimento da Virgem. Essa imagem é um reflexo preciso de como seria o período pós-parto em uma família abastada da sociedade aragonesa. Sentada na cama, Santa Ana come os alimentos levados a ela por três criadas, que consistem em ovos, caldo de galinha e uma taça de vinho, provavelmente diluído em água. Outras três mulheres cuidam da recém-nascida Maria; a primeira a segura nos braços e coloca seu dedo mindinho besuntado com leite na boca da criança; a segunda segura um guardanapo e uma pequena vasilha com leite; e a terceira cuida de um braseiro retangular no qual aquece um pequeno recipiente e assa um filhote de ave no espeto. A presença dessas mulheres ao redor daquela que acabou de dar à luz representa algo mais do que apenas sua disposição em ajudar nesse momento crucial: indica que o nascimento foi amplamente divulgado na comunidade ou na vizinhança. Tudo o que essa imagem revela tende a expressar conformidade com as normas sociais e religiosas predominantes. Representações como a dessa igreja em Borja são repetidas com pouquíssimas variações nas pinturas de outros reinos europeus, onde dois nascimentos são tomados como modelo: o de São João Batista e o da Virgem, mencionado anteriormente.

Essa cena de uma mulher cercada de atenções e luxos era excepcional e exclusiva das famílias de alto poder econômico – não seria arriscado supor que um cenário como esse refletia o pós-parto de Isabel de la Cavallería –, mas fornece um relato preciso sobre os três primeiros cuidados desse período vital: o banho, o enfaixamento e a alimentação da criança recém-nascida. O banho não era viável em todas as casas, mas as famílias faziam o que estava a seu alcance para facilitar a higiene da criança; a água ajudava os bebês a recuperar parte da hidratação perdida, e o hábito de diluir sais nela contribuía para o endurecimento da pele, como se acreditava na época. Em seguida, a criança recém-nascida era enfaixada com tiras de pano limpas, largas e compridas, cujo objetivo era garantir o desenvolvimento correto do corpo e evitar a umidade, também de acordo com os hábitos e as crenças da sociedade medieval. Na cena representativa pintada pelos irmãos Zahortiga há um detalhe que não é bem percebido: a menina Maria está coberta por um pequeno manto e não é possível saber se ela está enfaixada, mas é de se supor que sim, pois essa era uma prática comum após a limpeza. Em seguida, o bebê era alimentado, começando pelas gotinhas de leite que a mulher do retábulo lhe dava com um dedo. Por fim, a criança recém-nascida era levada para um berço situado em um local com pouca luz e sem correntes de ar para favorecer seu conforto térmico. Também não se costumava esquecer o chocalho, uma ferramenta necessária para acalmar o choro de meninos e meninas e cuja existência está registrada em fontes arqueológicas[435] e literárias[436].

Chegar a esse ponto não garantia a sobrevivência dos neonatos, já que o risco de mortalidade continuava sendo elevado nos dias seguintes, por inanição, infanticídio ou exposição, e esses riscos eram agravados por certas doenças, em grande parte desconhecidas em razão da falta de informação nas fontes, embora não faltem detalhes sobre alguns infantes. Quando o Príncipe João, filho dos Reis Católicos, nasceu, foi preciso cuidar da saúde frágil do príncipe[437] e ouvir o que diziam os médicos, que lhe receitaram uma variedade de tônicos, como o "extrato de tartaruga". Não se sabe como eles conseguiram lidar com o problema que ele tinha de lábio leporino, diagnosticado pelo famoso médico e viajante alemão Hieronymus Münzer[438]. O desconhecimento sobre as doenças que podiam afetar meninas e meninos de poucos dias ou poucos meses, e em especial a falta de remédios para curá-los, levava à superstição. De fato, quando uma criança chorava sem parar, isso era atribuído ao fato de ela estar possuída pelo demônio, como foi falsamente considerado no caso de Guiberto de Nogent[439]. A ideia de encantamentos ou feitiços em crianças esteve presente na cultura medieval e ficou registrada na lenda da criança roubada. Um menino, filho de pais cristãos, que foi substituído no berço por uma criatura diabólica que o demônio havia colocado em seu lugar, algo que podia acontecer mais facilmente se o bebê não fosse batizado[440]. Essas histórias sobre trocas podem esconder a realidade de crianças com algumas deficiências que, quando não se

435. Cf. Orme (2003, p. 167-168).

436. Cf. Guiberto de Nogent (1825).

437. Cf. Cruz y Hermida (2004, p. 695).

438. Cf. Cruz y Hermida (2004, p. 695).

439. Cf. Guiberto de Nogent (1825).

440. Cf. Buttà (2021, p. 564).

tinha conhecimento sobre a doença que as causava, eram culpadas por influências malignas ou mágicas, que podiam ser causadas não apenas pelo demônio, mas também por feiticeiras e feiticeiros, que as provocavam com suas artes.

Em decorrência ou não do nascimento de crianças com algum problema difícil de diagnosticar no período medieval, circularam lendas que explicavam a santidade de personagens como São Bartolomeu, Santo Estêvão ou São Lourenço, todos eles vítimas de trocas ou raptos diabólicos. Essas lendas foram disseminadas em fontes literárias e, em especial, iconográficas dos séculos XIV e XV. A crença na substituição diabólica estava bem difundida no fim da Idade Média e foi até reforçada ao ser incluída no *Malleus maleficarum*. A existência dessas superstições também fica evidente em outros documentos; há relatos de uma visita pastoral realizada na localidade aragonesa de Maluenda, em 1474, que afirmam que havia duas mulheres do povoado que faziam com que as outras mulheres acreditassem que seus filhos ou suas filhas poderiam ter sido trocados por seres diabólicos ou bruxas[441].

Esse cenário ameaçador para aquelas crianças que chegavam ao mundo também foi vivenciado pelas mães, uma vez terminado o momento crítico de dar à luz. O perigo de infecção assombrava tanto as parturientes pobres quanto as ricas. Lucrécia Bórgia, a famosa filha do Papa Alexandre VI, morreu em 1519, aos 39 anos, de febre puerperal, uma septicemia grave que geralmente acontecia entre o segundo e o décimo dia após o parto. Assim como ela, outras puérperas tinham grandes probabilidades de contrair essa doença em razão da infecção do aparelho reprodutor após o parto. Portanto, o risco de morte era grande.

O chamado "mal de tetas", a mastite, que acometia e ainda acomete algumas mulheres, geralmente nos três primeiros meses de amamentação, não era perigoso, mas sim incômodo. Há relatos de que afetou a Rainha Maria (1482-1517), a filha dos Reis Católicos casada com Manuel I de Portugal (1469-1521), após dar à luz Isabel de Portugal em 1503. Isabel a Católica enviou Frei Luís, monge de Guadalupe, por recomendação de seu médico, para curar sua filha, que "está indisposta devido ao mal da teta e porque tenho confiança em você para curá-la"[442].

441. Cf. García Herrero (1998, p. 236).

442. Cf. Archivo General de Simancas, cca, ced, 6,227,4.

Além dos distúrbios físicos, também convém mencionar as sequelas psicológicas causadas pela gestação ou pelo parto que afetavam algumas mulheres, em especial a depressão, mal que possivelmente acometeu a mencionada Margery Kempe. Após sua própria experiência, essa mística inglesa também relata, em seu livro, a perda da sanidade por outra parturiente e como ela mesma ajudou em sua recuperação. Outro exemplo interessante é o de Isabel de Portugal, mãe de Isabel a Católica. O nascimento desta foi motivo de grande alegria para o Rei João II, mas fez com que a jovem mãe sofresse de doenças graves, provavelmente de natureza depressiva. No entanto, a suspeita que se espalhou por Castela foi a de que o estado da Rainha Isabel de Portugal era resultado de alguma manobra de D. Álvaro de Luna:

> Acredita-se que [ele] direcionou todos os seus esforços para impossibilitar que a rainha correspondesse ao afeto, e para que a loucura viesse a destruí-la. No entanto, sem qualquer causa aparente, a rainha caiu em profunda tristeza e, contra todas as expectativas, depois de um parto muito feliz, um horror a toda alegria apoderou-se de seu ânimo, e ela só conseguia mitigá-lo na companhia de seu marido[443].

Essa acusação sobre Álvaro de Luna se encaixa nas crenças medievais que relacionavam a melancolia ou a depressão durante a gestação ou o pós-parto à magia ou à bruxaria. Esses e, em geral, todos os transtornos mentais que afetavam a mãe não eram objeto de estudo da medicina daqueles séculos, já que eram atribuídos a uma origem esotérica ou, eventualmente, a um aumento na umidade do corpo. Assim, o tratado de Trótula ressalta: "Se o ventre estiver muito úmido, o cérebro se encherá de água e a umidade escorrerá para os olhos, obrigando-os a derramar lágrimas"[444]. Junto a essa suposição, outras fontes (hagiografia, textos literários, *exempla*) mencionam a instabilidade emocional após o parto e a ideia de que as circunstâncias vividas nesse momento poderiam provocar angústia mental. Apesar disso, esses documentos não apresentam um conceito claro de "depressão pós-parto".

---

443. Cf. Alonso de Palencia (1904, livro I, cap. 2, p. 77).

444. Cf. Sparks (2013, p. 3).

Em que momento uma mulher podia se considerar recuperada de um parto? Não há condições de dar uma resposta geral, embora a Igreja presumisse que ela estaria em perfeitas condições quarenta dias após o nascimento, pois esse era o prazo fixado para que as mães se apresentassem novamente no templo depois de dar à luz. Segundo o calendário cristão, Maria - que, no dia 24 de dezembro, havia dado à luz Jesus, apresentou-se no templo para a purificação no dia 2 de fevereiro. O judaísmo dobrava esse prazo se a recém-nascida fosse menina. Desde o começo da Idade Média havia o costume de se apresentar na igreja para a purificação; antes dessa cerimônia, uma mãe não podia esperar que seria aceita em um ambiente sagrado, pois havia o temor de que ela o profanasse com contaminação de sangue[445]. A passagem desses quarenta dias e, assim, o fato de ela poder voltar à igreja eram motivos de celebração.

Embora ainda fossem muitos os riscos que assombravam mães e crianças, durante os primeiros quarenta dias e também depois, a chegada de novos integrantes à família era geralmente recebida com grande alegria. Prova disso são os ritos e as celebrações que todas as religiões praticam na chegada de um novo membro em sua comunidade. Com exceção das mulheres imersas na anomalia social de não estarem casadas, as demais tinham motivos para se alegrar: as pobres, porque acrescentavam uma nova mão de obra à unidade de trabalho familiar; as ricas, porque precisavam de herdeiros e, quanto mais rebentos parissem, mais chances tinham de garantir a herança; as muçulmanas, porque dar à luz abria as portas do Paraíso a elas. Um caso particularmente claro em relação a isso é o das casas reais.

Em 1239, quando Leonor da Provença, rainha da Inglaterra, com 16 anos de idade e três anos após seu casamento com Henrique III, teve o primeiro de seus cinco filhos, a população de Londres celebrou o feito de maneira pitoresca, iluminando as ruas à noite com grandes lampiões e dançando ao som de tambores e pandeiretas[446]. Por não ter conseguido engravidar durante os primeiros anos de casamento, já se temia que Leonor fosse estéril. Os cronistas hispânicos também relatam a alegria de alguns nascimentos reais. Alonso de Palencia diz

445. Cf. Rieder (2006, p. 1-2).

446. Cf. Harris-Stoertz (2012, p. 275).

sobre o nascimento de Fernando o Católico: "Encheu os pais de regozijo; o rei porque, entre outros motivos de alegria, [o nascimento] havia sido precedido pela vitória [sobre seus inimigos]; a rainha, além disso, porque suas gestações anteriores haviam terminado em abortos espontâneos"[447]. Um cenário de júbilo similar a esse foi o nascimento da Princesa Joana, que mais tarde chamariam Beltraneja, algo profundamente desejado por seu pai, Henrique IV de Castela, e por sua mãe, Joana de Portugal, que já foram mencionados anteriormente.

Dentro da nobreza, a melhor referência à alegria familiar que provocava um novo descendente é encontrada em *Hechos del condestable Miguel Lucas de Iranzo* [Feitos do condestável Miguel Lucas de Iranzo], que celebrou o nascimento de sua filha, em janeiro de 1465, da seguinte maneira:

> E quando o sol de pôs, foram feitos fogos muito grandes, em todas as praças e nas portas das igrejas da dita cidade, nos quais assavam, muitas vezes, aves e cabritos, e leitões quase inteiros. E todos os que queriam podiam comer e beber. Especialmente na Praça de Santa Maria, Gonzalo Mexía, seu alcaide maior, mandou fazer um grande fogo, e ali mandou assar muitas aves e carneiros, e leitões inteiros, e toalhas foram colocadas nos degraus para todos os que queriam comer e beber; tanto naquela noite quanto na manhã do dia seguinte[448].

Três anos depois, o condestável organizou uma comemoração semelhante, dessa vez pela chegada de um menino:

> Como o ato tão grande dava lugar a tudo, dois cavaleiros pegaram sua senhoria nos ombros e levaram-na até uma casa perto da dita Igreja da Madalena, onde estavam certas senhoras enclausuradas, de vida muito santa, e ali passou muito tempo com elas, pedindo-lhes que rezassem a Deus pelo filho que havia nascido[449].

Dentro de grupos populares, a expressão dessa felicidade se manifestava por meio de diferentes canais. As vizinhas do povoado ou do bairro tinham o hábito de visitar a mãe e a criança recém-nascida[450]. Quando as famílias or-

447. Cf. Alonso de Palencia (1904, p. 42).

448. Cf. Mata Carriazo (1940, p. 258-259).

449. Cf. Mata Carriazo (1940, p. 376-378).

450. Cf. Crouzet-Pavan; Faugeron (2007, p. 46).

ganizavam alguma celebração por esse motivo, costumavam fazê-la coincidir com o batizado, caso fossem cristãs, ou com outras cerimônias, como as *fadas* ou a circuncisão, caso fossem judias ou muçulmanas.

A importância do batizado está em um componente espiritual, mas também em um componente material de celebração ou festa. O aspecto espiritual experienciou uma notável evolução ao longo da Idade Média, o que afetou as próprias crenças e formas de administrar esse sacramento. A princípio, o batismo era feito por imersão e em determinadas datas do ano litúrgico, especialmente na Páscoa (Domingo da Ressurreição) e no Pentecostes, conforme observado por alguns concílios, como o de Coyanza, em 1055, embora as crianças doentes pudessem ser batizadas excepcionalmente a qualquer momento. Da mesma forma, nesses períodos iniciais, também não havia um prazo definido para administrar o batismo após o nascimento, embora, mais tarde, tenha se decidido realizá-lo em apenas alguns dias depois, normalmente entre uma e duas semanas. Porém não faltaram exceções a esse costume, algumas delas de grande importância, como a dos reinos hispânicos, onde, durante séculos, não foram apenas as crianças que receberam esse sacramento, mas também os adultos, devido à conversão de judeus e muçulmanos à fé de Cristo, sobretudo no fim da Idade Média.

Uma prova da importância desse rito é o fato de que um grande número de pias batismais foi conservado, algumas delas muito bonitas, daquelas usadas durante a Idade Média, embora elas tenham adquirido mais importância a partir do século XV. Até então, o batismo por imersão levava à construção de edifícios separados da igreja, os batistérios, onde grandes recipientes para a imersão podiam ser instalados. Há estudos muito interessantes sobre as pias batismais românicas[451], que permitem seguir a evolução das formas e dos costumes desse sacramento.

O *Decreto* de Graciano, no século XII, e as *Decretais* do Papa Gregório IX, no século XIII, estabeleceram determinados aspectos do batismo, que, mais tarde, ficariam registrados na legislação castelhana das *Siete partidas*. O quarto livro da primeira delas é dedicado a esse sacramento e dita como as comunidades cristãs deveriam proceder a respeito. Assim, só podia ser administrado

451. Cf. Cuesta Sánchez (2018); Bilbao López (2004, p. 215-228).

uma vez; considerava-se prejudicial que uma mesma pessoa o recebesse duas vezes, daí os problemas que poderiam surgir se a parteira batizasse o recém-nascido e não comunicasse o fato de maneira apropriada. Ele podia ser administrado por membros de outros credos ou até mesmo por pagãos, mas não por mulheres, salvo em circunstâncias de morte iminente que apenas as parteiras eram capazes de prever. Do mesmo modo, para ser madrinha ou padrinho de batizado, era necessário ser cristã ou cristão.

A doutrina da Igreja exigia esse ritual para ajudar o recém-nascido a alcançar o céu caso morresse; do contrário, se veria em um limbo que não era nada recomendável. Histórias de crianças que morreram em tal situação aparecem em relatos de fantasmas, nos quais é possível vislumbrar as notas de um aviso sobre as almas de jovens enfeitiçados[452]. Em um deles, um pequeno espectro representando uma criança trapaceia seu progenitor com as seguintes palavras: "Você era meu pai, e eu era seu filho abortado, enterrado sem batismo e sem nome"[453]. Em outro, de Guiberto de Nogent, o fantasma é um rebento ilegítimo, não batizado, que chora incessantemente, atormentando seu pai e a esposa deste: "O pranto daquela vozinha perturbada era a prova da condenação daquele filho desgarrado. Este, ó Senhor e Fonte de Abundante Bondade, foi o castigo para a alma de um pecador"[454]. Esses relatos representam o temor da sociedade não apenas à condenação eterna de seus descendentes, mas também à possibilidade de eles sofrerem alguns tormentos. Esse pavor foi motivado pela doutrina do batismo, do pecado original e da graça divina, aos quais devem ser acrescentados alguns conceitos pré-cristãos e onipresentes relativos ao sobrenatural.

Como mencionado no capítulo anterior, esse sentimento fez com que, naqueles partos em que se suspeitava que o bebê não sobreviveria, a parteira pudesse batizá-lo assim que ele surgisse. Mas isso não era feito apenas pelas parteiras; o medo do limbo fez com que até mesmo algumas mães infanticidas batizassem seus filhos antes de se desfazerem deles. Esse foi o comportamento, por exemplo, de uma jovem francesa do século XV chamada Denisette Bieart,

---

452. Cf. Bednarski; Courtemanche (2011, p. 46).

453. Cf. Bednarski; Courtemanche (2011, p. 46).

454. Cf. Joynes (2001, p. 34).

que, depois de dar à luz em um curral do lado de fora de uma hospedaria, pegou água e uma bacia, "subiu às latrinas e, segurando o menino por um de seus braços, derramou-lhe água sobre a cabeça, dizendo: 'Meu filho, eu te batizo em nome do Pai, do Filho e do Espírito Santo', e depois jogou o menino nas latrinas da hospedaria"[455]. Desde as classes mais baixas até as mais altas da sociedade é possível perceber o alívio que representava para uma mãe batizar um bebê antes da morte dele. Com a morte da filha Leonor logo após o nascimento, a Princesa Matha de Armagnac, esposa de João I – que mais tarde se tornaria rei de Aragão –, escreveu a seu sogro, Pedro IV o Cerimonioso, para lhe dar a má notícia e acrescentou: "*Però, senyor, és estada bategada*", ou seja, "foi batizada"[456].

Por outro lado, a doutrina do batismo levou alguns crentes a uma grande confusão com relação ao que havia sido estabelecido pela Igreja. Um exemplo disso é o temor de um pai francês, em 1374, de que seu filho não pudesse ser batizado nem "ter uma alma no corpo"[457] caso morresse no ventre de sua esposa grávida e vítima da peste. Ele e muitos outros fiéis presumiam erroneamente que a criação da alma acontecia no batismo; no entanto, para a doutrina teológica que já foi mencionada, acontecia de acordo com duas concepções: em primeiro lugar, quando o feto já tinha membros formados e, portanto, podia ser considerado uma pessoa; e, em segundo lugar, cerca de quarenta dias depois da concepção nos meninos e cerca de noventa dias nas meninas. Do ponto de vista dessa teoria da gênese da alma, o batismo tinha que ser administrado às pressas para que o recém-nascido fosse libertado do fardo do "pecado original" e do pecado cometido por seus pais ao concebê-lo. Se uma criança morria no parto sem ser batizada, surgia, então, o problema do sepultamento, porque não se acreditava que era possível aceitá-la em um cemitério cristão. Diante do temor de alguns clérigos de que o contato de uma criança não batizada com sua mãe pudesse contaminar a alma desta, surgiu o problema de saber se uma mãe e seu bebê poderiam ser enterrados no cemitério cristão quando ambos

455. Cf. Park (2010, p. 29).

456. Cf. López (2021).

457. Cf. Bednarski; Courtemanche (2011, p. 45).

tivessem morrido no parto. Os legisladores sinodais de Cambrai e Tournai responderam que esse benefício não podia ser negado a elas, porque "não devemos transformar sua dor em um defeito"[458].

Por isso, inúmeros textos jurídicos, literários e, claro, religiosos lembram da importância desse rito e de sua finalidade. Os textos religiosos enfatizam a relevância do batismo como o primeiro sacramento, aquele que abria a porta para a comunidade cristã e para a possibilidade de receber os outros seis sacramentos. Sua importância foi destacada nas leis de vários reinos europeus na Idade Média, das quais as *Partidas* de Castela podem servir de exemplo. Tudo isso também ficou claro em obras literárias como *El conde Lucanor*, de D. João Manuel, que destacaram o valor do rito do batismo:

> E o batismo, por outro lado, todo homem que tenha bom entendimento, por razão, deve entender que esse sacramento devia ser realizado e era de grande necessidade; pois bem entendeis que assim como o casamento se dá por um mandamento de Deus e é um dos sacramentos, porque na forma de gerar não se pode evitar algum deleite, talvez não tão ordenado como seria necessário, portanto todos os que nasceram e nascerão pela ação do homem e da mulher nunca houve nem haverá ninguém que se livre de nascer no pecado desse deleite[459].

A cerimônia pela qual esse sacramento era ritualizado era muito semelhante em todos os casos. Era necessária a presença de um membro da Igreja para oficializá-la e uma madrinha e um padrinho, embora, no caso de uma família de classe social elevada, o número de madrinhas e padrinhos podia se multiplicar. A maioria dos cristãos recebia a água batismal das mãos do padre da paróquia à qual pertenciam, embora, para os filhos dos privilegiados, esse ato fosse conduzido por um membro do alto clero. São esses casos de nobres e membros da realeza que estão documentados e, portanto, podem ser descritos de forma mais detalhada.

Nas famílias reais esse sacramento costumava ser administrado por bispos importantes. Catarina, filha de João II, foi batizada pelo bispo de Zamora D. Diego de Fuensalida, em 1422; Joana a Beltraneja, filha de Henrique IV

458. Cf. Bednarski; Courtemanche (2011, p. 48).

459. Cf. D. Juan Manuel (2006, p. 306).

e de Joana de Portugal, foi batizada pelo arcebispo de Toledo Alfonso Carrillo de Acuña, em 1462, que tinha como assistentes os arcebispos de Calahorra, Cartagena e Osma; o Príncipe João, rebento dos Reis Católicos, foi batizado por D. Pedro González de Mendoza, o grande cardeal da Espanha, arcebispo de Toledo, em 1478; e o Cardeal Cisneros fez o mesmo, em 1503, com o infante Fernando, filho da Princesa Joana, neto dos Reis Católicos e imperador da Alemanha após a renúncia de seu irmão, Carlos I. Uma notável exceção seria a descendência de Iolanda de Bar e João I de Aragão, devido ao protagonismo da rainha nas decisões relacionadas ao batismo de seus filhos. A própria Iolanda se responsabilizou pelos trajes brancos que as crianças deveriam usar para serem cristianizadas, pela extensão dos convites a todos aqueles que, em sua opinião, deveriam homenagear o infante e pela seleção, entre membros da ordem da Cartuja – à qual ela professava grande devoção –, do sacerdote adequado para administrar o sacramento[460]. As famílias da mais seleta nobreza também recorriam ao alto clero para oficiar esse rito. Um bom exemplo disso pode ser encontrado na crônica de D. Álvaro de Luna que relata o batizado de João, um de seus filhos, em 1435:

> E com a grande alegria que o rei e a rainha sentiram, mandaram dizer ao condestável e à condessa que eles queriam ser os padrinhos [...]. E foram padrinhos, juntamente com o rei e a rainha, o conde de Castañeda e Dona Beatriz, filha do Rei D. Dionísio, e o batizou D. Pedro, bispo de Osma[461].

Pode-se ver como os reis João II e Maria de Aragão foram padrinhos desse sucessor de D. Álvaro, mas não os únicos, já que, nos grupos mais elevados da sociedade, era muito comum que duas madrinhas e dois padrinhos participassem do batizado. Dessa forma, a Princesa Joana, filha de Henrique IV e Joana de Portugal, foi cristianizada tendo como padrinhos o conde de Armeñaque e o poderosíssimo João Pacheco, marquês de Vilhena, e, como madrinhas, Maria Portocarrero, marquesa de Vilhena, junto a sua tia Isabel, a meia-irmã de seu pai. Depois, afilhada e madrinha, Joana de Beltraneja e Isabel a Católica, tornaram-se grandes inimigas, contrariando o vínculo familiar e espiritual

460. Cf. Bratsch-Prince (1998, p. 29).

461. Cf. Mata Carriazo (1940, cap. XLIII, p. 146-147).

que a Igreja promoveu com uma relação selada no batismo, e que Isabel deve ter ignorado quando arrancou sua afilhada do trono de Castela. Os filhos dos Reis Católicos também tinham padrinhos de grande linhagem. O Príncipe João contou com cinco: três dos maiores nobres castelhanos (Pedro González de Mendoza, arcebispo de Toledo; Pedro Fernández de Velasco, conde de Haro e condestável de Castela; e Rodrigo Alonso de Pimentel, conde de Benavente) e duas personalidades estrangeiras (o embaixador de Veneza e o núncio papal), que estavam em Sevilha naquele momento e foram distinguidos com tão alta honra.

Esse parentesco imaterial era considerado muito próximo ao carnal, de modo que o padrinho ou a madrinha não podiam se casar com seus protegidos. É o que pode ser lido em documentos do Concílio de Leão de 1173: "O afilhado ou a afilhada no batismo e na confirmação não pode contrair matrimônio com seu padrinho ou sua madrinha, nem com os filhos e as filhas destes, e, se ele ou ela se casar, esse matrimônio deve ser dissolvido"[462]. As *Partidas* também destacam a importância desse vínculo: "Assim como o homem é pai de seu filho por nascimento natural, o padrinho é pai de seu afilhado por nascimento espiritual. E dizemos o mesmo das madrinhas"[463]. Por serem consideradas também um tipo de parentesco, as relações entre pessoas unidas pelos sacramentos do Batismo ou da Confirmação eram tidas como incestuosas. Um caso que exemplifica essa norma religiosa são os argumentos utilizados contra o casamento de Maria de Molina (*c.* 1264-1321) e Sancho IV (1258-1295), baseados não apenas no parentesco, mas também no fato de que ela havia sido madrinha de Iolanda, a filha que Sancho teve com sua amante Maria de Meneses, senhora de Ucero e parente da própria Maria de Molina, o que impedia a união cristã com o rei. Se a sanção atingisse esses níveis, é compreensível que as regras do Concílio de Leão de 1173 citadas anteriormente regulamentassem que, se um padrinho se casasse com sua afilhada, ele receberia a punição de quem cometeu incesto[464].

462. Cf. Arranz Guzmán (1983, p. 41).

463. Cf. Afonso X o Sábio (1555, partida I, título VI, lei VII).

464. Cf. Pernoud (1987, p. 179).

No entanto, essas e outras proibições da Igreja relativas a esse rito iniciático não penetraram suficientemente na sociedade medieval, de maneira que muitas pessoas não as cumpriram. As normas religiosas, assim como as civis, tinham como objetivo limitar o número de padrinhos a um de cada sexo para conter os excessos das famílias nobres a esse respeito; assim foi estabelecido pelas *Partidas* ou pelo Sínodo de Salamanca de 1410[465]. Mas não foram apenas os membros das classes altas que recorreram a dois padrinhos, duas madrinhas ou até mais, mas também, ocasionalmente, as classes mais baixas. Em 1498 foi batizado em Madri, na Igreja de San Ginés, o menino Francisco, "cujos padrinhos foram Antón, ferrador; Pedro González, fabricante de besta; e Francisco López, albardeiro; e cujas madrinhas foram Elvira González, mulher de Pedro González, fabricante de besta; e Mari López, mulher de Antón, vizinhos em Madri"[466]. É provável que a família de artesãos na qual Francisco nasceu tenha buscado o apoio de todos eles para, no futuro, encontrar um ofício ao menino com mais facilidade.

A celebração do batismo foi pouco documentada no caso de grupos populares, enquanto no caso dos poderosos, que faziam desse rito uma festa para exibir sua riqueza, ficou bem ilustrada em crônicas e outros escritos. São deslumbrantes os eventos descritos por ocasião do nascimento dos filhos do condestável Miguel Lucas de Iranzo. O batizado da menina, que já foi mencionado anteriormente, começou com um cortejo que a levou de sua casa até a Catedral de Jaén, cidade onde moravam: "Iam à frente dela cinco pajens, um atrás do outro. O primeiro levava um prato dourado no ombro, com uma torta [...]. À frente deles iam duas trombetas bastardas e quatro italianas, e chirímias e atabais". Essa celebração se transformou em um grande acontecimento festivo na cidade. Assim foi o batismo de seu filho homem, em que houve, "na praça de Santa Maria, um grande jogo de canas" e convidou-se "a comer toda a gente de suas colações [...], onde passaram toda a noite com muita gente cantando e dançando e bailando e fazendo algazarra e comendo e bebendo", e, além disso, "mandou correr seis touros, que para aquele dia havia mandado trazer"[467].

465. Cf. Barbero (2003, p. 329).

466. Cf. Barbero (2003, p. 330).

467. São encontradas informações sobre todos esses festejos em Mata Carriazo (1940, p. 376-378).

Alguns desses batizados festejados com suntuosidade não eram muito diferentes daqueles que os reis podiam celebrar, por exemplo, o do Príncipe João, o único filho homem dos Reis Católicos. A celebração de um menino tão esperado contou com um duelo entre cavaleiros, no qual participou o próprio Fernando o Católico, e a lida de oito touros que o cabido de Sevilha pagou como presente aos monarcas pelo nascimento do herdeiro[468].

Outro batizado interessante foi o de Fernando, um dos netos dos Reis Católicos, filho da Princesa Joana. Na cerimônia, o bispo de Málaga fez um sermão de "alegrias e louvores à princesa", ressaltando sua condição de grande cristã "manifestada em seu parto sem dor"[469]. No dia marcado para o batizado, apenas oito dias depois do nascimento, as grandes chuvas impediram o festejo; um sermão do bispo de Burgos, relembrando a falta grave que significava não batizar o menino, fez com que a Rainha Isabel organizasse o batismo para o dia seguinte, apesar do mau tempo[470].

As grandes celebrações faziam parte apenas dos costumes da realeza e da nobreza, e não seria arriscado presumir que não havia nenhum festejo de batizado nas casas de boa parte da sociedade, e menos ainda quando os batizados eram "convertidos", judeus ou muçulmanos, o que foi muito frequente a partir do começo do século XV. Esse sacramento, que é obrigatório para todos os cristãos, geralmente não era motivo de satisfação para esse grupo social. Alguns anos antes de Isabel de la Cavallería dar à luz, o marido e os filhos da judia Maria de Lanuza também foram batizados em Saragoça. Ao vê-la chorar, um vizinho lhe perguntou qual era o motivo de sua tristeza, e a resposta de Maria foi: "Não devo chorar por ser viúva em vida? Não veem que estão batizando meu marido e meus filhos?"[471]

Quando as mulheres dessa cultura tinham de batizar alguma criança recém-nascida, se pudessem, elas o despiam de qualquer sinal que o identificasse com o cristianismo. Assim, Catarina, esposa de García Sánchez, um alfaiate de

468. Cf. Juan,... (c2024).

469. Cf. Nogales Rincón (2009, p. 302).

470. Cf. Nogales Rincón (2009, p. 303).

471. Cf. Marín Padilla (1982, p. 54).

Cifuentes, foi acusada perante o Tribunal da Inquisição de que, "depois que a referida batizou uma criança, ao sair da igreja esfregou com um pano áspero e com água os locais em que haviam colocado a crisma, e depois jogou o pano no fogo"[472]. Estaria Catarina tentando eliminar as marcas da cultura cristã em seu filho? Não deve ter sido fácil para as convertidas e os convertidos aceitarem o batismo; de fato, costumes como o que levou Catarina ao Santo Ofício são encontrados com certa frequência a partir do século XV, quando as comunidades judia e muçulmana foram forçadas a aceitar a fé de Cristo. Antes dessa época, eles celebravam livremente seus próprios ritos de iniciação, que eram muito semelhantes, por outro lado, em ambas as culturas: *fadas* e circuncisão.

A cerimônia das *fadas* era celebrada na casa da mulher que havia acabado de dar à luz, entre sete e catorze dias depois do parto, embora alguns autores especifiquem que, se fosse uma menina, a cerimônia era feita na sétima noite depois do nascimento, e, se fosse um menino, na véspera da circuncisão[473]. Esse rito consistia em enfaixar o menino, cortar seu cabelo, se houvesse, ungir seu crânio com perfumes ou unguentos, dar-lhe um nome, fazer algumas orações e, por fim, celebrar um banquete. O recém-nascido era vestido de branco e lavado em um recipiente "no qual haviam sido derramados grãos de ouro, prata, aljôfar, trigo e cevada, com o objetivo de afastar o mau-olhado ou propiciar a boa sorte"[474], algo que somente famílias relativamente abastadas poderiam pagar. A cerimônia foi concluída com uma recepção que contou com a presença de familiares próximos e outros parentes e amigos, que geralmente levavam presentes. No Reino de Valência essa celebração era conhecida como *Vijola*, e há relatos de como isso foi feito após o nascimento de uma mulher de Xàtiva chamada Isabel, ocasião em que foram comidas maçãs com mel e houve dança[475].

O tratado intitulado *Sobre la seta mahometana* [Sobre a seita maometana], provavelmente escrito em 1296 pelo bispo de Jaén, descreve assim as *fadas*, que a "seita" dos muçulmanos daquela época celebrava:

472. Cf. Carrete Parrondo; García Casar (1997, doc. 317, p. 116).

473. Cf. Cantera Montenegro (1998, p. 106).

474. Cf. Cantera Montenegro (1998, p. 106).

475. Cf. Barrio Barrio (2013, p. 79).

> No sétimo dia depois de uma moura parir um filho ou uma filha, raspam a cabeça da criança, de modo semelhante ao corte de cabelo dos convertidos da ordem do Cister, e lhe dão um nome. E na noite seguinte colocam uma mesa e, sobre ela, uma coberta branca, e por cima outra como cortina, e colocam um travesseiro de um lado e de outro, e colocam na referida mesa pão e uma jarra nova com água. E colocam figos secos se for menina, e, se for menino, colocam tâmaras e amêndoas, e um espelho e um pente e argila e álcool. E [...] arrumam a casa, e acendem velas, e velam durante a noite toda. E fazem isso porque dizem que nessa noite as fadas vêm, e pousam nesses travesseiros, e que elas pegam a criança em seus braços e a enfeitiçam, e dizem que tudo o que essas fadas disserem a essa criança acontecerá[476].

A circuncisão, o terceiro rito associado ao nascimento de um filho homem, é um grande motivo de alegria na família, que, embora não deixasse de celebrar a chegada de uma filha mulher, o fazia com muito mais entusiasmo quando vinha ao mundo um menino. Esse rito foi um dos preceitos mais importantes da religião judaica: "No oitavo dia do nascimento serão circuncidados todos os meninos, de cada geração"[477]. Maimônides, no *Dalālat al-ḥā'irīn* [*Guia dos perplexos*], escreveu: "Com relação à circuncisão, penso que um de seus objetivos é limitar as relações sexuais e enfraquecer o máximo possível o órgão reprodutor, tornando o homem moderado"[478]. O filósofo sefardi parece refutar a ideia de que essa prática era necessária para eliminar um defeito na formação do homem. As mulheres, incluindo a progenitora do menor, eram excluídas dessa cerimônia, por isso que, nos interrogatórios de judeus convertidos circuncidados realizados pelo Tribunal da Inquisição, se chamava o pai, e não a mãe do denunciado[479]. Em imagens que retratam a circuncisão de Jesus, as figuras essenciais são o *mohel* (com a faca ritual para cortar o prepúcio), José, outros homens da família e apenas em alguns casos a Virgem Maria.

Os muçulmanos também realizavam essa mesma liturgia, que, em alguns lugares, muito tempo depois, foi estendida às mulheres, um rito com o qual se

---

476. Cf. González Muñoz (2011, p. 208).

477. Gn 17,12.

478. Cf. Maimônides (1947, p. 184).

479. Cf. Barrio Barrio (2013, n. 72, p. 80).

buscava anular a sexualidade feminina e que às vezes recebe o nome de "ablação". Não há evidências de que acontecesse no Al-Andaluz nem de que tenha chegado ao Ocidente. Também não há relatos dessa prática em tratados médicos, algo que não é de se estranhar, já que se tratava de uma prática popular exercida por mulheres[480]. Embora associada ao Islã, a ablação vem da tradição judaica, especificamente de Sara, esposa de Abraão, que supostamente a realizou em Agar, a escrava e concubina de seu marido; algumas pessoas argumentam que Muhammad aconselhou que não se mutilasse a genitália feminina de maneira excessiva.

Nas comunidades muçulmanas havia outros costumes e ritos que também eram realizados logo depois do nascimento, como o *tahnik* e o *aqiqa*[481]. A cerimônia de *tahnik* consistia em esfregar uma tâmara no céu da boca da criança recém-nascida, como forma de frear seus desejos naturais[482], enquanto a de *aqiqa*, de acordo com o léxico árabe, celebra o primeiro corte de cabelo da criança recém-nascida com o sacrifício de uma ovelha ou de uma cabra[483].

As mães nem sempre podiam estar presentes ou se encontravam em plenas condições para participar desses festejos de boas-vindas a um novo membro da comunidade. As febres as ameaçavam por muito tempo e, no caso das mulheres cristãs, nos quarenta dias que precisavam se passar antes de elas participarem da apresentação da criança recém-nascida no templo, eram acrescentadas outras preocupações que tinham a ver não apenas com a criança, mas também com seu marido: Podiam retomar as relações sexuais durante o período de amamentação? Ambos os processos estavam conectados, pois se acreditava que dar o peito tinha um efeito contraceptivo, e o sentido fundamental dos encontros sexuais era gerar uma nova descendência. Assim, as mulheres que queriam seguir tendo filhos deviam priorizar o sexo com seu marido antes de alimentar a prole que já tinham.

A alimentação das crianças era uma obrigação tanto da mãe quanto do pai, e assim está estabelecido em um código de leis com as *Partidas*: "As mães

480. Cf. Marín (2000, p. 157-159).

481. Cf. Giladi (1988, p. 175).

482. Cf. Giladi (1989, p. 133).

483. Cf. Giladi (1989, p. 133).

devem nutrir e criar seus filhos menores de 3 anos, e os pais, aqueles que forem mais velhos. Porém, se a mãe for tão pobre que não possa criá-los, o pai é obrigado a dar o que for necessário para a sua criação"[484], mas era a mãe que podia amamentar a criança, e essa era a sua principal responsabilidade após o parto.

Para além da obrigação, a lactação podia ser um problema e, por isso, foi motivo de grandes preocupações entre mães, pais e familiares, o que levou a vários debates: Essa responsabilidade devia ser exercida por ela? O leite materno era melhor? Como seria resolvida a questão da lactação se ela tivesse morrido durante o parto ou se não estivesse interessada em amamentar?

Em primeiro lugar, convém ressaltar, diante dessas controvérsias, a ideia que alguns autores medievais apresentaram sobre o leite da própria mãe. Assim, Isidoro de Sevilha, no século VII, defendia[485]:

> O leite recebe da cor a força de seu nome, pois se trata de um líquido branco, e, em grego, "branco" é *leukos*. Sua natureza provém de uma transformação do sangue. De fato, depois do parto, o sangue que não foi consumido como alimento no útero flui para os seios através de seus canais naturais e, assumindo uma cor branca graças às virtudes dos seios, adquire a qualidade do leite[486].

Essas afirmações não são muito diferentes das de Hildegarda de Bingen, que, no século XII, comentava:

> Quando a mulher recebe o sêmen do homem, de modo que aquele começa a crescer dentro dela, pela mesma força natural, seu sangue é puxado para cima, para os peitos, e o que vem da comida e da bebida e que se tornaria sangue é transformado em leite, para que a criança que cresce possa ser alimentada no seio materno assim que nascer [...]. Na região umbilical da mulher, ou seja, acima e abaixo do umbigo, há alguns vasos ligados entre si, alguns dos quais se estendem para cima, em direção aos peitos, e outros para baixo, em direção ao útero[487].

---

484. Cf. Afonso X o Sábio (1555, partida IV, título XIX, lei III).

485. Os dois textos a seguir também são encontrados em: Béguelin-Argimón (2021, p. 22).

486. Cf. Isidoro de Sevilha (1982, p. 27).

487. Cf. Pawlik (1997, p. 92).

Do mesmo modo, Bernardo de Gordonio, na obra *Lilio de la medicina*, escrita por volta de 1303, defende essa crença iniciada na Antiguidade que relaciona sangue e leite:

> O sangue vai naturalmente para os peitos e se transforma em leite em três casos: seja na mulher que concebeu, seja na mulher que pariu, seja na mulher que interrompe sua menstruação; pois agora, à medida que o leite se espalha pelos peitos, causa dor, inchaço, dureza e congestão[488].

Havia uma crença generalizada que priorizava o leite materno, baseando-se no fato de que a mãe produziria a quantidade necessária para satisfazer seu bebê e de que esse era o melhor alimento; isso era o que a crença popular e a dos tratadistas medievais diziam. Essa tendência tornou-se mais notável a partir do século XIII, quando são encontrados diversos exemplos de santos e autores que apontavam isso. Clemente Sánchez de Vercial, em *El libro de los exemplos*, enaltecia Santa Mônica, "que, embora fosse nobre, quis criar todos os seus filhos com seu próprio leite, para que, mamando seu leite, herdassem a natureza dela. E assim, segundo o costume da mãe, servissem a Deus, o que foi feito"[489].

Outros santos também foram agraciados com o leite materno: São Bernardo de Claraval, no século XII, ou Santa Catarina da Suécia, no século XIV. São Bernardo, além de ser amamentado por sua progenitora, entrou para a história e para as representações artísticas por ter sido beneficiado pelo leite da Virgem Maria, em uma ocasião em que rezou diante de uma imagem dela. A amamentação de São Bernardo não chegou apenas por meio da arte, mas também através de outras fontes que destacam a importância do leite materno; pode servir de exemplo o livro dos *Castigos e Documentos del Rey Sancho IV* (século XIV), que diz o seguinte:

> Lemos da bem-aventurada mãe de São Bernardo que ela criou todos seus filhos com seu próprio leite, apesar de ser uma senhora nobre e muito generosa, e preferiu criá-los de forma simples, com a intenção de que melhor servissem a Deus; e, por isso, Deus lhe deu filhos excelentes, todos servidores de nosso Senhor Deus[490].

---

488. Cf. Bernardo de Gordonio (1991, IV, 13, p. 208).

489. Cf. Sánchez de Vercial (1961, p. 245-246).

490. Cf. Sancho IV (1860, t. 51, p. 90).

Santa Catarina da Suécia, uma das filhas de Brígida da Suécia, quando criança, não quis mamar de sua nutriz, apenas do seio de sua mãe, fato que o Papa Urbano VI elogiou ao afirmar "*Vere filia tu biberas de lacte matris tuae*" ("De fato, filha, tu bebeste do leite de tua mãe")[491], o que pode ser interpretado tanto do ponto de vista material quanto do espiritual. Outro exemplo de sua época corresponde a outra Catarina, Catarina de Siena (1347-1380), que teve um irmão gêmeo que foi amamentado por uma ama de leite, diferentemente de Catarina, que recebeu o alimento de sua mãe. O irmão faleceu, enquanto ela chegou a ser beatificada[492].

Tratadistas de prestígio também deixaram referências muito explícitas a respeito do valor que era atribuído a uma mãe que amamentasse seus filhos. Bartolomeu da Inglaterra (*c.* 1203-1272), em sua obra enciclopédica *De Proprietaribus Rerum*[493], defendeu isso, apontando para importantes efeitos benéficos no desenvolvimento da criança; um leite bom produzirá uma prole boa e um leite ruim produzirá uma prole ruim; a corrupção do sangue de quem amamenta necessariamente prejudicaria o corpinho do menino ou da menina[494]. Uma postura semelhante foi utilizada pelo médico occitano Bernardo de Gordonio, na obra *Tractado de los niños y del regimiento del ama*:

> Dizemos que o leite da mãe é mais conveniente para o filho do que qualquer outro, porque é semelhante ao desenvolvimento que teve dentro da mãe: mas porque as mulheres são delicadas, ou são muito viciosas, ou não querem cuidar da criança, ou não têm leite, ou têm o bico do peito muito curto, ou estão doentes, ou por outras razões semelhantes, não podem ministrar o leite ao infante, sendo, então, conveniente aceitar e buscar uma ama de leite que seja louvável[495].

O franciscano catalão Francesc Eiximenis (1327-1409) vai além em *El carro de las donas* e evidencia também o valor afetivo da lactância, argumen-

491. Cf. "Incipit Vita sive legenda cvm miracvlis Divae Catherinae" (Brígida da Suécia, 1606, cap. V, p. 863).

492. Cf. Klapisch-Zuber (1984, n. 8, p. 35).

493. Cf. Trevisa (1988).

494. Cf. Fildes (1988, p. 33-34).

495. Cf. Bernardo de Gordonio (2017, p. 15).

tando que "as mães terão mais amor por seus filhos quando os amamentam no peito"[496]. Da mesma maneira, outros destacam que os próprios lactantes preferiam o alimento fornecido pelas suas mães a qualquer outro, o que também é mencionado na obra *Romance del conde Alarcos y de la infanta Solisa*:

> Chorava também o conde pelos três filhos que tinha,
> um era de peito, que a condessa o cria,
> que não queria mamar das três amas que tinha
> se não era de sua mãe porque tão bem a conhecia[497].

No entanto, nem todas as mães tinham leite suficiente para amamentar, ou algumas que tinham enfrentavam a necessidade familiar de continuar tendo filhos, o que era impedido pela amenorreia da lactância, ou seja, a perda hormonal do ciclo ovariano causada pela amamentação muito frequente. Por isso, nesses dois casos, era bastante comum recorrer a uma nutriz ou ama de leite. O estudo a respeito do trabalho dessas mulheres é muito interessante, porque lança luz sobre aspectos pouco conhecidos da lactância e do cuidado das crianças recém-nascidas, já que suas obrigações iam além da mera alimentação e assumiam a responsabilidade de cuidar deles, abrigá-los, vesti-los, tranquilizá-los e ensiná-los a conviver[498]. Enquanto às mães não eram impostas condições para que amamentassem seus filhos, esse não era o caso das nutrizes contratadas. Um detalhamento dos requisitos impostos às amas de leite nesse aspecto permite responder às perguntas feitas anteriormente neste capítulo e descobrir novas facetas dos cuidados com a primeira infância nos séculos medievais.

Assim, seria possível dizer que as nutrizes representam uma figura fundamental na maternidade desse período. Isso é ilustrado pela vida de uma delas, Filipa de Catânia (séculos XIII-XIV), cuja "carreira brilhante" como ama de leite da realeza napolitana serve de introdução a esse tema. Filipa alcançou tal *status* de celebridade nesse reino porque um artista da categoria de Jean Fouquet (1420-1481) pintou um quadro que narrava a história dela, um relato de grande utilidade para iluminar o papel de todas as mulheres que exerciam esse

496. Cf. Eiximenis (2004, t. I, cap. XVIII, p. 67).

497. Cf. Díaz; Val; Viana (1978, p. 177).

498. Cf. Vinyoles Vidal; Illanes Zubieta (2012).

ofício naquela sociedade, embora o caso de Filipa fosse excepcional. Giovanni Boccaccio (1313-1375) também repercutiu a fama dessa mulher nascida em Catânia e a incorporou no último capítulo do livro IX de *De casibus illustrium virorum* [*Sobre os destinos dos homens famosos*], dedicando-lhe o título "A filha de um pescador tornou-se rainha em tudo, menos no nome, mas morreu na miséria".

Iolanda de Aragão (1273-1302), a esposa de Roberto I de Nápoles (1275-1343), deu à luz um menino em Trapani (Sicília) quando acompanhava o marido em uma expedição militar. Longe de sua terra, a então duquesa de Calábria procurou uma nutriz e encontrou Filipa, que, segundo Boccaccio, "era atraente nos modos e na aparência, mas [...] apenas alguns dias antes estava lavando as roupas de estrangeiros. E depois de obter a graça da duquesa voltou a Nápoles e permaneceu entre os outros criados, embora o menino pequeno estivesse morto"[499]. Iolanda, grata pelos serviços prestados pela nutriz, casou Filipa com um etíope que, depois de ser escravizado, subiu na escala social. Isso fica demonstrado nos arquivos angevinos, que possibilitaram comprovar que os reis concederam a essa ama de leite de seus filhos uma renda anual considerável por ocasião desse casamento. Quando a Rainha Iolanda morreu, continua Boccaccio, "Filipa se submeteu com o maior cuidado a Sancha [de Maiorca], esposa do Rei Roberto, e a Maria, esposa de Carlos, filho do Rei Roberto. Ela os ajudou, os serviu e esteve sempre pronta para cumprir suas ordens"[500]. Ou seja, Filipa continuou a serviço da segunda esposa de Roberto I de Nápoles e depois da nora dela, Maria de Valois, a esposa de Carlos de Calábria, o filho de Iolanda e Roberto, que não chegou a ser rei porque faleceu antes de herdar o trono. Foi Joana, a filha de ambos e neta de Iolanda, quem herdou o reino. Havia sido cuidada por Filipa, a ponto de praticamente considerá-la sua mãe, em especial após a morte de seus pais, Carlos e Maria. Paralelamente ao fortalecimento de Joana em Nápoles, o marido etíope de Filipa estava conquistando benefícios, a ponto de ser nomeado senescal da corte.

Trata-se de um autêntico caso de empoderamento de uma nutriz pelo exercício de sua função a serviço da família de mais alta classe do reino de Nápoles.

499. Cf. Boccaccio (1983, p. 856-865).

500. Cf. Boccaccio (1983, p. 856-865).

Se, de acordo com o *Dicionário Houaiss da Língua Portuguesa*, empoderar é "dar poder ou mais poder ou conferir maior influência a (alguém ou um grupo)", Filipa, "filha de um pescador", nas palavras de Boccaccio, "tornou-se rainha", ou seja, a tornaram poderosa e forte tendo saído de um grupo social desfavorecido.

Embora nem todas tenham alcançado essa alta consideração, Filipa de Catânia reúne os aspectos essenciais das nutrizes reais. Além disso, sua história levanta questões muito oportunas a respeito do trabalho dessas mulheres e também sobre a própria lactância. Dessa forma, é de grande interesse investigar que condições eram estabelecidas pelos reis para seu contrato, o que era valorizado para escolher uma ama de leite ou como esse trabalho tão íntimo e fundamental era pago.

Em 1298, quando a já mencionada Iolanda escolheu Filipa, provavelmente o fez baseada em algumas características pessoais que a sabedoria popular feminina valorizava, mas que, naquela época, alguns compêndios médicos árabes já haviam escrito e que os tratadistas de outras religiões estavam começando a apontar.

Um dos primeiros, Arib ibn Sa'id, na obra intitulada *Libro de la generación del feto*, estabelece como uma das condições prévias que a nutriz deve ser "mulher jovem entre cerca de 20 e 30 anos, de cor limpa entre branco e vermelho [ruivo], que não tenha dado à luz recentemente nem esteja grávida, pois o leite se corrompe e se converte em água"[501]. Esse autor aponta também outros aspectos, como as características do peito, o temperamento, a qualidade do leite ou a alimentação que a nutriz devia seguir. O leite seria melhor se esta já tivesse filhos; "deve estar livre de doenças e de alterações na cor da pele e ter uma bela fisionomia, não apresentando inquietação (ou desassossego), de modo que não dê origem a um caráter que amedronte a criança e isso cause doenças e convulsões"[502]. Também leva em conta os seios e os mamilos, que não devem ser nem grandes nem pequenos, porque "os mamilos grandes atrapalham a língua da criança recém-nascida para chupar e deglutir o leite, e os mamilos pequenos

501. Cf. Arjona Castro (1983, p. 114).

502. Cf. Arjona Castro (1983, p. 114).

farão com que sua mamada seja mais difícil"[503]. Ela também deve se abster de ter relações sexuais durante os dias da menstruação.

Outro autor árabe, mas nesse caso de religião cristã, Ibn Butlan (1001-1064), foi mais explícito no que se refere à maneira de conhecer a qualidade do leite, algo, sem dúvida, muito útil na hora de contratar uma nutriz, e que se baseava em depositar uma gota desse fluido na unha e observá-la, de modo que "deve ter a forma de uma lentilha não muito grande, redonda, nem muito líquida nem muito grossa. Se, além disso, tiver um bom odor e for da cor branca, é de boa qualidade"[504].

Por outro lado, Bernardo de Gordonio, em seu *Tractado de los niños y regimiento del ama*, aponta dezesseis características que deviam ser levadas em conta na hora de escolher uma nutriz, as quais também nos ajudam a elaborar um retrato bastante certeiro sobre a lactância naquela época:

> A condição I é que tenha entre XXV e XXX anos, porque essa é a idade boa e mais perfeita.
>
> A condição II é que não seja muito magra nem muito gorda, mas que seja moderada nessas qualidades.
>
> A condição III é que as tetas sejam moderadas entre grandes e pequenas e entre duras e macias[505].

A essas três condições se uniam outras: ter leite após um parto natural e que fosse de boa qualidade, que não houvesse passado mais de um mês e meio ou dois meses desde o parto, não ingerir alimentos muito quentes nem muito frios, dar o peito em intervalos que permitissem que a criança fizesse uma boa digestão, não colocar a criança na cama com ela ou, algo muito importante, não ter relações íntimas com homem. Parece claro que a abstinência sexual se estendia por todo o período de lactância, diferentemente do que foi indicado por Arib ibn Sa'id, que exigia a abstinência durante os dias da menstruação, "para que o leite não se corrompa". E juntamente a tais condições de tipo físico eram apontadas outras, como: "que a ama seja bem acostumada com bons cos-

503. Cf. Arjona Castro (1983, p. 115).

504. Cf. Coello (1989, p. 209).

505. Cf. Bernardo de Gordonio (2017, p. 115).

tumes; convém saber, que não se irrite com facilidade, nem seja supersticiosa, nem se entristeça, nem seja louca, nem endemoniada, nem apoplética, nem gulosa, nem se embriague, porque tais condições prejudicam a criança e tornam a ama negligente"[506]. Pode-se observar como as mencionadas exigências desse médico occitano, Bernardo de Gordonio, coincidem em grande parte com as feitas por Arib ibn Sa'id.

Mas Bernardo de Gordonio vai além e registra também quanto tempo deve se prolongar a amamentação, fazendo isso de acordo com o sexo da criança lactante, já que, em virtude de um ou de outro, há diferenças no tratamento:

> A XVII é porque, segundo Galeno, o infante deve ser amamentado por sete anos e, segundo Avicena, durante três anos completos; e se o fim desse ano cair próximo ao verão, que mame mais durante todo o verão. E, se for menina, convém que mame por dois anos, ou o menino por dois anos e meio, porque à menina não convém ser forte assim como o homem, porque não é senão a guardiã ou cuidadora natural da casa, segundo Galeno afirma em *Complisiones*[507].

A Igreja também considerava apropriados os três anos como período de amamentação em geral, ou seja, sem distinguir entre sexos[508].

Essas dezessete formalidades estabelecidas por Bernardo de Gordonio foram muito importantes naquela época, mas algumas foram mais destacadas pela literatura e pelos tratados da época. Era o caso da preocupação pela quantidade e pela qualidade do leite, já que a diminuição de ambas podia afetar a nutrição da criança. Por isso, alguns remédios podiam ser utilizados para aumentar o fluxo desse alimento. O *Lapidario*, de Afonso X, menciona certas pedras que poderiam ser utilizadas com essa finalidade; uma delas, a "*zarocan*", "faz aumentar muito o leite das mulheres que a carregam consigo. E o mesmo acontece com qualquer outro animal. E, por isso, os bárbaros a levam para suas mulheres"[509]. O *Libro de Alexandre* nomeia também outra pedra que faz com que o leite seja mais abundante:

506. Edição do tratado em: Sánchez (2011, p. 69-86).

507. Cf. Bernardo de Gordonio (2017, p. 17).

508. Cf. García Herrero (1990, vol. I, p. 77ss.).

509. Cf. Afonso X o Sábio (1981, p. 57).

> Galactite é branca como leite de ovelha
> Faz as nutrizes terem leite abundante,
> Faz purgar a fleuma, mesmo que seja antiga,
> Deleite na boca, que se assemelha a açúcar[510].

López de Villalobos volta a essa questão no *Sumario de la medicina*, referindo-se não apenas à sua escassez, mas também à sua abundância:

> E se houver muito leite e, por ser muito, for danosa,
> sangrar a (veia) safena e diminuir-lhe o manjar,
> regar com vinagre e azeite de rosa,
> e dizem que o amoníaco é uma coisa boa
> dissolvido em vinagre para dessecar;
> não sobra nem míngua, mas causa dano
> pela matéria ruim que ali se misturou,
> conhece-se pela cor que lhe deu,
> tal como esta depois de purgado
> com ótimo manejo, Avicena curou[511].

Um dos temores mais difundidos era de que o leite se tornasse amargo, ou até mesmo venenoso, caso a mulher que dava de mamar mantivesse relações sexuais. A Igreja, adotando uma ideia semelhante de Galeno[512], aconselhou, desde muito cedo, a abstinência durante a lactância, uma recomendação/proibição que pode ser encontrada em penitenciais da Irlanda, da Inglaterra, da França ou dos reinos hispânicos desde o século VI[513] e que, mais tarde, se estenderia à Escandinávia. Por essa razão, uma nutriz "ativa" era absolutamente proibida de se relacionar com homens, de tal forma que, se essa prerrogativa não fosse respeitada durante o período de lactância e a criança morresse, ela e o homem com quem tivesse cometido a infração corriam o risco de serem condenados à pena de morte, como contemplavam os foros de alguns lugares dos reinos hispânicos. O medo de que isso pudesse acontecer com os filhos dos reis fica claro nas *Partidas*. Uma das leis desse código determina as obrigações que as pessoas fora da casa da rainha deveriam observar em suas relações com

510. Cf. Murillo (1988, p. 395).

511. Cf. López de Villalobos (1948, p. 284).

512. Cf. Sperling (2013, p. 15).

513. Cf. Payer (1984).

algumas de suas criadas, em particular com as amas de leite, além de estabelecer punições severas para aqueles que mantivessem relações íntimas com elas, a ponto de poderem ser condenados à morte ou expulsos do reino:

> Se aquela com quem cometesse o delito fosse uma ama que desse de mamar a algum dos filhos do rei, ou uma criada que servisse à rainha diariamente guardando suas roupas ou suas arcas, aquele que se deitasse com ela seria acusado de traição: e o caso da ama foi defendido pelos sábios antigos, porque, se ela fizesse tais coisas enquanto dava leite à criança, poderia causar uma grave doença ou a morte[514].

As leis valorizavam muito a mulher que era capaz de alimentar uma criança, e isso fica particularmente evidente nos foros de caráter local. Vários foros castelhanos comprovam isso, como, por exemplo, uma das regras do foro de Cuenca, "daquele que cortar os seios de qualquer mulher", estabelece que "qualquer um que cortar os seios de uma mulher deve pagar 200 maravedis e manter a inimizade com a família da ofendida, e se o agressor negar ter cometido tal delito, a vítima que se queixa pode escolher entre pedir o juramento de doze vizinhos que a defendam e testemunhem contra o agressor, ou um duelo ou desafio, o que preferir"[515]. De maneira semelhante se manifesta o foro de Teruel, que pune quem "cortar seios" com 100 maravedis por cada seio, da mesma forma que o foro de Cuenca, mas apenas no caso de a mulher agredida não morrer; caso falecesse, o agressor tinha de pagar pelo homicídio[516].

As questões anteriores eram, sem dúvida, uma preocupação para parte da sociedade, mas, assim como em outros aspectos da maternidade, eram influenciadas pelo histórico socioeconômico e pelos valores da comunidade da qual se fazia parte em relação às prevenções ditadas por cada confissão religiosa. A seguir, será descrita essa grande diversidade, observando-se os dois eixos anteriores.

O primeiro deles é o grupo social ao qual pertencia a criança recém-nascida e sua família. Substituir a lactância materna pela de uma nutriz não era apenas considerado uma necessidade, mas também, em grande parte dos casos, um si-

514. Cf. Afonso X o Sábio (1555, partida II, título XIV, lei IV).

515. Cf. Fuero de Cuenca (lei CCLV, p. 323).

516. Cf. Gorosch (1950, p. 297).

nal de poder econômico. No entanto, as mães de ambientes pobres, tanto rurais quanto urbanos, não tinham outra opção a não ser amamentar ou até mesmo compartilhar o alimento de seus filhos com as outras crianças que elas amamentavam. Muitas das mulheres que alugavam seus peitos vinham desse grupo, do qual restou o mínimo de informações, pelo menos no que diz respeito aos cuidados maternos. Alguns testemunhos, perante o Santo Ofício, de mulheres judias ou muçulmanas que, às vezes, alimentavam alguns rebentos de famílias próximas mostram exemplos do trabalho realizado por essas mulheres dos grupos populares. Algo parecido pode ser visto em um documento da localidade inglesa de Bedfordshire, em que um marido perdeu o controle e matou sua esposa porque ela passava muito tempo na casa do vizinho amamentando uma criança[517].

Nos grupos menos privilegiados, ou era a mãe que amamentava, ou alguma das mulheres da família ou da vizinhança, que o fazia gratuitamente, movida pelo carinho, pela solidariedade ou pela caridade. Na camada intermediária, por outro lado, também eram as progenitoras ou, na falta delas, as amas de leite, caso houvesse condições de arcar com essa despesa. Por fim, no topo da pirâmide socioeconômica, em geral, essa responsabilidade era assumida pelas nutrizes, que se encarregavam das crianças desde o primeiro momento, embora várias rainhas ou nobres tenham dado de mamar a seus bebês. O maior número de dados sobre a lactância de meninos e meninas ilustra esse processo durante os séculos medievais e, em parte, preenche a carência de informações à medida que se desce na escala social.

Nas famílias da realeza era considerado necessário contratar uma ama de leite, até mesmo quando a monarca pretendia amamentar seu descendente. Algumas delas assim o fizeram. O caso da Rainha Berenguela é bem conhecido, a qual, "com peitos cheios de virtudes, deu seu leite"[518] a seu filho Fernando (o futuro rei Fernando III o Santo), porém ela teve ajuda de algumas nutrizes. A Rainha Catarina de Lancaster (1373-1418) também tinha a intenção de dar de mamar a seus filhos, mas seu marido tomou uma atitude e fez o que estava a seu alcance para encontrar boas profissionais para assumir esse trabalho.

517. Cf. Hanawalt (1977, p. 14).

518. Cf. Afonso X o Sábio (1955, p. 734).

O código das *Partidas* trata do assunto e registra algumas das ideias que surgiram na época. Curiosamente, aborda a alimentação das meninas como uma necessidade especial por diversos motivos:

> Amas e aias devem ser dadas às filhas dos reis para que as criem e as guardem com grande veemência; pois se nos filhos deve ser colocada grande guarda [...] maior ainda devem colocar nas filhas, porque os homens andam em muitos lugares e podem aprender de tudo, mas a elas não convém tomar ensinamentos senão do pai, ou da mãe ou da companhia que eles lhe derem: e por isso devem dar-lhes tais amas e aias [...]; sobretudo, devem garantir que sejam leais e com bons costumes, pois esta é a coisa do mundo que mais devem mostrar às suas criadas que, por lealdade, guardarão a si mesmas e a seus maridos e a todas as outras coisas que tiverem de fazer, e pelos costumes serão elas boas e darão bons exemplos às outras[519].

Há exemplos significativos sobre a lactância de meninas e meninos na história da Espanha, como o que se pode observar na documentação da Rainha Iolanda de Bar, a qual já foi citada em várias ocasiões anteriormente. Embora fosse o homem o responsável por encontrar uma nutriz, entre as cartas de Iolanda é possível encontrar uma de 1387, na qual ela solicita a vários homens de Huesca que encontrem uma, antecipando a chegada da criança que ela esperava ter em alguns dias:

> Como nós, ao buscar ter algumas boas amas e nutrizes de que necessitamos para o infante que esperamos ter dentro de breves dias, querendo Deus que saiamos da gravidez, enviamos estas cartas com o fiel médico do rei e nosso, mestre Ramon Carol, apresentador da presente, bem-informado sobre nossa intenção e nosso desejo[520].

Henrique III de Castela, com o nascimento iminente de seu filho, o futuro João II (1405-1454), também fornece informações surpreendentes sobre o mencionado papel masculino na seleção das amas de leite. A priora Teresa de Ayala, do Convento de Santo Domingo el Real, em Toledo, já havia se encarregado de escolher, de acordo com o gosto do soberano e o critério de alguns médicos,

519. Cf. Afonso X o Sábio (1555, partida II, título VII, lei XI): "*Quáles amas deben haber las fijas de los reyes, et cómo deben ser guardadas*".

520. Cf. Archivo de la Corona de Aragón, aca, reg. 2053, fol. 94.

seis nutriz dentre vinte candidatas. A correspondência entre os dois deixou um registro das características que deveriam ter, que coincidem com as esboçadas pelos tratadistas de sua época e discutidas anteriormente:

> As quais devem ter essas condições: a primeira que tenha de 20 a 30 anos e que seja de boa compleição e de boas cores e bem carnuda. Além disso, que tenha parido de dois a quatro meses e que seja de fibras finas, se possível. Além disso, que tenha as crianças bem-cuidadas e criadas e que tenha bom leite em quantidade, em cor e em sustância[521].

À seleção de seis mulheres para Teresa de Ayala, o rei acrescentou uma sétima, a mesma que havia amamentado sua filha primogênita, a infanta Maria, futura rainha de Aragão. Tratava-se de uma dama de elevada condição, Joana de Zúñiga[522], esposa de Fernando López de Estúñiga, diretor do Castelo de Burgos:

> A qual me disseram que pariu há pouco tempo, e, por isso, a mãe mandou que logo fosse com ela para Toro, para que seja ama, e não mandou dizer coisa alguma à rainha, porque não sabe se ela gostará, nem convém que ela saiba que vai lá para isso, até que tenha parido, e eu estarei com ela para isso[523].

Na carta anterior é possível ver algumas diferenças entre o critério de Henrique III e sua consorte Catarina de Lancaster. Parece que a rainha não aceitava Joana de Zúñiga de bom grado, mas, mesmo assim, o monarca tomou as providências necessárias para que sua esposa a aceitasse junto às outras nutrizes escolhidas por ele, já que pretendia "que ela fosse ama como a outra, pois tem preferência e é suficiente para isso"[524]. No fim, Joana foi chamada como substi-

521. Carta datada de 26 de fevereiro de 1405, em Verardo García Rey: "La famosa priora doña Teresa de Ayala. (Su correspondencia íntima con los monarcas de su tiempo) [siglo XIV]" (cf. Boletín..., 1930, t. 96, p. 742).

522. Cf. Echevarría (2002, p. 88).

523. "Carta del rey Enrique III a Doña Teresa de Ayala y a Don Diego López de Estúñiga, fechada el 4 de marzo de 1405", em García Rey: "La famosa priora doña Teresa de Ayala" (cf. Boletín..., 1930, p. 743).

524. "Carta del rey Enrique III a Doña Teresa de Ayala y al mariscal Don Diego Fernández, fechada el 8 de marzo de 1405", em García Rey: "La famosa priora doña Teresa de Ayala" (cf. Boletín..., 1930, p. 744).

tua, mas a recomendação médica para que houvesse mais de uma nutriz deu a ela um papel mais importante:

> Além disso, saibam que aquele mestre John, meu médico, me mandou dizer que era muito necessário e conveniente para a saúde do dito infante ter outra ama, junto a essa outra que eu mandei para lá. Saibam que eu tinha enviado ordens a Ferrand Lopes de Astúñiga para que enviasse logo para lá sua esposa para ser ama[525].

Essas negociações para buscar uma nutriz para o bebê ficaram documentadas, embora, provavelmente, também fossem realizadas antes, quando as duas filhas do casal nasceram.

Por outro lado, algumas obras literárias acrescentam informações muito relevantes sobre a lactância na nobreza, que provavelmente correspondem à realidade das mães e das nutrizes daquela época. O grande interesse das mulheres dessa classe social em dar o peito a seus bebês pode ser visto em obras como *El caballero del cisne* [O cavaleiro do cisne], parte da crônica *La gran conquista de ultramar* [A grande conquista além-mar], do fim do século XIII. No relato, a esposa do cavaleiro, a duquesa, não permitia que ninguém amamentasse sua filha, apesar do fato de terem procurado amas de leite para que o fizessem. A menina cresceu com todos os tipos de virtudes. Os netos do cavaleiro do cisne, os cruzados Godofredo e Balduíno de Bouillon, não foram amamentados pelas nutrizes que seu pai havia encontrado, mas por sua progenitora, Ida de Boulogne: "E como o conde mandou procurar quem os criasse, a condessa não quis consentir que mamassem outro leite que não o dela, para não afastá-los da boa natureza de onde vinham. E, dessa forma, ela os criou até que crescessem". Quando soube que uma nutriz, em certa ocasião, havia amamentado um de seus filhos, ela sacudiu a criança até que esta expelisse o leite. Ela menciona explicitamente que esse interesse em amamentar seus rebentos era baseado no medo de que eles fossem "contaminados por uma moralidade

525. "Carta del rey Enrique III a Doña Teresa de Ayala y al mariscal Don Diego Fernández, fechada el 8 de marzo de 1405", em García Rey: "La famosa priora doña Teresa de Ayala" (cf. Boletín…, 1930, p. 744).

perversa"[526]. Outro personagem desse belo relato, Ricarte de Caumonte, vencedor sobre os turcos, também havia recebido leite de sua própria mãe.

Essa rejeição, por parte de algumas mulheres, ao papel das nutrizes aparece, também, na obra *El victorial*, de Gutierre Díez de Games:

> Ao beijá-lo, diz que ela era uma senhora tão humana e de sentido sutil que sentiu que ele havia mamado leite alheio, de outra mulher. E não querendo confiar tanto em seu sentido, fez com que todas as senhoras e as donzelas jurassem que estavam na câmara onde seu filho estava, e disseram-lhe como uma senhora havia dado de mamar a ele. Então pegou seu filho, colocou-o em um manto e o levou de um lado para o outro; e tanto fez até que ele vomitasse o leite, por isso dizem que ele não foi tão saudável dali em diante, e que sempre teve a cor alterada por esse motivo, embora fosse um cavaleiro forte[527].

A principal fonte documental sobre a lactância nessas camadas sociais intermediárias são os contratos firmados com as próprias nutrizes. Esses documentos especificavam as condições que elas deveriam cumprir, como a proibição de terem relações sexuais com seus maridos, o tempo de lactância, um local para alimentar a criança ou uma compensação econômica. Os maridos das nutrizes tinham de aceitar a condição da abstinência sexual durante o período de lactância e, portanto, também tinham de assinar esses contratos. Pode-se dizer que leite e sexo eram comprados da nutriz, pois seu trabalho permitia que os pais da criança que ela amamentava continuassem a ter relações carnais.

Esses contratos também indicavam o salário ou a compensação financeira que a nutriz receberia, o que mostra uma diferença abismal entre os grupos sociais. Mais uma vez as *Partidas* abordam esse assunto, embora de forma não muito concreta, ao afirmar que aqueles que, voluntariamente, se encarregavam da criação de alguma criança não podiam exigir compensação pelas despesas incorridas: "As despesas (ou gastos) que um homem fizesse com uma criança alheia que ele criasse em sua casa por Deus não podem, depois, ser cobradas"[528], o que se aplicava principalmente aos *nutritii*, que criavam as crianças

526. Cf. Cooper (1979, livro I, cap. CXLVIII, p. 296).

527. Cf. Díez de Games (1993, p. 257).

528. Cf. Afonso X o Sábio (1555, partida V, título XIV, lei XXV).

em suas casas. Essa legislação também abre uma exceção a respeito disso, a de quem educava uma menina e, depois, desejava se casar com ela: "Se [...] o pai da criada ou ela mesma o contradissesse, então qualquer um desses que impedisse que o casamento fosse realizado seria obrigado a pagar as despesas que tivesse feito com sua criação"[529]. Pagamentos generosos por esses serviços estão registrados na documentação régia. Uma ata de Afonso VIII datada de 1181 relata a doação de propriedades em San Pedro e em Fitero para o marido de uma certa Estefanía, ama de leite da infanta Berenguela[530]. Outra das nutrizes de Berenguela, chamada Elvira, receberia, em 1189, uma propriedade em Fuente Peral[531]. As que foram amamentando as outras filhas de Afonso VIII também obtiveram estipêndios notáveis. Assim, em 1203, uma certa Dona Sancha, nutriz de Dona Urraca, recebeu uma propriedade em Castroverde de tamanho apropriado para a criação de dois bois[532]. Branca, que, mais tarde, se tornaria rainha da França, foi amamentada por outra Sancha, Sancha López, que, em 1190, dois anos após o nascimento da infanta, obteve várias propriedades[533], assim como seu marido[534].

Outra nutriz de que se tem notícia é Maria Juárez, nutriz do marido da Rainha Berenguela de Castela, Afonso IX de Leão, a quem o Rei Fernando II de Leão deu uma fazenda[535]. Também são conhecidas a nutriz e as educadoras dos netos de Berenguela, ou seja, dos filhos de Fernando III, em especial, do herdeiro Afonso. Em 1231 o rei concedeu a García Álvarez e a sua mulher Urraca uma propriedade em Portillo[536] e, anos depois, em 1236, outra em Villainfierno a outra Urraca, Urraca Pérez[537]. Em 1242, Fernando III concede a Sancha

529. Cf. Afonso X o Sábio (1555, partida V, título XIV, lei XXV).

530. O qual serviu para datar o ano de nascimento da Rainha Berenguela, em 1179. Cf. Martínez Díez (2007, p. 46).

531. Povoado próximo a Palenzuela. Cf. Simón y Nieto (1903, p. 33).

532. Cf. Simón y Nieto (1903, p. 33).

533. Cf. Simón y Nieto (1903, p. 33).

534. Cf. Salcedo (p. 598).

535. Cf. Martínez Sopena; Rodríguez (2011, n. 51, p. 181).

536. Cf. González (1983, doc. 370, p. 425-426).

537. Cf. González (1983, doc. 578, p. 98-99).

Ibáñez, ama de seu filho Fernando, a casa de San Pedro de Celada[538]. Do mesmo modo, quando Afonso X chegou ao trono não se esqueceu de quem o havia criado, "D. Garci Ferrandez e sua mulher, Dona Mayor Arias, me criaram e me prestaram muitos serviços, especialmente porque me criaram em Villadelmiro e em Celada", e concede a eles um patrimônio em Sevilha. Mas esse não foi o único benefício que Dona Mayor Arias recebeu, já que o rei concedeu-lhe outro em Cevico de la Torre em 1255[539]. No *Libro del repartimiento de Valencia*[540] está registrada a doação de uma casa e de uma horta[541] que o Rei Jaime I de Aragão deu, em 1238, a Na Eva, a nutriz de sua esposa, Iolanda da Hungria, que ele havia acompanhado em sua viagem da Hungria em 1235.

Foram preservados contratos realizados por artesãos e mercadores de grupos intermediários da sociedade que precisavam de mulheres para amamentar seus descendentes. O primeiro, do ano 1295, encontrado em Barcelona, assinala o acordo entre uma mulher chamada Guillema e Guillem Conangle para aleitar a filha deste durante um ano prorrogável, em troca de cinquenta salários e a alimentação de Guillema. Em 1314, Bernat de Puigventós contrata Brunissén para que esta dê de mamar a seu filho Llorenç, que teria preferência ao leite sobre a própria filha de Brunissén. Por essa razão, ela receberia um salário maior, embora não muito diferente do exemplo anterior: quarenta e quatro salários anuais, a alimentação, uma muda de roupa ou dez salários, uma camisa e um lençol de linho.

Na Ciudad Condal – como também é chamada Barcelona –, bem como em outras cidades, os estipêndios das amas de leite foram subindo e chegaram a disparar por causa da peste negra. Se, em 1347, a remuneração paga havia sido oitenta salários, dois anos depois, Guillemona, esposa de Berenguer Alegret, foi contratada para amamentar o filho de Ponç de Vall por quatro vezes mais, dezesseis libras anuais, ou seja, o equivalente a trezentos e vinte salários. A chegada da peste em 1348, com sua consequente mortandade geral e a queda

538. Cf. González (1983, doc. 691, p. 240-241).

539. Cf. González Jiménez (2001, p. 292-293).

540. Cf. Bofarull (1856, p. 196-197).

541. Cf. Vajay (2009, p. 255).

na taxa de nupcialidade e natalidade, gerou um grande problema de escassez de mulheres lactantes disponíveis, enquanto sua demanda cresceu em função da alta mortalidade que também podia afetar as mães. A alta demanda e a baixa oferta fizeram com que os salários das nutrizes aumentassem, que subiram muito mais do que o de outras mulheres, em especial das criadas. Dessa maneira, no momento de contratar uma ama de leite, as necessidades da mãe ou do pai não eram necessariamente a única coisa levada em conta, mas também a conjuntura da época.

No entanto, as condições das nutrizes que trabalhavam para os hospitais que acolhiam crianças de famílias com poucos recursos ou de mães sem possibilidades de criá-las eram muito diferentes. Em geral, eram essas próprias mães que amamentavam, às vezes de forma gratuita, às vezes em troca de um salário – o qual era baixo, entre outros motivos, devido à má qualidade do leite, que, por sua vez, se devia à má alimentação que recebiam[542]. Entretanto, se as crianças dos hospitais morriam, essas mães perdiam seu sustento e seu trabalho, além de serem as primeiras suspeitas de tê-las deixado morrer, daí seu grande interesse em manter essas crianças nas melhores condições possíveis.

É claro que apenas uma família com boas condições econômicas podia contratar uma nutriz, pois não só tinha de pagar o que era devido no contrato, mas também a manutenção, quando a lactância era realizada na casa do menino ou da menina; era mais barato quando a nutriz levava a criança para sua casa. A lactância era ainda mais barata quando uma mulher tinha de fazê-lo por obrigação, sem receber nada em troca; embora não fosse comum, era um dos abusos senhoriais praticados na Catalunha medieval, chamado de *didatge*, que obrigava a esposa de um camponês vassalo a amamentar o filho ou a filha do senhor feudal se este precisasse dos serviços de uma nutriz e a mulher estivesse amamentando sua própria criança, a qual ficava em segundo plano na hora de receber alimento, tendo em vista que a prioridade era do filho ou da filha do senhor feudal. Ao se abandonar o eixo social do trabalho das nutrizes e olhar para os eixos moral e religioso é possível ver que, junto à qualidade e à quantidade do leite, exigia-se que as mulheres que alugavam seus peitos ti-

542. Cf. Boswell (1988).

vessem boas qualidades morais[543]. A origem dessa ideia está em Avicena, que, em sua obra *O cânone da medicina*, defendeu a relação entre o sangue, o leite e o desenvolvimento infantil. O médico persa considerava que a saúde e a fisionomia da nutriz afetavam a qualidade desse fluido nutritivo e chegou à conclusão de que "não se pode confiar em uma nutriz de caráter imoral para prestar cuidados conscientes à criança, e seu comportamento afetaria de maneira negativa o caráter da criança"[544]. Essa crença ganhou bastante relevância durante a Idade Média e, por isso, apareceu em diversos escritos e documentos. Esse é, novamente, o caso das *Partidas*, nas quais eram indicados os requisitos que deveriam ser cumpridos pela nutriz de um filho ou de uma filha de rei, com base nas ideias de Soranus, na versão de Avicena[545]:

> O rei deve guardar seus filhos, e aqueles que primeiramente devem fazer essa guarda são o rei e a rainha. Devem haver boas amas que tenham bastante leite, sejam bem-acostumadas, saudáveis, formosas, de boa linhagem, de bons costumes e, especialmente, que não sejam muito irritadiças.

No entanto, essas qualidades exigidas das amas de leite transcenderam o âmbito da realeza, onde foram formuladas. Ramon Llull, um dos escritores mais notáveis do século XIII, defendia essas mesmas ideias na *Doctrina pueril*. Quem amamentasse uma criança tinha de ser "saudável em sua pessoa, para que [a criança] fosse criada com leite saudável, pois o leite ruim deixa as crianças doentes e debilitados em sua pessoa"[546], mas também de costumes saudáveis, motivo pelo qual "devem ser evitadas as nutrizes que estejam em pecado ou que tenham vícios"[547]. Isso se devia à crença, na época, de que a transmissão de valores de vários tipos era estipulada pela alimentação com esse líquido. A consequência disso foi uma série de limitações, ao menos teóricas, na escolha de uma nutriz, a partir de duas perspectivas diferentes: por um lado,

543. O critério para escolher as nutrizes seguia os modelos clássicos de Galeno e Soranus. Cf. Bergmann (2000, p. 112).

544. Cf. Bergmann (2000, p. 113).

545. Cf. Afonso X o Sábio (1555, partida II, título VII, lei II).

546. Cf. Vilanou Torrano (2013, p. 100).

547. Cf. Vilanou Torrano (2013, p. 100).

sua linhagem e, por outro, sua religião. A primeira era levada em conta apenas por famílias no topo da pirâmide social, enquanto a religião era valorizada em todos os âmbitos da vida do Medievo hispânico.

Uma prova disso pode ser encontrada em alguns versos da obra *Libro de Alexandre*, que disseminam a ideia de que os filhos e as filhas da realeza e da nobreza tinham de ser amamentados por pessoas de alta estirpe: "O infante Alexandre logo na sua infância / começou a mostrar que seria de grande valor / nunca quis mamar o leite de mulher vil / se não fosse de linhagem ou de grande galhardia"[548]. Algo semelhante é descrito no *Libro de los estados*, de D. João Manuel:

> [...] a seus filhos, segundo o meu entendimento, deve-se fazer desta maneira: enquanto forem tão pequenos que não [saibam] falar nem andar, deve-se escolher boas amas, que sejam do melhor sangue e mais altas e mais lindas que puder encontrar [...][549].

Da mesma forma, essa ideia de transmissão de alguns valores indesejados por meio do leite levou à exclusão de amas de leite que professavam uma religião diferente daquela da criança amamentada. Nos reinos hispânicos era proibido aos cristãos a contratação de muçulmanas ou judias, assim como as regras hebraicas e maometanas excluíam indistintamente as nutrizes de outros credos. Uma bula do Papa Inocêncio III revela a exigência de famílias judias que obrigavam as nutrizes cristãs a extrair e jogar fora o leite de seus peitos durante os três dias após a comunhão; embora essa informação levante algumas dúvidas, pois não parece confiável[550], é útil para ilustrar a crença de que, por meio da lactância, o bebê podia ser "contaminado" com determinadas crenças. Assim, o autor árabe Ibn Muthannā considerava perigoso que as crianças muçulmanas fossem amamentadas por mulheres cristãs[551]. Temia-se que esse contato causasse um efeito de aculturação, algo que fosse além da transação fisiológica originalmente pretendida. O Islã também dificultava a contrata-

548. Cf. Murillo (1988, estrofe 7).

549. Cf. D. Juan Manuel (1860, n. 51, p. 316).

550. Cf. Tolan (2015, p. 147).

551. Cf. Santos Vicente (2021, p. 180).

ção de judias ou de masdeístas, embora houvesse a preferência por uma nutriz de algum desses cultos em vez de uma pecadora maometana, como aquelas que haviam concebido ilegalmente – por exemplo, uma escrava que havia tido filhos de um escravo. Caso uma dessas famílias contratasse o serviço de uma ama de leite judia ou cristã, ela era obrigada a não tomar bebidas fermentadas nem comer alimentos proibidos, como a carne de porco[552].

Por outro lado, no âmbito hebreu, a Mishná, uma das principais obras do judaísmo rabínico, diz a suas mulheres: "A filha de um israelita não pode amamentar a filha de uma idólatra, mas uma idólatra pode amamentar a criança de uma israelita em seu próprio território". No entanto, era visto como algo perigoso que as nutrizes cristãs amamentassem as crianças judias, a tal ponto que, para evitar que algumas dessas crianças escutassem suas canções de ninar, pedia-se que essas mulheres não cantassem[553]. Outro medo que uma nutriz cristã poderia lhes incutir era o de que, por não ter o costume de comer produtos *kosher*, ela poderia alimentar a criança de forma inadequada, embora essas crianças não fossem obrigadas a comer *kosher*[554].

A repetição das proibições é uma boa demonstração de que não se levava em conta a regra, algo que fica evidente nos julgamentos, pelo Tribunal da Inquisição nos reinos hispânicos, de mulheres convertidas. Maria, esposa de Martín Beçudo e vizinha de Atienza, confessou, perante o Santo Ofício, que "deu de mamar a um judeu"[555]; Sancha, natural da mesma localidade, que "mandou chamar uma judia que desse de mamar a uma de suas filhas por um mês"[556]. Na verdade, no que diz respeito à lactância, não havia grandes diferenças entre as três religiões; de fato, algumas das cláusulas dos contratos de nutrizes de Barcelona mencionadas anteriormente eram as mesmas em outras esferas religiosas, conforme demonstrado neste formulário muçulmano do jurista Al-Tahawi (*c.* 844-935):

552. Cf. Benkheira *et al.* (2013, p. 238-239).

553. Cf. Baumgarten (2004, p. 136).

554. Cf. Baumgarten (2004, p. 137).

555. Cf. Carrete Parrondo; García Casar (1997, doc. 121, p. 57).

556. Cf. Carrete Parrondo; García Casar (1997, doc. 142, p. 62).

> Isto é o que fulano contratou com fulana por tantos meses, a começar deste mês deste ano por determinada quantidade de dinares de ouro de determinado peso, para amamentar seu filho sem restrições e alimentá-lo e servi-lo [...].
>
> Fulano, o marido de fulana citada neste contrato, tinha ouvido o contrato ser lido para ele. Entendeu e tomou conhecimento de suas cláusulas palavra por palavra e entende que os salários de sua mulher, mencionados neste contrato, eram de seu agrado e ele os autorizava, que ele lhe deu permissão para recebê-los e não tem reclamações[557].

É interessante acrescentar uma diferença entre as três culturas: trata-se da doutrina muçulmana sobre a lactância, uma das maiores originalidades da lei islâmica. Ela faz uma analogia entre o parto e a amamentação, de modo que o compartilhamento do leite é considerado uma relação de parentesco. Assim, uma criança é criada no ventre materno, mas seu desenvolvimento continua fora dele graças a esse alimento; se o leite não é gerado por sua mãe, mas por uma nutriz, surge entre ela e a criança um novo vínculo filial. Consequentemente, os filhos e as filhas da ama de leite são irmãos e irmãs de leite da criança amamentada por ela, e seu parentesco de leite é colocado no mesmo nível do de sangue[558]. Além disso, esse novo vínculo tinha implicações sociais importantes, como a proibição do casamento entre os membros das famílias do lactante e da nutriz.

Essa relação à qual a amamentação deu origem, sem ser tão rígida como no Islã, também é encontrada em outras religiões, especialmente no cristianismo. As *Partidas* destacam esse vínculo entre os encarregados pela alimentação e pela criação e as crianças sob seus cuidados[559]. Por isso, as compensações ou os pagamentos que reis, nobres ou pessoas poderosas faziam às nutrizes não correspondiam tanto aos serviços feudais, como parecem em sua forma, mas sim aos laços afetivos desenvolvidos entre ambas as partes. Também nas esferas humildes podiam se criar essas relações de afeto entre lactantes e amas de leite, ainda mais se se prolongasse o período de amamentação. Não foram poucos os

557. Modelo de contrato incluído pelo jurista Al-Tahawi entre seu formulário de contratos. Cf. Shatzmiller (1997, p. 184).

558. Cf. Benkheira *et al.* (2013, p. 214).

559. Cf. Afonso X o Sábio (1555, partida IV, título XX, leis I, II e III).

casos de famílias que não queriam se separar, uma vez terminada a fase de dar o peito, e procuravam maneiras de continuar com os pequenos. Até mesmo as nutrizes dos hospitais "se apegavam às crianças que amamentavam"[560].

Por outro lado, e tendo em vista que a lactância é um dos aspectos fundamentais da maternidade, a forte defesa do leite materno encontrada em diferentes tratados e obras literárias foi acompanhada, a partir do século XIII, de uma "propaganda" de imagens tão poderosas quanto as de virgens lactantes, a efígie da *Virgo lactans* ou a *Madonna lactans* [Virgem amamentando ou Virgem do leite], ou seja, Maria mostrando o peito enquanto amamenta o menino, um ícone modelo para as mulheres nos últimos séculos da Idade Média.

Essas e outras representações medievais de damas lactantes, tanto pictóricas quanto literárias, atestam o valor consciente que a sociedade dava ao leite, ao mesmo tempo que mostram outras facetas interessantes daquela época. Por exemplo, que a relação entre a nutriz e a criança amamentada permitia certa permeabilidade social, baseada na convivência entre uma mulher de um grupo social desfavorecido e a prole de um grupo privilegiado[561] ou de membros de diferentes comunidades, embora as normativas religiosas e seculares a proibissem. De fato, na esfera hispânica, as mulheres muçulmanas tinham fama de ter boas mamas e leite abundante, o que diferia da teoria difundida no século XIII em outras regiões da Europa, onde as mulheres de pele clara eram consideradas as melhores para amamentar[562].

Na verdade, o leite de qualquer mulher, independentemente de seu credo ou camada social, era aceitável, sobretudo em casos de necessidade. O que não era considerado apropriado era tomar outro leite de origem animal, já que havia um preconceito generalizado de que os lactantes recebiam, por meio da bebida, características próprias desse mamífero. Isso pode ser lido na *Eneida*, de Virgílio, quando Dido atribui o caráter duro de Eneias à amamentação dele: "Nem uma deusa foi a origem de tua raça, tampouco descendes de Dardano,

560. Cf. Vinyoles Vidal; Illanes Zubieta (2012).

561. Cf. Reyna Pastor (2005, p. 331).

562. Cf. Winer (2017, p. 303-319).

pérfido, pois foi o Cáucaso, rico em duros penhascos, que o gerou, e as tigresas de Hircânia te ofereceram suas tetas"[563].

Dar o peito a uma criança recém-nascida transcende o nexo puramente físico, já que também proporciona um vínculo afetivo dispensado por qualquer mulher lactante, seja a mãe, seja a nutriz, uma vez que o trabalho de ambas não se limita a amamentar a criança, "mas também a cuidar dela, abrigá-la, vesti-la, acalmá-la e fazê-la conviver com as outras pessoas que vivem no mesmo lar"[564]. Essas tarefas fariam parte dos primeiros passos da criação.

563. Cf. Victoria Béguelin-Argimón, "'Del regimiento que se ha de tener en dar leche al niño'", lactancia, madres y amas en los primeros tratados castellanos de puericultura" (Hirel; Thieulin--Pardo, 2021, p. 27).

564. Cf. Vinyoles Vidal; Illanes Zubieta (2012).

Parte III

Depois do parto: a criação

Passado o tempo da purificação de Maria, levaram
o menino a Jerusalém para apresentá-lo ao
Senhor, e também para oferecer, como a lei diz,
um par de rolas ou dois pombinhos.

A apresentação do Menino Jesus no templo quarenta dias após seu nascimento, ou seja, no dia 2 de fevereiro, foi outro momento-chave da maternidade de Maria. Isso estava de acordo com o Levítico, que afirmava que uma mulher que desse à luz um filho homem "ficará impura durante sete dias, como nos dias da menstruação. No oitavo dia o menino será circuncidado. A mãe ficará mais trinta e três dias em casa, purificando-se do sangue. Não poderá tocar nada de santo, nem entrar no santuário, até se completarem os dias da purificação"[565]. Após a primeira ocupação, a de alimentar o menino, Maria iniciava a tarefa da criação, e, para isso, necessitava estar livre de pecado; cumpria "a lei para a mulher que dá à luz um menino ou uma menina"[566], que obrigava a fazer uma oferta de maior ou menor valor,

565. Lv 12,2-4.

566. Lv 12,7.

dependendo de suas possibilidades: "Se não dispuser de recursos suficientes para oferecer um cordeiro, tomará duas rolas ou dois pombinhos, um para o holocausto e outro para o sacrifício pelo pecado. O sacerdote fará por ela a expiação, e será purificada"[567]; Maria levou duas rolas. As mulheres cristãs seguiram o exemplo da Virgem, de modo que não iam à igreja até quarenta dias depois de darem à luz[568]. O dia 2 de fevereiro, data da apresentação de Maria no templo, ficou marcado como o dia da Festa da Purificação ou da Candelária; seu nome se deve à tentativa de substituir uma festa pagã que coincidia com esse dia ou próximo a essa data. A obra *Legenda aurea* [*Legenda áurea*], de Tiago de Voragine (*c.* 1230-1298), expõe de que maneira o Papa Sérgio I (650-701) "tomou a louvável decisão de dar à *festa das luzes* um novo sentido", de forma que uma festividade pagã dos romanos se converteu em uma festa cristã. Como era difícil impedir que os cristãos desfrutassem da festa pagã, eles tinham a permissão para participar dela, mas com uma intenção diferente, e assim "ordenou que os cortejos luminosos que os romanos organizavam naquela época e que haviam se tornado populares em todas as províncias do Império fossem realizados pelos fiéis no dia 2 de fevereiro de cada ano, mas em homenagem à Mãe de Cristo e em forma de procissões, com os fiéis carregando velas previamente abençoadas em suas mãos"[569]. Assim começou a festa cristã da Candelária, que é a mesma Festa da Purificação.

A partir desse período de quarenta dias, quando muitas mães já haviam superado os piores momentos do parto, a maioria delas tinha forças suficiente para enfrentar a tarefa da criação. Por criação entende-se não apenas a "*acción y [el] efecto de criar, especialmente las madres o nodrizas mientras dura la lactancia*"[570], conforme consta no *Diccionario de la lengua española* da Real Academia, mas também outras tarefas maternas que vão além dos três anos que, na Idade Média, eram considerados apropriados para amamentar uma criança. A terminologia árabe-andaluza expande a noção de criar com vocábulos que apontam a "ações voltadas para a conquista da prosperidade de um indivíduo"[571], e essa acepção será levada em conta, em

567. Lv 12,8.

568. Sobre o tema da purificação e da apresentação no templo, cf. Watt (2015, p. 38).

569. Cf. Santiago de la Vorágine (1982, t. 1, p. 162).

570. Tradução da definição de "criação" no *Diccionario de la lengua española*: "ação e [o] efeito de criar, especialmente as mães ou as nutrizes durante a lactância" [N.T.].

571. Cf. Martínez Almira (2020, p. 53).

segundo lugar, como uma parte importante da criação. Será acrescentada, ainda, uma terceira dimensão ou aspecto: a dos frutos da maternidade, na forma de satisfação da mãe pelo trabalho realizado e pelo carinho recebido dos filhos, ou da insatisfação por não se sentir satisfeita consigo mesma ou grata pelo amor dos filhos. Essas três facetas serão tratadas nos três capítulos desta terceira parte do livro.

O capítulo 7 apresenta os problemas enfrentados pelas mães, geralmente de grupos econômicos mais desfavorecidos, que, incapazes de sustentar seus filhos ou suas filhas, tinham de abandoná-los. Além disso, aquelas que decidiam criá-los de qualquer forma tinham de se preocupar em evitar os acidentes ou os perigos a seu redor, tanto acidentais quanto intencionais, pois também não faltava um "barba azul" de crianças, que era um perigo real na área em que viviam.

O capítulo 8 é dedicado aos cuidados maternos que preocupavam as mães, além da alimentação e da busca pelo bem-estar, que eram os principais assuntos. Além dos cuidados físicos, as mães desempenhavam um papel de guias, instrutoras ou educadoras em todos os tipos de tarefas (costumes domésticos, etiqueta, relações com membros da comunidade – sejam amigos, familiares ou vizinhos). O relacionamento entre mãe e filha era especialmente importante, pois a primeira era a portadora de saberes e valores que eram transmitidos diretamente à segunda. Não se pode esquecer do papel das mães adotivas, e, por esse motivo, será tratada a questão do acolhimento de meninos e meninas durante os séculos da Idade Média.

Por fim, o capítulo 9 trata do valor da mãe, entendido como a estima que o relacionamento entre a mãe e seus filhos e filhas merecia. O suposto amor incondicional a seus rebentos nem sempre estava presente, e, por isso, o interesse em contemplar como esses relacionamentos eram de fato, que amor as crianças mereciam de uma mãe e que amor esta podia esperar delas. Além disso, em uma relação de afeto que se estabelece entre a pessoa que cria e a criança que recebeu os cuidados, é necessário levar em conta as mulheres que cuidavam de crianças pequenas, mesmo que não fossem seus filhos e filhas naturais, como nutrizes, madrastas ou mães adotivas, que aparecerão neste momento em que, na forma de um tríptico, o trabalho das mães será retratado em três fases essenciais: uma fase de primeiras decisões, um segundo período dedicado à tarefa educativa e uma fase final de valorização da estima da mãe.

7
Começos difíceis: abandono e infanticídio

Viviam na Bretanha há muito tempo dois cavaleiros que eram vizinhos e bons amigos. Eram cavaleiros valentes e dignos, ricos de bens e terras, e muito próximos um do outro pela amizade e pela proximidade de suas casas. Além disso, cada um era casado com uma dama. Uma das mulheres ficou grávida. No fim da gestação deu à luz dois meninos. Seu senhor recebeu com eles uma grande alegria. Em seu contentamento, enviou um mensageiro a seu bom vizinho dizendo que sua mulher havia dado à luz dois filhos, e rezando para que um deles fosse batizado com seu nome. O homem rico estava comendo quando o mensageiro veio até ele. O criado se ajoelhou diante do estrado e falou a mensagem em seu ouvido. O senhor agradeceu a Deus pela felicidade que havia desabado sobre seu amigo, e concedeu um belo cavalo ao portador de boas notícias. A esposa, sentada à mesa junto ao marido, escutou a história do mensageiro e sorriu com as notícias. Era orgulhosa e astuta, com um coração invejoso e uma língua rancorosa. Não fez nenhum esforço para frear seus lábios, tomou a palavra e disse na presença de todos: "Que Deus me ajude, estou maravilhada com a ideia que um homem tão sábio teve de contar ao meu senhor, o que é motivo de vergonha e desonra para ele. Sua mulher teve dois filhos em um mesmo parto. Todos nós sabemos que uma mulher não dá à luz dois filhos em um único parto, a menos que dois homens os tenham gerado" […]. A dama difamadora engravidou nesse mesmo ano. Seu vizinho se vingou dela, porque, quando chegou sua hora, deu à luz duas meninas, para seu grande pesar. Ficou muito aflita. E assim se lamentou: "Ai de mim! O que farei? Jamais serei estimada ou honrada.

Estou desonrada pelo resto de meus dias. Estou envergonhada, essa é a mais pura verdade. Quando meu marido e seus parentes souberem do que aconteceu, nunca acreditarão que sou uma esposa imaculada. Eles se lembrarão de como julguei todas as mulheres na mesma situação do que eu. Recordarão como eu disse, em frente à minha casa, que minha vizinha não poderia ter sido mãe de dois se não tivesse sido mulher de dois antes. Agora tenho o melhor dos motivos para saber que estava errada e estou presa em minha própria armadilha. Aquela que cava um buraco para outro não pode saber que ela mesma pode cair no buraco. Se quiser falar em voz alta sobre seu próximo, é melhor não dizer nada além de elogios. A única maneira de não me envergonhar é que uma de minhas filhas morra. É um grande pecado, mas prefiro responder por ele diante de Deus a sofrer escárnio e opróbrio pelo resto de minha vida" [...]. A dama tinha uma criada na qual confiava, a quem havia sustentado e alimentado durante muito tempo. A criada era filha de um homem livre e era muito amada e apreciada por sua ama. Quando viu as lágrimas da senhora e escutou a amargura de sua queixa, a angústia foi como uma faca em seu coração. Inclinou-se sobre sua dama,
esforçando-se para trazer algum consolo a ela: "Senhora, não leve tão a sério. Deixe essa dor, porque tudo ficará bem. Entregue-me uma de suas filhas. Eu os livrarei dela, para que a senhora não seja desonrada e nunca mais a veja. Eu a depositarei, sã e salva, em um mosteiro. Algum cavaleiro a encontrará e, se Deus quiser, a criará".

A senhora sentiu uma grande alegria ao ouvir essas palavras. Prometeu à criada que, como recompensa por seu serviço, concederia o que ela desejasse. A criada pegou a menina – ainda sorrindo durante o sono – e a envolveu em um pano de linho. Sobre ele, colocou um pedaço de seda cor de sangue, trazida pelo marido dessa senhora de um bazar em Constantinopla, que nunca se viu tão bonita. Com um cordão de seda, amarraram um grande anel no braço da menina. Esse anel era de ouro fino, pesando uma onça inteira, e cravejado com granadas preciosíssimas. Nela foram gravadas letras, para que os que a encontrassem soubessem que era de uma boa casa. A criada pegou a criança e saiu do quarto. Ao cair da noite, quando tudo estava escuro, saiu da cidade e buscou o caminho que levava à floresta. Seguiu seu caminho, apertando a menina contra seu peito, até que, ao longe, à sua direita, ouviu o uivo de cães e o canto de galos. Achou que estava perto de um vilarejo e seguiu como uma chama de esperança, direcionando seus passos para lá, de onde vinham os ruídos. Em seguida, a criada entrou em uma rica e bela cidade, onde havia uma abadia grande e rica. Essa abadia tinha muitas monjas, e uma abadessa responsável por tudo. A criada contemplou a poderosa casa e considerou suas torres e seus muros, e a igreja com seu campanário. Dirigiu-se rapidamente à porta e, colocando a menina no chão, ajoelhou-se humildemente para fazer sua oração [...]. A criada olhou à sua volta e viu um freixo, plantado para dar sombra em um lugar ensolarado. Era uma árvore linda, grossa e frondosa, e estava dividida em quatro galhos fortes. A criada pegou a menina novamente em seus braços, correu até o freixo e colocou-a dentro da árvore. Deixou-a lá, entregando-a aos cuidados de Deus. Então ela voltou para sua senhora e lhe contou tudo o que havia feito.

Havia um porteiro na abadia cujo dever era abrir as portas da igreja antes que as pessoas viessem escutar o culto de Deus. Nessa noite, ele se levantou no horário de costume, acendeu velas e lamparinas, tocou os sinos e abriu as portas de par em par. Seus olhos pousaram no material sedoso dentro do freixo. A princípio, pensou que algum ladrão audacioso havia escondido seus itens roubados dentro da árvore. Apalpou com a mão para descobrir o que poderia ser e descobriu que era uma criança pequena. O porteiro louvou a Deus por sua bondade, pegou o pacote e o levou para sua casa. Com ele vivia sua filha, que era viúva – pois seu marido havia falecido – e tinha um bebê recém-nascido. O bom homem a chamou: "Filha, levante-se! Levante-se! Acenda uma fogueira e velas. Eu trouxe uma menina que acabei de encontrar nos galhos do freixo. Alimente-a com seu leite, aqueça-a e dê-lhe banho".

Ela obedeceu: acendeu o fogo, pegou a menina, aqueceu-a e deu-lhe banho, e, depois, ofereceu-lhe seu peito[572].

Essa história, tirada do *Lai de Freixo*, da escritora Maria de França (1145-1198), ilustra alguns dos costumes medievais para receber um recém-nascido ou uma recém-nascida, os quais, como já observado, variavam de cobrir a criança de cuidados meticulosos a não assumir nenhum cuidado e buscar uma forma

572. Cf. Francia (1975, p. 89-121).

de se desfazer da criança. Como exposto anteriormente, as mães cuidavam de seus filhos e de suas filhas com esmero nos primeiros dias e nas primeiras semanas após o nascimento, mas também havia aquelas que não podiam cuidar da criança, principalmente por motivos econômicos, embora não faltassem outras razões. Para livrar-se dela, recorriam a seu abandono em alguma igreja ou mosteiro, ou ao infanticídio. Essa segunda ideia chega a ser aventada pela personagem feminina desse *lai*, mas sua filha consegue escapar desse destino graças a algumas mulheres a seu redor, as quais a pegam, separam-na de sua mãe, tiram-na do palácio e a levam para um lugar nos arredores de uma abadia. Nesse local, o porteiro a encontra, cuidou dela e fez com que sua própria filha, que havia tido uma criança, lhe oferecesse o leite de seus seios. A abadessa a batizou como Freixo, por causa da árvore em que ela foi encontrada; a madre superiora seguiu assim a história de São Lourenço, que deve seu nome ao loureiro em que o Papa Sisto II (*c.* 215-258) o encontrou[573].

A história de Freixo continua quando essa jovem já está "na idade em que uma menina se torna mulher"[574] e adquiriu tantas virtudes que se tornou famosa na região. A fama de Freixo chega aos ouvidos de um cavaleiro de bom nome, o qual, depois de conhecê-la, propõe que ela vá viver com ele em seu castelo. Ela o segue e leva consigo o pano de seda e o anel que carregava desde o seu nascimento. Em pouco tempo, o cavaleiro deve se casar e, para isso, procura uma jovem dama de boa família. Então, a mãe de Freixo volta à cena e, ao acompanhar a filha até o quarto nupcial, descobre que a coberta da cama é um belo tecido que lhe é familiar. A mãe começa a questionar Freixo para descobrir onde ela conseguiu o tecido. Assim, ela descobre que se trata da filha que ela, um dia, abandonou.

Para além da anedota, o fragmento do *lai* de Maria de França oferece uma visão certeira sobre a complexa realidade do pós-parto para uma mulher; esta deve ser capaz de, por um lado, satisfazer os cuidados físicos e espirituais da criança, a amamentação e o batismo, no caso de famílias cristãs, e, por outro lado, tomar a difícil decisão de não se encarregar dela, renunciar a ser sua mãe

573. Cf. Gaiffier; Tervarent (1936, p. 39).

574. Cf. Francia (1975, p. 89-121).

ou acabar com sua vida, no caso de não desejá-la ou não poder cuidá-la. Após expor os primeiros cuidados no capítulo anterior, este capítulo tratará dos aspectos mais controversos e difíceis da maternidade: o abandono dos filhos e o infanticídio. Além dessas decisões, havia outras preocupações que poderiam surgir no relacionamento entre mãe e filho/filha, especialmente os acidentes que os pequenos e as pequenas podiam sofrer.

O *Lai de Freixo* descreve a relação de uma mãe que está disposta a matar sua filha em vez de se expor a uma má reputação social. Essa prática não era comum entre os grupos privilegiados, embora ocorresse em casos de gravidez indesejada devido à desonra. No entanto, nos grupos desfavorecidos, o abandono e a exposição de crianças recém-nascidas ou pequenas eram muito mais frequentes devido à falta de recursos para assumir o cuidado delas. Trata-se de duas práticas diferentes: o abandono significava deixá-las à própria sorte, forçando-as a confiar em suas próprias forças, no meio de uma floresta, por exemplo; enquanto a exposição, por outro lado, implicava uma certa esperança, o anseio de que, ao serem encontradas às portas de uma instituição, receberiam os cuidados necessários[575]. O caso de Freixo pode ser considerado abandono, ao ter sido colocada ao pé de uma árvore na floresta, embora não fosse arriscado qualificá-lo como exposição, já que a árvore estava perto de um mosteiro. Essa distinção não será tratada aqui, porque, como elas provavelmente faleciam, há poucos relatos sobre crianças abandonadas, enquanto há mais registros documentais de crianças expostas nas proximidades de um estabelecimento, de uma instituição ou até mesmo de um lar. Por outro lado, as causas que motivavam uma ou outra decisão eram semelhantes; a diferença estava na sorte dos pequenos ou das pequenas, que dependia do lugar de onde eles haviam caído, do fato de alguém os encontrar ou não e da generosidade e da sorte de quem os encontrava.

"Um lugar propício por antonomásia para depositar crianças abandonadas eram as igrejas, porque o apelo à caridade cristã chegava, nesses casos, a seu nível mais alto."[576] A exposição de crianças recém-nascidas em lugares como as

575. Cf. Calbet i Camarasa; Escudé y Aixalà (1988).

576. Cf. García Herrero (1990, vol. 1, p. 66).

portas de uma igreja, os arredores de um convento ou as portas de uma casa rica foi uma prática cuja incidência não se pode avaliar, devido à escassez de documentos disponíveis. Por outro lado, não faltam documentos a respeito do abandono de um menor, como o processo que, no fim do século XV, relacionou García de Mendoza, prefeito e *merino mayor*[577] das irmandades de Álava, e Juan de Nanclares, morador de Subijana, em Álava:

> O referido processo era sobre a razão de que, estando juntos os vizinhos do dito lugar de Trespuentes ou a maioria deles no dito lugar, notificaram o mencionado alcaide de que há mais ou menos sete ou oito dias haviam encontrado diante das portas da Igreja de Santa Maria de Yrana uma criança, menina recém-nascida de cerca de quinze ou vinte dias, segundo parecia pelos seus gestos, e que o dito conselho a havia dado para criar e que suspeitavam que a referida criança havia sido deixada por alguma mulher que vivia na comarca maliciosamente[578].

Após realizada a pesquisa, o prefeito acrescentava que:

> Havia certa informação, e segundo aquela e os indícios e as presunções que haviam encontrado, de que Juana de Villodas havia estado grávida nos dias passados e que, no período do parto, havia saído e se ausentado do lugar de Villodas, onde vivia, e que, depois, havia voltado sem criança alguma e livre da dita gravidez, por isso a maioria das pessoas da comarca suspeitava que seria sua a dita criança e que ela a havia deixado para encobrir sua maldade por ter engravidado enquanto era casada e seu marido estava ausente.

Ao ser questionada se ela havia abandonado a menina, Joana de Villodas respondeu "que ela tinha parido na terra de [...] uma filha e que lá a havia dado para criar e que não era a que haviam encontrado na porta da dita igreja, nem Deus o quisesse, e se ofereceu para prová-lo"[579]. Embora o abuso de poder do

577. Alto oficial da Administração da Justiça em nível executivo, com poderes de ordem pública e outros de colaboração com o sistema de justiça [N. T.].

578. "Ejecutoria del pleito litigado por García de Mendoza, vecino de Vitoria (Álava), con Juan de Nanclares, vecino de Subijana (Álava), sobre abuso de jurisdicción cometido por García de Mendoza en un pleito por abandono de un niño" (cf. Archivo de la Real Chancillería de Valladolid, Registro de Ejecutorias, caja 32, 31, 1490-11-29).

579. "Ejecutoria del pleito litigado por García de Mendoza, vecino de Vitoria (Álava), con Juan de Nanclares, vecino de Subijana (Álava), sobre abuso de jurisdicción cometido por García de

prefeito da localidade tenha sido a causa da disputa, a origem desta, ou seja, a exposição de uma recém-nascida em uma igreja e a maneira como a pesquisa foi feita, é uma boa forma de ilustrar o que provavelmente acontecia com maior ou menor frequência em vilarejos medievais em todo o Ocidente cristão.

Esse fenômeno das crianças "expostas" foi objeto de atenção de diversos autores. Um dos trabalhos mais interessantes a respeito é de John Boswell, em um livro intitulado *The kindness of strangers* [A bondade dos estranhos], que trata do abandono de crianças na Europa Ocidental desde a Antiguidade Tardia até o Renascimento, ou seja, durante todo o período medieval. Esse historiador observou a grande preocupação dos padres da Igreja com a prostituição e, na busca por razões que explicassem tamanha preocupação, se deu conta de que provavelmente boa parte das meninas abandonadas acabava em bordéis, nos quais os homens se relacionavam sexualmente com mulheres às quais não conheciam, mas com quem podiam ter algum laço, ou seja, podiam ser suas filhas ou irmãs, de modo que estariam cometendo um caso de incesto. Boswell observou o uso frequente da expressão *aliena misericordia*, a misericórdia dos outros, que fazia referência à motivação das pessoas que acolhiam meninas e meninos abandonados, uma prática que deve ter sido muito comum durante o período medieval[580]. Embora a noção de que meninas fossem mais abandonadas do que meninos tenha sido amplamente difundida, os dados só deixam isso claro em alguns casos. Um estudo realizado para a cidade de Chartres no fim da Idade Média constatou que 49,4% das crianças abandonadas eram meninas, enquanto 41,7% eram meninos, deixando 8,8% sob a designação de "crianças", sem especificar o gênero[581].

Esse conflito, tão emocionante para os historiadores de hoje em dia, também despertou, na época, o interesse de alguns poetas, como a já mencionada Maria de França, que, além do *Lai de Freixo*, escreveu outro, o de *Milun*, baseado no abandono de recém-nascidos. A trama desse poema gira em torno

---

Mendoza en un pleito por abandono de un niño" (cf. Archivo de la Real Chancillería de Valladolid, Registro de Ejecutorias, caja 32, 31, 1490-11-29).

580. Cf. Herlihy (1984).

581. Cf. Billot (1975, p. 176).

de Milun, um cavaleiro cuja dama engravida de maneira ilegítima, e o filho de ambos é enviado para a casa de uma cunhada, onde será criado. Esses *lais* são histórias realistas, mas há muitos outros relatos de natureza fantástica ou lendária na literatura medieval, nos quais o tema das crianças substituídas ou roubadas é utilizado. É o caso dessa bela lenda supostamente baseada em uma história que ocorreu durante o reinado de Afonso VII (r. 1126-1157) em Astúrias, na entrada de uma ermida perto do Castelo de San Martín de las Arenas. A lenda é protagonizada por um nobre, D. Álvar Peláez de San Martín, sua esposa, o filho ilegítimo desta e um bandido chamado Nuño o Forte. Refugiando-se no átrio desse templo, Nuño vê D. Álvar, sua rica esposa Dona Maria de Lena e seu filho recém-nascido chegarem na garupa de seu cavalo. O ladrão ouve como o nobre pretende matar o menino, já que este é fruto de um relacionamento entre Dona Maria e D. Ares de Miranda. D. Álvar havia concordado em se casar com uma mulher que não era virgem, mas pretendia restaurar sua dignidade matando o menino. Nuño o Forte tenta impedir que isso aconteça, ameaçando o nobre de morte caso ele cometesse o assassinato planejado, e concorda em tomar conta da criança e manter o segredo do casal. O bandido faz com que uma aldeã da região crie o pequeno, e ele mesmo assume a educação da criança. A história termina com o reconhecimento de sua linhagem, quando a identidade de sua mãe é revelada a ele. Este é um recurso estereotipado nessas histórias, quando o jovem abandonado acaba identificando seus progenitores, especialmente a mãe. Mas, além do aspecto literário, a lenda de Nuño o Forte aponta não apenas para uma questão amorosa e afetiva, mas também para os direitos feudais, em relação aos recursos que um nobre poderia acumular se não tivesse um filho com quem dividir os bens de sua esposa. D. Álvar pretendia se apropriar de toda a herança de Maria de Lena se sumisse com o filho dela[582].

Talvez a utilização do abandono e da exposição de crianças como tema literário seja um sinal de que essas práticas eram comuns. Isso podia acontecer assim que o menino ou a menina nascesse, nos primeiros dias após o parto e até mais tarde, em geral por parte de mães pobres que não tinham condições

582. Cf. Corrales (2009).

de alimentá-los ou que vendiam o próprio leite para famílias que precisavam de uma nutriz. Essa prática ganhou grande importância a partir do século XIII, quando a prática da *oblatio* – a oferta ou a entrega combinada de crianças aos mosteiros –, que havia sido de grande importância desde o início da Idade Média, entrou em declínio.

Quando se fala de abandono, tende-se a pensar, em primeiro lugar, em meninos e meninas recém-nascidos ou com poucos dias de vida, mas a verdade é que o ato de se livrar de crianças, tanto das indesejadas quanto das desejadas, podia acontecer em muitos momentos da vida. Esse era o caso daquelas crianças pequenas, com 6, 7 anos de idade ou mais, que eram enviadas por seus pais a algum mosteiro para se tornarem *oblatos,* pessoas educadas para fazer parte da comunidade religiosa, embora nem sempre como monges. Do ponto de vista atual, o fenômeno dos *oblatos* não é considerado abandono, já que o fato de levar as crianças pequenas para uma instituição religiosa as salvava da provável morte que a miséria traria. Entretanto, alguns autores medievais o consideravam uma forma de abandono.

Se as crianças recém-nascidas ou os meninos e as meninas muito pequenos fossem expostos na porta de uma igreja, de um mosteiro ou do lar de uma família rica e, quando ficassem mais velhos, a mãe, o pai ou ambos não pudessem mais cuidar deles, eles eram levados para uma instituição religiosa ou para uma casa que tivesse a possibilidades de mantê-las. "Houve uma forma de abandono de crianças que alterou drasticamente os termos da 'servidão' à qual estavam submetidas, e teria constituído a evolução mais marcante na história do abandono no Ocidente durante os primeiros séculos da Idade Média"; é com essas palavras que John Boswell começa o capítulo "Uma inovação cristã: a oblação", em seu livro *Aliena misericordia.* A oblação era a entrega de um rebento como "presente permanente" a um mosteiro, um ato de amor e preocupação com o bem-estar da criança, pois a transferência para o mosteiro era, às vezes, para fins educativos. Já se sabe que esta era uma prática bastante difundida no início da Idade Média, por volta do século V. A Regra de São Bento (século VI) registra, no capítulo 59, essa forma de oferta em seus mosteiros:

DOS FILHOS DOS NOBRES OU DOS POBRES QUE SÃO OFERECIDOS

> [1]Se porventura algum nobre oferece o seu filho a Deus no mosteiro, se o jovem é menor de idade façam os seus pais a petição [...]; [2]e envolvam na toalha do altar essa petição e a mão do menino junto com a oblação, e assim o ofereçam. [3]Prometam, na presente petição, sob juramento, que nunca, por si, nem por pessoa interposta, lhe dão coisa alguma, em qualquer tempo, nem lhe proporcionam ocasião de possuir; [4]ou então, se não quiserem fazer isso e, como esmola, desejam oferecer ao mosteiro alguma coisa para a própria recompensa, [5]façam a doação das coisas que querem dar ao mosteiro, reservando o usufruto para si, se assim o desejarem. [...] [8]Aqueles, porém, que absolutamente nada possuem, façam simplesmente a petição e ofereçam seu filho, com a sua oblação, diante de testemunhas.

Embora a princípio se tratasse de uma estadia temporária, logo foi decidido que as crianças entregues permaneceriam no mosteiro para sempre. Não se sabe a época exata, mas sabe-se que, no fim do século VI, essa prática era normalizada. Já no ano de 549, um congresso em Orleans decidiu sobre a permanência das meninas que ingressavam nesses lugares como oblatas. A norma aparece em dois cânones do Quarto Concílio de Toledo, que ocorreu no ano de 633; os menores de ambos os sexos que entrassem como oblatos estavam sujeitos a viver no convento por toda a vida. As consequências disso eram, às vezes, bastante lamentáveis, como no caso da monja de Watton, com quem abrimos o capítulo 2, intitulado "Não quero ser mãe". Ela foi oferecida aos 4 anos à ordem religiosa gilbertina, onde se apaixonou por um jovem de um mosteiro masculino próximo e ficou grávida. Entretanto, apesar de problemas como esse, a oblação era uma das formas menos prejudiciais de abandono de menores, pois geralmente permitia que uma mãe pobre desfrutasse da tranquilidade de saber que seu filho ou sua filha se desenvolveria de maneira satisfatória, tanto material quanto espiritualmente. Talvez isso tenha propiciado que algumas das grandes figuras culturais e religiosas daquela época fossem crianças oblatas, abandonadas ou oferecidas a mosteiros, como nos casos de Beda o Venerável (século VIII), São Bonifácio (século VIII), Papa Gregório VII (século XI),

Hildegarda de Bingen (século XII), Tomás de Aquino (século XIII) e Papa Inocêncio V (século XIII), entre outros[583].

Um caminho semelhante foi seguido pelo escritor Guiberto de Nogent, autor de uma história da Primeira Cruzada e também de outra na qual narrou sua própria vida, uma das autobiografias mais interessantes da Idade Média. Nesse livro, ele revelou o papel que sua mãe, mulher culta e piedosa, desempenhou em sua criação, durante a mais tenra infância, até que, com cerca de 12 anos, ele a viu se retirar para um convento. Ele também passou a viver em um mosteiro, embora não tenha deixado claro se foi porque sua mãe o ofereceu ou como consequência da oferta feita por seu pai quando a esposa estava prestes a morrer durante o nascimento de Guiberto, diante do altar da mãe de Deus: "Foi prometido à divina Maria que, se naquele dia ela desse à família um filho homem, este seria consagrado nas Ordens Sagradas, a serviço de Deus e aos cuidados de sua salvação; que, se nascesse do sexo inferior, ela também seria dedicada ao culto divino"[584]. Seja como for, Guiberto não ingressou no convento até que sua mãe tenha decidido entrar ela mesma para o Mosteiro de Flavigny.

A partir do século XIII as mães deixaram de confiar seus filhos aos mosteiros e passaram a confiar mais na "misericórdia dos outros", que, como Boswell observou, era o que movia os "pais adotivos". A importância desse costume fica evidente em documentos conciliares deste século e do posterior, que tratam dele direta ou indiretamente. O primeiro dos concílios a refletir essa preocupação foi realizado em York em 1195, onde ficou estabelecido que, "quando for encontrada uma criança da qual não se sabe se foi batizada ou não, independentemente de ter sido encontrada com sal ou não – cujo significado será apresentado a seguir –, ela deve ser batizada"[585], fato relacionado a uma das maiores preocupações da Igreja cristã, o batismo, e que continuou presente nos concílios ingleses posteriores. Algo semelhante pode ser encontrado nos conclaves

583. Cf. Brown (1980, p. 68ss.).

584. Cf. Guiberto de Nogent (1825, p. 352).

585. Cf. Boswell (1988, p. 323).

realizados no reino da França; no de Burdeos, em 1234, pediu-se aos pais, às mães e às nutrizes que colocassem as crianças em berços e observou-se que, "como algumas mulheres malvadas têm o hábito de abandonar seus próprios filhos, elas devem ser advertidas de que, se Deus não permitir que o façam, o sal deve ser utilizado como sinal de que a criança foi batizada"[586]. Essa preocupação chegou ao próprio direito canônico, a partir do qual se tentou abordá-la, de modo que Gregório IX, papa entre 1227-1241, legislou que o abandono de crianças com o conhecimento e o consentimento dos pais seria punido com a perda do pátrio poder, algo que parece realmente irrisório.

As normas laicas sobre o abandono ou a exposição não eram particularmente severas com os progenitores que negligenciavam seus filhos ou suas filhas. Um código alemão, por exemplo, desenvolve a provável casuística da seguinte maneira:

> Se um pai ou uma mãe abandona uma criança e alguém a acolhe, cuida dela e a alimenta até que tenha idade suficiente para servir, ela deveria servir à pessoa que salvou sua vida. Se o pai ou a mãe a reivindicar, ou se o senhor desejar reivindicar seu filho ou sua filha, primeiro deve pagar os custos a quem cuidou dela[587].

No âmbito dos reinos hispânicos, alguns códigos e leis não se esqueceram das diversas situações que podiam surgir com o nascimento de uma criança indesejada cuja mãe não podia cuidar. Como acontece no código visigótico *Liber Iudiciorum*[588], que responsabilizava ambos os progenitores pela criação e pela alimentação de seus rebentos e considerava uma "impiedade" a exposição da criança por parte de qualquer um dos dois. Dessa maneira, a legislação visigótica denegava o *ius exponendi*, ou seja, a capacidade do pai de usar a exposição para se livrar de uma criança. Isso pode ser observado na versão do *Liber Iudiciorum*, chamada *Fuero Juzgo*:

> Que o homem livre ou a mulher que abandona a criança deve ser servo ou serva por ela. Se alguma pessoa pegar a menina ou o menino abandonado, criá-lo, e os pais o reconhecerem depois: se os pais

586. Cf. Boswell (1988, p. 324).

587. Cf. Boswell (1988, p. 326).

588. Cf. El libro… (2015, 4,4,1 antiqua).

> são pessoas livres, devem dar um servo pelo filho ou o equivalente ao valor de um. E se não quiserem fazê-lo, o juiz da terra deve obrigá-los a redimir a criança que abandonaram; e os pais devem ser banidos para sempre da terra. E se não tiverem de que possam redimi-la, aquele que a abandonou deve ser servo por ela[589].

Essa proibição a ambos os progenitores também se refletirá em textos posteriores tão paradigmáticos como o *Fuero Real* e as *Partidas*.

Por outro lado, é possível que o aumento do abandono das crianças tenha sido o motivo para a aplicação de penas mais severas para esse comportamento em alguns códigos locais redigidos no século XIII. Diferentemente dos textos legislativos anteriores, esses códigos fazem distinção entre o pai e a mãe, e é sobre essa última que recai a responsabilidade e a punição, como é possível ler neste trecho do código de Alarcón: "Sobre aquela que abandonar seu filho. E toda aquela mulher que abandonar seu filho em algum lugar deve ser castigada, e, além disso, deve ser obrigada a criar seu filho"[590]. Um texto igual ou com pequenas variações pode ser encontrado também nos códigos de Teruel, Alcaraz, Baeza, Béjar, Brihuega, Cuenca, Plasencia, Úbeda e Zorita de los Canes, alguns deles da mesma família de jurisdições.

As *Partidas* detalham a questão e desenvolvem uma lei a respeito do assunto, sob o título "*De los niños que son echados a las puertas de las Eglesias, e de los otros lugares: e de como los padres, e los señores que los echaron, non los pueden demandar, después que fueren criados*" [Sobre as crianças que são abandonadas nas portas das igrejas e de outros lugares: e sobre como os pais, e os senhores que as abandonaram, não as podem reclamar depois que forem criadas], cujos artigos refletiriam os sentimentos da sociedade em relação ao abandono, qualificando-o como "vergonha, ou crueldade ou maldade", e indicariam os lugares onde, na época da redação das *Partidas* (segunda metade do século XIII), isso era realizado com mais frequência: "Às portas das igrejas, dos hospitais e de outros lugares". Assim, tendo em vista as diferentes circunstâncias que podem surgir, o código castelhano estabelece:

589. Cf. Fuero Juzgo... (2002, 4,4,1).

590. Cf. Montanos (2020, p. 124).

> E, depois de tê-los desamparados, os homens bons ou as mulheres boas que os encontram têm piedade deles e os criam ou os dão a alguém que os crie. Então dizemos que se o pai ou a mãe reivindica tal filho ou filha, depois de tê-lo abandonado, e deseja recuperar seu poder, que não possa fazê-lo. Porque, por essa razão, perde o poder que tinha sobre ele ou ela, exceto se outra pessoa o tiver feito sem a ordem do pai ou da mãe e sem o conhecimento destes. Pois se os reivindicarem, assim que souberem, dizemos que o pai ou a mãe deve reembolsar as despesas a quem os criou, se quiserem reivindicá-los; mas se quem os criou o fez movido pelo amor de Deus, sem a intenção de receber outra recompensa, então os pais não são obrigados a reembolsar os gastos feitos durante a criação[591].

Sobre os pais e as mães recai a responsabilidade de salvaguardar a vida de sua prole, e os que não exercem essa responsabilidade são punidos, de modo que, quando um filho ou uma filha for abandonado, os progenitores devem garantir que ele ou ela caia em boas mãos e, consequentemente, não morra. Nesse caso, o *Fuero Real* castigava o pai ou a mãe com a morte, "pois fez algo para que morresse, é como se o tivesse matado"[592].

A normativa legal não evitou que a exposição fosse mantida. Ao longo da Idade Média há casos de crianças enjeitadas, como registrado em vários documentos da Baixa Idade Média, com relatos detalhados de mães explicando as razões do abandono; Leonor Rodriguez declarou, em 1497, que "pariu uma menina e que, como estava grávida, depois do parto ficou doente e pobre, de modo que teve de jogar a mencionada menina nas portas de uma igreja"[593].

Outra questão recorrente da qual tratam os diferentes órgãos legislativos é a própria venda de crianças que, em alguns casos, os progenitores praticavam. Nas *Partidas*, por exemplo, isso é feito da seguinte forma:

> Por quais razões o pai pode vender ou penhorar seu filho. Sendo o pai acometido por grande fome e tendo tão grande pobreza que não pudesse recorrer a outra coisa, então pode vender ou penhorar seus filhos para que tenha como comprar o que comer. E o motivo pelo

591. Cf. Afonso X o Sábio (1555, partida IV, título XX, lei IV).

592. Cf. Pérez Martín (2015, 4,22,3).

593. Cf. Álvarez Bezos (2013, doc. 24, p. 404).

qual pode fazer isso é este: porque, se o pai não tem outro recurso para poder livrar da morte a criança, é razoável que possa vendê-la e recorrer ao preço para que nenhum dos dois morra[594].

Séculos antes, o arcebispo de Canterbury, Teodoro de Tarso (*c.* 602-690), havia proibido que uma criança pudesse ser vendida antes dos 7 anos[595]. Ainda mais estranha e peculiar é esta outra possibilidade, novamente apontada nas *Partidas*:

> E ainda há outra razão pela qual o pai pode fazer isso. Porque, segundo o foro real da Espanha, estando o pai cercado em algum castelo por seu senhor, se fosse tão morto de fome e não tivesse o que comer, poderia comer o filho sem fazer mal em vez de deixar o castelo sem a permissão de seu senhor[596].

A possibilidade de poder comer um rebento era exclusivamente do pai: "Esse é outro direito de poder que o pai tem sobre os filhos que estão sob seu domínio e que a mãe não tem"; a esta não era permitido vender sua filha ou entregá-la à prostituição[597]. Do ponto de vista do século XXI, comer ou vender os próprios descendentes são consideradas experiências abomináveis, mas a verdade é que as duas coisas ocorreram algumas vezes, presume-se que mais a segunda do que a primeira. A ideia de comer carne humana em momentos de extrema necessidade é registrada em alguns documentos, embora isso, às vezes, possa ser considerado um exagero. O assassinato de crianças, em particular, chegou a ser praticado como tortura de guerra naqueles locais que foram conquistados pelo inimigo. Isso é narrado pela princesa bizantina Ana Comnena em *A Alexíada*, quando ela conta os abusos cometidos pelos normandos em seu caminho para as cruzadas:

> O imperador, sabendo o que Pedro – o Ermitão – havia sofrido antes dos turcos, o aconselhou a esperar a chegada dos outros condes, mas Pedro não quis escutar, porque confiava na sua multidão de seguidores; então atravessou e acampou perto de um pequeno vilarejo

594. Cf. Afonso X o Sábio (1555, partida IV, título XVII, lei VIII).

595. Cf. Demause (1982).

596. Cf. Afonso X o Sábio (1555, partida IV, título XVII, lei VIII).

597. Cf. Boswell (1988, p. 327).

> chamado Helenópolis. Depois dele, vieram 10 mil normandos, que se separaram do resto do exército e devastaram o país ao redor de Niceia, agindo da forma mais cruel com todos. Eles esquartejaram algumas crianças e colocaram outras em espetos de madeira e as assaram no fogo[598].

Também há evidências da compra e venda de jovens. Sabe-se que Hubert Walter (*c.* 1160-1205), arcebispo de Canterbury, comprou duas crianças pequenas, de aproximadamente 5 anos, que mais tarde se dedicariam à vida religiosa[599]. Em alguns documentos é possível ver que certos maridos que se sentiam enganados por suas esposas vendiam os filhos gerados por elas, os quais eram considerados fruto de sua infidelidade. Isso pode ser visto nesta sátira em verso do século XI, que conta a história de um mercador que havia ficado dois anos fora de casa e, ao retornar, encontrou uma criança recém-nascida que sua esposa alegava ter concebido bebendo neve dos Alpes. Na viagem seguinte, o mercador levou a criança junto, mas depois retornou sem ela, pois a havia vendido por uma boa quantia. Assim, ele diz à esposa:

> Sinto muito, querida,
> sinto muito, querida.
> Perdi teu filho,
> a quem tu
> não poderia ter amado mais do que eu.
> Formou-se uma tempestade,
> e a fúria dos ventos nos levou,
> completamente esgotados,
> às areias do norte da África.
> O sol estava batendo forte sobre nós,
> e o menino de neve
> se derreteu[600].

Houve também o caso do aluguel de menores. Uma história do fim do século XI proveniente do cartulário da abadia beneditina de Jumièges, no atual departamento de Sena Marítimo, narra o que aconteceu com um cidadão da Normandia chamado Etienne, cujo filho havia falecido sem quem ele ficasse

598. Cf. Comnena (2020).

599. Cf. Boswell (1988, p. 282).

600. Cf. Jacob (1858, p. 100).

sabendo. Sua mulher, a engenhosa Oringe, resolveu então alugar para si o filho de outra mulher, Ulburga, que vivia no vilarejo de Martigny e recebia dez salários ao ano por conta da cessão. O ingênuo Etienne, acreditando que o filho alugado era seu, fez dele seu herdeiro. O problema veio depois, com a morte de Oringe e, em seguida, com a morte de Etienne e com o fato de que Ulburga não recebia mais o dinheiro pelo aluguel de seu rebento. Por isso ela o pediu de volta, mas sem sucesso, já que os avós do menino, os pais de Oringe, se recusaram a entregá-lo. Diante dessa situação, Ulburga fez um apelo ao Duque Guilherme, que já havia se tornado rei, e à esposa dele, Mathilde. O soberano pediu conselhos sobre o assunto e decidiu submeter a mãe à prova do ferro quente para comprovar a veracidade de sua versão. Depois de passar nesse teste, o Rei Guilherme, por fim, devolveu o filho a ela[601].

A casuística sobre o abandono é, portanto, muito ampla. Os progenitores o praticavam quando não podiam alimentar ou criar seus descendentes, quando a pressão social fazia com que eles sentissem vergonha por ter concebido uma criança de forma ilegítima ou incestuosa, quando havia problemas de herança ou quando tinham a esperança de que seus filhos fossem acolhidos por alguém que tivesse a capacidade de lhes oferecer um futuro melhor, mas também, em alguns casos, quando não queriam assumir o esforço envolvido no cuidado e na criação. São Bernardino de Siena dizia: "Que gritos são esses? São as vozes dos inocentes jogados em seu Arno e suas latrinas ou enterrados vivos em seus jardins e seus estábulos, para evitar a vergonha do mundo"[602]. Sem informações sobre o número de pequenos e pequenas abandonados, é difícil especificar qual foi a razão predominante, mas não seria arriscado supor que a maioria ocorreu por essa incapacidade material para se responsabilizar por eles. A isso devem ser somados os casos de mães que faleciam, e também de pais, ficando a criança completamente órfã. Tudo isso foi muito comum durante a peste negra (a partir de 1348), quando as mortes durante o parto aumentaram.

Além dessas razões para o abandono, também é interessante observar as diferentes maneiras pelas quais ele era realizado, os sentimentos expressos por

601. Cf. Le Cacheux (1927, p. 205-216).

602. Cf. Presciutti (2011, p. 777).

escrito por quem sofreu ou praticou o abandono e as diferentes soluções que a sociedade medieval criou para enfrentar esse grave dilema. Os diversos caos que foram encontrados servirão para detalhar todos esses aspectos.

Um exemplo notável poderia ser o de Astrolábio, o filho de Heloísa e Abelardo, embora não se trate de um abandono como os demais. Heloísa viveu na Bretanha, na casa da irmã de seu amado, durante os meses antes de dar à luz, e depois, quando ambos regressaram a Paris, Astrolábio permaneceu sob os cuidados dessa mesma tia paterna. Ele pode ser considerado abandonado na medida em que Heloísa nunca mais voltou a vê-lo. Não há informações nas fontes sobre as razões que a fizeram tomar essa decisão. Seria possível pensar que, como em outras situações já vistas, foram motivos morais que a induziram? É difícil responder, pois, embora seja verdade que ela tenha engravidado antes de se casar com Abelardo, eles acabariam se casando de qualquer maneira.

A documentação de alguns hospitais onde as crianças eram depositadas fornece uma informação valiosa e detalhada, além de reunir alguns fatos significativos. Uma dessas instituições, em Valência, relata o caso de uma nutriz que abandonou sua filha após se apaixonar pelo escudeiro da casa em que trabalhava e fugir da cidade com ele[603]. Outro caso é o de uma mulher que teve uma menina ilegítima com um homem que, mais tarde, morreu e que a deixou no hospital com todos os dados relevantes para que a família dele se responsabilizasse por ela[604]. Um terceiro caso é o de uma mãe que sofria de alienação mental e que teve uma filha, para a qual a única saída foi o abandono. A descrição feita pelo hospital valenciano a respeito dela é a de uma "senhora que tinha vindo de Maiorca [...], era mulher errante"[605], ou seja, uma mulher desequilibrada, embora o termo "errante" pudesse se referir a sem-vergonha ou prostituta. A sociedade da época era implacável com as mulheres "errantes", é claro, embora com os homens "errantes" também, como evidencia Alfonso Martínez de Toledo no capítulo XVIII de *Arcebispo de Talavera* ou *Corbacho* ao destacar as re-

603. Cf. Rubio Vela (1982, p. 172).

604. Cf. Rubio Vela (1982, p. 172).

605. Cf. Rubio Vela (1982, n. 59, p. 171).

lações entre pessoas de ambos os sexos que não têm discernimento: "E desses, muitas vezes, saem os filhos abandonados nas igrejas durante as matinas"[606].

Seria interessante conhecer os sentimentos das pessoas abandonadas, mas é difícil encontrar depoimentos dessa natureza. Ao traçar histórias de santos ou de pessoas famosas, é possível encontrar menções à situação de desamparo em que suas vidas começaram, mas em nenhum caso relacionada às dificuldades econômicas de suas famílias. Dois deles podem ser destacados por sua importância: São Pedro Damião (1007-1072) e Guiberto de Nogent, os quais podem ser considerados "abandonados" por diferentes motivos. No caso de Pedro Damião, pelo tratamento recebido de sua mãe e de seu irmão mais velho, que se queixava que ela havia trazido outro filho ao mundo. E, no caso de Guiberto de Nogent, pela maneira como sua progenitora deixou o lar da família para ingressar em uma instituição religiosa, o que também afetou outros jovens de sua época[607]. De fato, essa pode ter sido uma das razões pelas quais Heloísa abandonou Astrolábio, pois ela já havia tomado a decisão de ingressar em algum centro religioso.

Também não é possível determinar por completo a dimensão do abandono infantil, embora a fundação e a abundância de hospitais ofereçam alguns dados que contribuem para demarcá-la. Nos primeiros séculos da Idade Média, o Império Romano do Oriente (depois conhecido como Império Bizantino) contava com instituições para recolher crianças recém-nascidas e órfãs já crescidas, como o *Orphanotropheion* [orfanato], fundado antes do Imperador Leão I (r. 457-474). Posteriormente, tanto em Constantinopla quanto nas províncias, foram criados alguns abrigos, conhecidos como *brephotropheia*, destinados ao cuidado de meninos e meninas. Esses centros começaram a ser implantados na época de Justiniano (482-565; r. 527-565), talvez a pedido de sua esposa, a Imperatriz Teodora (*c.* 501-548), mas logo desapareceram, ou pelo menos foi isso que seus registros fizeram.

Aparentemente, o abandono era menos frequente nos primeiros séculos do segundo milênio, mas pode-se observar um crescimento gradual desde o sécu-

606. Cf. Martínez de Toledo (1979, cap. VIII).

607. Cf. Boswell (1988, p. 284).

lo XIII, devido às sucessivas crises motivadas pela confluência dos três grandes inimigos do homem medieval, ou seja, a fome, a guerra e, em especial, a peste e sua recorrência desde meados do século XIV. Não seria arriscado supor que, como consequência do aumento das taxas de mortalidade de crianças de poucos meses ou poucos anos por causa da peste negra (a partir de 1348), surgiram instituições preocupadas com o bem-estar das crianças e que lhes ofereciam alojamento, cuidados e educação[608]. Na verdade, o problema não seria tanto a morte dos pequenos, mas sim a de mães e pais, que deixavam suas crianças órfãs, as quais, por não contarem com nenhum tipo de ajuda social, ficariam completamente desamparadas, podendo se tornar pobres e vagabundas, figuras indesejadas na sociedade medieval.

No século XV viu-se a fundação de hospitais, embora alguns estivessem dedicados exclusivamente ao cuidado de enjeitados. São encontrados exemplos valiosos na Europa Ocidental, em especial em cidades importantes como Roma, onde o Hospital do Santo Espírito ilustra a problemática dos menores abandonados entre os séculos XIII e XV.

Um afresco que retrata Sisto IV (papa entre 1471 e 1484) mostra uma inscrição que ressalta seu trabalho na recuperação da infraestrutura urbana de Roma e que o compara, em seu papel de papa, com um novo Augusto. Entre os projetos enumerados na inscrição se encontra o célebre hospital, conhecido também como *domum expositis*, ou seja, casa de enjeitados. Na verdade, Sisto IV não o fundou, mas sim refundou, em uma tentativa de resolver o problema social do abandono infantil, que, em toda a Itália, durante o século XV, era extraordinariamente crítico. O verdadeiro fundador do hospital era Inocêncio III (papa entre 1198 e 1216), motivado pelos frequentes casos de mães romanas que jogavam seus filhos no Rio Tibre para se desfazer das evidências de sua atividade sexual ilícita. Depois de os cadáveres dessas crianças terem sido recolhidos nas redes de pescadores e apresentados a Inocêncio III, este decidiu fundar, em 1204, um abrigo no qual essas mulheres "perversas" tivessem a opção de ocultar sua vergonha, colocando, de forma anônima, sua descendência indesejada. A instituição não apenas abrigava e cuidava de crianças aban-

608. Cf. Herlihy (1995, p. 229-234).

donadas, mas também atendia a pobres doentes ou simplesmente pessoas necessitadas de assistência. A sua profunda transformação para acolher apenas jovens enjeitados ocorreu apenas no século XV.

Uma evolução semelhante à do Hospital do Santo Espírito de Roma é encontrada em outras cidades, onde, inicialmente, havia algum hospital que, entre suas distintas funções, aceitava menores abandonados e que, com o tempo, acabava se especializando nesses cuidados. Em Valência foi fundada, no fim do século XIII, uma instituição de ajuda a órfãos[609] e, no século XIV, dois abrigos que cuidavam dessas crianças. Também no século XIV foi fundado um hospital dos inocentes em Portugal. Quem mandou construí-lo em Santarém, em 1321, junto ao bispo de Guarda, D. Martinho – que havia sido enjeitado –, foi Isabel de Aragão (1271-1336), rainha de Portugal (r. 1282-1325), que, mais tarde, foi santificada como Santa Isabel de Portugal. O documento de fundação é muito claro sobre as razões que a levaram a criar o hospital de inocentes e sobre as funções da instituição, que não diferiam daquelas que levaram à fundação desse tipo de hospital em outros lugares:

> Ordenamos que, dos terrenos que sobram deste hospital, de seus rendimentos, sejam criados meninos e meninas enjeitados, tantos quantos seja possível criar bem. E entendemos por meninos e meninas enjeitados aqueles que foram concebidos por algumas mulheres, que não ficam com eles por medo ou por vergonha ou por outros pecados grandes. E assim se perdiam suas almas e as dos que deixavam, que morriam sem batismo [...] que os criem e os amparem como é de justiça, conforme tanto quanto com as esmolas do hospital possam mantê-los [...]. E depois de estarem bem-criados, ordenamos que os ensinem bem à custa do hospital, conforme se entenda que seja mais conveniente para os jovens [...] para que possam viver[610].

Em outros países da Europa Ocidental foram construídos hospitais para meninas e meninos enjeitados[611], dando lugar, eventualmente, a verdadeiras joias arquitetônicas, como é o caso do famoso Hospital dos Inocentes de Florença, projetado por Filippo Brunelleschi (1377-1446) na primeira metade do século XV.

609. Cf. Rubio Vela (1982, p. 160).

610. Cf. Costa Toipa (2020, p. 99).

611. Cf. Evans-Grubbs (2011, p. 29ss.).

Essas instituições tinham como principal objetivo a sobrevivência dos menores abandonados em suas portas; eram chamadas de "hospitais de inocentes" porque, além de crianças, também acolhiam pessoas que tinham perdido o juízo. As informações sobre esses hospitais são parciais no que diz respeito ao número de pessoas ali acolhidas. Um bom exemplo bem-estudado é o Hospital de la Santa Creu i Sant Pau de Barcelona, no qual foram preservados os livros de enjeitados nos quais foram registrados os menores que entraram; o livro de 1412-1413 registra setenta e nove meninas e meninos que necessitavam de nutrizes, ou seja, estavam em período de lactância; outro livro que abrange o período de 1426-1430 registra cento e uma crianças[612]. Os dados evidenciam, parcialmente, a atividade desse hospital e oferecem uma amostra do que podia ocorrer em outros dos quais nenhuma documentação foi preservada. Todos os casos de abandono no campo ou em qualquer outro lugar de uma cidade que não fossem os hospitais ficariam de fora, e só por um milagre seriam encontrados e salvos. A documentação dos abrigos lança um pouco de luz sobre o complexo panorama do abandono, mas segue sendo muito difícil medir seu alcance total. Se o ato da exposição ocorria nas portas de uma instituição ou nos arredores de um convento, era porque a mãe o havia planejado e, portanto, dava alguma informação sobre a criança. Costurado na roupa ou pendurado no pescoço, as crianças carregavam um pequeno escrito informando seu nome e se eram ou não batizadas, algo muito importante para evitar um segundo batizado e as terríveis consequências espirituais que, segundo as crenças daquela época, podiam surgir disso. Os registros de um dos hospitais de Valência mostram algumas das fórmulas de exposição, a hora que a criança havia sido encontrada (às vezes durante a madrugada) e os detalhes do escrito que carregava:

> Na quinta-feira, 15 de outubro, trouxeram ao hospital uma menina com um bilhete que dizia que ela estava batizada e que se chamava Iolanda.
>
> Bruneta veio ao hospital no dia 11 de julho, na hora do primeiro sono, carregando um bilhete que informava que ela já estava batizada.

612. Cf. Vinyoles Vidal; Illanes Zubieta (2012).

> Catarina veio ao hospital no domingo, dia 27 de agosto, pela manhã, antes da alvorada, carregando um bilhete que dizia que já estava batizada.
>
> Na quarta-feira, 8 de novembro, trouxeram ao hospital um menino com um bilhete, no qual estava escrito o nome Johan.

O primeiro passo após a chegada de um enjeitado a alguma dessas instituições era encontrar sua mãe ou sua família, algo que as pessoas responsáveis nos hospitais tentavam fazer. O administrador do Hospital de Valência utilizava os serviços das "corredoras", mulheres que conheciam bem a cidade e que buscavam informações sobre grávidas recentes que provavelmente tivessem dado à luz e nunca apareceram com seus rebentos. Às vezes essas investigações eram frutíferas, e o hospital recompensava a corredora com uma pequena quantia: "Foi dado um soldo à corredora que nos disse de quem era a criança que haviam levado ao hospital, a qual devolvemos para que a pudessem nutrir bem"[613]. Caso a mãe fosse encontrada, a criança era devolvida, para que ela, sozinha ou com seu marido ou amante, assumisse a criação.

Havia também situações de progenitores que abandonavam uma criança por não ter recursos para alimentá-la e que, depois de um tempo, voltavam para buscá-la. Um exemplo disso é o caso de uma menina deixada aos cuidados do hospital de Barcelona com um bilhete que dizia: "Prezados senhores, essa menina foi deixada aqui porque seu pai não está nesta terra e sua mãe não pode alimentá-la. Por isso rogamos que cuidem dela, pois, quando seu pai voltar, ele os pagará". Casos semelhantes ocorriam com mulheres que abandonavam seus filhos ou suas filhas e depois se arrependiam; posteriormente, buscavam a criança no abrigo, no qual, embora pretendessem cobrá-la pelos serviços prestados pelas nutrizes, não podiam fazê-lo, pois esses casos, geralmente, envolviam mães indigentes[614]. Os casos de arrependimentos evidenciam o profundo dilema no qual muitas mulheres estariam ao considerar a exposição. Elas sofreriam o problema emocional derivado da separação da criança recém-nascida, mas se livrariam do fardo da criação e da pressão social

613. Cf. Rubio Vela (1982, n. 56, p. 171).

614. Cf. Rubio Vela (1982, n. 56, p. 171).

ao qual se viam submetidas. Além da má consciência derivada de sua ação, que outras penas podiam recair sobre uma mãe que abandonava seu rebento? Chama a atenção que, como foi destacado anteriormente, nem a legislação religiosa nem a dos reinos europeus previam punições severas para isso, provavelmente pelo fato de que a maioria das pessoas que cometiam essas infrações também não tinha condições de arcar com as sanções pecuniárias.

O problema inicial, a falta de recursos para alimentar os filhos ou as filhas, era transferido para a instituição que os acolhia, a qual estava duplamente vinculada, tanto pelos regulamentos a esse respeito quanto pela obrigação moral de assistir essas crianças da melhor maneira possível. A princípio, era questão de encontrar uma ama de leite que as amamentasse, em geral entre as mulheres locais que haviam dado à luz recentemente e tinham leite suficiente para outra criança lactante, embora, às vezes, nem fosse necessário compartilhar com o recém-chegado, pois sua própria criança havia morrido. Há muitos exemplos na documentação a esse respeito. Um caso ilustrativo é o que deu origem a uma disputa entre Francisco Ochoa e Juan de Zamora e seus consortes, vizinhos de Zamora, envolvendo uma criança exposta às portas do Hospital de Santa María de Caño, na mesma cidade, que estava ativo durante a segunda metade do século XV[615]. Juan de Zamora denunciava Francisco Ochoa por este ter "jogado uma criança" no Hospital de Santa María de Caño; a justiça e o prefeito da cidade fizeram com que Francisco Ochoa e sua esposa jurassem, e

> disse e respondeu o mencionado Ochoa o seguinte: que na noite passada, ele e Catarina, sua mulher, tinham levado a referida criança ao hospital porque ele viu que a levavam, e que a mulher disse que a colocou para criar por amor a Deus e que a criava de rua em rua, e quem lhe desse leite para mamar por amor a Deus, e que o tinha até que não encontrava quem lhe desse de mamar, e uma vez que não podia manter assim por amor a Deus, soube que sua mãe estava no Hospital de Caño e, devido a isso, haviam deixado a criança lá.

A mulher de Francisco Ochoa declarou que "podia fazer sete dias que tinha a mencionada criança por amor a Deus porque esta estava morrendo, e que tinha procurado vizinhas que lhe dessem leite para mamar e que, se não a

615. Cf. Archivo de la Real Chancillería de Valladolid, registro de ejecutorias, caja 282, 38.

tivessem acolhido, teria morrido, pois havia sido encontrada com uma mulher que vivia na igreja maior". Catarina esperava encontrar alguma mãe que tivesse acabado de perder seu bebê e que pudesse cuidar da criança, algo que acontecia não apenas na literatura – como no caso de Freixo –, mas também na vida real: em Saragoça, na metade do século XV, uma mulher chamada Maria Garcés acolheu um menino enjeitado e o amamentou durante três anos, "porque um filho meu havia morrido"[616]. A justiça determinou que Francisco Ochoa se responsabilizasse pela criança, e ele respondeu que, por muitos motivos, não poderia criá-la nem fazer com que fosse criada: "Primeiro porque não era seu filho, segundo porque sua mulher não tinha leite e terceiro porque era pobre e não tinha nem encontrava ama para criá-lo". Estava disposto apenas a cuidar da criança até que aparecesse o pai ou a mãe dela. O litígio é complicado e, ao mesmo tempo, interessante, porque a narração dos fatos evidencia alguns comportamentos e conflitos que podiam surgir da exposição de crianças recém-nascidas. Os hospitais para enjeitados eram o remédio para essas situações; criados nos séculos finais da Idade Média, seu auge coincidiu com a admissão de mulheres grávidas em hospitais nos quais mulheres pobres podiam dar à luz. Não há registro de que esse tenha sido o caso do Hospital de Zamora.

O menino de Zamora corria risco de vida. Levando em conta as práticas envolvidas, há uma linha tênue entre a exposição e o infanticídio, e assim observa Francesc Eiximenis em *El carro de las donas*: "E é considerado homicida aquele que coloca uma criança em um lugar público, assim como aqueles que as colocam em qualquer porta quando nascem"[617]. Para Eiximenis, homicídio era deixar uma criança em um lugar público ou expô-la em qualquer porta. Evitar ser considerado um assassino também poderia ser uma das razões pelas quais Francisco Ochoa insistiu no caso do menino exposto no Hospital de Caño de Zamora, quando disse que, se a criança "morresse por falta de cuidado", não seria "sua culpa e sua responsabilidade". A mãe que expunha seus filhos e suas filhas em uma instituição nutria a esperança de que estes fossem salvos, e esse seria o álibi da mãe de Zamora.

616. Cf. García Herrero (2005, p. 47).

617. Cf. Eiximenis (2004, p. 746).

As que não tinham esse álibi eram, por exemplo, as mães mencionadas anteriormente, que jogavam seus filhos e suas filhas no Rio Tibre e que, sem dúvida, cometiam infanticídio, embora, em muitos casos, tenham jogado corpos que já estavam sem vida. A maioria desses casos, que se encaixam na definição da palavra "infanticídio" contida no *Dicionário Houaiss da Língua Portuguesa*, "assassínio de uma criança, especialmente de um recém-nascido", tinha a mesma premissa que o abandono, ou seja, a pobreza da mãe ou da família e a vergonha de ter cometido uma violação grave das normas sociais. A esses casos deve-se acrescentar um novo: o fato de o neonato ter nascido com uma má-formação. No *Diccionario de usos del español*, María Moliner refina ainda mais e chama de infanticídio "*la acción de matar a un niño. Particularmente cuando lo ejecuta la propia madre para ocultar que lo ha tenido*"[618]. De qualquer forma, esse termo não foi utilizado nos diferentes idiomas europeus até séculos após a Idade Média; na Inglaterra não foi encontrado até o século XVII[619], e, na Espanha, foi registrado pela primeira vez no volume IV do *Diccionario de Autoridades*, publicado em 1734.

As fontes literárias, religiosas, jurídicas ou ficcionais detalham muitos casos de homicídio infantil pouco verossímeis e, portanto, não muito válidos para este estudo. A verdade é que se trata de um fenômeno pouco documentado porque, embora difundido e aceito pela sociedade, foi registrado e descrito em um nível muito baixo para ser tido como algo preciso e objetivo até os dias atuais. Uma das melhores fontes para estudar o infanticídio pode ser encontrada nas cartas de perdão dos séculos XIV e XV que os reis concediam a quem as solicitava após cometer o crime. Por outro lado, é provável que o infanticídio fosse fácil de esconder ou também passasse despercebido em uma sociedade na qual a mortalidade infantil era tão alta que não havia necessidade de eliminar uma criança indesejada, bastava esperar algum dos muitos acidentes domésticos que poderiam acabar com sua vida.

618. Tradução da definição de "infanticídio" no *Diccionario de usos del español*: "ação de matar uma criança. Principalmente quando isso é feito pela própria mãe para ocultar o fato de que ela teve a criança" [N.T.].

619. Cf. Sandidge (2005, p. 291).

Quantos meninos e meninas morriam nas mãos de mães, pais ou outros parentes ou pessoas próximas? É impossível determinar seu número, mas suspeita-se que fossem muitos, especialmente meninas[620]. No entanto, o exame de documentos forenses de algumas cidades inglesas mostrou a baixa incidência de casos de infanticídio com relação ao total de homicídios praticados. A análise dos documentos de Oxford permitiu que Barbara Hanawalt deduzisse que, em uma amostra de cerca de 4 mil assassinatos retirados das listas de médicos legistas e de entradas em prisões, houve apenas dois de recém-nascidos. No primeiro, duas mulheres haviam sido acusadas de afogar um menino de três dias em um canal, supõe-se que de um rio. No segundo, os jurados de Oxford deixaram registrado que uma menina de apenas meio dia de vida havia sido levada pelo rio e que eles não sabiam quem eram seus progenitores, presumindo, ao mesmo tempo, que ela não havia sido batizada, já que seu umbigo não estava preso[621]. Nos arquivos espanhóis é difícil encontrar algum caso antes do século XVI. Na França, as cartas de misericórdia solicitadas ao rei fornecem informações interessantes sobre o assunto, especialmente de uma perspectiva moral, mas são documentos pouco confiáveis, pois os requerentes estavam naturalmente inclinados a distorcer os fatos a seu favor.

Também é possível se perguntar quais métodos eram usados para tirar a vida de crianças que tinham apenas alguns dias ou semanas de vida. Como foi visto no caso das mulheres de Roma e dos infanticídios em Oxford, o afogamento em um rio próximo era uma das práticas mais difundidas, como é possível ver no texto dos documentos de Oxford que descreve o caso da menina mencionada anteriormente:

> Aconteceu na sexta-feira, após a Festa de São João, em frente à Porta Latina, uma menina foi encontrada morta no Tâmisa, perto da mansão dos Frades Menores. Os médicos legistas chegaram ao local e realizaram uma investigação nas quatro paróquias mais próximas, a saber: St. Thomas the Martyr, St. Ebbe, St. Aldate e St. Peter-le-Bailey, sob juramento de Ric. de Warborughe, Will, de Gruteworth, John Sothe, Michael Pille, Hen. Bourne, Rob. Graunt, Ric. Bate, John Here-

620. Cf. Damme (1978, p. 2).

621. Cf. Hanawalt (1977, p. 9).

ward, Ric. Lachford, Río. Draper, John le Webbe e Philip de Bath, os quais dizem que a mencionada menina tinha meio dia de vida, conforme eles acreditam, e foi levada pelo riacho até o referido lugar, e não conheciam o pai nem a mãe, nem sabiam de onde ela vinha; e dizem que ela não tinha nome, até onde eles sabiam. Eles também dizem que ela não foi batizada, conforme acreditam, por causa do sinal de que seu umbigo não estava amarrado. Quando perguntados se alguém ajudou ou aconselhou a morte, eles dizem que não sabem de nada. O primeiro pesquisador foi William Sweyn, *waynepayn* (*breadwinner*); suas garantias são Philip de Bathe e John le Webbe[622].

Outro método muito difundido era a asfixia na cama. A criança era colocada na cama com os adultos e morria entre eles, em alguma postura na qual lhe faltava o ar, daí as precauções que existem atualmente sobre a prática de compartilhar a cama entre os pais e uma criança pequena. Um estudo da Província de Canterbury, no século XV, revela que a asfixia era a principal causa de mortes infantis[623]. Várias regras da Igreja da Inglaterra são muito claras a respeito disso. Assim, os estatutos de Winchester, de 1224, estabelecem: "Sob ameaça de excomunhão da Igreja, as mulheres são proibidas de manter seus filhos perto delas na cama, para que as crianças não se asfixiem enquanto dormem"[624], regra que se repete em outros estatutos dessa época, como os de Coventry. Em todo caso, chama a atenção que se dirijam exclusivamente às mães, e não aos pais.

O mesmo risco de asfixia é destacado no *Tractado de los niños y del regimiento del ama*, de Bernardo de Gordonio, que, ao detalhar as condições que devem ser levadas em conta para escolher uma nutriz, diz:

> A décima quarta condição é que a ama cuide para não deitar a criança ao seu lado, próximo a ela, o que é muito perigoso. A criança deve estar deitada no berço, pois às vezes ocorre um perigo e escândalo, já que, quando a ama dorme, pode, por acaso, colocar o braço sobre a boca ou o peito da criança, e, assim, o infante pode ser sufocado. E, por isso, ordenamos e exigimos que a ama não acostume a criança a ficar junto a ela, pois, uma vez que esteja acostumada a isso, não será

622. Cf. Salter (1912, p. 27).

623. Cf. Helmholz (1975, p. 381).

624. Cf. Damme (1978, p. 3).

fácil mudar esse costume sem grande choro, porque a criança se deleita muito com o calor da mãe ou da ama. A criança deve ser envolta em peles e colocada no berço, e seu rosto deve ser coberto com um arco colocado sobre a face[625].

Quando a asfixia era consequência não intencional de um acidente ou descuido, às vezes era invocada a mediação da Virgem ou de algum santo para trazer a criança falecida de volta à vida. Ao pesquisar os milagres atribuídos ao Beato Urbano V é possível encontrar um exemplo disso, que ocorreu em 1371, em Avignon: uma mulher chamada Isabel, que havia acabado de dar à luz, encontrou sua filha de três dias inerte na cama e, "tocada por uma grande dor no coração, começou a chorar amargamente, sem saber se tinha sido ela mesma que, enquanto dormia, havia causado a morte de sua filha ou não, pois estava bem longe dela na cama"[626]. É possível que um móvel como o berço fosse especialmente necessário para evitar esse tipo de problema. Apesar de não ter aparecido com frequência em representações artísticas que não fossem do nascimento de Cristo até o século XIII, o berço era utilizado há séculos.

Diante de tudo isso, era possível questionar qual era o perfil de mães com maior probabilidade de acabar com a vida de seus rebentos de alguma dessas maneiras. A literatura medieval geralmente associava a sexualidade feminina fora do casamento, ou fora das normas religiosas ou jurídicas da época, ao assassinato de meninos e meninas. Dessa maneira, costuma-se caracterizar as autoras de tais crimes como mulheres que haviam concebido em pecado, ou seja, jovens solteiras ou mulheres casadas, mas grávidas de um homem que não era seu marido. Em todos os reinos da Europa Ocidental há documentações que oferecem uma ampla gama de casos nesse sentido. Nelas, a vergonha após um parto ilegítimo se torna uma ideia insuportável, de modo que as vítimas da sedução podiam estar dispostas a qualquer coisa para evitar a situação difícil, recorrendo à ocultação da gestação, ao parto clandestino nas piores condições de sofrimento e de risco de vida e, por fim, ao infanticídio. Assim como nos casos de abandono e exposição, em geral, eram as mulheres dos grupos sociais

---

625. Cf. Bernardo de Gordonio (2017, p. 17).

626. Cf. Sigal (1997, n. 45).

mais baixos que recorriam a essa última e fatídica decisão, embora também houvesse casos de mulheres que pertenciam às camadas mais ricas. Um documento de 1455 mostra o caso de uma menina de uma antiga família nobre de Flandres que pariu sem que ninguém soubesse, na casa de seu tio, o senhor de Lichtervelde. Assim que deu à luz, para manter o segredo e evitar a ira e a indignação do tio, a jovem degolou seu rebento[627].

É possível citar mais exemplos como esse, e quase todos refletirão situações dramáticas. Na *Primera crónica general de España* pode-se encontrar, como mencionado anteriormente, o caso de uma mulher que havia jogado seus sete rebentos na Albufera por causa da vergonha de pensarem que ela havia tido relações com sete homens. Um caso semelhante é o que narra a história de uma mulher que, tendo parido muitos filhos e sentindo muita vergonha disso, ordenou a uma criada que esta afogasse todos eles, exceto um. Ao se encontrar com o pai deles, a criada fingiu que estava carregando filhotes em uma cesta. O pai os salvou dessa morte e acabou criando-os em segredo, até que, finalmente, os apresentou à sua esposa e a alguns convidados. Sendo assim, hóspedes e filhos rezaram pela mãe[628]. A vergonha costuma fazer parte dos sentimentos da mulher, mas raramente faz parte dos sentimentos dos homens, em quem ela só parece se refugiar quando se trata de um sacerdote.

Algumas dessas "infanticidas" eram muito jovens e agiam fora de si ou sem plena consciência da situação na qual se encontravam, a ponto de se sentirem muito doentes e não saberem o motivo das dores que estavam sofrendo ou da "doença" que as estava causando. O sofrimento físico de um parto em condições precárias, causado por essa situação insuportável de rejeição e desprezo social, muitas vezes lhes provocava uma loucura assassina, sendo a palavra "loucura" usada em um sentido clínico, a partir do qual se podia deduzir que a mãe infanticida agia em meio a uma verdadeira crise de demência. As formas horríveis com que cometiam alguns desses homicídios levariam a pensar assim[629].

---

627. Cf. Brissaud (1972, p. 235).

628. Cf. Delpech (2012, p. 26).

629. Cf. Brissaud (1972).

O falecimento, intencional ou acidental, de crianças pequenas continuou para além do primeiro ano de vida, embora o termo utilizado nesse caso não seja "infanticídio", o qual se reserva ao assassinato deliberado de menores de pouca idade. Não eram apenas os progenitores os responsáveis por essas mortes; no século XV havia até mesmo uma espécie de "barba azul", Gilles de Rais (*c.* 1404-1440), que era um terrível assassino em série de meninos e meninas. E também houve casos como o relatado no capítulo XXIV de *Corbacho*, obra finalizada em 1438, em que o homicídio tem outro motivo:

> E já viu alguma vez uma mãe consentir na morte do filho ou da filha para não ser descoberta, porque o filho ou a filha havia sentido ou visto tal pecado? Em Tortosa vi fazer justiça a uma mulher que consentiu que seu amante matasse seu filho para que não fossem descobertos. Eu a vi ser queimada porque o filho disse: "Eu direi a meu pai, em boa-fé, que dormiste com Irazón, o pintor". A mãe contou ao amante, e ambos decidiram que o menino de 10 anos deveria morrer; e, assim, o amante o matou, e a mãe e ele o enterraram em um estábulo. Foi descoberto por um porco depois, e assim veio à tona[630].

Os episódios de maus-tratos que resultam no falecimento do menor podiam ser causados pelas ameaças da criança, como na história anterior, mas eram mais frequentes outros, como a ira dos adultos motivada por alguma travessura ou pelo choro irritante da criança. Essa pode ser a origem de um infanticídio cometido em La Vilueña, Saragoça, onde uma criança confiada a uma nutriz morreu dois meses após ir viver com ela e seu marido[631]. Especula-se que este tenha sido o responsável, já que, desde o início, ele não queria se encarregar da criação da criança e, além disso, o menino tinha sido a causa de grandes desentendimentos entre o casal. O documento que relata a tragédia aponta que o marido da ama, ao chegar em casa e encontrar o menino que sua esposa amamentaria, "bateu tanto na nutriz que a teria matado"[632] e a expulsou de casa, até que alguns vizinhos o convenceram a aceitá-la novamente, embora, na ocasião, seja possível que ele tenha conseguido deixar o lactante desassistido.

630. Cf. Martínez de Toledo (1979).

631. Cf. García Herrero (2005, p. 237-249).

632. Cf. García Herrero (2005, p. 248).

Também houve casos de meninos e meninas que foram vítimas de ladrões e assassinos que assaltavam as casas de família ou do ataque violento a um grupo de pessoas no qual estavam com suas mães. Foi o que aconteceu, por exemplo, em um caso a respeito do qual se tem registro: "As pessoas do conde chegaram, a mão armada, na localidade de Sobac, onde perseguiram as mulheres do local, especialmente a esposa de Guillemó de Soldevila, a qual havia parido apenas dez dias antes"; a criança morreu na fuga[633].

Levando em conta a extensão do fenômeno do infanticídio e a variedade de casos comentados, que penas eram aplicadas às mães ou a outras pessoas responsáveis por infanticídio, especialmente de crianças tão pequenas? A natureza dessas sanções por parte dos tribunais eclesiásticos e leigos permite inferir as atitudes e os sentimentos da sociedade em relação ao infanticídio e é um bom indicador disso. Antes de analisá-las convém especificar como as mães ou outros suspeitos eram julgados nesses casos, já que a justiça tinha a obrigação de encontrar e determinar quem eram os autores materiais desses crimes.

O processo começava com a descoberta do cadáver de um pequeno, e, em seguida, eram procuradas as mulheres que sabidamente estavam grávidas, mas que, depois de algum tempo, não se tinha notícias de que haviam dado à luz. Se tivessem passado alguns dias desde a data prevista para o parto, as autoridades iam até a casa das suspeitas para inspecionar seus seios, a fim de descobrir quem havia sido a parturiente que não havia amamentado seu recém-nascido. Entre os casos documentados nos reinos da Europa Ocidental há um especialmente interessante, porque envolve uma disputa entre as comunidades religiosas que habitavam o território hispânico na Idade Média. Aconteceu no *call* de Barcelona, o bairro judeu, em 1301, quando uma peixeira cristã chamada Rumia entrou para vender peixe e, poucas horas depois, uma escrava muçulmana encontrou o corpo de um recém-nascido sem vida[634]. Suspeitou-se de Rumia, a qual havia sido vista vendendo peixe no dia anterior ao da criança ser encontrada, e que, além disso, de acordo com testemunhas, levava, em sua

633. Cf. Vinyoles Vidal (2008, p. 78).

634. Cf. Lourie (1990).

cesta, um pacote que exalava um cheiro de gato ou cachorro morto, e também foram interrogadas a escrava muçulmana e várias parteiras judias que tinham clientes cristãs. Nunca se soube a identidade de quem depositou a criança morta. Pode não ter sido a peixeira cristã que colocou o corpo da criança embaixo de uma barraca, mas os judeus tiveram sorte de encontrá-lo no sábado à noite, pois, se tivesse sido no domingo e perto da catedral, onde ficava o *call*, as chances de um ataque ao bairro judeu teriam sido grandes, sob a acusação de assassinato ritual de uma criança.

A complexidade dos casos, as circunstâncias que envolviam o homicídio e as legislações dos próprios reinos faziam com que a natureza das penas impostas às suspeitas variasse. Nesse sentido, cabe destacar que, durante boa parte da Idade Média, esses crimes estiveram sob a jurisdição eclesiástica, embora, mais tarde, a jurisdição leiga também tenha cuidado deles. Em geral, nenhuma delas estabeleceu sanções muito severas. No século VI, o missionário irlandês Columbano (540-615) previu um ano a pão e água e dois anos sem carne nem vinho como forma de penitência por asfixia de menores na cama[635]. Era um castigo leve, nos moldes dos pecados veniais, assim como os penitenciais consideravam o infanticídio. Um século mais tarde, Teodoro de Tarso, arcebispo de Canterbury, o igualou a qualquer outro homicídio e, consequentemente, estabeleceu uma pena semelhante: quinze anos de prisão, exceto se a mãe fosse pobre, caso em que a pena era reduzida pela metade, para sete anos. Um século depois, Beda o Venerável, suposto autor de um penitencial, defende que a sanção depende do fato de a mãe ser pobre e incapaz de alimentar e criar seu filho ou sua filha, ou de ser uma "vagabunda" que, dessa forma, esconde sua fraqueza[636].

No penitencial de Burcardo de Worms, citado anteriormente, intitulado *Corrector et medicus*, destaca-se a duração das penas a serem cumpridas por infanticídio:

635. Cf. Kellum (1974, p. 368).

636. Cf. Sandidge (2005, p. 292).

Crime	Penitência
Matar um filho ou uma filha antes do batizado	1 ano
Matar um filho ou uma filha depois do batizado	3 anos
Negligenciar um filho ou uma filha, de modo que este morra sem ser batizado	1 ano
Matar um filho ou uma filha após o parto	12 anos
Ser negligente no cuidado de um filho ou uma filha e, assim, causar sua morte	3 anos
Tentar parar o choro de um filho ou uma filha cavando um buraco no chão e colocando a criança nele	5 dias a pão e água
Assegurar-se da morte de um filho ou uma filha cravando uma estaca na criança	2 anos
Assegurar-se da morte de uma mulher durante o parto cravando uma estaca nela	2 anos
Asfixiar involuntariamente um filho ou uma filha, seja a criança batizada ou não	jejum uma quarentena abstinência sexual uma quarentena jejum três quaresmas por ano
Morte acidental de um filho ou uma filha na cama de seus pais	40 dias a pão e água
Enterrar uma criança recém-nascida com um cálice e uma patena de cera	10 dias a pão e água

Com o tempo, a legislação se tornou mais rigorosa nesse sentido. Assim, no século XIII, nos estatutos de Exeter (1237), esse crime adquiriu o *status* de pecado mortal, embora ainda fosse considerado venial nas instruções aos párocos redigidas no século XIV, porque, em geral, o infanticídio era considerado "um pecado público por conduta ilícita". É bem conhecida a punição que recebeu uma mulher chamada Joan Rose, que foi condenada, em 1470, pelo assassinato de seu filho. O juiz ordenou que ela usasse vestes penitenciais, comparecesse na procissão de sua igreja paroquial durante três domingos e desse duas voltas nos mercados de Canterbury, Faversham e Ashford com essa indumentária, carregando uma vela de meia libra na mão direita e a faca com a qual ela havia matado seu filho, ou uma similar, na mão esquerda[637].

637. Cf. Helmholz (1975, p. 383).

Havia uma grande compreensão do motivo pelo qual as mulheres tinham de se livrar de seus filhos e suas filhas, e isso se manifestava em uma tendência à absolvição, que podia ser vista nas regras da Igreja e nos indultos dos reis. A Igreja, ao mesmo tempo em que aplicava seus próprios preceitos, sempre buscava atenuantes, como a falta de intenção – que era muito aplicada aos casos de morte por asfixia – ou a falta de recursos de uma mãe que não podia cuidar de sua criança.

Em alguns reinos as mulheres condenadas se amparavam no direito ao perdão; elas o solicitavam ao monarca para pedir o cancelamento das consequências penais de seu crime, nas circunstâncias atenuantes que invocavam. Entre os muitos exemplos que foram registrados, destaca-se o de Johanna le Vagh, acusada, em 1284, de matar sua filha em um acesso de fúria enquanto delirava e a quem Eduardo I da Inglaterra perdoou imediatamente, dada a força do veredito[638].

No entanto, houve também outros casos terríveis que mereceram penas maiores, como o dos pais que, após o já mencionado nascimento de um filho monstruoso em Cerbera, em 1343, "pensando supersticiosamente que estavam prevendo algum mal e que sua morte o evitaria, enterraram-no vivo. Seus pais foram punidos como parricidas, e os outros com eles"[639].

Dez anos depois do caso de Cerbera, em 1353, houve outro acontecimento interessante na cidade de Brno, na Morávia, atual República Tcheca. Uma mulher foi detida quando tentava afogar no rio um menino o qual havia dado à luz. Um júri de vinte e quatro membros se reuniu, com diferenças consideráveis entre eles, e chegou à conclusão de que "a mulher não deveria ser punida de forma alguma. E isso porque ela deu à luz um menino e tinha seu próprio direito sobre ele. Assim, ela pode matá-lo e fazê-lo perecer, pois cada um é livre para fazer com os seus o que quiser"[640]. Foi uma resolução que teve objeções, entre elas a de que afogar bebês recém-nascidos era um delito sujeito à condenação espiritual por parte de um confessor.

---

638. Cf. Damme (1978, p. 1).

639. Cf. Covarrubias (1977, p. 761).

640. Cf. Müller (2012, p. 129).

A literatura medieval foi, novamente, permeável à magnitude do fenômeno do infanticídio e deixou, em suas páginas, diversos exemplos disso, como aqueles encontrados, mais uma vez, nas *Cantigas*. A de número 17 aborda o incesto de uma mulher com seu filho, a gravidez dela, o homicídio do bebê recém-nascido, a subsequente condenação da mulher à morte e, por fim, sua salvação por parte da Virgem Maria. Trata-se de um relato que, como outros, aparece com pequenas modificações em outras obras do ocidente europeu, como os *Exempla*, de Jacques de Vitry, ou o *Speculum historiale (De muliere quae conceptum ex filio puerum interfecit)*, de Vicente de Beauvais (*c.* 1190-1264). Outra cantiga, a de número 108, narra o debate sobre a encarnação entre um judeu erudito e Merlin; o primeiro não acreditava no poder de Deus e, como castigo, teve um filho com o rosto virado para trás; o pai hebreu quis se livrar do menino, mas a Virgem o salvou e, por fim, ele foi batizado. Por outro lado, em *El libro de los exemplos*, Clemente Sánchez de Vercial conta que:

> Um bom homem foi ao abade do Mosteiro de Cister querendo receber o hábito de monge. E o abade lhe perguntou: "Você tem algo lá no mundo?"
>
> E ele respondeu: "Padre, tenho um filho".
>
> O abade lhe disse: "Se você quer ser monge, vá e lance o seu filho ao rio".
>
> E, ao sair para fazer o que o abade havia ordenado, este enviou um monge atrás dele para que não fizesse o que havia sido mandado. E, quando ele segurou o filho para lançá-lo no rio, o monge disse: "Cuidado, não faça isso!"
>
> E ele disse: "O abade me mandou fazer isso".
>
> E o monge respondeu: "Se, então, ele mandou você fazer isso, agora manda que não o faça".
>
> E ele deixou o filho e foi ao encontro do abade, tornando-se monge santo[641].

Esse monge parece um novo Abraão, pois segue a ordem de seu superior, que o coloca à prova para, assim, evitar a morte cruel de seu filho. Essa forma de agir segundo o modelo do patriarca bíblico, com a mão imóvel para não ceifar a vida de Isaac, não era aceita por muitos judeus, os quais, em alguns mo-

641. Cf. Sánchez de Vercial (2010, exemplo 109 (38), p. 152).

mentos difíceis de sua história, acreditavam que Abraão havia realmente matado seu filho[642]. Por essa razão tornou-se uma referência a ser seguida quando as comunidades hebraicas foram atacadas pelos cruzados durante os dois primeiros episódios dessas guerras religiosas. Apesar da proibição do infanticídio por esse culto, os hebreus consideraram necessário cortar a garganta de seus descendentes quando não houvesse outra saída, porque, de qualquer maneira, ninguém ficaria vivo ou todos estavam destinados a uma vida terrível. Nesse sentido, são muito conhecidas as matanças de Mainz (1096) e York (1190), após a passagem das tropas da primeira e da segunda cruzadas, respectivamente. Em Mainz, as mães acabaram com a vida de suas filhas e de seus filhos e, depois, se suicidaram, como mais tarde também o fizeram os homens[643].

Contudo, havia certa consciência da crueldade desses atos e do próprio infanticídio, como pode ser visto na já citada obra *La gran conquista de ultramar*, na qual é manifestada esta ideia: "Ele foi com eles chorando de forma muito intensa, porque lhes parecia uma grande crueldade matar aquelas crianças"[644]. Mas o que uma mulher sentia, uma vez que realizava tais ações? Sem dúvida, sentimentos profundos de pena ou culpa, mas também uma profunda preocupação pela salvação eterna do bebê que ela havia matado. Por isso, é necessário se perguntar se a mulher cumpriu com seu dever de batizar a criança antes da morte.

É difícil responder com precisão, mas é possível que, se tivessem a oportunidade de pensar friamente sobre o que tinham de fazer antes de deixar a criança morrer, não se esqueceriam do rito religioso do batismo. Na Idade Média, a morte de um neonato não batizado era considerada uma ideia insuportável e um verdadeiro crime, de modo que, para evitar a condenação posterior, as infanticidas costumavam alegar que haviam batizado a criança. Esse sacramento não era essencial apenas para a salvação do bebê, mas também para o enterro sagrado dessa criança.

Para mostrar o horror do infanticídio recorre-se ao mito bíblico da "matança dos inocentes", ordenada por Herodes para tentar acabar com o menino

642. Cf. Simms (2000, p. 340).

643. Cf. Ben-Sefer (2003, p. 37-38).

644. Cf. Cooper (1979, livro I, cap. LV, p. 29).

Jesus. A cena é mostrada na arte e na literatura medievais. Na arte, deve-se observar o excelente exemplo do afresco da Catedral de Mondonhedo do século XV, em Lugo, na Espanha; e, na literatura, o exemplo de Gonzalo de Berceo, que utilizou essa história em *Duelo de la Virgen* [Sofrimento da Virgem]:

> Erodes quis muito trabalhar
> para a vida do jovem rei ceifar;
> mandou todas as crianças de Belém matar,
> mas aquele que buscava não pôde encontrar[645].

Uma atitude diferente do cristianismo, que demonstrava certa comiseração pelas mulheres pobres, era a do Islã, claramente oposta ao infanticídio: "Não mateis vossos filhos por temor à miséria. Nós os sustentaremos, bem como a vós. O assassinato deles é um grave delito"[646]. As filhas, assim como os filhos, eram valorizadas como presentes de Deus, e o infanticídio feminino também era condenado[647].

Por todas as razões mencionadas até agora, parece evidente que foi algo que ocorreu com certa frequência, mas cuja dimensão é, no entanto, muito difícil de avaliar de maneira adequada. Barbara Hanawalt refletiu sobre essa carência de informações e propôs quatro possibilidades para explicar a falta de provas concretas para medir a magnitude desse problema: foi um fenômeno generalizado, mas aceito pela sociedade; foi ignorado nos registros; foi ocultado com sucesso; e, por fim, o assassinato intencional teria sido desnecessário em uma época na qual a mortalidade infantil estava entre 30 e 50%[648]. Apenas no primeiro ano de vida, morriam entre 20 e 30% das crianças recém-nascidas[649], ou seja, a vida delas era frágil e, até o terceiro ou quarto ano de vida, o risco de morte era alto. A partir dessa idade os jovens desfrutavam de uma maior supervisão, tanto paterna quanto materna, talvez pelo simples fato de que podiam ser mantidos mais à vista quando eram levados para as tarefas do campo ou outro tipo de trabalho. Em todo caso, a mortalidade infantil era muito alta e atingia todos os grupos sociais, incluindo a realeza e a mais alta nobreza. A

645. Cf. Berceo (1975, p. 45).

646. Alcorão 17,31.

647. Alcorão 42,49; 43,17; 81,8-9.

648. Cf. Hanawalt (1977, p. 14).

649. Cf. Shahar (1990, p. 149).

já mencionada Rainha Iolanda de Bar estava bem ciente disso, tendo em vista que, após sete partos, só conseguiu levar à idade adulta uma filha – a de mesmo nome.

Por isso, livrar-se intencionalmente de um filho ou uma filha indesejado e do qual não se podia cuidar não exigia o risco óbvio que o infanticídio acarretava para quem o perpetrava, tendo em vista os enormes obstáculos vitais que cercavam a infância, e só é possível citar a vergonha social como o principal incentivo para recorrer a ele. Diversos perigos, acidentes domésticos e doenças desconhecidas e incuráveis daquela época faziam com que a mortalidade infantil disparasse, de modo que as mortes não intencionais eram, de longe, as mais frequentes. Nesse sentido, Philippe de Novarre (*c.* 1200-*c.* 1270), em seu tratado *Des quatre âges de l'homme* [As quatro idades do homem], aponta os três grandes perigos enfrentados por uma criança pequena sem cuidados: o fogo, a água e as quedas.

O perigo do fogo é descrito com beleza e clareza no citado romance *La nodriza del infante*. O da água era frequente, já que, ao permanecerem sozinhos, os pequenos perambulavam pelo pátio da casa ou por suas imediações e caíam em poços, tanques e fossos. Além disso, outros acidentes podiam acabar com a vida deles, e há evidências disso em diversas obras literárias e na documentação histórica, naquelas ocasiões em que foi feita uma acusação contra os pais por negligência.

A cantiga 315, por exemplo, narra a história de uma camponesa que carrega seu filho para o local onde o trabalho de respiga a espera e o deixa junto a alguns maços, com o azar de o menino engolir uma espiga, embora, por fim, a intercessão da Virgem salve sua vida. Esse tipo de história mostra os perigos de todos os tipos que rondam os pequenos no mundo rural. Entre eles estavam também as mordidas e os venenos de animais. A obra *Sendebar o Libro de los engaños de las mujeres* [Sendebar ou Livro dos enganos das mulheres] adverte sobre a atração das cobras pelo leite materno; assim, em uma história conta como um cachorro "deitado perto de um menino, uma cobra muito grande veio até ele e queria matá-lo por causa do cheiro do leite materno"[650]; o pequeno se salvou porque o cão matou o réptil primeiro. Essa narração aparece tam-

650. Cf. Anônimo (2006, p. 108).

bém em *Kalila e Dimna*, a coleção de contos indianos que Afonso X mandou traduzir em meados do século XIII, na mesma época de *Sendebar*. Também em *El libro de los exemplos*, de Sánchez Vercial, há uma menção ao perigo que as serpentes representavam para os pequenos:

> Diz Santo Agostinho, em *De Civitate Dei*, que havia um homem que tinha, em sua casa, uma cobra muito mansa. Um dia, a cobra estava perto do fogo e, com o calor, mordeu um filho pequeno do bom homem, e assim, envenenado, de repente caiu morto no chão[651].

Também houve mortes por ataques de animais domésticos, como cachorros ou porcos. Johanna, uma menina de um mês, filha de Bernard de Irlaunde, morreu em seu berço pelas mordidas de uma porca; sua mãe a havia deixado sozinha em um quarto com a porta aberta, no qual o animal entrou e a mordeu no rosto[652]. Esse caso que aconteceu em Londres é semelhante ao da menina Agnes Perone, documentado nas investigações forenses de Oxford[653]. Agnes tinha apenas seis meses de vida quando um porco se lançou sobre ela e comeu parte de sua cabeça até o nariz.

Também é possível se perguntar se a dor pela morte de uma criança recém-nascida seria maior se esta perdesse a vida nas mãos da mãe ou se ocorresse por morte natural. É difícil responder, porque a documentação não transmite as sensibilidades maternas ou paternas diante desses eventos, embora os sentimentos como as emoções não possam ser ignorados. Um famoso escritor que viveu no século XVI, Michel de Montaigne (1533-1592), afirmou que havia perdido dois ou três filhos em idade precoce, não sem lástima, mas sem desgosto[654]. Em certa medida, ele respondia à atitude de resignação que era abundante entre a população, a qual aceitava a ideia de que "Deus me deu, Deus me tirou". A própria Igreja incentivava essa atitude ao esperar que os pais aceitassem a morte como uma prova de sua crença na ressurreição e reprovava as excessivas demonstrações de dor pela morte de um filho ou uma filha.

---

651. Cf. Sánchez de Vercial (2010, exemplo 74 (2), p. 100).

652. Cf. Hanawalt (1977, p. 15).

653. Cf. Salter (1912, p. 46).

654. Cf. Morel (2016/4).

A familiaridade da população com a morte frequentemente era acompanhada por uma atitude de aparente resignação, sustentada por rituais e comportamentos de apoio ao luto que permitem que a dor seja expressa, canalizada e acalmada na memória[655]. Como a dor era maior se falecesse uma criança recém-nascida ou se uma criança morresse nos primeiros dias de vida e não tivesse sido batizada, em países católicos – especialmente na França –, recorreu-se aos santuários *à répit* ("de respiro" ou "de descanso"), um tipo de local sagrado instituído no século XIV, quando a Igreja começou a condenar as pessoas que batizavam clandestinamente neonatos mortos. Algumas famílias levaram meninas e meninos falecidos, que não podiam ser batizados normalmente, para esses santuários especializados, onde rezavam para que a criança voltasse a viver por um curto período de tempo, apenas o suficiente para receber o batismo. Em alguns casos, ocorria o "milagre dos milagres", ou seja, um retorno da morte à vida. A criança pequena dava um "sinal de vida" e podia, então, receber o batismo, para, depois, morrer novamente, mas, nesse caso, preparada para entrar no paraíso, em vez de ficar vagando no limbo, onde estaria privada da visão de Deus. Era um pequeno intervalo de vida entre duas mortes. Esse momento iluminado é o motivo de uma famosa frase de Jules Michelet, que sustentava que: "Para a maioria das crianças, o berço é um breve momento de luz entre a noite e a noite"[656].

Voltando ao início, ao *Lai de Freixo*, pode-se perguntar: A literatura reflete os sentimentos dessas mães? Maria de França retrata a mãe cruel de uma filha perfeita; relata detalhes relevantes, mas omite outros que são fáceis de deduzir. As mães que abandonavam suas filhas e seus filhos começavam por não cumprir os ritos e os costumes criados e difundidos pelos reinos do ocidente europeu desde o início da Idade Média. Um bom exemplo disso é a não realização de uma cerimônia tão próxima do nascimento e tão importante quanto a apresentação no templo mencionada anteriormente. A mãe de Freixo não pode levá-la ao templo quando ela se apresentou com sua outra filha, a gêmea de Freixo, para cumprir esse rito, documentado na época em que Maria de França escreveu sua

655. Cf. Morel (2016/4).

656. "*Le berceau est pour la plupart des enfants un petit moment de lumière entre la nuit et la nuit*", famosa frase de Michelet (1860, p. 2).

história. Não há registros de como essa apresentação foi se ritualizando, mas, no século XII, as mães do reino da França e de outros lugares da Europa Ocidental tinham de ir à sua paróquia levando uma vela, uma oferenda e a companhia das mulheres que as tivessem assistido durante o parto, além de outras mulheres da família ou da vizinhança. Um sacerdote que lhe dava a bênção a recebia na porta do templo, e então a nova mãe ouvia a missa. A partir do século XII não houve muitas mudanças em relação a esse rito, mas ele foi limitado às mulheres casadas de forma legítima. O dia da purificação na igreja tem o significado de ter sido percebido como o momento de celebrar a capacidade de uma mãe de se levantar da cama após o parto e retomar uma vida ativa com sua família.

Não faltam relatos sobre o cumprimento desse rito por parte de algumas rainhas. Isabel a Católica se apresentou no templo no dia 9 de agosto de 1478, quarenta dias depois do nascimento de seu filho João. A descrição do séquito faz um relato do grande espetáculo:

> Ia o rei à frente dela [a rainha] muito festivamente, em uma égua ruça, vestido de um exuberante brocado e folheado a ouro, e um chapéu na cabeça bordado com fios de ouro, e a guarnição da égua era dourada, de veludo preto. Ia a rainha cavalgando em um trotador branco, em uma sela dourada muito rica [...]. Eles eram festejados por muitos instrumentos de trombetas e charamelas e muitas outras coisas, e músicas muito bem orquestradas que iam à frente deles [...]. Ia a ama do príncipe sobre uma mula, em uma albarda de veludo, e com um reposteiro de brocado vermelho: carregava o príncipe em seus braços [...]. A rainha ofereceu com o príncipe duas *excelentes* de ouro de cinquenta *excelentes* cada uma[657].

Isabel, assim como a Virgem Maria, cumpriu com a purificação que vinha sendo exigida pela Igreja desde os primeiros séculos medievais. Maria apresentou duas rolas ao templo, Isabel apresentou duas "*excelentes* de ouro" (a moeda de maior valor no reino de Castela e, no caso das apresentadas por Isabel, as mais valiosas – 50 *excelentes* cada uma), e suas súditas, as mães de seu reino, seguiriam seu exemplo. Quarenta dias após ter dado à luz, elas estavam em condições de começar a cumprir com suas tarefas de mães.

657. Cf. Bernáldez (1962, p. 75).

8
A criação

Na medida do possível, sê forte e feliz, meu amado filho, desfruta lendo as páginas que escrevi para ti, logo encontrarás doçura nelas.

A Palavra de Deus é vida; busca-a com diligência e instrui-te na sagrada doutrina. Então teu espírito experimentará as alegrias eternas.

Que o infinito e poderoso, luminoso e bom Rei se digne em todas as coisas a nutrir teu espírito, querida criança entrando na adolescência, que te proteja e defenda em todos os momentos.

Sê humilde de espírito e casto de corpo, sê diligente para servir aos grandes e aos pequenos, tanto quanto possível.

Sobretudo, teme e ama a Deus, com todo o teu coração, com toda a tua mente, com todas as tuas forças; e, depois, a teu pai, em todas as coisas.

Que o filho nascido de sua raça, aumentando a iluminação de seus pais e resplandecendo em meio aos nobres, nunca deixe de servir a Deus.

Ama aos grandes, honra aos grandes da corte, desce até os humildes, une-te aos bons, tem cuidado para não seguir os orgulhosos e os perversos.

Honra sempre os verdadeiros ministros dos ritos sagrados, os santos bispos; entrega-te em toda parte, com as mãos estendidas e com toda a simplicidade, aos guardiões dos altares.

Vem, com frequência, em auxílio às viúvas e aos órfãos, distribui comida e bebida aos peregrinos, prepara abrigos para eles e dá-lhe roupas aos que estão nus.

Sê um juiz equitativo nas causas, sem receber dádivas de nenhuma mão, e sem oprimir ninguém; tua recompensa será dada a ti por Deus.

Sê generoso em tuas esmolas, sempre atento e cuidadoso, compassivo e amável, esconde-as com cuidado e mantém-nas sempre fora.

Há alguém que sopesará tudo isso e que, atribuindo a cada um de acordo com seus méritos, suas ações, suas palavras e suas obras, poderá te recompensar com as estrelas do céu.

Bem, nobre criança, busca esses cuidados com ardor, para merecer a recompensa, e despreza as estacas de madeira seca e alcatrão [isto é, a morte].

Embora tua juventude, florescendo com dezesseis ramos [dezesseis anos], leve teus membros delicados a um número maior de anos.

O momento em que serás homem me parece muito distante. Eu gostaria de te ver como um homem se tivesse o poder, mas não terei tal felicidade.

Que vivas para Aquele que te criou em sua bondade e, ao fim de tua vida, participes da recompensa de seus servos.

Certamente, minha mente se move na escuridão, mas, mesmo assim, te imploro que leias as páginas deste livro com assiduidade e grave-as em tua memória.

Termino estes versos, com a ajuda de Deus, quando acabas de completar 16 anos, no momento de entrar no mês de dezembro, Festa de Santo André, e no Advento do Verbo.

Fim dos versos[658].

Dhuoda, uma mulher da nobreza carolíngia, escreveu esses versos no século IX. Quando ela tinha 14 anos, casaram-na com o Duque Bernardo de Septimânia, com quem ela teve dois filhos – Guilherme e Bernardo –, mas, apesar disso, ela passou sua vida sozinha e separada deles. Justamente para diminuir a distância com seu filho primogênito e manter o vínculo com ele, Dhuoda escreveu, entre os anos 841 e 843, o *Liber Manualis* [*Manual para meu filho*], um tratado de "teologia moral", uma obra "pedagógica", com a qual ela pretendia educar seu rebento Guilherme a distância. Já no prólogo, Dhuoda expõe os objetivos de sua obra:

658. Cf. Le Manuel de Dhuoda (843) (1978, p. 226-227).

> Apesar da fraqueza de minha inteligência, dirijo a ti este *Manual*. Assim como o jogo de xadrez é a mais brilhante das artes mundanas para um homem jovem; assim como o espelho de uma mulher lhe mostra o que deve desaparecer de seu rosto e o que ela deve deixar transparecer para satisfazer seu marido; assim eu desejo que, em meio ao turbilhão do mundo e do século, leias frequentemente meu livro. Faz isso em minha memória, com a mesma frequência com que nos olhamos no espelho ou jogamos xadrez. Faz isso, seja qual for o número de teus outros livros, e, com a ajuda de Deus, compreende-o. Encontrarás o que prefiras saber, de forma abreviada; encontrarás também um espelho no qual poderás considerar a saúde de tua alma, a fim de satisfazer não apenas as pessoas, mas também Aquele que te formou a partir da terra. Em meio às preocupações que me assolam, meu filho Guilherme, dirijo-te estas palavras de saudação, e meu coração deseja ardentemente que leias o que diz respeito ao teu nascimento. Tu encontrarás isso no início do texto a seguir[659].

O *Liber Manualis* é uma boa amostra do desejo que as mulheres da nobreza tinham de instruir seus descendentes e de como podiam fazê-lo. Dessa forma, Dhuoda recomendava a seu filho um modo de vida cristão, para o qual era fundamental rezar antes de ir para a cama, memorizar as orações – especialmente o Pai-nosso e o Credo – e praticar a virtude[660]. O estímulo de uma mãe era muito importante, porque dela vinha a maior influência formativa sobre o desenvolvimento espiritual. Assim como Dhuoda, todas as mulheres queriam instruir seus descendentes na retidão moral e nas melhores qualidades, mas nem todas tinham a capacidade, a formação ou as possibilidades daquelas que pertenciam aos grupos mais altos da sociedade.

Sem dúvida, sua obra constitui um magnífico exemplo da função pedagógica das mães, pelo menos em sua vertente teórica, já que, em muitas ocasiões, esse tipo de reflexão não era colocado em prática. Dhuoda desenvolveu uma abordagem educacional baseada em fazer de seus filhos bons cristãos e, ao mesmo tempo, bons seres humanos. Como no caso de outras mulheres no topo da sociedade, as chamadas *feminae potentes*, sobre essa senhora recaía a responsabilidade pela educação moral de sua casa. Ela teria gostado de cumpri-la

659. Cf. Le Manuel de Dhuoda (843) (1978, p. 50).

660. Cf. Ruys; Monagle (2019, p. 131).

diretamente e de ensinar a seus filhos as orações ou a leitura dos saltérios da família, mas não teve a chance de fazê-lo e só pode deixar um registro escrito de seu interesse. De qualquer forma, ela priorizou isso e deixou de lado outros aspectos da formação dos jovens nobres, como as habilidades para montar a cavalo ou a arte da guerra. Nada disso parece ter sido relevante para Dhuoda, mas isso não impede que seu *Liber Manualis* tenha deixado "uma impressão indelével do senso especial de responsabilidade de uma mãe para despertar a consciência"[661].

Ampliando o foco inicialmente colocado sobre Dhuoda, é possível se perguntar sobre o papel geral das mães na criação e na instrução de sua prole. A verdade é que, assim como aconteceu com essa nobre do século IX, as circunstâncias impediram que outras mulheres assumissem esse protagonismo, seja pela incapacidade de lidarem com o surgimento do cenário de desaparecimento por morte prematura ou pela falta de recursos econômicos para fazê-lo, seja porque, como Dhuoda, embora fossem capazes, não tinham seus descendentes por perto.

Ela foi uma pioneira ao propor em seu *Liber Manualis* os pontos essenciais que, mais tarde, muitas mães adotariam e complementariam com os princípios de uma das figuras mais relevantes da filosofia medieval, Tomás de Aquino: "Na espécie humana, a criança não precisa apenas de nutrição corporal, como os outros animais, mas também de instrução com relação à alma. Porque os outros animais têm naturalmente suas artes, com as quais podem se sustentar, e o ser humano vive com a razão, da qual se torna capaz depois de muito tempo de experiência"[662]. As mães eram, portanto, essenciais na nutrição corporal e espiritual de seus rebentos.

Neste capítulo pretende-se contemplar seu papel, presente ou ausente, nos anos iniciais de vida de meninos e meninas, quando, após os perigos do primeiro ano, era necessário assumir sua criação, entendendo como tal não apenas a nutrição, mas também a formação para a vida. Assim, o código das *Partidas* dizia:

---

661. Cf. Leyser; Smith (2011, p. 50).

662. Cf. Tomás de Aquino (2007, livro II, cap. CXXII).

> A criação é um dos maiores benefícios que um homem pode fazer a outro, porque todo homem é levado a fazê-la pelo grande amor que tem por aquele que cria, seja seu filho ou outro homem estranho. E essa criançăo tem uma força muito grande, especialmente aquela feita de pai para filho, ainda que ele já o ame naturalmente porque o gerou[663].
>
> [...]
>
> As mães devem nutrir e criar seus filhos menores de 3 anos, e os pais, aqueles que forem mais velhos. Porém, se a mãe for tão pobre que não possa criá-los, o pai é obrigado a dar o que for necessário para a sua criação[664].

Embora os 3 anos de idade tenham sido apresentados como um ponto de inflexão no tipo de alimentação recebida pelas crianças e, antes desse marco histórico, fosse esperado o máximo de cuidado com elas, conforme observado anteriormente, alguns estudos demonstram que havia uma maior supervisão entre 4 e 7 anos, idade na qual, devido à sua maior mobilidade, estavam mais propensas a sofrer acidentes. As diferenças na criação e na educação, visíveis em todas as épocas, eram muito profundas na Idade Média e estavam relacionadas ao gênero, ao grupo social e à comunidade religiosa, variáveis que são levadas em conta a seguir com diferentes exemplos.

Em primeiro lugar, e voltando ao código das *Partidas*, a criação implicava uma série de obrigações aos progenitores:

> A maneira como os pais devem criar seus filhos e dar-lhes o que for necessário, mesmo que não queiram, é esta: devem dar-lhes alimento, bebida, roupa, calçado, lugar para viver e todas as outras coisas que forem necessárias, sem as quais as pessoas não podem viver. E isso deve ser feito de acordo com a riqueza e o poder de cada um[665].

A lei definia determinados aspectos diferenciais da criação, que dependiam da posição social e econômica da família e, por isso, eram de caráter material; refere-se à qualidade da comida, da bebida, da vestimenta, do calçado ou da moradia. Apesar dos melhores cuidados disponíveis a meninas e meninos

---

663. Cf. Afonso X o Sábio (1555, partida IV, título XIX, lei I).

664. Cf. Afonso X o Sábio (1555, partida IV, título XIX, lei III).

665. Cf. Afonso X o Sábio (1555, partida IV, título XIX, lei II).

de famílias abastadas, os problemas de saúde eram graves no primeiro ano de vida de todas as crianças e se prolongavam por vários anos, causando uma mortalidade muito alta, como já observado várias vezes.

A saúde das crianças era, portanto, uma das primeiras e principais preocupações das mães. As cartas da Rainha Iolanda de Bar servem novamente para ilustrar os pormenores da maternidade, nesse caso, sua preocupação pela saúde de seus rebentos. Por meio das missivas que Iolanda enviou às amas-secas é possível entender o desvelo das mães diante das doenças dos pequenos e a extrema fragilidade da vida deles. Em uma ocasião, a rainha escreveu à aia para avisá-la de que ela e o marido voltariam mais tarde do que o previsto de uma viagem e pediu que ela a informasse sobre o estado de saúde das crianças; em outra, ela relata sobre febres que acometem a infanta Joana, filha do primeiro casamento de seu marido. Não faltam cartas pedindo que os infantes e as infantas sejam levados para um local seguro caso haja recorrência da *glànola*, a peste que, desde 1348, visitava e devastava, de tempos em tempos, as terras europeias.

É claro que a capacidade e os recursos de Iolanda e de outras mães de grupos da alta sociedade para trasladar seus rebentos a áreas livres de contágio não estavam disponíveis para a maioria das mulheres do Medievo. Em geral, o desespero para encontrar meios de curar seus filhos e suas filhas as levava a cair diretamente nas mãos de feiticeiras ou curandeiras que, com remédios mágicos ou amuletos, prometiam sua salvação. Se esses arranjos não davam resultado, o desamparo das mães podia se transformar em ira e até mesmo em violência contra as profissionais nas quais elas haviam confiado. O fato é que recorrer a esses métodos era considerado um pecado pela Igreja, a ponto de os sacerdotes, ao intervir na confissão, aconselharem as mães que valia mais a pena deixar seus filhos e suas filhas morrerem do que recorrer a essas curandeiras. São Vicente Ferrer, em um de seus *Sermones*, dizia o seguinte: “Vós, minhas filhas, pelo bem de vossos filhinhos, não façais feitiçarias nem vades a feiticeiras, pois seria melhor se eles estivessem mortos”[666].

A morte assombra os jovens em seus berços, como mostram algumas ilustrações de livros sobre a Idade Média. São raras as imagens desse período em

666. Cf. Vinyoles Vidal (2011, p. 230).

que aparecem meninas e meninos pequenos, mas algumas delas foram preservadas e expressam ternura e carinho por eles. Um bom exemplo é o Menino Jesus aprendendo a andar em um andador, em uma cena familiar junto a seus pais encontrada em dois livros de horas: o de Catarina de Cleves (produzido em 1440)[667] e o de Carlos VIII da França[668]. Outra representação de crianças é encontrada nas sete idades da vida, da obra *Livre des propriétés des choses* [O livro das propriedades das coisas], de Bartolomeu da Inglaterra, no século XV[669], que detalha diferentes estágios do desenvolvimento infantil: no berço, no andador e brincando com uma bengala com cabeça de cavalo.

As representações medievais da infância correspondem, em sua maioria, ao Menino Jesus, enquanto as de outros meninos são raras e as de mulheres jovens são completamente inexistentes, indicando certa ênfase na preocupação pela criação de meninos. Duas mães de épocas diferentes da Idade Média levam a reafirmar essa ideia. A já mencionada Dhuoda, que deixou por escrito suas intenções e preocupações a respeito da educação de seus rebentos, e a Rainha Catarina de Lancaster, a mãe de mais alto nível do reino de Castela que expôs suas ideias sobre a instrução de um filho homem, o herdeiro da coroa:

> Bem sabeis que no tempo em que o Rei D. Henrique, meu senhor e meu marido, que Deus perdoe, faleceu, o Rei D. João, nosso filho, era muito jovem, com cerca de 1 ano e 9 meses. E desde aquela época eu o criei e tenho criado e nutrido com muito esforço e trabalho; e pretendo criá-lo e nutri-lo de agora em diante, como uma boa rainha e mãe deve criar e nutrir seu filho rei, instruindo-o e ensinando-lhe bons costumes, tanto no tempo, no amor e no conhecimento de Deus quanto em conhecer e honrar seus cavaleiros e vassalos, cada um em suas posições, e outras coisas que servem ao seu serviço e ao bem de seus reinos e da justiça, sem qualquer favoritismo[670].

As monarcas cumpriam com sua principal função: dar à luz crianças e educá-las. Mesmo que fosse desejo das rainhas, se elas tivessem de acompanhar

667. Cf. The Morgan Library & Museum.

668. Cf. bne, manuscritos mss.micro/15141, fol. 11.

669. Cf. BnF, Manuscrits, Français 218, fol. 95. Ao fazer uma citação da Bibliothèque nationale de France (BnF), foi utilizado o nome em francês.

670. Cf. Carta... (1964, p. 428-429).

seus maridos em viagens ou em campanhas militares, eram obrigadas a deixar seus rebentos sob os cuidados de nutrizes, aias e aios. Há algumas referências que sugerem que essa era uma situação considerada normal. Em uma carta escrita por Constança de Portugal (1290-1313) – esposa do Rei Fernando IV (1285-1312) de Castela – a seu tio, o Rei Jaime II (1267-1327) de Aragão, ela comunica a vitória militar de Gibraltar (agosto de 1309) e o informa sobre as boas condições dela e do rei: "Sobre a infanta Dona Leonor, nossa filha, eu vos digo que temos notícias de que ela está saudável e vai muito bem"[671]. A infanta Leonor tinha então 2 anos.

Nas palavras de Catarina de Lancaster pode-se notar o orgulho de ser ela a única a cuidar da criação de seu filho, o futuro João II de Castela. Ela acredita que uma boa rainha e uma boa mãe devem fazer isso, relacionando esse fato à necessidade de formar seus descendentes nos bons costumes, no amor a Deus e na consideração por aqueles que estão socialmente abaixo deles, ideias que não eram muito diferentes das que Dhuoda, mais de meio milênio antes, havia apresentado no *Liber Manualis*.

Essas duas progenitoras não mencionaram, no entanto, que a educação dos homens de mais alto nível da sociedade era voltada para a manutenção da economia e das tradições de sua linhagem. Ao mesmo tempo, nos grupos mais desfavorecidos da sociedade, o objetivo era continuar vivendo com os mesmos recursos que a família já tinha a seu alcance. Se fossem camponeses na condição de vassalos, meninos e meninas aprenderiam as mesmas tarefas agropecuárias exercidas por seus pais; se fossem camponeses livres, seriam preparados para manter a fazenda, de maior ou menor tamanho, que possuíssem e seguir trabalhando no campo. O mesmo acontecia com artesãos e mercadores de áreas urbanas, que formavam seus descendentes para dar continuidade ao ofício paterno.

Na verdade, o mesmo poderia ser dito sobre famílias da nobreza menor, com recursos financeiros que nem sempre eram abundantes. Algumas palavras de Abelardo, um bom exemplo dos valores educacionais da aristocracia média, ajudam a entender os interesses formativos dessas famílias:

---

671. Cf. Rochwet-Zuili (2018, p. 62).

> Meu pai havia se tornado um pouco letrado antes de apertar o cinturão militar; por isso, mais tarde, ele se interessou tanto pelas letras que fez com que todos os filhos que tivesse fossem instruídos antes nas letras do que nas armas. Foi assim que aconteceu. E com ainda mais diligência ele cuidou da minha educação, eu como seu filho mais amado por ser o primogênito. À medida que eu avançava mais e mais facilmente em meus estudos, tornei-me mais apaixonadamente apegado a eles, e eles me seduziram tanto que, deixando para meus irmãos a pompa da glória militar, juntamente com a herança e as prerrogativas da primogenitura, renunciei por completo à cúria de Marte para ser educado no seio de Minerva[672].

Embora o texto anterior dê a impressão de que a formação em letras não chegava às mulheres da casa e, se chegava, pelo menos Abelardo não mencionava isso ("fez com que todos os filhos que tivesse"), o fato é que isso acontecia nos grupos mais privilegiados, de modo que a criação das meninas dependia da camada social, de maneira que, além das diferenças sociais, havia as diferenças consideradas de gênero. E a educação das meninas era apresentada de forma mais problemática do que a de seus irmãos homens. As Sagradas Escrituras desenvolveram esse ponto, e em Eclesiástico é possível ler que: "É vergonha para o pai ter um filho mal-educado; se for uma filha, é para a sua ruína"[673]. Neste mesmo livro também pode-se ler que:

> Uma filha é para o pai uma preocupação secreta, e a inquietação por ela tira o sono: na juventude, para que não passe da flor da idade; depois de casada, para não ser repudiada; na virgindade, para não ser seduzida e ficar grávida na casa paterna; estando com o marido, para que não caia em falta; coabitando com ele, para que não fique estéril[674].

Todos esses pontos faziam parte da preocupação de uma mãe e de um pai à medida que suas filhas cresciam. Isso é algo que fica evidente nos cuidados que as famílias de todos os grupos sociais acabavam tendo, embora as mulheres dos grupos sociais mais baixos não tivessem outra opção além de ensinar o que era necessário para a manutenção da casa ou dos negócios da família.

---

672. Cf. Pedro Abelardo (1993, p. 38).

673. Eclo 22,3.

674. Eclo 42,9-10.

A criação realizada por mães de grupos desfavorecidos, que, na verdade, compõem a maior parte da sociedade, não deixou tantos rastros quanto seria desejável, mas sim algumas informações que lançam alguma luz sobre essa questão. Uma famosa obra inglesa do século XIV, intitulada *What the goodwife taught her daughter* [O que a boa esposa ensinou à sua filha], constitui uma fonte de primeira ordem para isso. Esse longo poema estava fora dos canais educativos daquela época, cujo seguimento, na verdade, só ocorria entre as camadas sociais mais altas e nos mosteiros. Essa "boa esposa" instruía a filha para que a missão desta na vida fosse inseparável do casamento; para que seu lugar de trabalho fosse a casa; para que seu chefe fosse seu marido; para que seu papel fosse apoiar os negócios do esposo. Ela não devia andar pela rua, nem ir a bares ou a entretenimentos pouco recomendados, nem conversar com os homens que encontrasse, nem aceitar empréstimos ou presentes, nem brigar com as vizinhas ou invejar suas roupas, nem se vestir de forma chamativa; ela devia organizar as tarefas domésticas, responsabilizar-se por tudo na ausência do marido, guardar as chaves, trabalhar muito em caso de dificuldades, disciplinar os filhos e preparar as filhar para o casamento. Os conselhos da boa esposa podiam, portanto, ser resumidos em dois: economia e honra, aspectos que as jovens deviam cuidar quando chegasse o momento de se responsabilizar pelo próprio lar. A economia era fundamental na casa de um "burguês" medieval, ou seja, a pessoa que vivia em um burgo e que, do ponto de vista econômico, podia estar localizada entre os grupos intermediários. A honra, entretanto, uma ideia central da mentalidade aristocrática, também alcançava os níveis sociais mais baixos, inclusive o da boa esposa (do burguês), que só podia ensiná-la à sua filha.

What the goodwife taught her daughter não é o único texto que trata da educação que uma mãe deve oferecer à sua filha. Um poema alemão conhecido como *Winsbeckin* (termo que pode ser traduzido como "este é o conselho de uma mãe") expõe os ensinamentos de uma aristocrata a respeito da sexualidade, do amor, da honra e de outros aspectos marcantes. A mãe insiste que a filha deve se comportar como a personificação do perfeito objeto de desejo dos homens e, para isso, ensina-lhe regras e normas para "instrumentalizar-se"[675].

675. Cf. Rasmussen (1997, p. 137).

Um outro poema alemão anônimo, *Eyne gude lere van einer junchvrowen* (Bom conselho para uma jovem mulher)[676], desenvolve uma série de lições maternas para melhorar a conduta de uma menina:

> Vive diligentemente subordinada a teu marido
> em todas as coisas.
> Deus criou o homem com o propósito
> de proteger e cuidar das mulheres
> durante a tarde e a manhã
> porque assim preserva a honra.
> E assim o homem mantém a vantagem.

Esses conselhos iam além e incluíam a recomendação de que ela mesma, em vez de uma criada, deveria ajudar seu marido; ser sempre amável e manter a voz suave; protegê-lo do conhecimento de problemas familiares cotidianos ou rezar por ele. Em suma, grande parte de sua atividade tinha de girar em torno da ideia estabelecida no primeiro verso, a de estar "diligentemente subordinada a teu marido". Também devia se comportar como uma dona de casa exemplar e modesta, já que essa qualidade é uma das mais enfatizadas. Muitas outras recomendações destacadas podiam ser resumidas em se esforçar para ser virtuosa e gentil em todos os momentos e medir as palavras.

Além desses livros, não há menções concretas a conselhos semelhantes, embora, em certos textos, algumas mulheres notáveis tenham deixado referências à educação que haviam recebido de suas mães. Assim, Cristina de Pisano proferiu estas palavras: "Foram os preconceitos femininos de sua mãe que impediram que você se aprofundasse e ampliasse seus conhecimentos durante a juventude, porque ela só queria que você se mantivesse entretida fiando e fazendo outras miudezas que atualmente são a preocupação das mulheres"[677]. Mas, embora Cristina de Pisano tenha desobedecido a essas regras, teve de confrontar um problema semelhante com sua própria filha Marie, quando esta decidiu se dedicar à vida contemplativa e entrar para a abadia real de Saint-Louis de Poissy como monja dominicana, algo que ela considerava inadequado. A verdade é que a boa mulher do burguês da Inglaterra, as mães dos poemas

676. Cf. Rasmussen (1999, p. 29).

677. Cf. Cristina de Pisano (1995, livro II, cap. XXXVI, p. 150-151).

alemães, a mãe de Cristina de Pisano ou até mesmo a própria Cristina transmitiam a suas filhas ensinamentos, valores e formas de vida que não seriam diferentes dos de outras mulheres em outros lugares e com outras crenças.

Isso o que se pode observar em um testamento judaico de 1357, no qual se afirma o que uma jovem desse credo devia fazer ou ser antes de se casar, como saber fiar, cozinhar ou costurar, além de ser paciente e modesta em todos os sentidos[678]. O fato é que, nas religiões hebraica e muçulmana, as mãe também tinham a obrigação de instruir suas filhas em tarefas domésticas, as quais, por sua vez, eram tarefas rituais. Certas manifestações doutrinárias do judaísmo eram celebradas no lar, onde a mãe era a encarregada de colocá-las em prática tanto na vida cotidiana quanto nas festas, funções como: organizar a celebração do Sabá; preparar a adafina ou o cozido típico dos sefardis, uma espécie de guisado feito pelos judeus espanhóis na tarde de sexta-feira, mantido em fogo baixo, em panela de barro, para ser consumido no Sabá; assegurar o cumprimento dos preceitos, como não acender o fogo no sábado; e organizar as festas. É a mãe, com seus afazeres diários, que ensina o doméstico e o ritual, em um exercício paradoxal, pois, como não tinham obrigações na sinagoga nem eram admitidas nos círculos rabínicos, eram as mulheres que transmitiam a seus filhos, filhas, netos e netas os aspectos culturais que permitiram que a comunidade sobrevivesse.

Além das tarefas domésticas e dos rituais, que outras lições uma mãe proporcionava? Ela ensinava assuntos religiosos, a aprendizagem e a prática da leitura, o autocontrole? O *Liber Manualis* de Dhuoda, com suas referências religiosas nos primeiros séculos da Idade Média e a proliferação de imagens da Virgem Maria lendo nos séculos finais, leva a questionamentos sobre o papel das progenitoras na educação religiosa e intelectual de seus descendentes. Novamente, há diferenças consideráveis dependendo do grupo social e étnico-religioso.

Embora apenas mães das camadas aristocráticas e médias soubessem ler e pudessem ensinar seus filhos a fazê-lo, provavelmente outras que puderam aprender não apenas foram leitoras, mas também professoras de seus rebentos. Nesse caso também as mulheres podiam seguir o exemplo de Maria, que, nos

---

678. Cf. Abrahams (1896, p. 156).

séculos finais da Idade Média, foi representada de várias maneiras inspiradoras, como segurando um livro nas mãos, frequentemente lendo para seu filho, em algumas imagens pictóricas, ou, de maneira mais curiosa, levando o Menino Jesus à escola, como foi pintada em um afresco de uma igreja escandinava em Tuse, na Dinamarca. A Virgem era, portanto, um modelo de mãe "leitora", assim como Santa Ana em outras representações em que ela ilustra a leitura à própria Maria. Há também uma terceira combinação, quando ambas aparecem fazendo o mesmo com Jesus. Trata-se de uma fórmula iconográfica muito significativa do interesse em mostrar o papel educador da mãe e que atinge uma elegância absoluta na *Madonna do livro*, de Sandro Botticelli, obra do fim do século XV (por volta de 1480). A contemplação dessas imagens levaria as mulheres do povo a assumir o papel de professoras que ensinavam seus filhos a ler? Mesmo que apenas as famílias mais abastadas pudessem pagar por livros de oração para esse fim, era preciso se perguntar por que não se deveria pensar na leitura como mais uma tarefa doméstica sob a tutela materna[679].

Além dessas obras religiosas, há uma confirmação da hipótese anterior em representações que confirmam o importante papel educativo de algumas senhoras. Branca de Castela, rainha da França, cuidou da formação de seu filho Luís, com quem aparece em uma imagem na qual indica ao professor do menino o que ele deve ensinar à criança. No entanto, não há registros de que sua avó Leonor da Aquitânia, famosa e muito culta para a época, tenha se encarregado da educação de sua numerosa prole. É provável que Cristina de Pisano tenha realizado esse trabalho, do qual há representações fazendo o mesmo com seu filho Jean de Castel.

Nesse ponto, vale a pena analisar essa escritora francesa, cujo envolvimento na educação do próprio filho e suas diferenças de opinião com relação à sua mãe e à própria filha abrem caminho para a reflexão sobre o papel das mães como educadoras, além de contribuir para a geração de uma visão mais ampla e complexa do papel das mulheres na criação de sua descendência. Como apontado anteriormente, a mãe de Cristina não apoiou sua preparação intelectual. Por outro lado, a escritora também discordava de sua filha, mas por razões

679. Cf. Riddy (1996, n. 65, p. 84).

distintas: ela não queria que a filha seguisse o caminho da vida contemplativa em um convento[680]. A autora francesa apresentava uma ideia contrária à tendência de sua época, pois, enquanto ela reivindicava uma existência ativa para as mulheres em geral, um dos grandes intelectuais do momento, Jean Gerson (1363-1429), propunha a vida monástica como o caminho ideal, seguindo o pensamento de que qualquer ensinamento ao gênero feminino devia estar sujeito a desconfianças[681]. Acreditava-se que as mulheres tinham de aprender os deveres considerados próprios de seu sexo, as tarefas que permitiam um bom funcionamento do lar, onde a mãe era a professora; enquanto não se aceitava que elas recebessem a instrução que dava acesso ao conhecimento intelectual. Sem outra intenção senão a de seguir as normas de sua época, as mães "puniam" suas filhas se não incentivassem sua educação, especialmente quando tinham a possibilidade de fazê-lo e não o faziam. A verdade é que o afã de educar intelectualmente não era algo esperado no perfil de uma mãe, a qual se relacionava com o afeto, o amor e o carinho, longe da severidade, que era considerada uma tarefa paterna[682]. A criação exigiria que a mãe punisse ou recompensasse seus filhos de acordo com as ações deles?

Assim como em outros aspectos, a documentação é escassa. Há mais registros de punições do que de recompensas, talvez com base na crença de que o sofrimento reaviva a memória ou, nas palavras de Tomás de Aquino em seu discurso sobre a necessidade de educar os jovens: "Pelo ímpeto das paixões, que confundem o juízo da prudência, [eles] precisam de instrução com repreensão"[683]. Porém, ao mesmo tempo que se teorizava sobre a necessidade de instruir as crianças e de repreendê-las quando fosse necessário, considerava-se que as mães não faziam nem um nem outro, ou pelo menos é isso que alguns autores dizem, como o poeta valenciano Ausiàs March (1400-1459):

> Os pais os criam bem e os castigam com razão: e ouvireis as mães clamarem "que os matam!" e blasfemarem "pai cruel!"; enquanto com o véu enxugam seus olhos. Assim lhes preparam a forca e tecem o

680. Cf. Walters (2009, p. 100).

681. Cf. Richards (p. 81).

682. Cf. Ruys; Monagle (2019, p. 132).

683. Cf. Tomás de Aquino (2007, livro III, cap. CXXII).

> laço, e, no mais, os degradam! Se têm apenas um filho, ainda o fazem ser mais louco e tolo, e mais grosseiro e malvado. As viúvas os criam mais estultos, se possível, e com piores vícios, pois a maioria dos enforcados são aqueles que foram criados por elas, assim como os alcoviteiros e os galeotes, as mulheres perdidas, vilipendiadas publicamente, digo-vos que foram criados por viúvas[684].

São encontradas alusões a punições ou correções para os pequenos, enquanto dificilmente há menções a recompensas ou presentes. Os brinquedos, por exemplo, não eram algo muito comum, ou eram apenas usufruídos por meninos e meninas dos grupos abastados da sociedade; sua existência chegou por meio de imagens e, às vezes, de alguns documentos escritos. Em certas obras de arte aparecem objetos como cavalinhos e carros de madeira, cataventos ou os típicos passarinhos, tão frequentes nas representações do Menino Jesus com sua mãe[685]. Em uma época na qual a grande maioria não se divertia com brinquedos, especialmente aqueles sofisticados, também há registros de alguns entre os presentes oferecidos às crianças das casas reais. Em 1352, quando o Príncipe João de Aragão, filho de Pedro IV e de Leonor da Sicília, tinha 2 anos, ele recebeu, do Conselho de Huesca, um cavalinho de madeira pintado com sela, freio e arreios, e, do Conselho de Saragoça, umas pernas de pau decoradas de verde e com escudos reais[686].

As meninas brincavam com bonecas e "panelinhas". Os Reis Católicos encomendaram alguns vestidinhos a um alfaiate de Valência como presente para as bonecas das infantas, que os aguardavam em Barcelona[687]. Essas bonecas eram bem diferentes daquelas confeccionadas em casa, com tecido e recheadas com bucha, para meninas de nível socioeconômico mais baixo. As mães ricas, por sua vez, davam às filhas outros presentes de alto valor, como louças em miniatura. O *Glossaire archéologique du Moyen Age et de la Renaissance* [Glossário arqueológico da Idade Média e do Renascimento], de Víctor Gay, na entrada do termo "*écuelle*" ("tijela" ou "prato fundo"), inclui o pedido feito

684. Cf. Archer (2001, p. 262).

685. Cf. Alfonso Cabrera (2016, p. 54-57).

686. Cf. García Herrero (1998, p. 238).

687. Cf. García Herrero (1998, p. 239).

a um ourives de Flandres, em 1376, de objetos desse tipo e pratos de prata "encomendados pela senhora para brincar com a senhorita Margarida, que tinha 2 anos"[688]. Essas "panelinhas" também eram feitas de barro ou cerâmica, e foram encontradas em lugares muito diversos, desde sítios arqueológicos da dinastia Násrida até escavações do Castelo de Estrasburgo[689].

Do outro lado do espectro dos comportamentos em relação aos pequenos, não faltam notícias de correções, embora elas também não sejam abundantes. Na documentação, não há qualquer registro a respeito das surras dadas pelas mães, mas sim de casos de crueldade contra as crianças, às vezes até quando elas não tinham feito nada de errado. Por trás da punição severa estava a crença de que ela faria com que a criança se lembrasse do assunto por toda a vida. Isso aconteceu em Segóvia em 1480, diante de um alvoroço da população,

> os Reis Católicos reagiram de maneira enérgica e, em um ato público, no qual adultos e adultas, aos gritos, se declararam publicamente culpados, meninos e meninas foram esbofeteados para que nunca se esquecessem do que poderia acontecer se, com o tempo, à medida que crescessem, se levantassem contra o poder real[690].

Embora, como visto anteriormente, as mães pudessem desencorajar suas filhas a adquirir uma educação intelectual, algumas nobres italianas, em especial durante o século XV, deram um exemplo contrário, pois mantiveram a tradição de serem as responsáveis pela educação delas. Isso significava, para algumas, ensinar as filhas a ler, quando estas ainda eram muito pequenas, em alguns casos, um pouco depois dos 3 anos[691]. Uma anedota de Isabel d'Este, a grande mecenas italiana, marquesa de Mântua, divulga informações a respeito disso. Quando Isabel tinha 4 anos, escreveu uma carta a seu pai, Hércules d'Este, na qual lhe contava que a mãe havia dado uma surra nela, "como se fosse um cachorrinho", por ela não estar prestando atenção nas aulas[692]. No entanto, elas tendiam a ter menos controle sobre os filhos homens, os quais eram treinados

688. Cf. Gay (1887, p. 605).

689. Cf. Alfonso Cabrera (2016, p. 59).

690. Cf. García Herrero (1998, p. 240).

691. Cf. James (2021, p. 137).

692. Cf. Archer (2001, p. 136).

pelos pais nas artes da caça e da guerra, sem negligenciar os aspectos intelectual, administrativo e econômico.

Diversos exemplos mostram que, também contra a tendência daquela época, havia outras mulheres, além dessas nobres italianas, que cuidavam da educação de suas filhas. Algumas o faziam diretamente, outras não, embora tenham demonstrado um alto grau de envolvimento. Um caso bem conhecido é o da Rainha Isabel I de Castela, que escolheu Beatriz Galindo, "a Latina", para ser educadora de suas filhas. As filhas dos reis eram enviadas para serem educadas nos reinos de seus futuros maridos, mas não era o caso das filhas dos Reis Católicos. Um bom exemplo disso é Catarina, a mais nova delas e esposa de Henrique VIII da Inglaterra. Aos 4 anos ela foi prometida ao príncipe de Gales, Artur, mas só se mudou para lá aos 17 anos. Com a morte de Artur, ela se casou com Henrique. Desde a infância, ela havia sido educada e instruída em muitos aspectos diferentes: aprendeu a falar, ler e escrever em castelhano e latim, e a se comunicar oralmente em francês e grego; sua formação incluiu matérias muito diversas, como filosofia, história, literatura, direitos civil e canônico, teologia, bem como aquelas tarefas de caráter doméstico próprias das mulheres de sua época, como cozinhar, bordar, costurar ou fiar, ou de caráter artístico, como música, dança e desenho. Excelente formação para uma rainha.

Mães da mais alta estirpe só podem ser encontradas dentro da cultura cristã, que era dominante na sociedade daquela época, embora também houvesse mulheres hebreias e muçulmanas em posições elevadas. As progenitoras pertencentes a esses dois últimos credos, assim como as mães cristãs, assumiam a tarefa de formar suas filhas nas tarefas domésticas. O que uma mulher judia ensinava que a esposa do "burguês" na obra mencionada anteriormente não tenha ensinado? No julgamento de Inés González, uma mulher judia convertida de Guadalupe acusada perante o Tribunal da Inquisição, suas três enteadas testemunharam contando como a mãe delas as havia ensinado a acender as lamparinas na sexta-feira à noite, a não fiar no sábado e a jejuar até o pôr do sol, conforme o costume judaico e apesar de sua conversão ao cristianismo. Os trabalhos domésticos, como preparar a comida e limpar a casa, e realizar a limpeza e a purificação do corpo, tinham um significado ritual no lar sefardita, devido à relação íntima entre os usos domésticos e as identidades cultural e religiosa; trata-se do legado cultural que mães e avós transmitiam para suas filhas e netas, com o objetivo de manter a identidade de seu povo.

As mulheres judias de camadas sociais mais ricas e cultas, além de conhecer os ritos e os costumes, podiam desfrutar de uma boa formação graças aos livros sagrados que tinham em casa. Dueña, uma viúva de Estella, deixou uma coleção completa de edições do Talmude e do Pentateuco, comentários sobre os livros da Bíblia e livros de medicina e direito quando morreu, em 1407[693]. Diego López, um copista de Toledo, relatou ter preparado "um livro de até vinte folhas sobre a lei de Moisés para uma senhora"[694]. Nesse sentido, uma canção de ninar sefardita mostra o que uma mãe desejava para seu filho, um menino:

De las fajas tu salirás
Y a la escola tú irás
Y allí, mi chiquitico,
Aleph beth embezarás
De la escola tu salirás
Y a la plaza tu irás
Y allí, mi chiquitico,
Mercancía embezarás
De la plaza tu salirás
Y al estudio tú irás
Y allí, mi chiquitico,
Doctorico salirás[695].

Na comunidade muçulmana são encontrados costumes e valores que não diferem muito dos de outras religiões, em especial do judaísmo. Em geral, o interesse pelas meninas era menor, e a formação intelectual era dirigida principalmente aos meninos. As filhas mulheres eram criadas para ser mães e boas protetoras da casa; desde pequenas elas participavam das tarefas domésticas, incluindo aquelas relacionadas aos cuidados dos irmãos menores, embora esse trabalho também fosse feito pelos meninos, os quais, por sua vez, tinham de

693. Cf. Leroy (1978, p. 271).

694. Cf. León Tello (1979, p. 268).

695. Cf. Díaz (1991).

enviar recados, cuidar dos animais ou participar do dia a dia da loja do pai ou da fazenda da família.

No século XII o teólogo muçulmano Al-Ghazali (*c.* 1057-1111) deixou, em sua obra *Iḥyāʾ ʿulūm al-dīn* (A revivificação das ciências da religião), algumas ideias interessantes sobre a criação. Nessa leitura é possível descobrir que as mães e os pais reverenciavam seus filhos e suas filhas, a quem procuravam moldar de acordo com a prescrição das escrituras e o exemplo profético. No mundo islâmico medieval as crianças eram benquistas, bem-vindas, valorizadas como uma dádiva divina e um dever sagrado, e as mães e os pais eram obrigados a criá-las, independentemente do *status* socioeconômico com o qual nasceram.

> Os pais são responsáveis por cuidar dos filhos de maneira adequada. Em suas mãos é confiada a criança inocente com uma consciência pura e uma alma imaculada. Seu coração, semelhante a um espelho, está pronto para refletir qualquer coisa que lhe é apresentada e ela imita cuidadosamente tudo o que observa. [Essa criança] Pode ser um cidadão ideal se for bem-educada; e pode ser uma pessoa nociva se for maltreinada ou negligenciada. Seus pais, familiares e professores compartilharão sua felicidade com ela ou sofrerão por sua maldade.
>
> Portanto, é dever dos pais ou dos responsáveis prestar total atenção à criança. Ensiná-la a se comportar bem, instruí-la e mantê-la longe das más companhias [...].
>
> Não se deve incentivar a criança a se apegar ao dinheiro ou às coisas materiais, já que esse é o primeiro passo para brigas inúteis. Quando a criança tiver crescido, ela deve ter acesso a um excelente e bom instrutor para lhe ensinar conhecimentos úteis e necessários e para conduzi-la pelo caminho certo até o fim certo[696].

As palavras de Al-Ghazali eram direcionadas tanto aos pais quanto às mães, embora o autor árabe soubesse bem que os cuidados com o corpo e a alma recaíam, acima de tudo, sobre as mães, que eram as encarregadas pela criação dos filhos e das filhas desde o nascimento, independentemente de sua crença religiosa.

Essa responsabilidade educacional das mães de todas as crenças dependia do gênero e da idade da criança, bem como do nível econômico familiar. As filhas permaneciam sempre sob a tutela materna, enquanto seus irmãos, por

696. Cf. Bargeron (2015, p. 20).

volta dos 7 anos, passavam para a tutela do pai. As diferenças na posição socioeconômica, juntamente às restrições de gênero, levavam mulheres e homens a lugares diferentes. Os descendentes da realeza ou da nobreza eram levados a uma instituição religiosa ou para a casa de uma família que também fazia parte da aristocracia, enquanto os pais de camadas inferiores que não podiam criar seus filhos os entregavam para servir nas casas de famílias com possibilidades econômicas para acolhê-los. Vale destacar que os casais que não tinham descendentes naturais estavam dispostos a acolher as crianças de outras pessoas para criá-las ou adotá-las em diferentes estágios da infância.

Ao longo da Idade Média, a oblação continuou, embora tenham ocorrido algumas mudanças como resultado dos debates sobre a idade em que os menores podiam ser oferecidos à Igreja e a respeito da conveniência de permanecerem a vida toda na instituição em que haviam ingressado. Há exemplos que confirmam a continuidade da oblação, que, em alguns casos, substituía a mãe em sua tarefa de educadora. Um exemplo muito interessante data do fim do século XIV e diz respeito a uma senhora e sua filha, ambas pertencentes a uma importante família da realeza castelhana. A mãe é Joana de Castela, também conhecida como Joana de Castro, filha de Afonso XI e de sua amante Leonor de Gusmão. Em 1376, Joana pediu para viver no convento de irmãs clarissas de Santa María la Real de Tordesilhas, que havia sido recém-fundado; ela não o fez fazendo votos, mas como uma mulher piedosa que queria permanecer à sombra do mosteiro em um anexo, seguindo o costume de muitas viúvas da realeza e da alta nobreza. Nesse mesmo ano, Joana de Castro enviou uma carta à abadessa e às monjas do local, na qual afirma:

> Dou e ofereço ao mencionado Mosteiro de Santa María la Real de Tordesilhas e a vós, a supracitada abadessa e as freiras do mosteiro citado anteriormente, que estais presente, como freira da mencionada ordem de Santa Clara a Dona Leonor, minha filha, porque estou certa e acredito que será de grande proveito para ela receber vossa doutrina e vossos costumes, as citadas abadessa e freiras do supracitado mosteiro, e terminar sua vida em um lugar tão santo, entre tão santas monjas[697].

697. Cf. Castro Toledo (1981, doc. 127, p. 104).

Sua filha, Leonor de Castro, era menor de idade e neta de um rei e de uma mulher com muito poder em Castela, nas décadas de 1330 e 1340. Sua mãe, Joana de Castro, ofereceu-a, ou seja, deu-a como oblata ao mosteiro, onde ela passou toda a sua vida:

> Por agora e para todo o sempre que a mencionada Dona Leonor, minha filha, não volte jamais ao nosso poder e, neste dia em que escrevi esta carta, eu me separe dela e de todos os meus bens e a dê e ofereça ela e todos os bens que tenho e os dedique à citada ordem e ao Mosteiro de Santa Clara de Tordesilhas para que com eles sirva a Deus e a Santa Clara e a vós, a mencionada abadessa e as monjas do citado mosteiro, de modo que, conforme o que foi mencionado anteriormente, a supracitada Dona Leonor, minha filha, seja monja de Santa Clara no mosteiro mencionado[698].

Joana de Castro oferecia, de fato, não apenas Leonor, mas também os bens que corresponderiam à herança dela, especificamente os lugares de Medina de Rioseco e Tordehumos, a cujos vassalos Joana escreveu uma carta informando que, a partir daquele momento, eles deveriam ser considerados dependentes do Mosteiro de Tordesilhas. Com essa decisão ela ficou livre da criação de sua filha e a colocou em mãos que considerava adequadas para o tipo de educação feminina de caráter cristão que desejava para a menina, ou seja, nas mãos das monjas de Santa María la Real, onde Leonor ganharia o benefício de "receber a doutrina e os costumes da abadessa e das monjas do mosteiro". Assim, Joana renunciou ao papel de mãe para colocar sua filha sob a tutela de outras mães, as irmãs dessa instituição. Este não é um comportamento incomum, salvo pelo fato de não conceder a Leonor a possibilidade de se casar e ter uma família. É possível que, após ter tido dois maridos, Joana considerasse que sua filha estaria melhor com as monjas do que com certos homens. Não se sabe exatamente quando Joana de Castro morreu, mas sabe-se que sua filha morreu depois de 1424, no mesmo mosteiro em que ingressou em 1376.

Essas decisões eram frequentes entre as famílias da realeza e da alta nobreza, assim como enviar as filhas para serem educadas em casas nobres. Diferentemente da história de Catarina de Aragão, as filhas destinadas a se casar com

698. Cf. Castro Toledo (1981, doc. 127, p. 104).

um herdeiro eram levadas em tenra idade para o reino do qual seriam consortes, para serem formadas por aqueles designados ou nas casas das famílias reais com as quais iam se relacionar. Os filhos, por outro lado, também saíam da casa familiar com o objetivo de serem instruídos por aios que pertenciam à nobreza, embora geralmente o próprio pai se encarregasse de encontrar a família que assumiria essa responsabilidade.

Entre os grupos sem privilégios e que tinham dificuldades para criar seus rebentos, era comum a solução de levá-los para as casas de artesãos, comerciantes ou lavradores, que aceitavam os meninos como pequenos aprendizes e as meninas como criadas ou aprendizes. Eram "casas de acolhida", nas quais os jovens em desvantagem socioeconômica podiam viver e conquistar uma formação ou um dinheiro para seu dote. Com isso, mães e pais também corriam o risco de deixá-los nas mãos de pessoas que nem sempre os tratariam com deferência, chegando a haver casos documentados que registram que eles eram vendidos como escravos ou, pior ainda, assassinados. Extremos e excepcionais foram os casos de pessoas que recrutavam menores de famílias necessitadas com a promessa de um bom emprego e um bom futuro para, na verdade, alimentar orgias de sangue. Um exemplo paradigmático seria o de Gilles de Rais, um barba azul abominável que oferecia ajuda a meninos e meninas e depois os assassinava; os pais entregavam as crianças com base na confiança que ele lhes passava, mas nunca mais ouviam falar delas, e, caso perguntassem, diziam-lhes que elas estavam bem.

Outra situação difícil era quando uma criança ficava desamparada, após a morte da mãe, do pai ou por outras razões que a deixaram órfã, quase sempre tendo a pobreza como fator desencadeante. Um processo inédito resgatado por Teresa Vinyoles Vidal expõe o problema que enfrenta uma avó que precisa se responsabilizar por suas três netas, filhas de seu falecido filho, quando ela "não tem [recursos] nem para adotá-las nem para se sustentar"[699]. É bem provável que sejam encontradas histórias semelhantes em muitos processos inéditos. Nos séculos finais da Idade Média as instituições de alguns reinos ou municípios buscaram soluções para ajudar jovens desamparados de famílias pobres

699. Cf. Vinyoles Vidal (2008, p. 81).

ou com poucos recursos. Uma das mais conhecidas foi criada em 1337 pelo rei de Aragão Pedro IV o Cerimonioso, intitulada Curadores de Órfãos, uma entidade responsável por encontrar meios de sobrevivência para crianças abandonadas ou que precisavam de amparo. Anos depois, em 1407, o Rei Martim I o Humano (1356-1410) deu uma reviravolta caridosa e educativa a esse lugar ao criar o Pare d'Òrfens [Pai dos Órfãos], que, além de buscar um lugar para que os menores abandonados, os vagabundos e os órfãos pudessem sobreviver, deu a eles uma formação cristã e o aprendizado de um ofício. Organizações com objetivos semelhantes foram encontradas em outras áreas da coroa de Aragão; Guillermo Pou, que fundou, em 1370, uma casa para órfãos em Barcelona, valorizava a organização da cidade do Rio Túria, dizendo que as crianças acolhidas no Pare d'Òrfens se tornavam " pessoas honradas, ricas e boas operárias"[700].

Todas essas instituições assumiam a função de pais e mães; de fato, alguns menores puderam contar com mais segurança e qualidade de vida nesses lugares do que sob a tutela de seus progenitores naturais. Alguns indícios levam a suspeitar disso, pois o nível de violência no seio da família era alto e, além disso, as leis não impediam esses comportamentos. O foro de Calatayud (1131), por exemplo, permitia que um pai matasse seu filho em caso de desobediência.

Afonso X o Sábio agiu a esse respeito, limitando o pátrio poder dos progenitores em casos de crueldade; eles podiam ser condenados a até cinco anos de desterro quando um de seus descendentes tivesse morrido por causa de maus-tratos. A quarta partida, com um claro empenho de proteger a infância, diz o seguinte:

> Encontramos quatro razões pelas quais podem obrigar o pai a retirar o filho de seu poder, uma vez que já dissemos nas leis anteriores a esta que não poderiam coagi-lo a fazer isso. A primeira é quando o pai castiga o filho de maneira muito cruel e sem aquela piedade que ele deve ter de acordo com a sua natureza, porque o castigo deve ser com mesura e piedade. A segunda é quando o pai comete uma maldade tão grande que abre caminho para que suas filhas sejam más mulheres de seus corpos, obrigando-as a cometer pecado tão grande[701].

700. Cf. Rubio Vela (1982, p. 161).

701. Cf. Afonso X o Sábio (1555, partida IV, título XVIII, lei XVIII).

Essa partida se refere apenas aos pais que forçavam suas filhas a se prostituírem, mas, em casos desesperados, as mães também ofereciam às filhas que seguissem esse caminho, como é possível ver em vários exemplos da documentação existente, provavelmente entre muitos outros que permaneceram esquecidos. Uma mãe que precisa de dinheiro para o dote para casar sua filha de 10 anos se dirige a um senhor pedindo misericórdia para ela, e ele responde: "Senhora, se me deixar ficar com sua filha e me permitir ter prazer com ela, eu a casarei de forma muito honrada e farei muito bem a ela"[702]. Uma cafetina colaborava com esse homem, a qual, por sua vez, incentivava a mãe a entregar a menina para ele, acrescentando que pagaria o dote para casá-la e que, além disso, "lhe darei um remédio com o qual ela parecerá virgem quando for para o marido"[703]. Esse caso exemplifica uma prática de homens inescrupulosos que lucravam com heranças dadas a meninas pobres para evitar que caíssem na prostituição, mas eles eram os primeiros que as prostituíam. A recusa dessa mãe foi enfática: "Por que, senhor, essas são palavras de um homem como o senhor? Deus me livre de fazer essas coisas, que antes eu seja queimada. E mesmo que eu fosse louca o suficiente para consentir, a garota não consentiria"[704]. A história não termina aqui, porque o cavaleiro mencionado ludibriou a menina oferecendo-lhe tâmaras e a violou. O caso é conhecido pela denúncia apresentada por essa mãe e por outras duas viúvas pobres, cujas filhas, de nove e dez anos, haviam sido vítimas desse predador e da cafetina com quem ele colaborou.

A pobreza dessas mães viúvas e de suas meninas era um fator fundamental nesses casos, mas, além das dificuldades econômicas, havia outros fatores causais. Há episódios de mulheres que reclamavam nos tribunais por um filho que havia sido gerado e criado fora do casamento e cujo pai, que não era o marido, acabou sequestrando a criança quando ela já tinha idade para entrar em seu serviço. Foi o que aconteceu com Marina Rodríguez, que teve um filho com um tal Miguel Cerrato. Ela havia assumido completamente alguns dos cuidados que ele havia negligenciado, até que o menino ficou mais velho, momento

702. Cf. Vinyoles Vidal (2008, p. 81).

703. Cf. Vinyoles Vidal (2008, p. 81).

704. Cf. Vinyoles Vidal (2008, p. 81).

em que Cerrato o "roubou", sem ter pago à mãe tudo o que, com muito esforço, ela havia gasto em sua criação[705].

Assim como havia famílias que não podiam manter seus filhos em casa, havia outras que desejavam acolhê-los. Uma análise da legislação dos reinos hispânicos, desde os visigodos até o fim do século XV, permite detectar uma série de traços normativos a respeito da adoção. São encontradas algumas diferenças entre os territórios que correspondem a modalidades próprias, algumas das quais sequer são consideradas adoções propriamente ditas, ou são designadas com nomes diferentes. Já na Alta Idade Média (séculos V a X) são encontrados dois tipos: a extrafamiliar e a consanguínea ou perfilhação. Na primeira, a criança adotada não era parte da família, enquanto na segunda, sim. Ambas se mantiveram ao longo de todo o Medievo.

Embora não possa ser considerada uma adoção consanguínea propriamente dita, há casos conhecidos de crianças ilegítimas acolhidas por casais sem filhos e interessados em ter uma criança que a mãe pudesse assumir como sua. Esses seriam casais em que a esterilidade recairia sobre a mulher, enquanto o homem teria tido algum rebento fruto de uma relação extraconjugal. Ela aceitava que a filha ilegítima ou o filho ilegítimo fosse morar na sua casa e, além disso, se responsabilizava pela criação. Há exemplos dessa prática entre famílias da nobreza e da realeza europeias do fim da Idade Média.

Antes de apresentar alguns casos, será mencionada a situação particular dos reis que ficavam viúvos e tinham filhos. Nessa situação, a nova esposa se encarregava de cuidar das crianças e, em algumas ocasiões, até demonstrava carinho e ternura dignos de nota. É o que se pode deduzir da correspondência de Iolanda de Bar, que, ao se casar, tornou-se "madrasta" da infanta Joana, filha de seu marido com Matha de Armagnac. Seu comportamento diferenciava-se muito de uma das acepções mais comuns da palavra "madrasta" ("mulher má, incapaz de sentimentos afetuosos e amigáveis", de acordo com o *Dicionário Houaiss da Língua Portuguesa*), pois expressava grande afeto por Joana. Por exemplo, em suas missivas, utilizava, para se dirigir a ela, a fórmula "filha muito querida", utilizada em muitas cartas de outras mulheres que se dirigiam

705. Cf. Archivo General de Simancas, rgs, leg. 148406,123.

aos membros da família como *carissimi* [caríssimos], mas que, nesse caso da Rainha Iolanda e sua enteada, parece corresponder à realidade, e não a uma mera polidez.

Era menos comum tomar conta das filhas de um irmão que havia ficado viúvo, mas um caso interessante nos reinos hispânicos no início do século XIV merece atenção. Quando a rainha de Aragão, Branca de Anjou, morreu no parto de sua filha Iolanda, sua cunhada, Isabel de Aragão, rainha de Portugal, irmã do Rei Jaime II de Aragão, escreveu a este pedindo que lhe enviasse a menina recém-nascida para criá-la em Portugal. O rei respondeu:

> Isso é impossível para nós, porque a rainha me deixou cinco filhas, das quais a infanta Maria, a mais velha, não podemos afastar de nós, ela logo chegará na idade em que devemos encontrar um local apropriado para ela, com a ajuda de Deus; a segunda filha, já sabeis que a ordenamos a se casar com D. João Manuel; a terceira está doente há muito tempo [...]; a quarta, já sabeis que há algum tempo nós a dedicamos ao Convento de Sigena para que entrasse no culto de Deus, e ela já recebeu o hábito; a outra, que nasceu agora, quando sua mãe morreu no parto, ainda é tão jovem e está em tal estado que não convém, como bem sabeis, levá-la a nenhum lugar...[706]

Entre as diversas casuísticas, devem ser destacados os casos de esposas que se tornaram mães de filhos ilegítimos de seus maridos, das quais um bom exemplo é Margherita Datini (1360-1423), casada com Francesco Datini (1335-1410), um famoso mercador de Prato. Margherita não podia ter filhos, mas Francesco sim e, como muitos homens ricos de sua época, era particularmente promíscuo com as criadas da casa, chegando a ter vários filhos com elas. Com Ghirigora, uma criada de 15 anos, ele concebeu um menino que morreu aos seis meses de vida e que o mercador enterrou junto à sua família na Igreja de São Francisco, em Prato, o mesmo local em que, depois, seus próprios restos mortais seriam enterrados. Mais tarde, como fruto de sua relação com Lucía, uma jovem escrava, Francesco teve outra filha, a qual foi chamada de Ginevra, que se tornou parte comum de seu casamento com Margherita, que ficou responsável por sua criação.

---

706. Cf. Martínez Ferrando (1948, vol. 3, p. 45).

Outro caso interessante de acolhida está relacionado à família da já mencionada Isabel d'Este, a menina que se queixava da dureza da mãe em sua educação. Esta era Leonor de Aragão, filha de Fernando I de Nápoles e neta de Afonso V de Aragão. Uma irmã de Leonor, Beatriz, casada com Matias Corvino (1440-1490), rei da Hungria, era estéril, por isso pediu que sua irmã lhe enviasse dois de seus seis filhos para educá-los na corte húngara. Apenas um, Hipólito, chegou, com 7 anos, à Hungria, onde, em tese, com o passar dos anos, receberia a dignidade do arcebispo de Esztergom. Leonor de Aragão começou a suspeitar que o interesse de Beatriz fosse educar o menino na corte como seu próprio filho. Enquanto esta pretendia "hungarizar" o pequeno, sua mãe queria que ele fosse educado segundo o modelo italiano e, por isso, tomou várias medidas para que sua criação se baseasse nos valores do país transalpino, fundamentados em um estudo intensivo, não apenas para desenvolver sua erudição, mas também para adquirir alguns conhecimentos que facilitariam seu futuro bem-sucedido em Roma. Pelas cartas e por outros documentos que sobreviveram a esses eventos, parece se tratar de um caso de adoção secreta, em que uma tia se apropria das responsabilidades maternas sobre uma criança cujos pais só queriam ceder temporariamente. Leonor de Aragão não deixou de enviar cartas a Beatriz, a qual ela considerava incapaz de criar Hipólito, com conselhos como "tenha cuidado com o que você o alimenta e dê a ele comida variada", preocupações clássicas de uma mãe.

Sem ser legalmente considerada uma adoção, não seria arriscado supor que casos semelhantes ocorriam dentro da família com certa frequência, embora, diferentemente do caso das irmãs Leonor e Beatriz, acontecessem por acordo mútuo entre a mãe que não podia se responsabilizar pela criança e aquela que desejava fazê-lo e tinha os meios para isso.

Porém, além dessa adoção "familiar", havia também uma adoção extrafamiliar, que continuou durante toda a Idade Média e cujas marcas podem ser encontradas na legislação e em obras de ficção. Ela ocorria por meio de uma cerimônia jurídico-formal, na qual um parto era simulado e o adotado era colocado em uma "camisa de onze varas"[707]. As adoções famosas em que se registra

707. Em outras línguas, usava-se *filii mantellati*, *mantelkinder* ou *enfans mi sous le drap*.

esse método são as do Rei Ramiro I de Aragão (1007-1063) e a do lendário personagem Mudarra González. A *Chronica naierensis* explica como Muniadona (*c.* 995-1066), a rainha de Pamplona, esposa de Sancho III o Grande (*c.* 992-1035), adotou Ramiro, o filho bastardo de seu marido, perante a cúria régia de Navarra, entrando por uma manga e saindo pela outra: "Ela pegou Ramiro entre suas vestes, perante a cúria régia, e o tirou por baixo da roupa, como se estivesse dando à luz, adotou-o como seu filho e o tornou parte da divisão do Reino"[708]. Chama a atenção que tenha sido uma mulher a tomar a iniciativa da adoção, mas isso também aconteceu no caso de Mudarra González, pois foi Sancha Velázquez, esposa de seu pai, quem fez o mesmo, depois de ter sido sua madrinha de batismo. Isso é relatado na *Primera crónica general de España*, de 1344:

> Como foi batizado D. Mudarra Gonçales, e como Dona Sancha o tomou por filho e o fez herdeiro de seus bens. E dos feitos que realizou quando se tornou cristão [...]. E Dona Sancha foi sua madrinha e o recebeu como filho, como manda o foro de Castela. E então o pegou e o colocou por uma manga da túnica [*ciclatón*] que estava usando, retirando-o pela outra[709].

Em ambos os casos é possível constatar o interesse em imitar um nascimento, para o qual as vestimentas da Rainha Muniadona ou a túnica [*ciclatón*] que Dona Sancha usava (a já mencionada Sancha Velázquez) eram muito apropriados, já que a criança adotada cabia nelas e, assim, era possível simular a saída de seus corpos.

Em outra obra literária, o *Libro del caballero Zifar* (*c.* 1300), aparecem duas crianças abandonadas, perfilhadas por um casal:

> Enquanto eu caçava outro dia com meus cães e minha comitiva, senti que os cães estavam muito assustados. Fui ao encontro deles e vi que estavam latindo atrás de uma leoa que carregava na boca uma criança muito bonita. Afastaram-na, e eu peguei a criança nos braços e a trouxe para minha casa. E como minha mulher e eu não tínhamos nenhum filho, supliquei-lhe que considerasse adotar a criança, pois não se sabia quem era o pai nem a mãe; e então ela aceitou, e nós a adotamos[710].

---

708. Cf. *Chronica naierensis* (1995, p. 151).

709. Cf. Vindel Pérez (2015, cap. CCLV, p. 418-419).

710. Cf. Michelant (1872, p. 71).

A sorte de encontrar uma criança perdida de pais desconhecidos abria um caminho fácil para o perfilhamento ou a adoção. Porém, nessa história de ficção, a boa fortuna não acaba por aí:

> E quando foi à tarde, estando minha mulher na janela com aquela criança nos braços, viu chegar outra criança muito bonita, do mesmo tamanho ou um pouco menor, chorando pela rua. Perguntou-lhe: "Amigo, o que houve?" E ele não respondeu. E a outra criança que tinha nos braços viu como ele ia chorando e deu-lhe um grito, e o outro levantou os olhos e viu-lhe, então foi se aproximando da porta, fazendo sinal para ser acolhido, pois não sabia falar direito. E minha mulher enviou uma manceba ao encontro dele, que o levou para o quarto. E os meninos, quando se viram juntos, começaram a se abraçar e a se beijar com grande alegria, como aqueles que nasceram de uma mesma mãe, foram criados juntos e se conheciam. E quando perguntavam a qualquer um deles "o que houve com teu pai e tua mãe?", eles respondiam: "Não sei". E, quando cheguei em casa, encontrei minha mulher muito feliz com aquela criança que Deus lhe havia enviado; e ela me disse assim: "Amigo senhor, vês que bela criança Deus trouxe às minhas mãos? E se a ti fez a graça de dar uma outra criança, acredito que melhor graça fez a mim, enviando-me essa outra. Creio que ambos são irmãos, pois se assemelham; e peço-te, por favor, que queiras adotar essa criança como fizemos com a outra". E eu respondi-lhe que me agradava muito, de coração, e adotamos[711].

Embora tenha sido documentada durante toda a Idade Média, a adoção, presente nas sociedades germânicas e difundida nos primeiros séculos desse período, perdeu sua força a partir do século XI. Por quê? Por que ela não aparece na legislação? Provavelmente a Igreja teve uma grande influência nisso. Graciano apontava, na obra *Concordia discordantium canonum*, a prevalência da paternidade espiritual do padrinho sobre a adoção: "O parentesco de um afilhado com seu padrinho não podia ser mais distante do que o de um filho com seu pai adotivo, sendo a ação do padrinho comparável a um ato de adoção perante Deus"[712]. A hostilidade da Igreja em relação à adoção podia ser devido à perda dos benefícios que recebia pelas numerosas doações feitas em seu favor desde a era constantiniana, algo que "induziu todos aqueles que não

711. Cf. Michelant (1872, p. 71).

712. Cf. Baelo Álvarez (2013, p. 113).

tinham herdeiros a não recorrer a parentes colaterais, filhos adotivos ou outras estratégias para preencher o vazio da sucessão, incentivando-os também a doar legados e bens à própria Igreja para a salvação de suas almas"[713]. Não apenas não há provas de que isso tenha sido assim, como também o culto a São José nos últimos séculos medievais mostra a importância que seria dada ao pai que protege um filho que não é biologicamente seu, mas que ele cria com grande amor e devoção, suportando os tempos difíceis da fuga e da permanência no Egito[714].

No caso da Espanha, houve uma evolução notável como consequência dos distintos poderes que dominaram o território peninsular. Na literatura jurídica aparecem vestígios da adoção desde o período visigótico (*Breviario de Alarico*, 506). Posteriormente, é possível que as circunstâncias de conquista do território pelos árabes tenham fomentado a adoção como meio de "reafirmar os novos valores da família cristã e a legitimação política dos primeiros povoadores diante do poder do domínio muçulmano na Península"[715]. A partir do século XI é possível constatar como os foros contemplam a adoção como um privilégio que reis e senhores, tanto no reino de Aragão quanto no reino de Castela, concediam a seus vassalos.

Em Aragão podem ser encontradas evidências disso em uma das miniaturas do *Vidal Mayor* (1247-1252)[716], que representa uma cena de *affillamiento* ("perfilhamento"), na qual um pai adotante abençoa seu novo filho diante de duas testemunhas, de forma que o primeiro se encontra sentado em uma cadeira e o segundo está ajoelhado em posição de reverência, e a diferença de idade entre ambos pode ser vista. Tanto o progenitor quanto o novo herdeiro vestem uma túnica vermelha (a adoção como uma ficção jurídica que imita a natureza e a filiação biológica). Além disso, o adotante é representado estendendo a mão sobre a cabeça do adotado, simbolizando, com esse ato, a aceitação e o consentimento do *affillamiento*.

713. Cf. Rossi (2010, p. 382).

714. Cf. Herlihy (1983, p. 127).

715. Cf. Baelo Álvarez (2015, p. 158).

716. Cf. Miniatura 106, livro VI, fol. 217r.

Também em Aragão vale a pena destacar a compilação denominada *Costumbres de Tortosa* [Costumes de Tortosa], promulgada em 1279, que informa sobre as exigências civis para uma adoção, não apenas no contexto local em que essa legislação era aplicada, mas também em outros âmbitos. A adoção só podia ser realizada por homens, já que eles tinham a possibilidade de controlar o pátrio poder, embora apenas aqueles que pudessem gerar filhos ou os que já os tivessem gerado. Eles deveriam, portanto, ter mais de 18 anos e, de qualquer forma, ser mais velhos do que a própria criança que receberiam.

O grau de liberdade da adoção e o grau de exigência de requisitos dependiam da época e do lugar. Assim, nos costumes aragoneses de Tortosa, nenhum documento legal era exigido, enquanto no foro castelhano de Soria pedia-se que o adotante se apresentasse no conselho e cumprisse com a seguinte fórmula: "Conselho, este – ou esta – eu recebo por filho – ou filha – e daqui em diante será meu filho – ou minha filha; e de tal modo se faça que seja manifesto; e, para que não se posa negar, seja escrito no livro do conselho"[717].

Obviamente, as *Siete partidas* também legislam a esse respeito, e com diferenças interessantes no que diz respeito aos aspectos que foram comentados até aqui. Uma delas se destina a defender os direitos das crianças adotadas e avaliar a idoneidade das pessoas que adotam, de modo que a autoridade – nesse caso, os reis – sancione esse processo, levando em conta se:

> Se é rico ou pobre; se é seu parente ou não; e se tem filhos para herdar o que é seu, ou se ainda tem tanto tempo de vida que pode tê-los; e que tipo de vida leva; e que fama tem; e também é preciso levar em conta a riqueza da própria criança. E, uma vez provado tudo isso, pode-se supor que a pessoa que quer acolher a criança o faz com boas intenções e que é para o bem dessa criança, então que seja permitido[718].

Há vários documentos do fim da Idade Média que mostram, assim como na já mencionada compilação *Costumbres de Tortosa*, que em Castela também era possível adotar legalmente na presença da corte. Na verdade, alguns dos processos cuja documentação foi preservada foram realizados perante os reis

717. Cf. Gambón Alix (1960, p. 14).

718. Cf. Afonso X o Sábio (1555, partida VI, título XVI, lei II).

hispânicos. Assim, em 1494, uma "confirmação de perfilhamento" foi resolvida diante de Isabel e Fernando; trata-se da petição de Miguel Cano, criado do príncipe D. João:

> [Miguel Cano] informou que há cerca de três anos, mais ou menos, María Cana, sua mãe, estava casada com Prodaño Fuentes e que, durante todo esse tempo, não havia tido filho nem filha que pudesse herdar seus bens depois de sua morte, e que, a pedido de sua mãe e por muito amor que o dito Prodaño Fuentes sentia, este o adotou e o fez seu filho[719].

Esse é o caso de uma mãe, que não se sabe se é viúva ou solteira, responsável por uma criança de uma relação anterior, mas que não teve nenhum descendente com seu novo marido. Por isso, ambos concordam de perfilhar essa criança, para que ela possa herdar os bens familiares sem problemas. Outras situações desse tipo surgiram, no fim da Idade Média, ante os reis de Castela; eram sempre casos em que o pai e a mãe tinham a intenção de tomar uma pessoa como sua e torná-la sua herdeira, a fim de evitar que algum parente próximo, que eles não estimavam, pudesse ficar com o patrimônio familiar[720].

Provavelmente, em algumas dessas situações, foram adotados jovens que haviam sido criados da casa por muitos anos e aos quais, desfrutando do carinho dos senhores, se tentava favorecer com a herança. Isso aconteceu com Martín López, um vizinho de Tragacete que:

> Informou por requerimento que perante nós, em nosso conselho, se apresentou dizendo que pode fazer mais ou menos uns vinte e cinco anos que o dito Martin Lopes serve os referidos Alonso Lopes e Juana Lopes, sua esposa, e que eles, considerando os bons e leais serviços e obras que receberam do mencionado Martin Lopes, dizem que eram muito maiores do que se fosse seu filho legítimo natural; e que, não obstante, se eles fossem capazes de gerar e tivessem algum filho abençoado, que o Nosso Senhor teve, por bem, de levar desta vida, e que eles, levando em consideração que suas obras supriam o lugar de um filho, deliberaram de adotá-lo e perfilhá-lo como seu filho legítimo[721].

719. Cf. Archivo General de Simancas, rgs, leg. 149410, 2.

720. Cf. Baelo Álvarez (2013, p. 107).

721. Cf. Archivo General de Simancas, rgs, leg. 149411, 3.

A problemática relacionada à adoção, seja ela ratificada legalmente ou não, era muito diversa. Isso é mostrado por casos que se apresentam aos Reis Católicos. Em 1497 a mencionada Leonor Rodriguez reivindicava uma filha que ela havia tido e que precisou abandonar na porta de uma igreja da localidade de San Lucas de Alpechín (Sevilha) ao nascer; encontrada pela mulher de um lavrador, a menina cresceu criada por essa mulher, que se negou a devolvê-la quando a mãe natural começou a reivindicá-la[722]. É provável que essas situações tenham se repetido com certa frequência, o que levava famílias que acolheram alguma criança a exigir que os pais naturais não a reivindicasse quando ela crescesse.

No entanto, não é comum que a adoção apareça referendada na documentação, algo que poderia ser explicado pelo fato de que existem outras fórmulas diferentes de acolhida, que podem ser encontradas em distintos reinos hispânicos e europeus. Carmen García Herrero encontrou um caso que ocorreu em 1420, em Teruel, no qual duas irmãs, Catalinica e Juanica, foram contratadas pelo marido de sua mãe para trabalhar como empregadas domésticas durante nove anos; "tratava-se de uma 'adoção' sob o disfarce de servidão doméstica"[723]. Por outro lado, é provável que essa mencionada falta de conhecimento devido à escassez de documentações tenha sua origem em um viés socioeconômico, por trás do qual se esconderiam os acolhimentos nos grupos mais desfavorecidos. Sabe-se que, no Hospital de la Santa Creu i Sant Pau, em Barcelona, foram criados laços afetivos entre as crianças amamentadas e as nutrizes, o que, eventualmente, facilitava que esses bebês fossem, mais tarde, acolhidos pelas amas de leite e seus maridos.

Houve muitos casos de famílias que assumiam a criação de algum menor, e, apesar de não serem considerados ou chamados de adoções, na prática eram adoções. Novamente, esses casos costumavam ocorrer em casamentos entre uma mulher estéril e um homem com um filho ilegítimo. Como também já foi mencionado, às vezes, a criança era levada para a casa da família, onde a mulher, como se fosse sua mãe, ficava responsável por cuidá-la e formá-la. Nessa

722. Cf. Álvarez Bezos (2013, doc. 24, p. 403).

723. Cf. García Herrero (2009, n. 42, p. 138).

mesma linha era possível contemplar a formação das crianças bastardas dos reis, que, sem serem criadas pela rainha, geralmente recebiam uma educação semelhante à das crianças legítimas do monarca. O Islã, por outro lado, não aceitava a adoção. O Alcorão formula o cuidado e a proteção de crianças enjeitadas e desamparadas na figura do *kafala*, "uma instituição social, religiosa e jurídica de tutela permanente e de acolhida dativa"[724]. A origem do *kafala* está relacionada à própria história de Muhammad quando criança, o qual, quando sua mãe faleceu, foi acolhido e criado pelo seu tio Abu Talib (Muhammad foi um filho póstumo e não conheceu seu pai). De acordo com o *kafala*, o profeta do Islã não foi adotado, mas seu tio se encarregou de sua tutela e de seu acolhimento, sem obter o direito de receber sua herança. O *kafala*, portanto, diferencia-se da essência da adoção nos territórios da Europa Ocidental na Idade Média.

Assim, as famílias medievais, independentemente de sua religião e do termo utilizado para definir a criação de meninos e meninas que, inicialmente, não faziam parte da família, se responsabilizavam pelo cuidado, pela alimentação e pela educação das crianças no seio da família e, frequentemente, asseguravam que elas receberiam uma educação semelhante à dos filhos e das filhas naturais[725], formação que era responsabilidade das mães.

De maneira intencional ou não, as mães sempre ensinavam, não tanto com um "plano de estudos" predeterminado, mas com seu próprio exemplo. Mesmo que não aplaudissem o processo de aprendizagem das filhas, como a mãe de Cristina de Pisano, iniciavam-nas em aspectos importantes da vida, ensinando-as a ter paciência diante da adversidade, algo que a famosa escritora precisou aprender. Era a manifestação de uma forma de ensinar "sem programa", "sem objetivos", praticando a rotina, mas que resultava em uma maneira eficaz de aprender copiando comportamentos, costumes, saberes, que, no caso das mulheres, se estendia a aprender a "ser mães".

724. Cf. Álvarez Bezos (2013, p. 121).

725. Cf. Vinyoles Vidal; Illanes Zubieta (2012).

9
O valor da mãe

Irene, a imperatriz e minha mãe, era apenas uma menina naquela época, porque ainda não tinha completado 15 anos [...]. Ela era tão encantadora, tanto para olhar quanto para escutar, que os olhos e os ouvidos pareciam incapazes de se saciar de vê-la e ouvi-la. Seu rosto também brilhava com o suave charme da lua, não era formado em um círculo perfeito como os rostos das mulheres assírias, nem era muito longo com os dos citas, mas sim ligeiramente modificado de uma forma redonda perfeita. E o frescor de sua face era tal que seu tom rosado era visível até mesmo para aqueles que estavam sentados longe. Seus olhos eram azuis, mas, apesar de sua alegria, eram, de certa forma, assustadores, de modo que, embora sua alegria e sua beleza atraíssem os olhos de todos os espectadores, eles se sentiam obrigados a fechar os olhos para que não soubessem como olhá-los, para resistirem a olhá-la ou como olhá-la.

Se alguma vez existiu uma pessoa como a descrita pelos poetas e escritores da Antiguidade, eu realmente não sei dizer, mas ouvi muitas vezes a história a seguir ser repetida: se naqueles dias antigos um homem tivesse dito que essa imperatriz era Atena em forma mortal ou que ela tinha havia descido do céu em um brilho celestial e um esplendor inatingível, ele não estaria longe da verdade. A característica mais surpreendente, raramente encontrada em outras mulheres, era que ela envergonhava os audaciosos, mas com apenas um olhar incutia coragem nos envergonhados pelo medo. Seus lábios geralmente estavam fechados e, portanto, em silêncio, parecia uma estátua viva de beleza, um pilar de graça que respirava.

Ela costumava acompanhar suas palavras com gestos apropriados, mostrando o antebraço até o cotovelo, e, pelo formato de suas mãos e de seus dedos, seria possível pensar que eles foram esculpidos em marfim por algum artesão. As pupilas de seus olhos pareciam um mar calmo brilhando com o azul intenso das águas tranquilas e profundas; o branco ao redor das pupilas era extraordinariamente brilhante, dando aos olhos uma indescritível beleza deslumbrante e sofisticada [...].

Quando, em agosto da mesma indicção, a travessia de Roberto a Épiro obrigou Aleixo a abandonar a capital, ele divulgou seu estimado plano e o colocou em prática, confiando apenas à sua mãe o governo imperial, e, por meio de uma Bula Dourada, publicou seus desejos para todo o mundo. Tendo em vista que é dever de um historiador não apenas catalogar, em linhas gerais, os atos e decretos dos homens, mas também, sempre que possível, acrescentar detalhes sobre os primeiros e explicar os últimos, adotarei esse procedimento e darei as palavras deste Livro da Bula Dourada, omitindo unicamente os adornos do escriba.

Diz assim: "Nada é equivalente a uma mãe compreensiva e devota, nem existe um baluarte mais forte – quer o perigo seja previsto, quer algum horror seja detectado –, não há salvaguarda mais forte do que uma mãe que entende e ama seu filho; se ela der conselhos, será confiável; se ela rezar, conferirá força e alguma proteção. Tal mulher, minha santa mãe, demonstrou isso desde minha tenra idade, ela foi professora em tudo para mim, cuidadora e educadora [...] [o Imperador Aleixo I] estava satisfeito com tudo o que sua mãe organizou e decidiu" [...].

Minha avó era tão inteligente para os negócios e tão hábil para dirigir um Estado e colocá-lo em ordem que era capaz de administrar não apenas o Império Romano, mas qualquer outro país em que brilha o sol [...].

Ela estava muito interessada em apontar o que devia ser feito e diligente em executá-lo [...] não apenas era muito notável intelectualmente, mas seus poderes de expressão também correspondiam ao seu intelecto, era uma oradora muito convincente, não era faladora nem tinha a tendência de alongar seus discursos ou o espírito de seu assunto [...]. [O imperador] estava satisfeito com tudo o que sua mãe organizou e decidiu [...] convencido de que ela havia alcançado a perfeição em todos os pontos e que, no conhecimento e na compreensão dos assuntos, ela superava de longe todos os homens da época [...]. Voltando mais uma vez à minha avó, ela foi uma grande honra, não apenas para as mulheres, mas também para os homens, e foi um adorno para a raça humana. O bairro das mulheres do palácio estava completamente corrompido desde que Monômaco assumiu o poder do imperador, e havia sido desonrado por "amours" licenciosos até a ascensão ao trono de meu pai. Isso minha avó mudou para melhor e restaurou um Estado moral louvável. Em seus dias, uma ordem maravilhosa podia ser vista reinando em todo o palácio, porque ela havia imposto horários fixos para os hinos sagrados, para o café da manhã e para assistir à eleição dos magistrados, e ela mesma se tornou uma regra e uma medida para todos os demais, e o palácio tinha algo da aparência de um mosteiro sagrado. Esse era, então, o caráter dessa mulher verdadeiramente extraordinária e santa. Em sobriedade de conduta, ela eclipsou mulheres célebres da Antiguidade, assim como o sol eclipsa as estrelas[726].

A princesa e historiadora bizantina Ana Comnena (1083-1153) elogiava sua mãe, Irene Ducas, e sua avó, Ana Dalasena, dessa maneira em *A Alexíada*. Para isso, Ana utiliza duas vozes: a sua e a de seu pai, o Imperador Aleixo I, do qual extrai os elogios e sentimentos citados anteriormente, destacando, assim, o valor dessas duas mulheres.

Porém, seria possível se perguntar se todas as mães realmente mereciam tais elogios, e também como elas podiam ser honradas, que estimas mereciam ou quais eram as manifestações, naquela época, do amor filial por elas. Este capítulo terá como enfoque as relações entre mãe e filha e mãe e filho, um aspecto essencial da maternidade de todos os tempos que também ficou evidente no trabalho de diversos autores medievais. Primeiramente será descrito o afeto dos filhos e das filhas por elas, e, em seguida, será estudado o afeto que a mãe sente pelos filhos e pelas filhas. Em todos esses vínculos será possível verificar que há nuanças de profundidades diferentes; por um lado, filhos e filhas expressam, em muitas ocasiões, gratidão e respeito mais do que carinho; enquanto o sentimento das mães em relação a eles e elas nem sempre é um sinal ou uma expressão de ternura materna, mas simplesmente preocupação com o bem-estar, o que, por outro lado, não deixa de ser um sinal de amor. Além disso, ao contemplar o papel das mães, serão destacados aspectos como a autoridade e a influência que elas exerciam sobre os filhos e as filhas e os ró-

726. Cf. Comnena (2020, livro III, VII).

tulos que poderiam ser aplicados a elas, ou, em outras palavras: é possível falar de mães boas e más?

Os elogios de Ana Comnena à sua mãe a à sua avó iam muito além do dever filial de "honrar pai e mãe" exigido pelos dez mandamentos cristãos e judaicos. Ao contrário dos outros nove, o quarto mandamento destaca a mãe de maneira explícita, deixando clara a posição honorável que ela merece por seu papel de criadora de vida, pelos sofrimentos suportados durante a gravidez e o parto e também pelos cuidados posteriores.

Essa postura encorajadora do amor à mãe também aparece no Islã, especificamente em dois versículos do Alcorão que tratam da piedade filial. Da mesma forma que no quarto mandamento cristão, os versículos do Alcorão apontam para as dificuldades especiais enfrentadas pelas progenitoras, incentivando, implicitamente, os fiéis a reconhecer a vantagem de sua mãe sobre seu pai e a retribuir de acordo[727]. O amor que a mãe merece é um tema recorrente na religião muçulmana, na qual a literatura teve um papel fundamental para incutir de forma bem-sucedida essa ideia[728]. Um bom exemplo disso são alguns *Hadith* (ditos ou feitos de Muhammad transmitidos de forma tradicional) que tratam "da prioridade que deve ser dada à mãe em relação à piedade filial" e "das punições daqueles que desobedecem às suas mães". Um deles diz: "Jahma foi até o Profeta e lhe disse: 'Ó Mensageiro de Alá, quero ir para a guerra e vim pedir seu conselho'. Ele [o Profeta] disse: 'Você tem uma mãe?' Jahma respondeu: 'Sim'. Ele falou: 'Então fique com ela, pois o paraíso está sob seus pés'". Outro *Hadith* conta que "um homem se aproximou do Apóstolo de Alá e disse: 'Ó Apóstolo de Alá, quem tem mais direito de ser tratado com a melhor companhia por mim?' O Profeta respondeu: 'Sua mãe'. O homem disse: 'E depois quem?' O Profeta falou: 'Sua mãe'. Então o homem disse: 'E depois quem?' E o Profeta respondeu: 'Então, seu pai'"[729].

Os textos sagrados dessas religiões enfatizam o trabalho da mãe ao dar à luz e cuidar de seus bebês, fatos que parecem ter passado despercebidos para

727. Cf. Alcorão 31-14; 46-15.

728. Cf. Giladi (2011, p. 238).

729. Cf. Giladi (2011, p. 238-239).

muitos, especialmente para os que, na Idade Média, assumiram uma postura misógina. Esses últimos eram justamente os que deveriam ser convencidos usando como argumento os meses que qualquer ser humano passava no ventre materno.

No fim desse período, quando a misoginia começou a sofrer fissuras com o advento de autores pró-feministas, a figura da mãe aparece exaltada, embora uma certa consideração sempre estivesse presente na obra de muitos autores, até mesmo alguns que poderiam ser chamados de misóginos. Por que a mãe deve ser amada? Juan Rodríguez del Padrón, na obra *Triunfo de las donas* [Triunfo das damas, *c.* 1440], defendeu que as mulheres mereciam mais do que os homens, precisamente pelo valor da própria maternidade:

> Por quatro razões naturais, a mulher deve receber mais afeto do que o homem: a primeira, porque todos os seres dotados de razão são, por natureza, mais amados pela mulher, ou seja, pela mãe; a segunda, porque estão mais seguros do vínculo materno; a terceira, porque têm uma maior participação na procriação de seus filhos; e a quarta, porque sofreram mais na procriação. E, portanto, como naturalmente recebemos mais amor da mulher e nos beneficiamos mais dela, devemos dar a ela mais amor e mais honra[730].

A consideração que essas mulheres recebiam era sustentada sobre duas facetas da vida: a espiritual, em relação aos valores culturais e religiosos; e a temporal, em relação à vida política e ao poder. Dessa forma, há homens e mulheres que, como Ana Comnena, valorizaram muito o trabalho de suas progenitoras e deixaram por escrito expressões de amor, agradecimento, admiração, carinho ou consideração que suas mães mereciam.

O teólogo beneditino Guiberto de Nogent, já mencionado anteriormente, colocou em *Vita* uma manifestação muito interessante sobre seus sentimentos em relação a seus pais e, em especial, à sua mãe. Vale a pena falar sobre ele, já que é um dos poucos escritores medievais que ajuda a entender o assunto. *Vita* é um texto que se assemelha mais ao que hoje em dia se entende por autobiografia do que outras *vitae* daquela época, e muitos de seus parágrafos, de fato, falam de sua progenitora. Contemporâneo de Ana Comnena, Guiberto de

730. Cf. Rodríguez del Padrón (2016, p. 28, 30).

Nogent escreveu sua obra cerca de três décadas antes de *A Alexíada* ser escrita, mas, mesmo que a princesa bizantina não conhecesse essa obra, dá a impressão de que pode ter se inspirado nela. Guiberto de Nogent diz que sua mãe era "bela, casta, modesta e imbuída de temor a Deus". Esses e outros detalhes narrados por ele parecem ter sido obtidos a partir de observações, lembranças pessoais e "anedotas que ouviu sua mãe contar muitas vezes"[731]. Ele demonstra um grande amor por ela e parece não se importar com as repreensões que recebia quando ela era "vítima de dores de barriga extraordinárias; e com muita frequência ela tinha o hábito de me lembrar desses sofrimentos, quando eu me desviava do bom caminho ou me entregava aos arrebatamentos da carne"[732].

Guiberto de Nogent não deixa de mencionar como sua mãe se sentiu quando decidiu entrar para o Mosteiro de Flavigny, época na qual ele também teve de fazê-lo para cumprir uma promessa que seu pai havia feito durante seu nascimento, de que qualquer que fosse o sexo do bebê nascido daquele parto tão difícil, a criança se tornaria uma oblata:

> Ela sabia que me deixaria completamente órfão e privado de qualquer apoio. De fato, ainda que tivesse um grande número de parentes e aliados, não havia ninguém que pudesse dar a uma criança, em tão tenra idade, todos os cuidados que ela precisava [...]. Vendo que eu era vítima de tal negligência, armando seu coração com seu temor e seu amor a meu Deus, ela atravessou o povoado onde eu vivia para ir ao mencionado mosteiro; mas ela mesma se sentiu, ao atravessá-lo, devastada por uma dor tão grande que a simples visão de minha morada era, para ela, um sofrimento intolerável[733].

Esse pensador e escritor justifica o abandono sofrido e elogia a decisão de sua mãe, pois ela agiu movida pelo amor a Deus, o qual lhe dava a força necessária para se desapegar de um filho que ela tanto amava. O sentimento de devastação pela separação também mostra seu amor por ela, de quem chega a dizer "uma mãe dificilmente é uma propriedade renunciável", algo importante para um monge que, na teoria, por seus votos, devia renunciar a todas as

731. Cf. Partner (1996, p. 359-379).

732. Cf. Guiberto de Nogent (1825).

733. Cf. Guiberto de Nogent (1825).

posses. Guiberto de Nogent, ao contar a história de sua progenitora, toma posse completa dela, ele a torna sua e a molda de acordo com seu gosto, referindo-se aos aspectos positivos que ele vê em uma mãe, ou naquela que ele gostaria de ter tido. Ele sempre a menciona exatamente assim, "minha mãe", sem nunca dizer o nome dela, que, de fato, é desconhecido. Nesse aspecto, diferencia-se de Santo Agostinho, o autor em quem ele mais se inspirou, cuja progenitora, Santa Mônica, ocupa um lugar central na obra do santo de Hipona e na maternidade medieval.

As *Confissões* de Santo Agostinho foram fonte de inspiração não apenas para Guiberto de Nogent, mas também para outros autores, como o célebre Francesco Petrarca (1304-1374). Este tinha 14 anos quando, em 1318, perdeu a mãe, Eletta Canigiani, para quem escreveu *Panegyricus in funere matris* (Panegírico no funeral da mãe). No mesmo ano, na Igreja de Notre-Dame du Bourg, em Rabastens (Occitânia, França), foi construída uma capela em homenagem a Santo Agostinho, na qual um afresco representava o falecimento de sua progenitora, Mônica. É provável que Petrarca tenha se inspirado nessas imagens da santa, expressando, no *Panegyricus*, o amor por sua mãe, naquele que poderia ser considerado uma versão compacta do capítulo IX das *Confissões*, a obra favorita do poeta. Ambos os autores, Agostinho e Petrarca, oferecem um breve resumo da vida da mãe a partir do ponto de vista do filho enlutado.

Santo Agostinho faz isso em várias passagens, em especial no livro IX, no capítulo IX, dedicado a Mônica, "a mulher casada perfeita", e no capítulo XII, "dor e pranto contido pela morte de sua mãe". O panegírico em que o santo de Hipona relata vários aspectos da trajetória de sua mãe é realmente extraordinário:

> A esta tua boa serva, em cujas entranhas me criaste, ó meu Deus, misericórdia, outorgou-lhe este outro grande dom: de se mostrar tão pacífica, sempre que podia, entre almas discordantes e dissidentes, quaisquer que fossem, que ao ouvir muitas coisas duríssimas de um lado e de outro, como costuma vomitar uma discórdia inflada e indigesta, quando perante a amiga presente descarrega a crueldade de seus ódios em uma amarga conversa sobre a inimiga ausente, que não delatava nada uma da outra, exceto aquilo que poderia servir para reconciliá-las [...]. Também conseguiu conquistar para ti seu marido ao fim de sua vida temporal, não tendo que lamentar nele, já batizado, as ofensas que havia tolerado antes do batismo.

> Além disso, era serva de teus servos, e todos que a conheciam te louvavam, honravam e amavam muito nela, porque advertia tua presença em seu coração pelos frutos de sua santa conversa. Tinha sido mulher de apenas um homem, tinha cumprido com seus pais, tinha governado sua casa de maneira piedosa e tinha o testemunho das boas obras, e havia nutrido seus filhos, parindo-os todas as vezes que ela os via se afastando de ti[734].

O amor, a admiração e a consideração de Agostinho ficam especialmente evidentes em sua descrição sobre o falecimento de Mônica, "a grande onda de tristeza que inundou meu coração", embora para ele, no entanto, não pareça suficiente:

> E agora, Senhor, confesso-te nestas linhas: leia-as quem quiser e interprete-as como quiser; e não zombe de mim se achar pecado eu ter chorado por minha mãe por uma breve parte de uma hora, por minha mãe recém-morta perante meus olhos, ela que havia chorado tantos anos para que eu vivesse para os teus[735].

Não ficam para trás os elogios de Petrarca à sua mãe, de quem ele até mesmo relembra os momentos difíceis do parto: "Nasci com tanto trabalho de minha mãe, com tanto perigo, que as parteiras e os médicos, por algum tempo, pensaram que ela estava morta"[736]; embora o uso literário que o italiano faz da figura materna desde o início não apenas busque elogiá-la, mas também crie uma estratégia de autorrepresentação.

Junto de seu *Panegyricus* há duas cartas de Petrarca nas quais ele descreve o amor por sua mãe, tendo a figura de Mônica novamente como referência. Em uma delas, a que escreveu a Guy de Boulogne, cardeal legado, parece ficar visível a iconografia dessa santa:

> Grávida, carregou você com dificuldade e sofrimento por nove meses em seu ventre; com alegria e dor deu você à luz [...], atenta quando você engatinhava e nervosa quando você dava seus primeiros passos; preocupada quando você brincava com outras crianças; com amor se despedia quando você ia para a escola e o recebia com alegria quando você voltava para casa[737].

---

734. Cf. Agostinho de Hipona (2015).

735. Cf. Agostinho de Hipona (2015).

736. Cf. Grimes (2011, p. 43).

737. Notícias a respeito dessa carta em: Wilkins (1955, p. 123). Cf. texto em Grimes (2008, p. 108).

Na parte central dessa missiva, o poeta traça uma breve história sobre as grandes progenitoras e seus rebentos desde a Antiguidade, e, embora a Virgem e Jesus Cristo ocupem o primeiro lugar, Mônica e Agostinho de Hipona merecem uma descrição mais detalhada. Para Petrarca, a mãe era um símbolo da vida que devia ser valorizado, enquanto seu contemporâneo Giovanni Boccaccio sustentava que a maternidade não devia ser considerada uma "conquista das mulheres", as quais não podiam se orgulhar de algo que não era seu próprio mérito, já que ter filhos era uma "obra da natureza".

Outros homens deixaram em seus escritos demonstrações de admiração por quem os gerou; um deles é o Rei Jaime I de Aragão, que, no *Llibre dels feits* [Livro dos feitos], dedicou-lhe as seguintes palavras:

> Quanto à Rainha Maria, nossa mãe, queremos dizer que, se havia uma mulher boa no mundo, era ela; temente a Deus e dedicada a honrá-lo, entre outros bons costumes que tinha. Muitas coisas boas poderíamos dizer sobre ela, mas dizemos apenas uma que vale por todas: que é amada por todos que conhecem seu temperamento. Nosso Senhor a amou tanto e lhe concedeu tantas graças que é aclamada rainha santa não apenas em Roma, mas sim em todos os outros lugares. Como santa, cura muitos enfermos que bebem, com água ou com vinho, a areia perto de sua tumba[738].

O panegírico do Rei Jaime I eleva Maria de Montpellier próximo à santidade e suas virtudes até quase confundi-la com a Virgem. Isso respondia à ideia de que a própria mãe deveria ser amada, um sentimento que pode ser encontrado em escritos de vários tipos. Destaca-se, nesse sentido, um registro feito por Paolo Sassetti, membro de uma linhagem de mercadores florentinos, em seu diário (*Ricordanze*, 1365-1400), sobre a morte de uma mulher da família em 1371: "Que seja feita uma menção especial aqui, porque a considerávamos uma mãe amada, e, em todas as suas obras, ela era e foi uma das mulheres amadas que deixaram nossa casa"[739].

Cristina de Pisano, por outro lado, dedica alguns capítulos ao amor filial em *La cité des dames* [A cidade das damas]: Dripetina, rainha de Laodiceia;

738. Cf. Jaime I (2003, p. 59).

739. Cf. Klapisch-Zuber (1983, p. 1.098).

Hipsípile, filha do rei de Lemnos; e Claudina, uma vestal romana, são três senhoras que se destacam por expressar esse afeto por seus pais[740], mas a escritora apresenta também um quarto exemplo, o de uma mulher anônima, cujas demonstrações de afeto são direcionadas para sua mãe encarcerada, que, além de estar privada de liberdade, não recebia comida nem bebida. Como era estranho que se passassem dias e dias e a presa não morresse, o guarda observou o que acontecia durante a visita da filha: esta, que havia acabado de dar à luz, alimentava sua própria mãe com o leite de seus seios. Essa "prova extrema de amor filial" comoveu os juízes e carcereiros, que acabaram libertando a prisioneira. Com esse relato, Cristina de Pisano transformava e adaptava a história que aparece na obra de Valério Máximo intitulada *Factorum ac dictorum memorabilium* [Feitos e dizeres memoráveis], na qual quem era amamentado pela filha era o pai.

A atitude dessa mulher levou Cristina a afirmar: "As filhas que se portam assim podem ser chamadas de bem-nascidas, mesmo que façam apenas o que se espera que seja feito"[741]. A ação dela é ainda mais notável se considera-se que a própria Cristina questiona o comportamento de muitos filhos em relação a seus pais idosos. Nesse sentido, ela cita Petrarca, em cuja boca coloca estas palavras: "Pobre ignorante que quer ter filhos, você não sabe que mais tarde eles serão inimigos mortais?" E ela afirma que há aqueles que não são dignos de sua forma de agir quando suas progenitoras chegam à velhice: "Quantas mães, já viúvas, para as quais os filhos deveriam ser um apoio e uma alegria na velhice, que tanto os amaram, educaram e mimaram, veem suas tristezas recompensadas dessa forma"[742]. Por fim, Cristina de Pisano afirma que esses casos ocorrem mais com filhos do que com filhas.

Na obra dessa escritora, um pouco posterior às de Petrarca e Boccaccio, são encontrados vislumbres de sua consideração pela figura materna. Embora diga apenas que sua progenitora foi boa com ela, em alguns de seus livros é possível encontrar elogios à imagem tanto da mãe espiritual quanto da mãe

740. Cf. Cristina de Pisano (1995, livro II, cap. VIII, IX e X, p. 114-116).

741. Cf. Cristina de Pisano (1995, livro II, cap. VIII, IX e X, p. 117).

742. Cf. Cristina de Pisano (1995, livro II, cap. VIII, IX e X, p. 113).

natural. Nesse sentido, Cristina de Pisano dedicou dois poemas à Virgem Maria – "L'oraison à Notre-Dame" [Oração a Nossa Senhora] e "Quinze Joies Notre-Dame" [Quinze alegrias para Nossa Senhora] (1402-1405), enquanto, em um dos capítulos de *La cité des dames*, ela conta a já mencionada história da mulher presa e alimentada por sua filha. Ao dar de mamar à sua progenitora encarcerada, a filha se comporta como uma filha ou como uma mãe? Uma linha muito tênue separa os dois sentidos do amor materno-filial, que nem sempre são recíprocos, como demonstra, ou questiona, o próprio caso de Cristina de Pisano descrito no capítulo anterior. Os desentendimentos da escritora com sua filha Marie poderiam levar a pensar que não havia grande afeição entre as duas, mas alguns indícios levam a questionar essa afirmação, como o fato de Marie, quando estava no mosteiro, frequentemente enviar cartas amáveis e piedosas de consolo a Cristina.

Também é possível tirar exemplos da história medieval hispânica para ilustrar diferentes graus de afeto entre progenitores e rebentos. Sobre filhos que não demonstram carinho por seus pais e se rebelam contra eles por ambição política, é ilustrativo o caso do Rei Sancho IV: ele estava em conflito com seu pai Afonso X o Sábio e sua mãe Iolanda de Aragão, com quem demonstrou um comportamento ambíguo nos últimos anos de vida da rainha e a quem não demonstrou um amor filial caloroso. Entre as filhas que honraram suas mães, destaca-se a única filha mulher de Leonor de Gusmão e Afonso XI, Joana de Castro, que fez um pedido para enterrar sua mãe – executada após cair em desgraça com a morte de seu amante, o rei de Castela Afonso XI – no Mosteiro de Santa Clara de Tordesilhas. Esse pedido também foi feito pela Rainha Joana Manoel (1339-1381), esposa de Henrique II de Castela (1334-1371), outro filho de Leonor de Gusmão e Afonso XI. Essa era a merecida recompensa pela devoção que essa mãe havia demonstrado aos dez rebentos que teve com o rei.

O amor pela mãe é semelhante ao amor pela nutriz, que era expresso especialmente quando ela era a responsável pela lactância durante os primeiros 2 ou 3 anos da criança. Esse vínculo afetivo nem sempre fica evidente, mas as recompensas dadas pelas famílias mais poderosas às amas de leite denotam não apenas um agradecimento pelo seu trabalho, mas também uma demonstração de afeto. Mais uma vez, o código das *Partidas* evidencia o reconhecimento que deve ser dado ao trabalho das nutrizes, amas e aios: "E ainda com a ama que o criou ele tem uma grande dívida, porque ela lhe deu seu leite durante o tempo que foi necessário e o alimentou assim como mãe"[743]; isso obrigava as crianças a "amar e honrar e manter seus pais e seus amos e amas, ajudando-os com suas coisas se precisassem, e não devem matá-los nem feri-los nem desonrá-los nem tirar seus bens sem seu consentimento, mas sim protegê-los"[744].

Os filhos, no entanto, nem sempre demonstravam afeto por suas mães, e, em alguns casos, seus comportamentos eram dignos de repreensão, como é comprovado em algumas fontes, incluindo os foros castelhanos de Zamora e de Cuenca. O primeiro indica que: "Quem ferir seu pai ou sua mãe ou fizer algum deles jurar na cruz, que seja deserdado e não tenha participação em seus bens". O segundo se expressa no mesmo sentido, pois, embora os pais não possam deserdar um filho, poderiam fazê-lo se este ferisse qualquer um deles, o que também o tornaria inimigo de seus irmãos"[745]. Os agravos dos filhos contra a mãe geralmente derivavam de uma "violência gananciosa"[746], ou seja, de uma atitude voltada para conseguir os melhores benefícios econômicos da progenitora viúva. Um bom exemplo é o do mudo de Vergara, um caso que apresentou aos Reis Católicos uma mãe que sofria maus-tratos por parte dos filhos; ela se queixava que "Juan de Uçárraga, mudo, seu filho, sem temor a Deus e à nossa justiça, como um filho desobediente, colocou-a em grandes temores e medos de que a ferisse e a matasse, e, de fato, muitas vezes colocou as mãos furiosas sobre ela, arrancando-lhe os cabelos e espancando-a"[747]. Outras razões podiam estar por trás do mau comportamento dos filhos e das filhas de alguns reis com suas mães. De natureza política foi a causa que levou o Rei Carlos I a manter sua mãe, a Rainha Joana I (1479-1555), presa na mansão-palácio de Tordesilhas, onde, em 1509, o Rei Fernando o Católico a havia deixado. Embora não fossem muitos os casos desse tipo, o que é certo é que outros filhos ou filhas

743. Cf. Afonso X o Sábio (1555, partida IV, título XXIV, lei III).

744. Cf. Afonso X o Sábio (1555, partida IV, título XXIV, lei III).

745. Cf. Fuero de Zamora (1883, p. 524).

746. Cf. Álvarez Bezos (2013).

747. Cf. ags, rgs, 1484-VIII-72. Transcrito em Álvarez Bezos (2013, doc. 33, p. 432).

de reis também não manifestaram carinho por suas mães, especialmente por aquelas que não haviam cuidado de sua prole enquanto reinavam.

O que foi descrito até agora diz respeito apenas a um dos perfis do amor materno-filial, aquele experienciado ou não por filhos e filhas, mas uma descrição completa da maternidade requer delinear o sentido oposto, o das mães em relação a seus descendentes. Que tipo de amor demonstravam? Pode-se falar de um instinto materno em todas as épocas? Que autoridade as mães tinham sobre seus rebentos? A análise de alguns documentos e expressões literárias, assim como da vida de algumas mulheres poderosas, pode dar algumas pistas para responder a essas perguntas.

A princípio, a maioria das mães demonstra um grande amor por seus filhos e suas filhas, mas qual era a veracidade disso? É claro que a ciência histórica nunca conseguirá conhecer e desvendar o sentido e a sinceridade dessas expressões de amor no fundo de suas consciências. Tudo o que ela pode aspirar a compreender são suas manifestações externas e os vestígios, frequentemente muito aleatórios e incompletos, que foram preservados ao longo dos séculos. A isso se soma a dificuldade de interpretar esses testemunhos, diante dos quais o historiados deve evitar o "pecado do anacronismo"[748]. Não há registros sobre os sentimentos daquelas que se desfaziam de suas crianças recém-nascidas após o parto, mas não seria arriscado presumir que a dor delas foi terrível. Nesse sentido, o relato bíblico conhecido como "a sentença de Salomão" evidencia o que, sem dúvida, era uma grande prova de amor materno. Nessa história, que faz parte do Primeiro Livro dos Reis, duas mulheres se apresentam diante de Salomão para pedir justiça:

> Certa vez, duas prostitutas foram ao rei e se apresentaram diante dele. Uma das mulheres disse: "Com licença, meu senhor! Eu e esta mulher estamos morando na mesma casa; eu tive um filho enquanto ela estava em casa. Três dias depois de eu ter dado à luz, também essa mulher teve um filho. Estávamos só nós duas. Não havia nenhum estranho conosco na casa, além de nós duas. Ora, o filho dessa mulher morreu durante a noite, pois ela se tinha deitado sobre ele. Aí ela se levantou de noite, enquanto esta tua criada estava dormindo, tirou o

748. Cf. Morel (2001/2).

> meu filho de junto de mim e o colocou no seio dela, e o filho dela que estava morto ela o pôs no meu seio. De manhã, quando me levantei para amamentar o meu filho, vi com surpresa que estava morto; mas quando o examinei mais de perto, reparei que não era o filho que eu tinha dado à luz".
>
> A outra mulher contestou: "Não é verdade! É meu filho que está vivo, e o teu é que está morto!" Mas a primeira replicou: "Mentira! Teu filho está morto, e o meu está vivo!" Assim discutiam diante do rei.
>
> [...] Então o rei deu esta ordem: "Trazei-me uma espada!" Quando trouxeram a espada, o rei disse: "Cortai em dois pedaços a criança viva e dai metade a uma e metade à outra".
>
> Então a mulher, cuja criança estava viva, sentiu fortemente o amor materno pelo filho e disse ao rei: "Por favor, meu senhor, dai a ela a criança viva e não a mateis!" Mas a outra dizia: "Nem para mim, nem para ela: cortai-a em dois pedaços".
>
> Então o rei tomou a palavra e disse: "Dai à primeira o menino vivo! Não o mateis, pois ela é a mãe"[749].

Essa história, cuja iconografia começa e se estende nas bíblias medievais, expõe o dilema apresentado a Salomão, que, com seu famoso bom senso, entregou a criança à mulher que não queria que a partissem em duas e que, portanto, sentia o verdadeiro amor materno.

Outro relato bíblico que serviu para expor os sentimentos das mães por seus bebês é o de Moisés. Em contraste com a maneira fria, quase prática, com que a Bíblia, no Êxodo (Ex 2,1-9), relata o abandono de Moisés nas águas do Rio Nilo e seu encontro pela filha do faraó, o Alcorão entra nos sentimentos da mãe: "Seu coração 'está vazio' de horror e ansiedade quando o menino corre perigo; então, quando Deus traz o menino de volta para ela, sua dor desaparece e ela é consolada"[750].

A ideia desse sentimento em relação às crianças está presente na literatura em geral – em especial, na literatura medieval. O franciscano catalão Francesc Eiximenis registrou, em *El carro de las donas*, que "o amor materno cega as mães"[751].

---

749. 1Rs 3,16-27.

750. Alcorão 28,7-12.

751. Cf. Eiximenis (2004, livro III, cap. 12, p. 430).

Em outros espaços documentais, os testemunhos escritos a esse respeito são menores, mas também é possível encontrar algumas referências ilustrativas. Por exemplo, em um registro financeiro, é possível observar que uma mulher italiana chamada Tomaula transferiu, em 1167, boa parte de seus bens a seus filhos, declarando explicitamente que o fazia pelo "grande amor" que tinha por eles e por serem "a luz dos meus olhos". Embora as palavras carinhosas não sejam raras em documentos desse tipo, esse é de particular interesse, por ser um dos poucos que declara de maneira explícita o amor de uma mulher do povo por sua prole.

Embora os termos afetuosos desses grupos tenham sido pouco documentados, não faltam evidências do carinho materno. No livro de registros forenses da Oxford medieval foi registrado um evento envolvendo uma mulher que perdeu a vida depois de arriscá-la para salvar seu filho:

> Aconteceu no sábado, véspera de São Lourenço, no ano 26 do Rei Eduardo, que Alice, que era a esposa de John Trivaler, e Roger, filho de John e Alice, de vinte semanas de vida, foram encontrados mortos na paróquia de St. Mary-the-Virgin. O dito John Trivaler os encontrou mortos e imediatamente pediu socorro, e no mesmo dia foram vistos por Adam de Spalding, legista, que avaliou que eles haviam sido queimados vivos. Foi realizada uma investigação a respeito do assunto por meio das quatro paróquias mais próximas, a saber: St. Mary's, St. Peter's-in-the-East, St. Mildrid's e All Saints. E todos os homens jurados nessa investigação disseram sob juramento que, na sexta-feira anterior, os ditos John e Alice estavam em uma tenda onde residiam na paróquia de St. Mary em altas horas da noite, prontos para deitar, e a dita Alice havia deixado uma vela acesa na parede junto à palha que havia na referida tenda, de modo que a chama da vela alcançou a palha e, imediatamente, o fogo se espalhou por todos os lados, de modo que os mencionados John e Alice escaparam com dificuldade, esquecendo-se de que deixavam a criança para trás. No momento em que Alice lembrou que seu filho estava dentro, cercado pelo fogo, voltou correndo para buscá-lo, e, imediatamente, quando entrou, foi vencida pela grandeza do fogo e se asfixiou, não conseguindo sair, e assim ela e o menino foram queimados vivos[752].

752. Cf. Salter (1912).

O comportamento de algumas rainhas da Europa Ocidental, várias das quais são parentes entre si, pode ser útil para corroborar essas ideias sobre amor e proteção, ou também a ausência desses sentimentos. Serão utilizados alguns casos dos reinos hispânicos de Aragão e Castela. Na própria história do nascimento de Aragão, por exemplo, na *Crónica de Aragón*, de [Gauberte Fabricio de] Vagad, há referências à adoção do filho bastardo Ramiro pela rainha Muniadona. Parte do relato se baseia na acusação de adultério contra o monarca feita por seus próprios filhos, à qual Vagad reage condenando a conduta deles e considerando-a um crime repreensível, seja contra quem fosse: "Quanto mais contra a mãe, de quem recebemos tantos benefícios, a vida, no mínimo, a criação, o crescimento e o ser. Que pena será suficiente para um crime tão perverso? Em que chamas essas pessoas merecem arder para sempre no inferno?"[753]

Um grupo relevante em Castela é formado pelas damas da chamada "estirpe de Leonor", como as designou a medievalista Ana Rodríguez[754], tomando como modelo Leonor da Aquitânia, rainha da França e da Inglaterra. Esta investiu pouco tempo em seus rebentos durante os primeiros anos de vida deles e deixou essa responsabilidade para nutrizes, criadas e outros subordinados. Com Maria e Alice, as duas filhas que teve com seu primeiro marido, Luís VII da França, ela quase não teve relação, pois, quando a mais velha tinha um ano, Leonor acompanhou seu marido na segunda cruzada. Quando a mais nova nasceu, o casamento estava próximo do fim, então Alice permaneceu na corte francesa. Depois de se divorciar, suspeita-se que ela possa ter tido contato com as filhas, devido ao interesse de ambas na literatura do "amor cortês". Leonor só demonstrou interesse por seus descendentes quando estes atingiram a maturidade e, com ela, a capacidade de desempenhar algum papel político. Por exemplo, ela só demonstrou sentimentos de afeto por dois de seus filhos – Ricardo Coração de Leão e João Sem-Terra – quando estes chegaram ao trono, apoiando-os para que mantivessem o poder. Suas filhas, por outro lado, logo abandonaram a corte para viver com as famílias com as quais estabeleceriam parentesco. Esse foi o caso de Leonor de Plantagenet, que, em 1170, com ape-

753. Cf. García Herrero (2009, p. 77).

754. Cf. Rodríguez (2014).

nas 9 anos, deixou a Inglaterra rumo a Castela para se casar com Afonso, herdeiro desse reino.

As filhas de Leonor de Plantagenet e, portanto, netas de Leonor da Aquitânia, desempenharam um papel diferente do de sua poderosa avó; elas se mantiveram próximas de seus descendentes e se interessaram mais por seu bem-estar. Berenguela, a mais velha e mãe de Fernando III, orgulhava-se de tê-lo amamentado com seus próprios seios. Sua irmã Branca, rainha da França e progenitora de Luís IX, ocupou-se da educação e dos cuidados deste, provavelmente com o carinho que se podia esperar de uma mãe. Ambas depositaram uma atenção especial por preservar a coroa para seus filhos, tendo em vista que foram mães que exerceram um papel político ativo como rainhas, tendo que assumir o governo de seus territórios. Branca não tinha problemas em vista para a sucessão de seu filho, mas sua irmã Berenguela encontrava-se em uma posição diferente e teve de jogar bons trunfos políticos para que Fernando se tornasse o rei de Castela (1217) e de Leão (1230).

Contemporâneas de Leonor da Aquitânia, Heloísa (*c.* 1092-1164) e Inês de Poitou (1103-1159) foram duas mulheres que não tiveram a oportunidade de demonstrar esse amor materno. A primeira não pôde ou não quis cuidar de seu filho Astrolábio, como foi visto anteriormente. Por outro lado, Inês de Poitou ou da Aquitânia, que era tia de Leonor, casou-se em 1135 com Ramiro II o Monge, que havia sido obrigado a abandonar o mosteiro para assumir o trono de Aragão. O rei monge precisava se casar para garantir a continuidade dinástica do reino, de modo que encontraram como esposa a já mencionada Inês. Após o nascimento de sua filha Petronila de Aragão (1136) e o cumprimento de sua missão de gerar descendência para o monarca e a coroa de Aragão, Inês de Poitou voltou à França, não restando qualquer vestígio dela nos arquivos desse reino hispânico. Ela não teve a opção de mostrar seu lado de mãe amorosa, já que teve sua filha exclusivamente por razões políticas. Ela e Heloísa são dois exemplos de mães "breves", aquelas que, após dar à luz, permanecem pouco tempo com seus rebentos; elas costumam se concentrar nas camadas superiores da sociedade medieval. Nem todas as que se afastaram de seus filhos o fizeram por vontade própria, mas sim os deixavam, ou eram obrigadas a deixá-los, nas mãos de outras pessoas. Já foi citado o exemplo de Dhuoda, uma mãe muito amorosa com seus filhos "a distância", mas os casos descritos agora correspondem a damas que escolheram a maternidade apenas por razões políticas, de modo que o vínculo afetivo não aparece, pois estava localizado à margem de seus objetivos vitais.

O amor, o zelo materno ou a generosidade da mãe são visíveis em outros exemplos. Vale destacar os exemplos descritos por Vagad em *Crónica de Aragón*. Uma delas foi Dona Berenguela de Moncada, mãe do almirante D. Galcerán de Pinós, que foi feito prisioneiro no cerco de Almeria em 1147. A quantia exorbitante exigida para libertá-lo levou a senhora Berenguela a vender todas as suas joias. Essa crônica também detalha que parte do resgate exigido pelo almirante eram cem donzelas, e que as mães delas se jogavam aos pés de seus maridos para pedir-lhes, com dor e muitas lágrimas, que as enviassem em vez de suas filhas.

Como foi visto anteriormente, o amor de mãe costumava ser grande e aparecia especialmente nos casos em que momentos difíceis deviam ser superados. Houve até mesmo mulheres que tiveram de renunciar à sua própria identidade, à sua ideologia e à sua religião para favorecer a sua prole. Esse era o caso das mulheres judias, que, em tempos de perseguição, viram em sua dolorosa conversão ao cristianismo, mais do que qualquer outra coisa, uma série de vantagens para sua família. A convertida Elvira García havia confidenciado à sua filha que "na lei que nasci eu gostaria de morrer", porque "tinha sido judia e havia se tornado cristã". A filha lhe perguntou sobre o motivo de sua conversão: "Então por que a senhora se tornou cristã, mãe?" E Elvira lhe respondeu com dor e melancolia: "Filha, pelos filhos!"[755]

Havia também outras situações complicadas, como as desavenças entre mãe e filha, das quais já foi visto um bom exemplo, o desentendimento de Cristina de Pisano com sua filha Marie, que fez votos para entrar na vida religiosa contra a vontade de sua mãe. Com o passar do tempo, o desgosto de Cristina amenizou, como pode ser visto em um de seus livros, quando ela coloca algumas palavras bem expressivas na boca da senhora Filosofia: "A alegria de receber notícias sobre sua vida harmoniosa te traz muita alegria"[756]. Por

755. Cf. Carrete Parrondo (1985, doc. 34, p. 33).

756. Cf. Walters (2009, p. 101).

outro lado, o conflito de Cristina com sua própria mãe não a priva de apreciar o amor que ela lhe dedicou: "Desde que me chamou de filha, fui bem criada e bem amada por minha mãe. Ela me amou e me criou tão bem que me amamentou assim que nasci, e me tratou com ternura durante a minha infância"[757].

Próximo ao "amor de mãe" estão as "lágrimas de mãe", uma vez que o primeiro surgiu junto a outros sentimentos afetivos diante da perda de algum dos filhos, fossem eles mais velhos ou mais novos. Isso pode ser encontrado em documentos pessoais, por exemplo, em cartas, e em obras literárias em que fica evidente como as mulheres sentiam e lidavam com esse luto tão intenso, partindo da premissa de que a dor era concebida como mais um elemento da maternidade, com o modelo da Virgem Maria perdendo seu filho na cruz.

A partir da profusa correspondência da Rainha Iolanda de Bar é possível perceber seu estado emocional diante do falecimento de alguns de seus rebentos. Em uma carta a João I de Castela, que lhe enviou seus pêsames pela perda do Príncipe Jaime (1382-1388), pode-se ver não apenas o sofrimento que essa morte lhe causou, mas também a fragilidade em que se encontrava e como era difícil encontrar consolo:

> Acreditamos firmemente que vós também, pelas razões expostas em vossa carta, assim como por vossa humanidade piedosa, têm compartilhado e compartilham conosco da intensa angústia e da profunda dor que temos sofrido e seguimos sofrendo pela morte de nosso muito amado filho, o delfim [...]. No entanto, isso ainda não pode nos ajudar, pela nossa fragilidade, pressionada pela natureza, ainda não conseguimos encontrar consolo completo para essa grande perda[758].

O falecimento de Jaime, seu primogênito, causou um grande trauma a Iolanda, o qual ela evidenciou em outras missivas, nas quais reflete novamente sobre essa perda, como mostra o seguinte fragmento, extraído de uma carta endereçada a Afonso de Aragão, marquês de Vilhena, para agradecer a carta de condolências que ele lhe havia enviado: "Em meio à grande tristeza e ao luto transcendente que sentimos com a morte de nosso muito amado filho"[759]. E

757. Cf. Cristina de Pisano (1959-1966, v. 401-408).

758. Cf. Cingolani (2020, p. 177-196).

759. Cf. La muerte... (2018, carta 164, p. 164).

em outro envio feito ao emissário do papa, ela pede desculpas em seu nome ao santo padre por ter demorado tanto para responder: "Por causa da morte de nosso amado filho, não cuidamos desses assuntos, nem de outros que anteriormente tínhamos sob nossa responsabilidade"[760]. É possível que seu luto a tenha impedido de seguir com suas tarefas habituais durante algum tempo.

Iolanda ficou triste por seu filho, mas talvez também pelo que ele significava, pois era o filho homem de que ela tanto precisava e o qual ela havia buscado para herdar a coroa. De seus sete partos, ela deu à luz apenas dois meninos, e um deles morreu logo após o nascimento. Sem questionar a sinceridade de seu luto, é preciso levar em conta que, sem o Príncipe Jaime, Iolanda não poderia alcançar o poder e a influência que desejava como rainha-mãe.

Entre as damas dos escalões superiores, os filhos agiam como benfeitores, na medida em que lhes davam um poder que de outra forma não teriam. Matilde da Inglaterra (*c.* 1102-1167) deixou isso muito claro em seu epitáfio: "Grande pelo nascimento, maior pelo casamento, mas magnífica pelo parto". De fato, Matilde vinha de uma excelente linhagem, sendo Henrique I de Inglaterra seu pai; ela se casou primeiro com Henrique V, imperador do Sacro Império Romano-germânico, e depois com Godofredo Plantagenet, um nobre francês com quem teve três filhos, sendo o mais conhecido deles, e pelo qual ela mereceu o apelido de "magnífica" no túmulo, Henrique II de Inglaterra, o segundo marido de Leonor da Aquitânia. Portanto, Matilde, de fato, nasceu em berço de ouro e se casou com homens poderosos, mas foi seu rebento Henrique que mais a exaltou.

Um fenômeno semelhante, no qual os filhos dão às suas progenitoras uma posição elevada ou de privilégio, é encontrado no Al-Andaluz, onde a *umm walad*, a mãe do herdeiro, nem sempre a esposa do califa ou do emir, ascendia a uma condição que, de outro modo, não seria dela. Um bom exemplo disso foi Subh, uma prisioneira cristã que se tornou a favorita do califa Al-Hakam II, transformando-se em *umm walad* ao colocar o seu filho como herdeiro do trono e, portanto, em uma das damas mais influentes do último quarto do século X. Outra cativa foi Rim, segunda concubina do Sultão Yusuf I (1318-1354),

760. Cf. Bratsch-Prince (1998, p. 33).

da dinastia Násrida, a quem deu sete filhos. De simples escrava, ela se tornou uma mulher livre, graças ao fato de ser tão fértil[761].

Não seria arriscado afirmar que algumas rainhas usaram seus filhos em benefício próprio, e a partir disso é possível se perguntar se apoiá-los significava apoiar a si mesmas. Alguns exemplos de consortes hispânicas nos levam a uma resposta afirmativa. A já mencionada Berenguela (1179-1246), filha de Leonor de Plantagenet e neta de Leonor da Aquitânia, ajudou seu filho Fernando (1201-1252) a chegar ao trono de Castela e, depois, ao de Leão, reinos separados naquela época. Ela era a herdeira legítima de Castela, mas, diante das dúvidas que seu direito suscitava entre a nobreza desse reino, Berenguela cedeu a coroa a seu filho Fernando III.

Assim, às vezes, o apoio das mulheres de poder aos interesses filiais gerava um benefício para elas mesmas; nesses casos, podia-se falar de um "investimento" neles, seja de natureza psicológica, seja de natureza política, ou de ambas. Esse investimento também era feito por muitas mães ou muitas famílias pelo bem de seus descendentes e da própria linhagem, ou seja, nem sempre eram altruístas ou generosas, embora não faltem casos em que é possível vislumbrar a prodigalidade da mãe ou da família, especialmente quando parece evidente que elas não poderiam se beneficiar das conquistas dos filhos. Um exemplo surpreendente de uma pessoa muito aberta ao amor, ao compromisso ou ao "investimento" em seus descendentes pode ser encontrado em Castela, em meados do século XIV. Trata-se de Leonor de Gusmão, a amante de Afonso XI, de quem teve nove filhos homens e uma filha mulher. Leonor fez o possível para conseguir que todos eles alcançassem posições relevantes dentro do reino, de tal forma que, ao mesmo tempo, eles a elevassem em sua própria posição e contribuíssem para fortalecer o poder do Rei Afonso. No entanto, houve um momento importante em sua vida, caracterizado por um gesto de grande amor e generosidade por seu filho Henrique, uma consequência do fato de que ela sempre teve em mente que algum de seus rebentos, embora ilegítimos, poderia herdar os direitos dinásticos do pai. Aprisionada após a morte de Afonso XI, ela conseguiu fazer com que Henrique consumasse seu

---

761. Cf. Boloix (2015, p. 56).

casamento com Joana Manoel, filha de D. João Manuel e pertencente à família real de Castela. Leonor de Gusmão, com boa intuição política, vislumbrou que Joana Manuel daria a Henrique a legitimidade que lhe faltava para alcançar o trono de Castela sob o nome de Henrique II, fundador da dinastia Trastâmara. Maria de Molina devia ser colocada em uma posição semelhante, pois a prole que ela teve com Sancho IV era, a princípio, ilegítima, como fruto de um casamento considerado nulo pelo papado, até que ela conseguiu legitimá-los para que também pudessem reinar em Castela.

Ser mãe de rei era motivo de orgulho para qualquer mulher. Isso é enfatizado, por exemplo, na *Crónica de Juan II*, quando Catarina de Lancaster é citada como mãe, e não como regente que era, o que parece querer ressaltar o papel materno em detrimento do papel político, algo que, na verdade, também era enfatizado por seus inimigos, com a intenção de destacar a suposta "inatividade" de Catarina em relação a seus deveres governamentais[762]. Esses casos nos quais o amor se manifesta por meio de políticas que facilitaram a ocupação de cargos de poder pelos filhos levam a pensar em outro papel exercido pelas mães: o de intercessora ou mediadora. Assim como as rainhas ou damas da alta nobreza, outras mulheres, nas camadas sociais mais baixas e com um gesto semelhante de amor materno, procediam dessa forma. Vários dos autores que se dedicaram ao estudo da família nesses séculos dão exemplos e razões. David Herlihy salienta que, na epopeia medieval, o papel apaziguador da mãe é bem exposto e, em particular, destaca "Les narbonnais" [Os narbonenses], um poema cujo personagem principal, Américo de Narbona, é repreendido por sua mulher, Hermengarda, por enviar seis de seus filhos para buscar fortuna fora de casa. Herlihy cita, ainda, o historiador alemão Theodor Krabbes, que defendeu a ideia de que, em momentos de extrema necessidade, "os heróis se entregam à mãe, em quem sempre encontram amor, conselho e ajuda. Ela os toma sob sua proteção, até mesmo contra o pai"[763]. Mas também encontra-se evidências desse papel fora da epopeia, incluindo o exemplo da mãe de São Francisco de Assis, excelente pacificadora entre seu filho e seu marido, o qual

762. Cf. Carceller Cerviño; Villarroel González (2021, p. 149 e 262).

763. Cf. Herlihy (2009, p. 121).

se negava a aceitar o objetivo de Francisco de levar uma vida humilhe e miserável. Mais uma vez, o modelo paradigmático para todas elas era a Virgem Maria, a mãe *mediatrix*, mediadora para seu filho, uma missão desempenhada por muitas progenitoras anônimas.

Seria possível questionar também se o que essas mulheres mencionadas sentiam, mais do que amor, era "preocupação de mãe", uma emoção que se materializaria na atitude de estar atenta, angustiada pelo bem-estar de sua prole desde o momento do nascimento. Nessa preocupação, a mãe de amor e a mãe de lágrimas se misturam[764]. Essa última está especialmente presente na literatura medieval, na qual aparecem com frequência as mulheres que choram por seus filhos mortos ou perdidos.

Muito interessante é a figura da paciente Griselda, presente nas obras de escritores renomados como Chaucer, Boccaccio, Petrarca ou Pisano[765]. É uma excelente história para expor o papel sofrido de alguém que é esposa e mãe, e para apresentar alguns aspectos da maternidade na cultura da Baixa Idade Média. Esse é o último conto que Boccaccio incluiu no *Decamerão* e começa com o casamento de Griselda, cujo pai é o homem mais pobre da aldeia, com o Marquês de Saluzzo. Quando nasce a primeira filha do casal, o nobre põe sua esposa à prova, pedindo que ela lhe entregue a recém-nascida para fazê-la desaparecer, pois sua família não aceitaria ter uma neta que também fosse neta de alguém tão necessitado. Griselda acaba dando a menina e só pede à pessoa que vai matá-la que a enterre bem fundo, para que os animais selvagens não a devorem. Com seu segundo rebento, o marquês faz o mesmo pedido a Griselda, que obedece e observa que seus filhos lhe causam doenças antes do nascimento e dores após o parto. Entretanto, o que ela parece demonstrar é uma resignação à qual se sente obrigada como parte de sua obediência ao marido. Quando, por fim, o marquês, convencido da bondade de sua mulher, revela a verdade, que nada mais é do que o fato de seus filhos estarem vivos, Griselda desmaia de alegria; ela se comporta "como uma mãe" que demonstra o sofrimento do qual havia padecido. Essa história foi amplamente divulgada, primeiro pela

764. Cf. Atkinson (1991, cap. 5).

765. Cf. Vélez-Sainz (2019, p. 363-376).

tradução feita por Petrarca e, depois, por Cristina de Pisano incluí-la em *La cité des dames* e Chaucer em *Canterbury Tales* [*Os contos de Canterbury*]. A paciente Griselda também foi incorporada à literatura hispânica na obra de Bernat Metge, com a *Història de Valter e de la pacient Griselda – Escríta en llatí per Francesch Petrarcha.*

A submissão de Griselda ao marido e o seu doloroso sofrimento pela perda de seus filhos podiam servir de modelo para as mulheres, que não deviam se esquecer de que os deveres para com o marido estavam acima de tudo. Alguns autores utilizaram essa história para detalhar aspectos do caráter feminino que eram mais interessantes – como lembrar da posição de uma mulher em relação a seu marido – ou menos interessantes de destacar – como invocar a importância do amor materno, provavelmente devido ao fato de que, na época em que essa história fictícia foi propagada, o amor de mãe, admirável e esperado, não era considerado uma das virtudes a serem destacadas em uma mulher.

Seguindo o modelo do *Decamerão*, de Boccaccio, o também italiano Giovanni Gherardi da Prato escreveu a obra *Paradiso degli Alberti* (1426). Esse autor reúne, no jardim dos Alberti, um grupo de homens e mulheres que, entre outras coisas, conversa sobre o amor pelos progenitores, tanto o paterno quanto o materno. Um dos presentes defende a primazia do primeiro sobre o segundo: "Todos os dias, vemos crianças pequenas cujos pais morreram, crianças que foram abandonadas e quase esquecidas por suas mães, as quais arrumaram um novo marido. Nenhum homem jamais fez algo assim. Por isso, sou da opinião de que o amor de um pai por seus filhos é maior do que o de uma mãe"[766]. Uma mulher lhe responde argumentando com amargura que elas "pensam constantemente em seus filhos e permanecem unidas a eles de maneira vigorosa, apesar da separação"[767]. As duas personagens mantêm um extenso debate sobre o amor da mãe, o qual foi ecoado por Leon Batista Alberti nos quatro livros sobre a família que ele escreveu entre 1433 e 1440. Alberti defendia que esse sentimento era proveniente, antes de tudo, do pai, o qual era o principal provedor de uma família. Seu discurso fez muito sucesso e teve continuidade,

766. Cf. Gherardi da Prato (1975, p. 122).

767. Cf. Gherardi da Prato (1975, p. 124).

já no século XVI, com Michel de Montaigne (1533-1592), que defendeu, em seus *Ensaios*, que o amor da mãe é natural e não racional, e por isso pode ser comparado ao dos animais por suas crias, a quem amam durante a fase de amamentação. Outro exemplo literário em que as lágrimas da mãe constituem um tema importante é encontrado nas palavras que o citado cronista Guiberto de Nogent dedica à sua mãe:

> Uma profunda tristeza a devorava ao pensar no que havia deixado para trás. Sofreu, de fato, tanto quanto se seus próprios membros tivessem sido arrancados do corpo, julgando a si mesma e, além disso, ouvindo como a chamavam de impiedosa e cruel, pois foi muito censurada por ter partido assim, sem ajuda, e por ter excluído, até certo ponto[768].

A dor da mãe fica evidente quando ela deixa de ver um filho, quando o perde e, principalmente, quando este morre. A já mencionada rainha da Inglaterra, Leonor da Provença, perdeu sua filha Katherine, a quinta de seus rebentos, em 1257. Quando a menina ainda não havia completado 4 anos, ficou gravemente doente, e então os pais demonstraram seu grande amor pela pequena; o Rei Henrique ordenou que uma imagem de prata de sua filha fosse colocada no santuário de Saint Edward. Após a morte de Katherine, a rainha ficou gravemente doente e o rei com febre, ambos com a criança em mente[769]. Provas de seu amor pela menina foram as missas que eles mandaram rezar por sua alma, o túmulo que mandaram construir na Igreja de Westminster e os presentes que deram às enfermeiras que haviam cuidado dela. Eles davam "a sensação de uma dor doméstica avassaladora", que "aponta para uma vida familiar em que as crianças eram valorizadas individualmente"[770].

Em uma das maiores obras da literatura hispânica medieval, o *Laberinto de fortuna* [Labirinto de fortuna] (1444), de Juan de Mena, é possível encontrar uma bela composição elegíaca, um lamento pela morte de Lorenzo Dávalos, um jovem a serviço de um dos infantes de Aragão que estava lutando contra

768. Cf. Guiberto de Nogent (1825, p. 402).

769. Cf. Howell (1998, p. 101).

770. Cf. Howell (1998, p. 102).

o Rei João II. A mãe de Dávalos amaldiçoa a pessoa que o matou, a guerra e a Fortuna, que, de forma antinatural, levou o filho antes da mãe:

> Bem se mostrava ser mãe no luto
> que fez a triste, depois que viu
> estendido na padiola o corpo sangrento
> daquele que criara com tanto zelo:
> ofende com ditos cruéis o céu
> com novas dores sua saúde fraca,
> e tantas angústias roubam sua virtude
> que a triste cai por força no chão;
> e rasga com unhas cruéis sua face,
> fere seus peitos com pouca mesura;
> beijando seu filho na fria boca,
> amaldiçoa as mãos de quem o matou,
> amaldiçoa a guerra em que começou,
> busca com ira cruéis querelas,
> nega a si mesma reparo daquelas
> e tal como morta vivendo se para.
> Dizia, chorando, com a língua raivosa:
> "Ó, matador de meu filho, cruel!",
> matasses a mim e deixasses ele,
> que fora inimiga não tão obstinada;
> fora a mãe muito mais digna coisa,
> para quem mata levar menos carga;
> e não te mostrarias a ele tão amargo
> nem triste deixarias a mim queixosa[771].

Alguns anos antes de esse poema ser escrito, Roger van der Weyden havia pintado sua obra *A deposição da cruz* (*c.* 1435, Museu do Prado), que retrata um grupo de figuras em luto diante de Jesus Cristo morto. Uma delas é a própria Maria, desmaiada e com os braços caídos, sem dúvida a que mais está sofrendo, é um exemplo excepcional do sofrimento de uma mãe que perde seu filho. A dor física retratada pelo pintor transmite o amor apaixonado de Maria por seu filho perdida na cruz. Tanto o amor quanto a dor constituem a expressão máxima dos sentimentos da mãe.

---

771. Cf. Mena (1986, cantos 203, 204 e 205, p. 234-235).

A familiaridade da população com a morte costuma ser acompanhada por uma atitude de aparente resignação, sustentada em rituais e comportamentos que acompanham o luto, os quais permitem expressar, canalizar e acalmar a dor na memória[772]. É importante lembrar que o famoso escritor Michel de Montaigne indicava, no primeiro livro dos *Ensaios*, seus sentimentos de pesar, mas não de desgosto, pela morte de seus filhos pequenos[773].

O modelo da mãe sofredora e amorosa, a Virgem, chegava a todas as mulheres, mas apenas algumas podiam desfrutar da contemplação do quadro de Van der Weyden ou de outras crucificações e descensões pintadas nos séculos finais da Idade Média, nas quais as emoções de Maria podem ser apreciadas. Aquelas que pertenciam às camadas mais poderosas, sem dúvida, valorizavam esses sentimentos em relação a seus filhos, embora envolvessem realidades muito complexas e também fossem movidas por interesses diversos. Não se pode falar sobre um discurso "oficial" ou "normalizado" a respeito dessa forma de amor, pois este oscilava como um pêndulo entre dois extremos: do incondicional ao praticamente inexistente.

Os sentimentos são objetos de interpretações e, consequentemente, de manifestações literárias diversas, mas são muito difíceis de serem registrados na documentação histórica. Portanto, são um verdadeiro enigma quando se trata de saber o grau de carinho de uma mulher por seus descendentes, que só pode ser esclarecido por meio de seus próprios comportamentos. A pintura era, por isso, um bom meio para observar o sentimento de dor e as lágrimas de uma mãe que perde um filho.

Portanto, é possível se perguntar se todas elas demonstrariam tanto afeto por seus rebentos ou se a sociedade usaria esses sentimentos para medir o "valor" de cada mãe, o que leva a outra questão fundamental: havia mães boas e mães ruins? A maioria das que foram citadas até agora era prolífica e demonstrava seu carinho de diferentes formas. De acordo com os valores atuais, elas teriam de ser qualificadas como "boas mães".

772. Cf. Morel (2016/4, p. 197-213).

773. Cf. Morel (2016/4, p. 197-213).

Nem todas as mães tiveram um comportamento louvável. Havia aquelas que negligenciavam os seus rebentos, não davam a devida atenção a eles ou não demonstravam amor materno. Na documentação histórica e na literatura medieval, aparecem várias dessas últimas, e até mesmo alguma "mãe cruel". Eram elas que deixavam seus filhos morrerem ou as rainhas que os entregavam para serem educados por outras pessoas? Visto dessa forma, será que Heloísa, aquela mulher tão icônica do Medievo, foi uma mãe ruim? É muito difícil impor tal adjetivo àquelas que agiam de acordo com os valores da época em que viviam ou que não tinham os recursos materiais para cuidar de seus descendentes. Ambos os conceitos têm um componente moral e, por isso, variaram no espaço e no tempo. Vislumbres dessa consideração das mães como boas ou ruins podem ser encontrados na apresentação das mulheres na igreja quarenta dias depois de dar à luz. A Igreja contribuía para a criação de identidades sociais ao identificar uma mulher casada com o pai de seus filhos como uma parteira adequada e como um membro respeitável da comunidade paroquial; por outro lado, aquelas que concebiam e davam à luz fora do casamento eram identificadas como pecadoras e mulheres ruins[774].

Essa qualificação de caráter geral para as mães europeias tem nuanças em diferentes áreas do continente. Por exemplo, nas cidades italianas dos séculos XIV e XV era classificada como uma mãe ruim aquela que, guiada pelos interesses econômicos de sua família de origem, abandonava a casa de seu marido falecido e os filhos em nome de um novo esposo, que não queria cuidar deles; mas outra definição frequente, naqueles séculos, era a daquela mulher que deixava seus rebentos sem carinho nem cuidados maternos. Da mesma forma, a mãe cruel era aquela que ia além do abandono e levava consigo o dote de seus filhos. Por esse motivo, as queixas destes não giram apenas em torno do abandono sofrido, mas também das consequências econômicas para o futuro deles.

Na verdade, a essas mães italianas classificadas como cruéis deve ser acrescentado o epíteto de "dóceis", dada sua condição de "filhas obedientes"[775], já que elas não faziam nada além de aceitar as ordens de seu pai ou seu irmão,

774. Cf. Rieder (2006, p. 1-2).

775. Cf. Calvi (2006, p. 75-92).

que as incentivavam a agir dessa maneira. Ela também seria uma "mãe fraca" devido à sua incapacidade de enfrentar os homens da família, que eram insensíveis a seus sentimentos maternos e que, provavelmente, a tornavam uma "mãe sofredora".

Essas mães cruéis dos séculos XIV e XV tinham antecedentes. Nos estatutos de Pisa, de meados do século XII, algumas mulheres eram acusadas de demonstrar a seus filhos uma *impietatem novercalem* ("impiedade de madrasta"), em vez de uma *maternum affectum* ("afeição materna"), quando recuperavam seu dote. Essas ideias estavam de acordo com a consideração que alguns juristas tinham pelas mulheres, que muitas vezes as descreviam como avarentas[776].

Pelo contrário, a imagem positiva da boa mãe se baseia nas funções que a chamada mãe cruel evitava ao ir embora. Dessa forma, uma viúva com filhos é uma boa mãe quando ela assume sozinha os papéis materno e paterno. Ela deve garantir o bem-estar da família permanecendo com todos, cuidando deles e educando-os.

Entretanto, havia autores que defendiam que era impossível para uma mulher ser uma boa mãe. Um deles foi o poeta valenciano Ausiàs March, já citado anteriormente:

> A maioria delas, por esporte ou galanteio, e também por orgulho, a fim de conservar seus seios bonitos, considera as mães que amamentam vilãs: dão o bastante contratando nutrizes; abrigam a sua prole como o cuco, que põe seus ovos em ninhos alheios; não gostam de se preocupar com os seus filhos e negam a própria semente com seus erros e suas loucuras[777].

É óbvio que nem todas agiam de acordo com os supostos padrões de uma boa mãe, nem se assemelhavam com o modelo de Maria. Há casos extremos disso entre mulheres cujos comportamentos estavam muito distantes dessas ideias, para quem a maternidade era uma forma de estar no topo do poder, chegando até ao ponto de não consentir que esses mesmos filhos que lhes haviam permitido ascender as ofuscassem. Três exemplos bem significativos para

776. Cf. Herlihy (1976, p. 27).

777. Cf. Archer (2001).

ilustrar as mães ruins seriam: Leonor de Castela, rainha da Inglaterra; Irene, imperatriz de Bizâncio; e Wu Zetian, "imperadora" da China. Duas delas – Leonor e Wu Zetian – foram progenitoras prolíficas que, como outras mulheres de alto escalão, não assumiram o cuidado de seus descendentes e demonstraram claramente que o amor de mãe não fazia parte de seus objetivos.

Leonor de Castela (1241-1290), que era irmã de Afonso X e esposa de Eduardo I de Inglaterra, chegou a ser acusada de não ter visitado um filho que estava doente e prestes a morrer. A Imperatriz Irene de Bizâncio (752-803) foi uma mãe cruel[778] que, na disputa por controlar seu filho e buscando permanecer no poder, chegou até mesmo a ordenar que o cegassem. Contudo, Wu Zetian (624-705) superou as anteriores em impiedade, já que mandou matar três de seus filhos com o objetivo de evitar que eles competissem com ela pelo trono imperial. Suspeita-se até que, quando ainda era uma concubina de baixo escalão, ela ordenou a morte de sua primeira recém-nascida para acusar a consorte do imperador, a Imperatriz Wang. Independentemente de essa acusação ser verdadeira ou falsa, fato é que Wu Zetian não tinha escrúpulos para fazer o que fosse necessário para alcançar os mais altos níveis de poder; ela não se contentou em ser imperatriz, esposa do imperador, mas sim buscou e conseguiu o título de "imperadora", o qual lhe permitiria governar com plenos poderes. Acabar com parte de seus descendentes foi sua receita para evitar que alguém a ofuscasse na mais alta autoridade imperial.

Outras que também podiam ser consideradas "mães ruins" são as madrastas, uma espécie de lado obscuro da maternidade. O *Dicionário Houaiss da Língua Portuguesa* define o termo "madrasta" como: "mulher em relação aos filhos anteriores do homem com quem passa a constituir sociedade conjugal". O *Scottish National Dictionary* (SND) chama um ano de dificuldades e privações como "*stepmother year*" [ano da madrasta]. A ideia de "mãe ruim" ou madrasta como "mulher má, incapaz de sentimentos afetuosos e amigáveis; aquilo de que provêm vexames e dissabores em vez de proteção e carinho" (segunda e terceira acepções do *Dicionário Houaiss da Língua Portuguesa*) tem suas raízes em distintas mitologias que contêm relatos de mulheres ciumentas que agiam

778. Cf. Leyser; Smith (2011, p. 63-64).

de forma perversa com seus enteados para garantir que o legado familiar fosse passado para seus próprios descendentes. Esse seria o caso de Jezabel, personagem bíblica, uma representação simbólica de todos os males femininos, ícone amplamente difundido por diversos escritores cristãos, começando por Isidoro de Sevilha, no século VII. Com essa origem, a figura da madrasta tornou-se um estereótipo relativamente frequente na literatura medieval europeia. Por exemplo, na literatura hispânica ela aparece em *Sendebar o Libro de los engaños de las mujeres*, uma coleção de contos de tradição árabe publicada em Castela em meados do século XIII.

Esses retratos de personagens manipuladores e perversos constituem uma das faces tenebrosas da maternidade, embora, como foi apontado anteriormente, os maus-tratos não tenham sido característicos das esposas encarregadas da criação dos rebentos de seus maridos. Assim como as mães biológicas, elas lhes deram carinho, preocuparam-se e derramaram lágrimas quando algo aconteceu com eles. Todas as mães, especialmente as dos grupos sociais mais elevados, permitem observar como elas podiam dar e receber, ao mesmo tempo, no complexo relacionamento materno-filial. Ou seja, na maioria dos casos, elas buscavam carinho e esforço, mas, graças ao que faziam, também obtinham de seus filhos poder e riqueza, conforme descrito nos exemplos supracitados. Na realidade, esse é outro dos paradoxos da maternidade. Assumir essa função biológica e familiar significava ter uma posição relevante e ser muito vulnerável, algo que atingia mulheres de todas as camadas socioeconômicas. Dessa forma, entre os mais populares, as mulheres judias e as muçulmanas são um bom exemplo, especialmente em tempos de perseguição, pois se tornavam depositárias e transmissoras da cultura e dos valores de suas comunidades, por meio dos ensinamentos que davam a seus filhos e também pelo seu próprio exemplo. Assim, nos momentos difíceis para esses grupos e quando eles mais precisavam de uma proteção especial, a mãe se tornava uma autoridade fundamental e adquiria ainda mais notoriedade.

Mas será que todas as mães realmente tinham essa autoridade? Não seria arriscado afirmar que sim, como se pode ver na maioria dos exemplos descritos anteriormente, com exceções como a de Griselda, no conto de Boccaccio. Ao concordar em aceitar a vontade de seu marido, o marquês, ela não podia tomar nenhuma decisão sobre a vida ou a morte de seus filhos. Seu marido não lhe concedeu o pleno poder, a autoridade ou a legitimidade para fazer isso. Entretanto, a maioria das mães contava com o crédito necessário para agir de acordo com essas três atribuições. Além disso, nesse sentido, é notório o fato de que sua autoridade dificilmente é revelada, não costuma ser descoberta e só pode ser conhecida graças à capacidade transformadora que exerceu sobre a vida de seus descendentes. Um bom exemplo seria, mais uma vez, Santo Agostinho; os ensinamentos de Santa Mônica o levaram ao caminho da conversão ao cristianismo, algo que o sábio de Hipona enfatiza e não deixa de agradecer à sua progenitora.

Uma expressão na qual a autoridade materna pode ser apreciada é nas representações visuais e escritas de Maria, que foram tão frequentes durante toda a Idade Média no território europeu. Um momento interessante para isso, em que imagem e palavra coincidem, foi a cerimônia de colocação de uma estátua da Virgem na abside da Hagia Sofia, em Constantinopla, no ano 867. Em seu sermão, o patriarca Fócio (810-891) apresentou-a como uma mãe amorosa que, "com carinho, volta os olhos para seu filho gerado no afeto de seu coração", ao mesmo tempo que "desprendida e imperturbável" na contemplação de sua descendência divina. Como um poder forte e silencioso, Maria permite que os cristãos se aproximem e venerem seu criador divino, "garantia da encarnação e da salvação". O poder da Virgem se baseia em seu papel de mediadora entre o céu e a terra, esse papel de *mediatrix* da mãe que foi mencionado anteriormente.

Enquanto a religião destaca a autoridade de mães como a Virgem e Santa Mônica, a literatura medieval, em geral, faz o mesmo, embora sejam encontrados casos nos quais elas são, entretanto, menosprezadas. É o que acontece em uma passagem de *Perceval ou le Conte du Graal* [Perceval, ou o conto do Graal], de Chrétien de Troyes (escrito, provavelmente, entre 1180 e 1190), em que Gornemant de Gohort aconselha o jovem Perceval a não escutar mais os conselhos de sua progenitora, desconsiderando, assim, a autoridade materna, a qual ele considera inferior, para iniciar o herói na masculina ordem dos cavaleiros.

Juntamente a essas manifestações e ideias, é necessário acrescentar uma forma significativa de expor e relembrar a autoridade das mães. Trata-se da exibição dos seios ou do ventre para promover o cumprimento de suas ordens ou conselhos por parte de seus rebentos. Para ilustrar esse comportamento, Carmen García Herrero recorre à seguinte história:

> E como o dito Dom Pedro Cerdan, movido por grande ira e iniquidade contra a dita Dona Beatriz, tivesse o propósito e a vontade de matá-la pelas causas supracitadas e estivesse a ponto de executar seu propósito, a dita Dona Galaciana de Tarba, sua mãe, apareceu em sua casa e, dentro dela, lançou-se ao chão diante dele e tirou o pano dos seios, mostrando-lhe os peitos e dizendo-lhe que com aqueles ela o havia criado, que por reverência ao nosso senhor Deus e por amor a ela, a dita Dona Beatriz não recebesse dano pelas causas supracitadas. E, na hora, o dito Dom Pedro Cerdan, por serviço a nosso senhor Deus e para agradar a dita Dona Galaciana, sua mãe, desistiu[779].

Essa exibição do seio como símbolo de autoridade materna aparece em diferentes representações artísticas medievais, em especial na matança dos inocentes. Exemplos podem ser encontrados em uma página iluminada de um manuscrito bizantino do século X[780] e em vários afrescos, como os da Basílica de Saint-Martin, em Aime, do século XI; o de Giotto di Bondone (*c.* 1267-1337) na Basílica de São Francisco de Assis; ou os da Catedral de Mondonhedo, do século XV.

Há também referências à exibição do ventre, como a que Cristina de Pisano esboça em *La cité des dames*. Quando Teodorico foge ante a chegada de Odoacro, o rei dos hérulos, sua mãe Lilia, irritada com esse comportamento de Teodorico, o incita a enfrentá-lo: "Como suas palavras não surtiram efeito, enfurecida e indignada, ela levantou o vestido à sua frente e gritou para ele: 'Se você quer fugir, filho, então volte para o ventre que o carregou!'"[781] Teodorico mudou de ideia, lutou contra Odoacro e o venceu. Cristina observa: "Eu me atreveria a afirmar que a honra da vitória deveria ser da mãe, e não do filho"[782]. Assim, o ventre e os seios podem ser vistos como "fontes inesgotáveis de autoridade e influência maternas"[783].

---

779. Cf. García Herrero (2009, p. 68).

780. Cf. *Codex Egberti*, Ms. 24, Stadtbibliothek Trier, fol. 15v.

781. Cf. Cristina de Pisano (1995, livro I, cap. XXII, p. 56-57).

782. Cf. Cristina de Pisano (1995, livro I, cap. XXII, p. 57).

783. Cf. García Herrero (2003-2004, p. 155-174).

Final

As palavras de louvor a Deus proferidas pela hoste angelical, e como os filhos teriam nascido se os primeiros pais não tivessem cometido pecado, e como Deus mostrou milagres ao povo por meio de Moisés e também por meio de si mesmo em sua vinda ao mundo; e sobre o rompimento do casamento corporal nessa época, e as condições de um casamento espiritual [...][784].

Às vezes, deixo que pais ruins deem à luz filhos bons, mas, com mais frequência, filhos ruins nascem de pais ruins, já que esses filhos imitam as ações más e injustas de seus pais tanto quanto podem e as imitariam muito mais se minha paciência permitisse [...][785].

Sabe qual é o fardo mais pesado para as coisas que estão crescendo? Certamente é a criança que é concebida, mas não pode nascer e morre dentro do ventre da mãe. E, por isso, a mãe também se rompe e morre, e o pai a leva com a criança ao túmulo e a enterra com o feto apodrecido. Isso é o que o diabo faz com a alma. A alma iníqua é, de fato, como a esposa do diabo: segue sua vontade em tudo e concebe um filho com o diabo quando o pecado a agrada e se regozija com ele. Porque, assim como a mãe concebe um filho e dá frutos a partir de uma pequena semente, que nada mais é do que podridão impura, a alma também dá muitos frutos para o diabo quando se deleita com o pecado. A partir daí, a força e os membros do corpo se formam à medida que o pecado se soma ao pecado e aumenta diariamente. Quando os pecados aumentam, a mãe incha e quer dar à luz, mas não pode, pois sua natureza está consumida pelo pecado, e sua vida se torna abominável [...][786].

784. Cf. Brígida da Suécia (2006, vol. 1, livro I, cap. 26, p. 95).

785. Cf. Brígida da Suécia (2006, vol. 1, livro I, cap. 26, p. 96).

786. Cf. Brígida da Suécia (2006, vol. 1, livro I, cap. 43, p. 126).

Você é verdadeiramente mãe, virgem e noiva. As mais belas bodas foram celebradas em você no momento em que uma natureza humana se uniu a Deus em você sem qualquer mistura ou perda de sua divindade. A virgindade e a maternidade se uniram enquanto o pudor virginal permaneceu intacto, e você se tornou, ao mesmo tempo, mãe e filha de seu Criador [...][787].

As costelas que protegem seu coração são seus pais, não seus pais naturais, mas meus escolhidos, a quem você deve amar como eu amo e mais do que você ama a seus próprios pais. Eles são realmente seus pais, porque fizeram com que você nascesse de novo para a vida eterna[788].

Brígida da Suécia deixou essas palavras em uma obra magna, as *Revelações*, que escreveu de 1340 até sua morte, em 1373. Em cada um dos parágrafos selecionados aparece a visão cristã de diversos aspectos da maternidade que ela defendeu e praticou. Mãe de oito filhos, pediu a seu esposo, Ulf Gudmarsson, com quem a haviam casado aos 15 anos, que terminassem suas relações carnais para viver um casamento espiritual. Em 1349, no auge do surto de peste negra nos países escandinavos, ela decidiu deixar seus filhos para dedicar sua vida a Deus. Abandoná-los em um momento tão crítico como o da grande pandemia de meados do século XIV não deve ter sido uma decisão fácil; Brígida expressou sua justificativa, ou sua inquietação, de forma indireta, em um dos capítulos das *Revelações*:

> É como uma pobre mulherzinha que vive em um vale sem mais nada além de uma pequena criatura viva, como uma galinha ou um ganso. Ela tinha tanto carinho pelo senhor que vivia no monte do vale que, por amor, ofereceu ao senhor do monte qualquer ser vivo que tivesse. O senhor respondeu: "Tenho muito de tudo e não preciso de suas doações. Mas por acaso você está dando algo pequeno para receber algo maior?" Ela disse: "Não estou lhe oferecendo isso porque você precisa, mas porque o senhor permitiu que uma mulherzinha tão pobre como eu vivesse com o senhor em sua montanha e porque seus servos me respeitam. Por isso, eu lhe dou o pouco conforto que

787. Cf. Brígida da Suécia (2006, vol. 2, livro IV, cap. 11, p. 46).

788. Cf. Brígida da Suécia (2006, vol. 2, livro IV, cap. 87, p. 165).

> tenho para que saiba o que mais eu faria, se pudesse, e que não sou mal-agradecida por sua graça". O senhor respondeu: "Já que você me ama com tanta caridade, eu a levarei para minha montanha e darei roupa e comida todos os anos a você e aos seus". Essa é a disposição de sua filha agora. Ela lhe entregou a única coisa viva que tinha, ou seja, o amor pelo mundo e por seus filhos[789].

Nas *Revelações*, e também em outros escritos, Brígida da Suécia apresenta algumas facetas interessantes da maternidade medieval – em especial, a maternidade virginal de Maria. Por exemplo, ela fez uma defesa ferrenha da castidade e atacou a luxúria, como alguns textos anteriores demonstram. A escritora escandinava também reflete sobre o amor dos pais, ressaltando que o dos pais biológicos ou naturais deve ser considerado inferior ao daqueles que são escolhidos por Deus como pais espirituais.

Brígida da Suécia foi uma das místicas mais carismáticas da Idade Média. Mãe natural, mãe espiritual e "mãe da Europa" desde 1999 por designação do Papa João Paulo II, sua vida e sua obra iluminam a história das mulheres medievais. Quando o papa a elevou à categoria de mãe ou padroeira da Europa no fim do segundo milênio, a ideia e a prática da maternidade tinham experienciado mudanças enormes em comparação com a época dessa santa. A medicalização da gravidez e do parto, a evolução das mentalidades sobre a sexualidade feminina e a gravidez fora do casamento, o aborto e a contracepção, as clínicas de fertilidade ou a forma de educar crianças recém-nascidas, meninos e meninas apresentam um panorama muito distante daquele do Medievo. No entanto, ao longo dos capítulos deste livro, pode-se observar pontos interessantes de semelhança, como se não houvesse "nada de novo sob o sol", e o fato é que os costumes e as ideias daquele tempo permaneceram por séculos, chegaram ao mundo contemporâneo e até se mantêm, pelo menos em países ou regiões do planeta em que as superstições e as crenças fazem parte da vida cotidiana. Nas áreas de maior avanço científico e tecnológico, as coisas são diferentes, embora seja possível constatar que algumas das preocupações do passado, talvez as mais relevantes, continuam causando inquietações, e bons exemplos disso são o aborto, o parto e a lactância. O debate ideológico, religioso e legislativo

789. Cf. Brígida da Suécia (2006, vol. 2, livro IV, cap. 11, p. 46-47).

sobre a interrupção da gravidez segue ativo, assim como o debate a respeito das maneiras de dar à luz (em casa, na água, no hospital) ou da lactância (amamentação materna ou por mamadeira).

Outros aspectos da maternidade que foram descritos chegaram a épocas não tão distantes da atual.

> A mulher com quem Ali se casou no segundo casamento ainda não lhe deu um filho, depois de mais de um ano dividindo a mesma cama [...]. Ele acaba rejeitando-a, porque está em seu direito. Ela implora a ele e chora. Seus pais vêm ver Ali e também imploram a ele e choram.
>
> A mãe lhe promete que sua filha tomará plantas milagrosas ou que a levará para rezar no túmulo de um marabuto que lhe foi recomendado. Ela menciona a fulaninha e a beltraninha, recompensadas com um ventre cheio depois de anos de esterilidade. Ela diz que Ali não tem como saber, que talvez no ventre de sua filha habite uma criatura adormecida que despertará mais tarde[790].

Quando essa história poderia ter acontecido? Em que sociedade poderia ser normal algo assim? A tragédia de uma mulher que não dá filhos para seu marido é a de uma rainha medieval cuja tarefa fundamental era ser mãe, mas também a de muitas outras esposas que podiam sofrer consequências por sua incapacidade de conceber. Aqui, vê-se uma mulher que, por não ter dado descendentes a seu marido, pode ser legalmente rejeitada por ele, e pais que, por esse motivo, a fariam tomar plantas milagrosas ou rezar no túmulo de um marabuto; costumes que lembram os descritos no capítulo "Quero ser mãe". O Ali desse relato é um velho berbere, protagonista de *L'art de perdre* [A arte de perder], de Alice Zeniter, um romance que exala realismo e que reflete fielmente a vivência da maternidade em países do norte da África na década de 1960. Naquele espaço e naquele tempo ainda permaneciam formas de ser mãe herdadas do passado medieval. Por que a segunda esposa de Ali queria ter filhos e por que sua mãe promete fazer tudo o que for possível para ajudá-la? Não é porque ela era mulher e tinha instintos maternos, mas por causa de uma realidade mais dura: a família dessa esposa de Ali sabia que o divórcio seria fatal para sua filha, pois, uma vez rejeitada, ninguém desejaria se casar com ela. Ali,

790. Cf. Zeniter (2019, p. 23).

por fim, se casou pela terceira vez com Yema, com quem teve dez rebentos. Essa atitude de desprezo e humilhação em relação às mulheres estéreis circulou durante séculos por todas as sociedades árabes muçulmanas, e para além de suas fronteiras também.

A Argélia não era o único lugar que, no século XX, ainda mantinha ideias, formas e rituais de maternidade provenientes da Idade Média. Ao observar mães espanholas de meados do século XX é possível comprovar que elas mantinham práticas e hábitos como os descritos no amplo espectro da maternidade medieval: parir em casa, ser mãe dentro do casamento, rezar para resolver os problemas relacionados à esterilidade, cumprir os ritos do batismo e da purificação, preocupar-se com a criação e decidir o tipo de lactância. Não menos significativo é o hábito que existia de rezar para outro modelo de progenitora na hora de dormir: "Santa Mônica bendita, mãe de Santo Agostinho, a ti entrego a minha alma enquanto durmo". Para muitos isso é algo difícil de entender, pois são crenças e rituais que, hoje, são vistos com certo desprezo, como consequência do materialismo e do racionalismo desta época. Como a antropóloga Mary Douglas apontou, a implantação, nos dias de hoje, do preconceito e da tendência contra os rituais impede de entender os costumes de comunidades de outros espaços e tempos.

A chegada a tempos recentes de ideias e formas de agir que surgiram durante a Idade Média conduz à insistência em duas observações fundamentais. Em primeiro lugar, foi nesse período que os aspectos mais essenciais da maternidade foram definidos, algo que fica evidente ao se observar como o discurso medieval do modelo de mãe formado pela Virgem Maria permaneceu por séculos e segue presente em grupos cristãos. "A Idade Moderna não apresentou um discurso de maternidade depois da Virgem"[791], que continuou sendo a referência a ser imitada pelas mulheres. Em segundo lugar, as raízes da forma de ser mãe foram lançadas e se estabeleceram tanto ao longo desses séculos que puderam permanecer com bastante solidez, até que uma sociedade muito diferente começou a extirpá-las.

791. Cf. Parsons; Wheeler (1996).

Essa é a hipótese adotada neste livro e defendida ao longo de seus capítulos. Ela se baseia, por sua vez, na tese do Professor David Herlihy sobre a construção da família durante a Idade Média, e procurou ir além para corroborar que a mudança de modelo familiar afetou significativamente as mulheres e as mães. Depois de examinar as diferenças entre a família medieval e a família da Antiguidade mediterrânea, Herlihy argumentou que a primeira formava um novo modelo, baseado em simetria, estrutura e laços emocionais inovadores. Ele diz exatamente que "os lares medievais aparecem como unidades tributáveis"[792], o que significa que, para fins de cobrança de impostos, o lar era a unidade de taxação, na qual se percebem grandes diferenças entre os lares dos mais ricos e os lares dos mais pobres. Sem pretender uma correspondência unívoca, pode-se afirmar que esses aspectos da família ou do lar – uma composição e uma estrutura específicas e alguns laços afetivos mútuos – repercutiram na maternidade.

Para defender a ideia de simetria da família medieval, Herlihy recorre, entre outros aspectos, ao vocabulário utilizado para defini-la e explica como o termo "família" foi ganhando um novo significado em tempos medievais. Nessa linha de pesquisa de palavras que esclarecem, definem ou projetam conceitos e ideias, encontra-se o próprio termo "maternidade", *maternitas* na Idade Média[793]. Ele aparece pela primeira vez em meados do século IX, em uma tradução do monge irlandês João Escoto Erígena, que traduziu do grego para o latim a obra de Pseudo-Dionísio o Areopagita e que, em *Dos nomes divinos*, utilizou o termo *maternitas* para se referir à mãe terra. Esse uso foi esquecido, e *maternitas* teve de esperar até ressurgir no século XI, com um significado próximo à ideia de maternidade como "estado, qualidade de mãe" (*Dicionário Houaiss da Língua Portuguesa*). Assim, é encontrado em algumas cartas escritas a Hildegarda de Bingen, por exemplo, no título de uma missiva do Abade Adalberto que cita "sua maternidade" ou na de uma abadessa chamada Hazzecha que apela ao sentimento materno de Hildegarda. Todas elas se referem a uma maternidade espiritual.

Nas centúrias seguintes, a expressão *maternitas* é encontrada em autores importantes como Tomás de Aquino (século XIII) e Raimundo Lúlio (sécu-

---

792. Cf. Herlihy (1983, p. 116).

793. Cf. Tombeur (2005).

los XIII-XIV), referindo-se, principalmente, à maternidade da Virgem Maria. Assim, a linguagem foi incorporando esse vocábulo, embora seu uso fosse bastante raro. Parece que a palavra foi formada com base no modelo de *paternitas*, utilizado desde tempos anteriores. Paralelamente, a palavra "mãe" ganhou prestígio na Igreja, designada como Santa Mãe Igreja, como consta em um testemunho do Papa Calisto II (século XII). O aumento do uso do termo "maternidade" coincide com a atenção especial dada à mulher mãe que segue o modelo de Maria; contribuem para isso as representações do nascimento, difundidas quando começou o costume dos presépios, a partir de São Francisco de Assis (1223). No nascimento ela é frequentemente colocada como figura principal, quando o protagonista principal deveria ser o Menino Jesus. A imagem da mãe representada por Maria enfatiza o aspecto espiritual da função materna, em detrimento do aspecto físico, o qual, inclusive, está envolto em conotações negativas relacionadas ao vergonhoso, ao impuro e ao animalesco.

Uma estrutura inovadora definiu a família medieval a partir dos séculos XII-XIII, quando um novo sistema de parentesco com um desenho patrilinear em sua base veio a se sobrepor a outro anterior, de consaguinidade por meio da linhagem feminina. Esse modelo patrilinear afetou a posição das mulheres e das mães, que tinham como tarefa fundamental proporcionar herdeiros à família e atuar como mediadoras entre pais e filhos e filhas. A nova estrutura surge de forma importante a partir do século XII e se consolida nos séculos finais da Idade Média. O paralelismo entre essa nova ordem das coisas e a devoção ao modelo materno de Maria é bastante claro, mas também, nos últimos séculos do período, há um fortalecimento da figura de São José, que estava praticamente ausente na cultura medieval anterior. Autores como Jean Gerson ajudaram a renovar a imagem de José como uma "figura de fundo" marginalizada, transformando-a em outra, como o pai terreno de Cristo e o marido e protetor de Maria.

São José tinha sido objeto de culto na França desde, aproximadamente, o ano 800, foi ganhando mais força ao longo dos séculos e recebeu um grande impulso até o fim da Idade Média, com a influência do já mencionado Jean Gerson e de Bernardino de Siena. Ambos ajudaram a promover uma comemoração oficinal no mesmo dia do culto original citado (por volta do ano 800), ou seja, dia 19 de março, festa aprovada pelo Papa Sisto IV em 1480. Assim, José se tornou o modelo de pai que levou alguns países – entre eles a Espanha – a designar o dia 19 de março como o Dia dos Pais. São José reforçou a imagem da família cristã, a Sagrada Família, um modelo de unidade moral.

O terceiro dos aspectos que definem o modelo de família que começou e se consolidou na Idade Média é o conjunto de laços emocionais que unem os membros do grupo familiar. No âmbito dos sentimentos compartilhados, geralmente de carinho, está o amor materno. É justamente esse aspecto que suscita mais questionamentos, pois, ao não existir o costume de expressar abertamente os sentimentos, ficam dúvidas sobre as relações afetivas dos membros da família como um todo, e, em especial, da relação afetiva materno-filial, mesmo depois de ter contemplado o amplo panorama da maternidade e de ter dedicado um capítulo ao valor da mãe. Esse amor era valorizado na Idade Média como é atualmente? Era valorizado da mesma forma em todas as partes do mundo conhecido? Havia diferenças dependendo dos grupos sociais?

As palavras de Brígida da Suécia citadas anteriormente ajudam a iniciar a busca por respostas a essas perguntas difíceis. Embora não tenha sido exatamente um modelo de mãe, pelo menos a partir da perspectiva atual, suas ações e seus escritos levam a uma reflexão final sobre como "ser mãe na Idade Média", sobre o amor e o instinto maternos ou sobre a maternidade como vocação da mulher. Brígida, assim como outras progenitoras mencionadas anteriormente – como a mãe de Guiberto de Nogent ou a própria Margery Kempe –, deixou seus filhos para seguir um caminho de espiritualidade, mas será que ela não sentia amor por eles?

É difícil pensar que não, embora a trajetória vital que Brígida da Suécia escolheu pareça indicar o contrário. Como Margery Kempe, a mulher cujo testemunho serviu para começar este livro, depois de ter vários filhos, começou uma vida ativa por outros caminhos espirituais e materiais, entre eles a peregrinação aos lugares santos mais carismáticos de sua época, como Roma, Jerusalém ou Santiago de Compostela. Ambas tiveram de abandonar seus descendentes para se entregar a um modo de vida diferente daquele das mães dedicadas a cuidar da casa e de seus rebentos. No entanto, isso também lhes produziu uma inquietação, a qual Brígida justificava ao declarar que o amor a Deus devia ser maior ou estar acima do amor aos filhos. Como ela, outros teólogos ou escritores cristãos defenderam que o amor filial não poderia, de forma alguma, fazer esquecer do amor devido a Deus. Jean Gerson, no começo do século XV, apresentou esse argumento com um exemplo que não era novo. Ele conta a história de um casal sem filhos que, depois de pedir a Deus o favor de ter descendentes, foi agraciado com um. O carinho que lhe dedicaram foi tanto que ambos se esqueceram de suas obrigações como cristãos; isso fez com que Deus ficasse irado, punindo-os com a morte da criança. Mais uma vez, foi a graça divina subsequente que trouxe a criança de volta à vida[794]. Esse relato lembra algumas das histórias aqui mencionadas, procedentes das *Cantigas* ou dos *Milagros de Nuestra Señora*. Esses exemplos demonstram que a Igreja medieval não via valores absolutos no amor da família, que, nos casos citados, parece ter sido realmente intenso.

Essas não foram as únicas mulheres que não cuidaram de seus filhos com o amor materno esperado de uma mãe de hoje em dia. Na história da Idade Média são encontradas outras que, por diferentes razões, cuidavam pouco ou nada deles. Alguns dos exemplos de mulheres de grupos favorecidos da sociedade que foram mencionados contribuem para a reflexão sobre o amor e o instinto maternos. Esse seria o caso de Dhuoda, Heloísa ou Inês de Poitou. No entanto, não se pode ir além da simples especulação sobre os sentimentos das mães, pois os documentos não os mencionam, assim como falam sobre as suas emoções ou o instinto materno. Será que a própria literatura pode ajudar a descobri-los?

Algumas obras literárias do período medieval – sejam de ficção, sejam de outros gêneros – abrem uma porta para entender os sentimentos. Será examinado apenas um relato que, embora não seja de origem medieval, passa por esse período, e cuja análise parece um "requisito obrigatório". Trata-se da história da sentença de Salomão citada anteriormente, encontrada no Primeiro Livro dos Reis, que foi escrito na primeira metade do primeiro milênio antes de Cristo. É um relato especialmente interessante por causa de sua utilização ao longo de quase 3 mil anos, uma narrativa bíblica que se reflete na iconografia

794. Cf. Gerson (1967, vol. 7, p. 322).

completada pelas pessoas da Idade Média e que, em último caso, é relembrada e repetida quase exatamente por Bertolt Brecht em meados do século XX. Na peça de teatro *The Caucasian Chalk Circle* [*O círculo de giz caucasiano*], apresentada pela primeira vez nos Estados Unidos em 1948, Brecht desenvolve o conflito entre duas mulheres que querem ficar com a guarda de um menino chamado Michael. Trata-se de Natella, sua mãe biológica, que teve de fugir após a morte de seu marido em uma rebelião, e de Grusha, a cozinheira que, diante dessa circunstância, ficou responsável pelo menor. Essa última tinha sentimentos mais fortes de afeição pelo menino do que Natella, ao contrário do que ocorre na Bíblia. Por outro lado, ambas afirmam ser mães de Michael e o reivindicam para si. Um juiz propõe traçar um círculo de giz no qual o menor é colocado e que cada uma delas puxe um de seus braços, de modo que aquela que conseguir tirá-lo do círculo fique com ele. Nessa disputa, ganha a mãe biológica, mas o juiz decide que Michael deve ficar com Grusha, porque ela abriu mão de sua presa para não lhe causar dano.

Essa obra de Brecht foi inspirada em uma peça teatral chinesa de meados do século XIV, que, por sua vez, inspirou um drama do teatro espanhol em meados do século XX. A peça oriental original, *O círculo de giz*, de Li Hsing-Tao, apresenta o problema de duas mulheres que querem a custódia de um menino, o juiz determina que seja feito o teste do círculo de giz e decide que a verdadeira mãe é a que pariu o menino. A obra espanhola, *El circulito de tiza o Historia de una muñeca abandonada* [O pequeno círculo de giz ou História de uma boneca abandonada], de Alfonso Sastre, é um drama infantil marcado pela influência de Bertolt Brecht e pela história de Salomão. Nela, uma menina de origem humilde encontra uma boneca quebrada que outra menina, de família rica, havia jogado no lixo. A menina pobre conserta a boneca e, quando a deixa em boas condições, a menina rica a reivindica para si, porque, segundo ela, continuava sendo sua propriedade.

O longo caminho da sentença de Salomão, desde o Livro dos Reis até a obra de Brecht, é uma boa demonstração das mudanças nas formas de ver a maternidade. Enquanto a Bíblia não duvida do instinto materno natural, Brecht o apresenta de maneira oposta. Para esse autor, o teste apresentado na sentença de Salomão e o círculo de giz da obra chinesa continuam vigentes, e ele coloca a maternidade "social" à frente da maternidade "biológica", defendendo que o amor da mãe não é uma questão natural, mas sim o resultado do carinho e do esforço empregados na criação das crianças.

A utilização da sentença de Salomão em diferentes momentos da história levanta, por sua vez, dúvidas e perguntas: É possível falar de um afeto materno que atravessa todos os tempos e todos os espaços? A alta taxa de mortalidade infantil colocava mães e pais em estado de alerta para não se apegarem demais àqueles que tinham grandes chances de morres? Eles consideravam seus filhos e suas filhas como crianças que não mereciam muita atenção? São poucos os documentos que permitem responder a essas perguntas e pouquíssimos os testemunhos dos grupos majoritários da sociedade, que eram os menos favorecidos. O resultado disso é a dificuldade de os historiadores saberem o modo como cada mãe, no fundo de sua consciência, amava seu filho. Tudo o que eles podem captar são as manifestações desse amor e as marcas, frequentemente muito aleatórias e fragmentadas, que foram preservadas ao longo dos séculos. Na realidade, nem as fontes documentais nem as literárias são totalmente confiáveis quando se trata de avaliar sentimentos e emoções; contudo, elas permitem perceber o fato de que as sociedades medievais consideravam as crianças muito necessitadas de cuidados maternos, alimentação e educação. Por isso, esses dois aspectos são considerados as principais tarefas da mãe, embora muitos autores tenham enfatizado como o papel biológico foi sendo substituído pelo papel da criação, que podia ser compartilhado pela mãe e pelo pai.

Trata-se de uma afirmação arriscada, à qual deve ser acrescentado o risco da interpretação dos testemunhos dados pelas fontes. Prevenindo contra o "pecado do anacronismo", não se pode esquecer que cada atitude, cada comportamento dos progenitores do passado, deve ser entendido como parte da relação com as normas, os modelos e as condições econômicas do lugar e da época em que viveram; assim, cada sociedade teve uma maneira diferente de entender a concepção, a gravidez, o parto e a criação dos menores, que foi evoluindo ao longo da história. Assim como as diferenças entre a maternidade na Idade Média e a de hoje em dia são claras, também ganharam ênfase os aspectos que a diferenciam de uma época para a outra, evidentes na teoria, mas muito menos nas suas práticas, das quais algumas chegaram até os dias de hoje. Um dos aspectos em que a mudança se manifesta é naquele relativo aos sentimentos de amor entre mãe e filhos e filhas. Os afetos da mãe e para mãe se transformaram em suas manifestações entre ontem e hoje, mas é inadmissível condenar atitudes do passado em nome de critérios contemporâneos. Para fazer qualquer avaliação é preciso reconhecer as normas que prevaleciam em cada grupo social em um determinado momento, as quais variavam de acordo com a riqueza, o tamanho, a estrutura, as atividades e a distinção das famílias. Embora pareça exagerado, não seria arriscado ou muito desvairado afirmar que essas regras se aplicavam a uma determinada família em um determinado momento.

Desde o século XIX foram introduzidos valores em relação a sentimentos e emoções que afetaram a percepção do fenômeno aqui estudado. O século XX e as duas décadas do século XXI foram ainda mais "criativos" no que se refere à maternidade. Foi a sociedade contemporânea que introduziu o conceito de mãe boa ou mãe ruim, termos que só podem ser aplicados a determinados momentos históricos por serem muito mutáveis no tempo e no ambiente, já que nem todas as camadas sociais compartilham os mesmos valores. Os grupos mais bem situados economicamente e mais sofisticados culturalmente têm estado na vanguarda dessa evolução, embora nem sempre tenha sido assim. Como parte da evolução do último século não pode deixar de ser mencionada a polêmica teoria do apego, apresentada pelo psicanalista John Bowlby em 1958, em um artigo intitulado "The nature of the child's tie to his mother" [A natureza dos laços que unem uma criança à sua mãe][795].

Não é arriscado supor que seria difícil extrapolar a ideia da boa progenitora que segue seu instinto materno, bem como a do apego ao filho ou à filha, às mães da Idade Média, pelo simples fato de que não há dados para afirmar ou negar isso. Ao se perguntar o que significa ser uma mãe boa ou ruim, a resposta depende da época e do contexto, do tempo e do espaço, embora seja necessário acrescentar outras circunstâncias: nem todos os estratos sociais compartilham os mesmos valores ou contam com as mesmas oportunidades para agir de forma semelhante. Nem todas as mães amam seus filhos da mesma maneira; a maneira de amar de uma mãe, assim como a arte de amar em geral, pode se

795. Cf. Bowlby (1958, p. 350-373).

manifestar de diferentes formas. Portanto, não se pode aceitar a ideia de que o amor ou o instinto materno seja uma realidade natural, atemporal ou necessária; pelo contrário, é produto de uma cultura e de uma época e, assim, tem sido um instrumento ideológico utilizado para subordinar gerações de mulheres a um determinado papel social, em um determinado tempo histórico, que não foi precisamente o medieval. Em um dos estudos pioneiros sobre a maternidade nesse período, o já citado *The oldest vocation*, Clarissa Atkinson defende a ideia de que "a maternidade é uma vocação antiga, profundamente moldada no Ocidente pelo cristianismo medieval. É também uma construção cultural perseguida, vulnerável e que precisa redesenhada a cada geração"[796]. A autora destaca que a maternidade é também uma instituição, um aspecto interessante no qual este livro não adentrou, pois requer, em sua dimensão, um estudo à parte. Em última instância, Atkinson ressalta que a maternidade nunca foi algo puramente "natural", mas que sempre foi formada por sistemas religiosos, relações de poder e estruturas materiais.

Vários dos exemplos usados nos capítulos deste livro coincidem com alguns dos conceitos de *The oldest vocation* e forneceram evidências do papel da religião, da economia e da sociedade na formação da maternidade, bem como a ideia de que esta é uma construção cultural. A religião esteve muito presente nas imagens desse processo, exibindo os principais momentos da vida de Maria, ou seja, a anunciação, o nascimento e a apresentação no templo, bem como as representações da Virgem com seu filho nos braços ou dando-lhe de mamar, como foi retratado por escultores e pintores, alguns de grande renome nos últimos séculos medievais. Era representada uma mãe ideal que ama seu filho com ternura e transmite um reflexo da tranquilidade que o vínculo materno proporciona, embora fosse um estereótipo que ocultava outras faces da maternidade. O comportamento dos grupos privilegiados, para os quais a família era a instituição por meio da qual se pretendia preservar a propriedade e na qual os laços afetivos entre pais e filhos contavam menos do que os interesses econômicos e políticos, é um dos melhores exemplos para questionar a ideia do instinto materno natural, do amor de mãe incondicional próprio de

796. Cf. Atkinson (1991, p. 246).

uma inclinação animal, e avaliar a possibilidade de a conduta materna ser uma construção cultural. Outros exemplos de progenitoras medievais de todas as camadas da sociedade fazem um convite à contemplação da realidade dessa última hipótese.

O debate sobre o amor materno e outras ideias dominantes na atualidade leva a pensar sobre o papel da avó, mãe da mãe, valorizada, hoje, como uma figura carinhosa, amável e solidária, que não está tão presente na documentação do período medieval, embora apareça em pelo menos três tipos de fontes: econômicas, literárias e religiosas. Nos registros econômicos, dos quais há bons exemplos em testamentos e outros documentos anglo-saxões do século XI, aparecem algumas avós que deixam mandas ou legados em dinheiro ou terras para netos ou netas, ou para pessoas que se encarregaram da criação destes. Na literatura, a figura da avó malvada é mais frequente do que a da avó carinhosa. Nesse aspecto, destaca-se o já mencionado *El caballero del cisne*, com a história da transformação de sete irmãos em cisnes, aos quais sua pérfida avó pretende matar. No âmbito religioso, Santa Ana aparece mais como mãe da Virgem do que como avó de Jesus Cristo. Sua figura começou a surgir nos primeiros séculos medievais e foi ganhando presença ou visibilidade nos últimos séculos desse período. Por volta de 1500 Santa Ana era muito venerada no noroeste da Europa, de tal maneira que uma infinidade de igrejas, capelas ou altares foram dedicados a ela. Santa Ana também foi padroeira de guildas, vários milagres foram atribuídos a ela, e recebeu inúmeras representações na pintura e na escultura[797].

Quando Leonardo da Vinci (1452-1519) desenhou e pintou a cena de *A Virgem e o Menino com Santa Ana*, pouco depois de 1500, o culto a Santa Ana estava em seu auge. Mas por que ele a retrata como uma mulher jovem, e não mais velha do que Maria? Sigmund Freud (1856-1939) escreveu um famoso ensaio intitulado *Uma recordação de infância de Leonardo da Vinci*, no qual oferece uma interpretação desse quadro. Freud considera que "Leonardo deu ao menino duas mães, uma estendendo os braços atrás dele e a outra ao fundo, ambas representadas com o sorriso alegre da felicidade ma-

797. Cf. Brandenbarg (1995, p. 31).

terna"[798]. Será que a avó de Jesus, a suposta Santa Ana da pintura, era realmente a figura que Leonardo tinha em mente? Freud viu no quadro um resumo da vida do sábio italiano:

> A infância de Leonardo foi exatamente tão notável quanto esta imagem. Ele teve duas mães: a primeira, sua verdadeira mãe, Caterina, de quem foi arrancado entre os 3 e os 5 anos, e uma madrasta jovem e terna, Dona Albiera, a esposa de seu pai. Ao conectar esse fato de sua infância ao mencionado anteriormente, condensando-os em uma fusão uniforme, ele alcançou a composição de *A Virgem e o Menino com Santa Ana*. A figura materna mais afastada do menino, que foi considerada a avó, corresponde, em aparência e em relação espacial ao menino, à verdadeira primeira mãe, Caterina.
>
> Com o sorriso alegre de Santa Ana, o artista, na verdade, repudiou e ocultou a inveja sentida pela mãe infeliz quando foi obrigada a entregar seu filho para sua rival mais aristocrática, já que antes ela teve de dá-lo para aquele que tinha sido seu amante[799].

O quadro parece uma síntese de sua vida, enquanto na própria trajetória de vida de Leonardo pode-se contemplar uma síntese da maternidade na Idade Média. É que o pintor nasceu em meados do século XV como filho de Caterina, uma jovem de 15 anos que provavelmente era empregada ou escrava na casa de seu pai. Quando era pequeno morava com seu pai, cuja esposa não era sua mãe, mas sim uma jovem pertencente a uma família rica de Florença, Albiera degli Amadori. Sem filhos, Albiera tratou o menino Leonardo com ternura de mãe, mas morreu no parto quando ele tinha 12 anos. Seu pai se casou outras três vezes. Com a última esposa, Lucrezia Guglielmo Cortigiani, o jovem também teve uma relação carinhosa, que o levou a dizer que esta era uma "querida e doce mãe"[800]. Por fim, outra figura feminina de destaque na vida de Leonardo foi sua avó paterna, Nonna Lucia; foi ela que o apresentou às artes e que, possivelmente, cuidou dele mais do que seu pai ou qualquer uma de suas esposas.

Em resumo, na vida de Leonardo aparecem várias "mães" que representam os tipos que definem a maternidade medieval: uma jovem engravidada pelo

---

798. Cf. Freud (1916, p. 79).

799. Cf. Freud (1916, p. 79).

800. A citação inclui Vezzosi (1996).

senhor da casa em que trabalha; uma mãe que não tem permissão para cuidar do filho; uma mulher estéril que trata o menino como se fosse seu e que, em sua tentativa de ter filhos, morre no parto; outra esposa do pai que também demonstra carinho e ternura por Leonardo e ele aprecia isso; e, por fim, uma avó que educa o menino quando este é pequeno e incute nele os princípios que o levariam a ser um grande gênio. É provável que Leonardo não tenha deixado de sentir falta de sua mãe biológica e Sigmund Freud tivesse razão em sua interpretação da imagem de Santa Ana no quadro do Louvre. A figura de Santa Ana não era a avó, mas a mãe que Leonardo não pode desfrutar e a quem ele atribui o mesmo sorriso que a outras mulheres que pintou, possivelmente todas elas mães. O retrato do famoso sorriso foi uma encomenda do marido de Mona Lisa, após o nascimento de um de seus rebentos; seu sorriso, como o de Santa Ana e o da Virgem, mostra a satisfação de uma mãe ao contemplar seus pequenos. Esse sorriso reflete em seu rosto o que a camponesa Tomaula sentiu e comentou ao se referir a seus filhos como "a luz dos meus olhos"[801].

801. Cf. Skinner (1997).

Agradecimentos

Li uma vez que sentir gratidão e não expressá-la é como embrulhar um presente e não entregá-lo. De acordo com essa máxima, gostaria de expressar meu agradecimento a pessoas e instituições cujo apoio senti enquanto escrevia este livro. Em primeiro lugar, a Manuel Sosa, excelente escritor, por ter aceitado o desafio de me acompanhar na aventura de coescrever *Ser mãe na Idade Média*. Também à minha irmã Purita, que, mais uma vez, teve a paciência de ler o manuscrito e apontar ideias ou corrigir erros. E também à pessoa que me apresentou ao estudo da maternidade, Rosa Cid López, uma das maiores e melhores especialistas espanholas no assunto. Devo enfatizar nestas linhas minha gratidão à ajuda da Fundación Juan March e, em especial, ao convite de sua diretora de conferências, Lucía Franco, que me deu o alto-falante para que "Ser mãe na Idade Média" chegasse a diversos públicos, como chegou a Miguel Aguilar, diretor editorial de Debate, Taurus e Random House, e a Elena Martínez Bavière, editora de Taurus e Debate, a quem devo agradecer pelo incentivo para escrever este livro. Além disso, os dois autores deste livro, Manuel Sosa e eu, temos uma grande dívida com Elena Martínez Bavière pelo magnífico trabalho de edição que ela fez em nosso texto.

Preciso expressar, ainda, minha gratidão à instituição à qual dediquei trinta anos da minha vida, a Universidad Carlos III, de Madri, em especial à Biblioteca de Humanidades (dirigida por Lola Santonja) e ao Serviço de Empréstimo entre Bibliotecas (cuja responsável é Blanca Sotoca), à Unidade de Igualdade (dirigida por Elena San Segundo), à vice-reitora adjunta de Igualdade (Rosario Ruiz) e a dois institutos universitários: o de Historiografía Julio Caro Baroja (dirigido por Mirella Romero) e o de Estudios de Género (dirigido por Clara

Sainz de Baranda). Também não posso esquecer de outras bibliotecas, em especial a Biblioteca Pública de West Tisbury (Massachusetts).

Preciso agradecer, também, aos amigos, em especial aos do mundo editorial – Vivi (Viviana Paletta), Ramón Alba e Feli Corvillo – cujos conselhos sempre são imprescindíveis para mim, e que, com paciência, acompanharam o desenvolvimento do livro. Por aceitar minha proposta de abordar o tema do nascimento ao longo da história, agradeço à direção da revista *La Aventura de la Historia* (quando o dossiê sobre o nascimento foi publicado, a covid-19 ainda não havia chegado, e o diretor da revista, Arturo Arnalte, estava conosco) e, por todas as facilidades para divulgar temas da história medieval, a seu diretor atual, Óscar Medel. O mesmo vale para a revista *Descubrir el Arte*, na qual Ángela Sanz sempre facilitou a divulgação da arte da Idade Média. Além disso, não posso esquecer de algumas amigas (por ordem alfabética): Montserrat Cabré, Pilar Díaz, Asun Doménech, Nadia Filippini, Gloria Franco, Sophie Hirel, Maribel Pérez de Tudela, Rebeca Sanmartín, Hélène Thieulin-Pardo e Teresa Vinyoles, que contribuíram de diversas maneiras em *Ser mãe na Idade Média*. Não posso deixar de agradecer ao fotógrafo Ricardo Olmos pela esplêndida imagem do capitel românico do nascimento.

E jamais poderia deixar de fora minha família, o maior suporte emocional, especialmente necessário durante o período de trabalho neste livro, que coincidiu com a pandemia de covid-19: além dos já mencionados, Purita e Manuel, tenho de destacar (do mais novo ao mais velho) Miguelillo, Aurorita, María, Eduardo e Robert.

Referências

ABRAHAMS, I. *Jewish Life in the Middle Ages*. Londres: MacMilan & Company, 1896.

ACADEMIA PORTUGUESA DA HISTÓRIA. *Crónica dos sete primeiros reis de Portugal*. Ed. crítica de Carlos da Silva Tarouca. Lisboa: Academia Portuguesa da História, 1952.

AFONSO X O SÁBIO. *Las siete partidas*. 1555. Disponível em: https://www.boe.es/biblioteca_juridica/publicacion.php?id=PUB-LH-2011-60 – Acesso em: 13 maio 2024.

AFONSO X O SÁBIO. *Cantigas de Santa María*. Madri: Castalia, 1986. vol. 1.

AFONSO X O SÁBIO. *Crónica de Alfonso X*. Múrcia: Real Academia Alfonso X el Sabio, 1998.

AFONSO X O SÁBIO. *Lapidario*. Madri: Gredos, 1981.

AFONSO X O SÁBIO. *Primera crónica general*. Ed. Ramón Menéndez Pidal. Madri: Bailly Bailliére e hijos, 1906.

AFONSO X O SÁBIO. *Primera crónica general de España*. Madri: Gredos, 1955.

AGOSTINHO DE HIPONA. *Confesiones*, livro IX. Argande del rey, Verbum, 2015.

AGOSTINHO DE HIPONA. *De nuptiis et concupiscentia*. Disponível em: https://www.augustinus.it/spagnolo/nozze_concupiscenza/index2.htm – Acesso em: 13 maio 2024.

AGUIAR, G. I. Dos pacientes virtuales del médico Francisco de Villalobos: Anselmo y Carrizales. *Cervantes: Bulletin of the Cervantes Society of America*, vol. XIX, n. 2, p. 101-112, 1999.

ALEXANDRE-BIDON, D.; CLOSSON, M. *L'enfant à l'ombre des cathedrals*. Lyon: Presses Universitaires de Lyon, 1985.

ALFONSO CABRERA, S. Juegos y juguetes infantiles en el arte medieval. *Revista Digital de Iconografía Medieval*, vol. 8, n. 15, p. 51-65, 2016.

ALONSO DE PALENCIA. *Crónica de Enrique IV*. Madri: Tipografía de la "Revista de Archivos", 1904.

ÁLVAREZ BEZOS, M. S. *Violencia contra las mujeres en la Castilla de final de la Edad Media*. Documentos para el estudio de las mujeres como protagonistas de su historia. Tesis doctoral. Valladolid: Universidad de Valladolid, 2013.

ÁLVARO DE LUNA. *Libro de las virtuosas e claras mugeres*. Madri: Sociedad de Bibliófilos Españoles, 1891.

AMASUNO, M. V. Un contexto médico para "Celestina". Sobre "amor hereos" y su terapia. *Celestinesca*, vol. 24, n. 1-2, p. 135-169, 2000.

ANÔNIMO. *Libro de Apolonio*. Ed., intr. e notas de Carmen Monedero. Madri: Castalia, 1987.

ANÔNIMO. *Sendebar*. Libro de los engaños de las mujeres. Ed. Veronica Orazi. Barcelona: Crítica, 2006.

ARCHER, R. *Misoginia y defensa de las mujeres. Antología de textos medievales*. Madri: Cátedra, 2001.

ARCIPRESTE DE TALAVERA (Alfonso Martínez de Toledo). *Vida de San Ildefonso*. Madri: Espasa-Calpe, 1962.

ARJONA CASTRO, A. *El libro de la generación del feto, el tratamiento de las mujeres embarazadas y de los recién nacidos. Tratado de obstetricia y pediatría del siglo X de Arib ibn Sa'id*. Sevilha: Sociedad de Pediatría de Andalucía Occidental y Extremadura, 1983.

ARRANZ GUZMÁN, A. Imágenes de la mujer en la legislación conciliar (siglos XI-XV). *In*: ESCRIBANO, M. C. (coord.). *Las mujeres medievales y su ámbito jurídico (II jornadas de Investigación Disciplinaria)*. Madri: Servicio de Publicaciones de la Universidad Autónoma de Madrid, 1983.

ASSIS, Y. T. Sexual behaviour in Mediaeval Hispano-Jewish Society. *In*: RAPOPORT-ALBERT, A.; ZIPPERSTEIN, S. J. (eds.). *Jewish history: essays in honour of Chimen Abramsky*. Londres: Peter Halban, 1988. p. 25-59.

ATKINSON, C. W. *The oldest vocation: Christian motherhood in the Medieval West*. Ithaca: Cornell University Press, 1991.

AVERRÓIS. *Obra médica*. Sevilha: Servicio de Publicaciones de la UMA, 1998.

BAELO ÁLVAREZ, M. *La adopción. Historia del amparo socio-jurídico del menor*. Tesis doctoral. A Corunha: Universidad de La Coruña, 2013.

BAELO ÁLVAREZ, M. Sobre la función social de la paternidad adoptiva desde la Lex Romana Visigothorum hasta la época del Rey Alfonso X el Sabio. *Vergentis:*

Revista de Investigación de la Cátedra Internacional Conjunta Inocencio III, vol. 1, p. 155-172, 2015.

BARBERO, M. Á. La familia noble y las ceremonias bautismales: devoción y lujo en la Baja Edad Media castellana. *In*: VILLARINO CELA, E. M.; FIADINO, E. G. (coord.). *Estudios críticos de literatura española*. Mar del Plata: Universidad Nacional de Mar del Plata, 2003. p. 327-342.

BARCELÓ, C. Mujeres, campesinas mudéjares. *In*: JESÚS VIGUERA, M. (ed.). *La mujer en Al-Andalus: reflejos históricos de su actividad y categoría sociales*. Madri: Universidad Autónoma de Madrid, 1989. p. 211-217.

BARGERON, C. The Continuing Vitality of the Tradition: A Classical Muslim Paradigm of Children And Family. *Intus-Legere Historia*, vol. 9, n. 2, p. 5-20, 2015.

BARRIO BARRIO, J. A. Los conversos de judío en la ciudad de Xátiva: creencias y prácticas religiosas (1439-1490) a través de la visión del "otro". *Medievalismo*, vol. 23, p. 61-99, 2013.

BARKAI, R. *A history of Jewish Gynaecological. Texts in the Middle Ages*. Leiden: Brill, 1998.

BAUMGARTEN, E. *Mothers and children: Jewish family life on Medieval Europe*. Princeton e Oxford: Princeton University Press, 2004.

BAZÁN, I. El modelo de sexualidad de la sociedad cristiana medieval: norma y transgresión. *Cuadernos del CEMyR*, vol. 16, p. 167-192, 2008.

BEDA O VENERÁVEL. *Historia eclesiástica del pueblo de los anglos*. Madri: Akal, 2013. Livro IV, t. 17.

BEDNARSKI, S.; COURTEMANCHE, A. "Sadly and with a Bitter Heart": What the Caesarean Section Meant in the Middle Ages. *Florilegium*, vol. 28, p. 33-69, 2011.

BÉGUELIN-ARGIMÓN, V. "Del regimiento que se ha de tener en dar leche al niño": lactancia, madres y amas en los primeros tratados castellanos de puericultura. *In*: HIREL, S.; THIEULIN-PARDO, H. (eds.). *La leche polifónica. Estudios sobre las nodrizas en la península ibérica (siglos XIII-XVI)*. Madri: La Ergastula, 2021. p. 17-34.

BEN-SEFER, E. Infanticide and Kiddush HaShem: An Historical Perspective. *Australian Journal of Jewish Studies*, vol. XVII, p. 33-50, 2003.

BENEYTO, J. Los derechos fundamentales en la España Medieval. *Revista de Estudios Políticos*, vol. 26, p. 99-118, 1982.

BENITO-VESSELS, C. Gonzalo de Berceo: "El sacristán fornicario", "La abadesa encinta" y las Dueñas de Zamora. *Revista de Poética Medieval*, n. 10, p. 11-24, 2003.

BENKHEIRA, M. H. *et al. La famille en Islam: d'après les sources arabes*. Paris: Les Indes Savantes, 2013.

BERCEO, G. de *El duelo de la virgen; los himnos; los loores de nuestra señora; los signos del juicio final*. Londres: Tamesis Books, 1975.

BERGMANN, E. Language and "Mothers' Milk": Maternal Roles and the Nurturing Body in Early Modern Spanish Texts. *In*: MILLER, N. J.; YAVNEH, N. (eds.). *Maternal Measures*. Figuring caregiving in the Early Modern Period. Aldershot: Ashgate, 2000. p. 105-120.

BERGMANN, C. D. Mothers of a nation: How motherhood and religion intermingle in the Hebrew Bible. *Open Theology*, vol. 6, n. 1, 2020, p. 132-144. Disponível em: https://doi.org/10.1515/opth-2020-0012 – Acesso em: 1 abr. 2024.

BERNÁLDEZ, A. *Memorias del reinado de los Reyes Católicos*. Madri: Real Academia de la Historia, 1962.

BERNARDO DE GORDONIO. *Lilio de la medicina*. Madison: The Hispanic Seminary of Medieval Studies, 1991.

BERNARDO DE GORDONIO. Tratado de los niños y regimiento del ama. Ed., intr. e notas de Martina Pérez Martínez-Barona. *Lemir. Revista de Literatura Española Medieval y del Renacimiento*, n. 21, p. 1-30, 2017. Disponível em: https://parnaseo.uv.es/Lemir/Revista/Revista21/Textos/01_Tractado_de_los_ninos%20.pdf – Acesso em: 12 ago. 2024.

BILBAO LÓPEZ, G. Las pilas bautismales del románico burgalés: escenas religiosas y profanas. *In*: BRINGAS LÓPEZ, M. I.; RODRÍGUEZ PAJARES, E. J. (eds.). *El arte románico en el territorio burgalés*. Burgos: Universidad Popular para la Educación y Cultura de Burgos, 2004. p. 215-228.

BILLER, P. Birth-control in the West in the Thirteenth and early Fourteenth centuries. *Past and Present*, vol. 94, p. 3-26, 1982.

BILLER, P. Childbirth in the Middle Ages. *History Today*, vol. 36, n. 8, 1986.

BIRTH control and abortion in the Middle Ages. *Medievalists.net*, 2013. Disponível em: https://www.medievalists.net/2013/12/birth-control-and-abortion-in-the-middle-ages – Acesso em: 18 abr. 2024.

BILLOT, C. Les enfants abandonnés à Chartres à la fin du Moyen Age. *Annales de Démographie Historique*, p. 167-186, 1975.

BIZZARRI, H. O.; SAINZ DE LA MAZA, C. N. El libro de confesión de Medina de Pomar. *Dicenda, Cuadernos de Filología Hispánica*, vol. 11, p. 35-55, 1993.

BLASCO, A. Las calumnias contra Soloro, judía de Alagón (1354). *In*: FUENTE, M. J.; MORÁN, R. (eds.). *Raíces profundas: la violencia contra las mujeres (Antigüedad y Edad Media)*. Madri: Polifemo, 2011. p. 379-404.

BOCCACCIO, G. De casibus virorum illustrium, vol. IX, 26, "De Phylippa Cathinensi". *In*: BOCCACCIO, G. *Tutte le opere di Giovanni Boccaccio*. Milão: Mondadori, 1983.

BOCCACCIO, J. *De las mujeres illustres en romance*. Saragoça: Paulo Hurus, 1494.

BOFARULL, P. de. *Repartimiento de los reinos de Valencia, Mallorca y Cerdeña*. Barcelona: Imprenta del Archivo, 1856.

BOLETÍN de la Real Academia de la Historia. 1930. t. 96, p. 685-773.

BOLOIX, B. El rostro femenino del poder. Influencia y función de la mujer nazarí en la política cortesana, de la Alhambra (siglos XIII-XV). *Cuadernos del CEMyR*, n. 23, p. 49-64, 2015.

BOSWELL, J. *The kindness of strangers. The abandonment of children in Western Europe from Late Antiquity to the Renaissance*. Nova York: Vintage Books, 1988.

BOWERS, B. S. (ed.). *The Medieval Hospital and Medical Practice*. Aldershot: Ashgate, 2007.

BOWLBY, J. The nature of the child's tie to his mother. *The International Journal of Psychoanalysis*, vol. 39, p. 350-373, 1958.

BRACCIOLINI, P. *The facetiae or jocose tales of Poggio*. Paris: Isidore Liseux, 1879.

BRANDENBARG, T. Saint Anne: A Holy Grandmother and her children. *In*: MULDER-BAKKER, A. B. (ed.). *Sanctity and Motherhood. Essays on Holy Mothers in the Middle Ages*. Nova York: Routledge, 1995. p. 31-65.

BRATSCH-PRINCE, D. A Queen's Task: Violant de Bar and the experience of royal motherhood in Fourteenth-Century Aragón. *La Corónica: A Journal of Medieval Hispanic Languages, Literatures, and Cultures*, vol. 27, n. 1, p. 21-34, 1998.

BRENNER, E. *Leprosy and Charity in Medieval Rouen*. Woodbridge: Boydell and Brewer, 2015.

BRÍGIDA DA SUÉCIA. *Revelationes S. Brigittae*. Roma, 1606.

BRÍGIDA DA SUÉCIA. *The revelations of St. Birgitta of Sweden*. Trad. de Denis Michael Searby. Oxford: Oxford University Press, 2006.

BRISSAUD, Y.-B. L'infanticide à la fin du moyen age, ses motivations psychologiques et sa repression. *Revue Historique de Droit Français et Étranger*, vol. 50, n. 2, p. 229-256, 1972.

BROWN, R. A. (ed.). *Proceedings of the Battle Conference on Anglo-Norman Studies II 1979*. Woodbridge: The Boydell Press, 1980.

BRUNDAGE, J. *La ley, el sexo y la sociedad cristiana en la Europa medieval*. México: Fondo de Cultura Económica, 2000.

BUTLER, S. M. Abortion medieval style? Assaults on pregnant women in Later Medieval England. *Women's Studies*, vol. 40, n. 6, p. 778-799, 2011.

BUTTÀ, L. Peregrinus et exorcista: el nacimiento legendario de San Bartolomé en la hagiografía y la cultura visual de la Edad Media. *Anuario de Estudios Medievales*, vol. 51, n. 2, p. 563-600, 2021.

CABALLERO NAVAS, C. Algunos secretos de mujeres revelados. El Še'ar Yašub y la recepción y transmisión del Trotula en hebreo. *Miscelánea de Estudios Árabes y Hebraicos*, vol. 55, p. 381-425, 2006.

CABALLERO NAVAS, C. Del árabe al hebreo. El nacimiento de la ginecología hebrea medieval y el Canon de la medicina de Ibn Sīnā. *Sefarad*, vol. 79, n. 1, p. 89-122, jan.-jun. 2019.

CABALLERO NAVAS, C. She will give birth immediately. Pregnancy and childbirth in medieval Hebrew medical texts produced in the Mediterranean West. *Dynamis. Acta Hispanica ad Medicinae Scientiarumque Historiam Illustrandam*, vol. 34, n. 2, p. 377-401, 2014.

CABANES JIMÉNEZ, P. Enfermedades de índole sexual en las cántigas de escarnio y maldecir. *Lemir*, vol. 10, p. 1-24, 2006.

CABRÉ I PAIRET, M. Autoría y autoridad femenina en la medicina medieval. *In*: ZARZOSO, A.; ARRIZABALAGA, J. (eds.). *Al servicio de la salud humana: la historia de la medicina ante los retos del siglo XXI*. Sant Feliu de Guíxols: SEHM, Museu d'Història de la Medicina de Catalunya, Museu d'Història de Sant Feliu de Guíxols, Institució Milà i Fontanals, 2017. p. 35-44.

CABRÉ I PAIRET, M. Trota, Tròtula i "Tròtula" autoria i autoritat femenina en la medicina medieval en català. *In*: PÀMIES, L. B.; COMAMALA, L. C.; MARTÍ, S.; PUJOL I GÓMEZ, J. (coord.). *Els manuscrits, el saber i les lletres a la Corona d'Aragó, 1250-1500*. Barcelona: Publicacions de la Abadía de Barcelona, 2016. p. 77-102.

CACHO BLECUA, J. M. Vergüenza, sabiduría y pecado en la literatura medieval castellana (del *Bonium* a don Juan Manuel). *Príncipe de Viana. Anejo*, vol. 18, p. 75-102, 2000.

CADDEN, J. *The meanings of sex difference in the Middle Ages: medicine, science, and culture*. Cambridge: Cambridge University Press, 1995.

CALBET I CAMARASA, J. M.; ESCUDÉ Y AIXALÀ, M. Aspectes històrics dels infants abandonats. *Gimbernat: Revista d'Història de la Medicina i de les Ciències de la Salut*, vol. 10, p. 47-64, 1988.

CALBI, M. *Approximate bodies: gender and power in Early Modern drama and anatomy*. Londres: Routledge, 2005.

CALLAN, M. B. Of vanishing fetuses and maidens made again: abortion, restored virginity, and similar scenarios in Medieval Irish hagiography and penitentials. *Journal of the History of Sexuality*, vol. 21, n. 2, p. 282-296, 2012.

CALVI, G. "Cruel" and "nurturing" mothers: The construction of motherhood in Tuscany (1500-1800). *L'homme*, vol. 17, n. 1, p. 75-92, 2006.

CANO, M. J. El tratamiento de las mujeres en la literatura hispano-hebrea. *In*: DEL MORAL, C. (ed.). Árabes, judías y cristianas: mujeres en la Europa medieval. Granada: Universidad de Granada, 1993. p. 161-172.

CANTERA MONTENEGRO, E. *Aspectos de la vida cotidiana de los judíos en la España medieval*. Madri: Uned, 1998.

CARCELLER CERVIÑO, P.; VILLARROEL GONZÁLEZ, Ó. *Catalina de Lancaster. Una reina y el poder*. Madri: Sílex, 2021.

CARRETE PARRONDO, C. *El Tribunal de la Inquisición en el Obispado de Soria (1486-1502)*. Salamanca: Universidad Pontificia de Salamanca, 1985.

CARRETE PARRONDO, C.; GARCÍA CASAR, M. F. *El tribunal de la Inquisición en Sigüenza, Fontes Iudaeorum Regni Castellae*. Salamanca: Universidad Pontificia de Salamanca, 1997.

CARTA de la reina Catalina de Lancaster del 3 de junio de 1416. *In*: TORRES FONTES, J. La regencia de don Fernando de Antequera. *Anuario de Estudios Medievales*, vol. 1, p. 375-429, 1964.

CASTRILLO CASADO, J. *Las mujeres vascas durante la Baja Edad Media*. Madri: Sílex, 2020.

CASTRO TOLEDO, J. *Documentación diplomática de Tordesillas: 909-1474*. Valladolid: Institución Cultural Simancas, 1981.

CÁTEDRA, P. Para la biografía de Enrique de Villena. *Estudi general. Revista de la Facultat de Lletres de la Universitat de Girona*, vol. 1, n. 2, p. 29-33, 1981.

CHRONICA NAIERENSIS. *Corpus christianorum, Continuatio mediaevalis*, LXXI A. Turnhout: Brepols, 1995.

CINGOLANI, S. M. Más allá de la muerte: rituales funerarios y mausoleos reales en la Corona de Aragón (1196-1410). Posibilidades de una investigación global.

In: MIRANDA GARCÍA, F.; GUEREÑO SANZ, M. T. L. de (dir.). *La muerte de los príncipes en la Edad Media. Balance y perspectivas historiográficas*. Madri: Casa de Velázquez, 2020.

COELLO, Pilar. Las actividades de las esclavas según Ibn Butlan (siglo XI) y al-Saqati de Málaga (siglos XII-XIII). *In*: JESÚS VIGUERA, M. (ed.). *La mujer en Al-Andalus: reflejos históricos de su actividad y categoría sociales*. Madri: Universidad Autónoma de Madrid, 1989. p. 201-210.

COMENGE I FERRER, L. *La medicina en el reino de Aragón (siglo XIV)*. Valladolid: Ediciones del Secretariado de Publicaciones, 1974.

COMNENA, A. *La Alexíada: una historia del Imperio bizantino durante la primera cruzada*. Barcelona: Ático de los Libros, 2020.

COOPER, C. H. *Memoir of Margaret, Countess of Richmond and Derby*. Cambridge: Deighton Bell & Co., 1874.

COOPER, L. (ed.). *La gran conquista de ultramar*. Bogotá: Instituto Caro y Cuervo, 1979.

CORMACK, M. Introduction: approaches to childbirth in the Middle Ages. *Journal of the History of Sexuality*, vol. 21, n. 2, p. 201-207, 2012.

CORRALES, J. C. Aproximaciones al estudio del aborto y el infanticidio en la Hispania bajomedieval: la obra de Alfonso Martínez de Toledo. *II Jornadas Nacionales de Historia Social (La Falda, 13 al 15 de mayo de 2009)*. Apresentação. Córdoba: Facultad de Humanidades y Ciencias de la Educación, Universidad Nacional de La Plata, 2009.

CORTES de Valladolid celebradas en la era 1296 (Año 1258) por Alonso Décimo llamado El Sabio. Madri, [1836]. Biblioteca Digital de Castilla y León. Disponível em: https://bibliotecadigital.jcyl.es/es/consulta/registro.do?id=1794 – Acesso em: 25 jul. 2024.

COSTA TOIPA, H. *Rainha Santa Isabel. Fontes para o seu estudio.* Coimbra: Imprenta da Universidade de Coimbra, 2020.

COVARRUBIAS, S. *Tesoro de la lengua castellana*. Madri: Turner, 1977.

CRISTINA DE PISANO. *La ciudad de las damas*. Madri: Siruela, 1995.

CRISTINA DE PISANO. *Le Livre de la Mutation de Fortune*. Paris: A. et J. Picard, 1959-1966.

CROUZET-PAVAN, E.; FAUGERON, F. Mangui chi puó. *Medioevo: un passato da riscoprire*, vol. 11, n. 6, p. 46-54, 2007.

CRUZ Y HERMIDA, J. Biografía obstétrica de Isabel la Católica (comentarios histórico-médicos de los embarazos, partos y abortos de la reina). *Anales de la Real Academia Nacional de Medicina*, vol. 121, n. 4, p. 689-703, 2004.

CUESTA SÁNCHEZ, A. M. Pila bautismal de la Iglesia de san Fructuoso de Colmenares de Ojeda. *In*: PAZOS-LÓPEZ, Á. (ed.). *Tesoros hispánicos de la liturgia medieval*. Madri: Universidad Complutense de Madrid, 2018. Disponível em: https://www.ucm.es/tesoros/pila-bautismal – Acesso em: 12 ago. 2024.

DAMME, C. Infanticide: the Worth of an Infant Under Law. *Medical History*, vol. 22, p. 1-24, 1978.

DEL VALLE, C. (ed.). *Cartas y testamento de Maimónides (1138-1204)*. Córdoba: Monte de Piedad y Caja de Ahorros de Córdoba, 1989.

DELPECH, F. Le cycle des septuplés. Examen de quelques versions folkloriques et hagiographiques celtiques / El ciclo de los septillizos. Examen de algunas versiones folklóricas y hagiográficas célticas. *Boletín de Literatura Oral*, vol. 2, p. 25-54, 2012.

DEMAUSE, L. *Foundations of psychohistory*. Nova York: Creative Roots, 1982. Disponível em: http://www.psicopolis.com/Psycosphere/archivio/psicostoria/p23x41.htm – Acesso em: 10 dez. 2024.

DÍAZ, J. *Alta, alta es la luna (canciones sefarditas)*. Madri: Tecnosaga, 1991.

DÍAZ, J.; VAL, J. D.; VIANA, L. D. (eds.). *Catálogo folklórico de la provincia de Valladolid: "Romances tradicionales"*. Valladolid: Institución Cultural Simancas, 1978.

DICCIONARIO Panhispánico del Español Jurídico (DPEJ) [on-line]. Disponível em: https://dpej.rae.es – Acesso em: 3 jun. 2024.

DÍEZ DE GAMES, G. *El Victorial: crónica de don Pero Niño*. Ed. Alberto Miranda. Madri: Cátedra, 1993.

DIEZ DE SALAZAR, L. M. La mujer vasco-navarra en la normativa jurídica (siglos XII-XIV). *Las mujeres medievales en su ámbito jurídico*. Madri: Universidad Autónoma, p. 95-114, 1983.

DOCRAY-MILLER, M. *Motherhood and mothering in Anglo-saxon England*. Nova York: Sain Martin's Press, 2000.

DOMINGO IRANZO, E. (ed.). *El fuero de Requena*. Requena: Ayuntamiento de Requena, 2008.

DON JUAN MANUEL. *El conde Lucanor*. Barcelona: Galaxia Gutenberg, 2006.

DON JUAN MANUEL. *Libro de los estados. Escritores en prosa anteriores al siglo XV*. Ed. Pascual de Gayangos. Madri: Rivadeneyra, 1860.

DOOB, P. B. R. *Nebuchadnezzar's children: Conventions of madness in Middle English Literature*. New Haven: Yale University Press, 1974.

DUVERNOY, J. (ed.). *Le registre d'inquisition de Jacques Fournier, évêque de Pamiers (1318-1325)*. Paris: La Haya; Nova York: Mouton, 1978.

ECHÁNIZ SANS, M. *Las mujeres de la orden militar de Santiago en la Edad Media*. Salamanca: Junta de Castilla y León, 1992.

ECHEVARRÍA, A. *Catalina de Lancaster*. San Sebastián: Nerea, 2002.

EIXIMENIS, F. *Carro de las donas (Valladolid, 1542)*. Estudo preliminar e ed. comentada de Carmen Clausell Nácher. Tesis doctoral. Barcelona: Universidad Autónoma de Barcelona, 2004.

EL BERNOUSSI, Z.; DUPRET, B. Birth control. *Oxford Islamic Studies Online*, 2018. Disponível em: https://hal.archives-ouvertes.fr/hal-02625277/document – Acesso em: 23 abr. 2024.

EL HIJO póstumo. *Corpus de Literatura Oral*. Jaén: Universidad de Jaén, c2019. Disponível em: https://corpusdeliteraturaoral.ujaen.es/archivo/1058r-el-hijo-postumo – Acesso em: 31 jul. 2024.

EL LIBRO de los juicios (*Liber Iudiciorum*). Trad. de Pedro Ramis Serra e Rafael Ramis Barceló. Madri: Imprenta Nacional de la Agencia Estatal Boletín Oficial del Estado, 2015. Disponível em: https://www.boe.es/biblioteca_juridica/publicacion.php?id=PUB-LH-2015-2 – Acesso em: 10 dez. 2024.

ELLIOTT, D. *Spiritual marriage: sexual abstinence in Medieval Wedlock*. Princeton: Princeton University Press, 1995.

ENRÍQUEZ DEL CASTILLO, D. *Cronica del rey D. Enrique el quarto de este nombre*. Madri: Imprenta de D. Antonio de Sancha, 1789.

EUDES RIGAUD. *Regestrum Visitationum Archiepiscopi Rothomagensis: Journal des Visites Pastorales d'Eude Rigaud, Archevêque de Rouen*. Rouen: A. Le Brument, 1852. Disponível em: https://gallica.bnf.fr/ark:/12148/bpt6k1020649/f2.item# – Acesso em: 3 jun. 2024.

EVANS-GRUBBS, J. The Dynamics of Infant Abandonment: Motives, Attitudes and (Unintended) Consequences. *In*: MUSTAKALLIO, K.; LAES, C. (eds.). *The Dark Side of Childhood in Late Antiquity and the Middle Ages*. Oxford: Oxbow Books, 2011.

FALCÓN PÉREZ, M. I. Procesos por causas matrimoniales en Zaragoza en la Baja Edad Media y Primer Renacimiento. *Aragonia Sacra*, vol. IX, n. 46, p. 209-252, 1994.

FERNÁNDEZ MEDINA, E. *La magia morisca entre el cristianismo y el islam*. Granada: Universidad de Granada, 2014.

FERNÁNDEZ Y GONZÁLEZ, F. *Estado social y político de los mudéjares de Castilla*. Madri: Imprenta de Joaquín Muñoz, 1866.

FERNANDO DEL PULGAR. Cronica de los señores Reyes Católicos don Fernando y doña Isabel de Castilla y de Aragón. Valência: Imprenta de Benito Monfort, 1780.

FERRAGUD DOMINGO, C. Organització social i atenció mèdica a la Cocentaina baixmedieval: el procés a Abrahim Abengalell (1318). *Asclepio*, vol. 57, p. 3-24, n. 2.

FIDDYMENT, S. *et al*. Girding the loins? Direct evidence of the use of a medieval parchment birthing girdle from biomolecular analysis. *The Royal Society Collection*, Londres, vol. 8, ed. 3, 10 mar. 2021. Disponível em: https://royalsocietypublishing.org/doi/10.1098/rsos.202055?url_ver=Z39.88-2003&rfr_id=ori%3Arid%3Acrossref.org&rfr_dat=cr_pub++0pubmed – Acesso em: 25 jun. 2024.

FILDES, V. A. *Wet Nursing: a History from Antiquity to the Present*. Nova York: Basil Blackwell, 1988.

FILIPPINI, N. M. *Pregnancy, delivery, childbirth. A gender and cultural history from Antiquity to the Test Tube in Europe*. Nova York: Routledege, 2021.

FLANDRIN, J.-L. *La moral sexual en Occidente*. Barcelona: Ediciones Granica, 1984.

FLANDRIN, J.-L. *Un temps pour embrasser. Aux origines de la morale sexuelle occidentale (VIe-XIe siècles)*. Paris: Seuil, 1983.

FRABOSCHI, A. A.; AVENATTI DE PALUMBO, C.; ORTIZ, M. E. (eds.). *Cartas de Hildegarda de Bingen. Epistolario completo*. Buenos Aires: Miño y Dávila, 2015. vol. I, p. 207.

FRANCIA, M. de. *Lais*. Madri: Editora Nacional, 1975.

FREEMAN, P. R.; BOGARAD, C. R.; SHOLOMSKAS, D. E. Margery Kempe, a new theory: the inadequacy of hysteria and postpartum psychosis as diagnostic categories. *History of Psychiatry*, vol. 1, p. 169-190, 1990.

FREUD, S. *Leonardo da Vinci: a Psychosexual Study of an Infantile Reminiscence*. Nova York: Moffat, Yard & Company, 1916.

FRYMER-KENSKY, T. S. *Motherprayer: the pregnant woman's spiritual companion*. Nova York: Riverhead Books, 1995.

FUERO de Cuenca. Madri: Tipografía de Archivos, 1935.

FUERO de Zamora, cap. X, art. 41. *In*: FERNÁNDEZ DURO, E. *Memorias Históricas de la ciudad de Zamora, su provincia y obispado*. Madri: Tip. de los sucesores de Rivadeneyra, 1883. III, p. 518-572.

FUERO JUZGO en latín y castellano. Alicante: Biblioteca Virtual Miguel de Cervantes, 2002. Disponível em: https://www.cervantesvirtual.com/obra/fuero-juzgo-en-latin-y-castellano--0 – Acesso em: 10 dez. 2024.

FUERO Real. Agencia Estatal Boletín Oficial del Estado, 2018. 4,5, 2. Disponível em: https://bit.ly/3VLaP9B. Acesso em: 4 jul. 2024.

GAGNON, F. *Le Corrector sive Medicus de Burchard de Worms (1000-1025): présentation, traduction et commentaire ethno-historique*. Relatório para a obtenção do título de Mestre em Artes. Montreal: Universidade de Montreal, 2010.

GAIFFIER, B. de; TERVARENT, G. de. Le diable, voleur d'enfants, à propos de la naissance des saints Étienne, Laurent et Barthélemy. *Analecta sacra tarraconensia: Revista de ciències històrico-eclesiàstiques*, vol. 12, p. 33-58, 1936.

GAMBÓN ALIX, G. *La adopción*. Barcelona: José María Bosch, 1960.

GARCÍA, M. (ed.). *Crónica del rey Juan II de Castilla. Minoría y primeros años de reinado (1406-1420)*. Salamanca: Ediciones Universidad de Salamanca, 2017.

GARCÍA HERRERO, M. del C. Administrar del parto y recibir la criatura. *Del nacer y el vivir. Fragmentos para una historia de la vida en la Baja Edad Media*, Saragoça: Institución Fernando el Católico, p. 21-46, 2005.

GARCÍA HERRERO, M. del C. *Artesanas de vida. Mujeres de la Edad Media*. Saragoça: Institución Fernando el Católico, 2009.

GARCÍA HERRERO, M. del C. El cuerpo que subraya: imágenes de autoridad e influencia materna en fuentes medievales. *Turiaso*, n. 17, p. 155-174, 2003-2004.

GARCÍA HERRERO, M. del C. Elementos para una historia de la infancia y de la juventud a finales de la Edad Media. *In*: IGLESIA DUARTE, J. I. de la (coord.). *La vida cotidiana en la Edad Media*. Logronho: Instituto de Estudios Riojanos, 1998. p. 223-252.

GARCÍA HERRERO, M. del C. *Las mujeres en Zaragoza en el siglo XV*. Saragoça: Ayuntamiento de Zaragoza, 1990.

GARCÍA HERRERO, M. del C. Los malos nodrizos de la Vilueña (1482). *Del nacer y el vivir. Fragmentos para una historia de la vida en la Baja Edad Media*, Saragoça: Institución Fernando el Católico, p. 237-249, 2005.

GARCÍA Y GARCÍA, A. *Synodicon hispanum*. Madri: Biblioteca de Autores Cristianos, 1987.

GARIN, E. Venticinque intercenali inedite e sconosciute di Leon Battista Alberti. *Belfagor*, vol. 19, p. 377-396, 1964.

GAY, V. *Glossaire archéologique du Moyen Âge et de la Renaissance*. Paris: Société Bibliographique, 1887.

GENTILE DA FOLIGNO. Quaestio an sit licitum provocare aborsum. *Revista de Filosofía Open Insight*, vol. XI, n. 23, p. 183-196, 2020. Disponível em: https://www.redalyc.org/articulo.oa?id=421664631010 – Acesso em: 31 jul. 2024.

GERSON, J. *Oeuvres completes*. Ed. Palémon Glorieux. Paris: Desclée, 1967.

GHERARDI DA PRATO, G. *Il Paradiso degli Alberti*. Roma: Salerno, 1975.

GIBSON, G. M. *The theater of devotion: East Anglian Drama and Society in the Late Middle Ages*. Chicago: University of Chicago Press, 1989.

GILADI, A. Concepts of childhood and attitudes towards children in Medieval Islam: a preliminary study with special reference to reaction to infant and child mortality. *Journal of the Economic and Social History of the Orient*, vol. 32, n. 2, p. 121-152, 1989.

GILADI, A. Some notes on Tahnik in Medieval Islam. *Journal of Near Eastern Studies*, vol. 47, n. 3, p. 175-180, 1988.

GOEIJ, H. de. A Breakthrough in C-Section History: Beatrice of Bourbon's Survival in 1337. *The New York Times*, 23 nov. 2016.

GONZÁLEZ, J. *Reinado y diplomas de Fernando III, II. Documentos 1217-1232*. Córdoba: Publicaciones del Monte de Piedad y Caja de Ahorros de Córdoba, 1983.

GONZÁLEZ HERNANDO, I. La cesárea. *Revista Digital de Iconografía Medieval*, vol. 10, n. 5, p. 1-15, 2013.

GONZÁLEZ HERNANDO, I. La figuración de la ciencia. Espacio y objetos de parto en el arte medieval español. *Goya – Revista de Arte*, vol. 342, p. 3-17, 2013.

GONZÁLEZ HERNANDO, I. Una lectura médica de las imágenes medievales del nacimiento. *Anales de Historia del Arte*, vol. 91, p. 91-109, 2010.

GONZÁLEZ JIMÉNEZ, M. Alfonso X, Infante. *Acta historica et archaeologica mediaevalia*, n. 22, p. 291-310, 2001.

GONZÁLEZ MUÑOZ, F. Un testimonio de la Hispania medieval sobre el rito de Las Fadas. *Collectanea Christiana Orientalia*, vol. 8, p. 207-215, 2011.

GONZÁLEZ NAVARRO, G.; USANDIZAGA BEGUIRISTÁIN, J. A. *Historia de la obstetricia y ginecología española*. Madri: Habe Editores y Sociedad Española de Ginecología y Obstetricia, 2006. vol. I.

GONZALO DE BERCEO. *Milagros de Nuestra Señora*. Madri: Cátedra, 2006.

GONZALO DE BERCEO. *Poema de Santa Oria*. Madri: Espasa-Calpe, 1992.

GOROSCH, M. *El fuero de Teruel.* Estocolmo: Almqvist & Wiksells, 1950.

GREEN, M. H. Flowers, poisons and men: menstruation in Medieval Western Europe. *In*: SHAIL, A.; HOWIE, G. (eds.). *Menstruation. A cultural history.* Basingstoke: Palgrave Macmillan, 2005. p. 51-64.

GREEN, M. H. (ed.). *The Trotula. An English Translation of the Medieval Compendium of Women's Medicine.* Filadélfia: University of Pennsylvania Press, 2002.

GREEN, M. H. "Traittié tout de meçonges". The Secrés des Dames, "Trotula", and Attitudes towards Women's Medicine in Fourteenth-and-Early-Fifteenth-Century France. *In*: DESMOND, M. (ed.). *Christine de Pizan and the Categories of Difference.* Mineápolis: University of Minnesota Press, 1998. p. 146-178.

GREEN, M. H.; SMAIL, D. L. The trial of Floreta d'Ays (1403): Jews, Christians, and obstetrics in later medieval Marseille. *Journal of Medieval History*, vol. 34, n. 2, p. 185-211, 2008.

GILADI, A. Herlihy's Thesis Revisited: Some Notes on Investment in Children in Medieval Muslim Societies. *Journal of Family History*, vol. 36, n. 3, p. 235-247, 2011.

GRIMES, K. I. Petrarch's Epistolary Ego and the Authorizing Maternal. *The Journal of the Midwest Modern Language Association*, vol. 44, n. 1, p. 43-63, 2011.

GRIMES, K. I. The Maternal Witness: Petrarch and Saint Monica's Iconographic Legacy. *Medieval Feminist Forum: A Journal of Gender and Sexuality*, 44, 2, p. 97-118, 2008.

GRISEZ, G. *Abortion: the myths, the realities, and the arguments.* Nova York: Corpus Publications, 1970.

GUERRIERO, E. *La poesía de Francisco Imperial. Entre alegoría y cancionero.* Tesis doctoral. Badajoz: Universidad de Extremadura, 2017.

GUIBERTO DE NOGENT. Vita. *Collection des mémoires relatifs à l'histoire de France.* Paris, 1825. vol. 15.

GUIJARRO HORTELANO, E. M. *La maternidad en las comunidades mudéjar y morisca según un manuscrito aljamiado morisco aragonés: estudio y edición crítica (Códice T-8, BRAH).* Teruel: Centro de Estudios Mudéjares, 2010.

HANAWALT, B. H. Childrearing among the lower classes of Late Medieval England. *Journal of Interdisciplinary History*, vol. 8, n. 1, p. 1-22, 1977.

HARLEY, D. Historians as demonologists: the myth of the midwife-witch. *The Society for the History of Medicine*, vol. 3, n. 1, 1990.

HARRIS, B. J. *English Aristocratic Women 1450-1550: marriage and family, property and careers.* Oxford: Oxford University Press, 2002.

HARRIS-STOERTZ, F. Pregnancy and childbirth in twelfth-and thirteenth-century French and English law. *Journal of the History of Sexuality*, vol. 21, n. 2, p. 263-281, 2012.

HELMHOLZ, R. H. Infanticide in the Province of Canterbury during the fifteenth century. *History of Childhood Quarterly*, t. 2, n. 3, p. 379-390, 1975.

HENRIQUE DE BRACTON. *Bracton De Legibus et Consietudinibus Angliae*. New Haven: Yale University Press, 1922. vol. 2.

HERLIHY, D. Households in the Early Middle ages: symmetry and sainthood. *In*: NETTING, R. McC.; WILK, R. R.; ARNOULD, E. J. (eds.). *Households: Comparative and Historical Studies of the Domestic Group*. Los Angeles: University of California Press, 1984. p. 383-406.

HERLIHY, D. *Medieval households*. Cambridge: Harvard University Press, 2009.

HERLIHY, D. The making of the medieval family: symmetry, structure, and sentiment. *Journal of Family History*, vol. 8, p. 116-130, 1983.

HERLIHY, D. The Medieval Marriage Market. *Medieval and Renaissance Studies*, vol. 6, n. 1, 1976.

HERLIHY, D. Tuscan town in the Quattrocento: a demographic profile. *Medievalia et humanistica*, vol. 1, p. 81-109, 1970.

HERLIHY, D. *Women, family and society in Medieval Europe. Historical Essays, 1978-1991*. Providence: Berghahn Books, 1995.

HERLIHY, D.; KLAPISCH-ZUBER, C. *Tuscans and Their Families. A Study of the Florentine Catasto of 1427*. New Haven: Yale University Press, 1985.

HIBBARD, B. M. *The Obstetrician's Armamentarium. Historical obstetric instruments and their inventors*. San Anselmo: Norman Publishing, 2000.

HILDEGARDA DE BINGEN. *The Letters of Hildegard of Bingen*. Nova York: Oxford University Press, 1994. vol. I, carta LXX, p. 153.

HINCMARO DE REIMS. *Monumenta Germania Historica*. c2010. Disponível em: http://hincmar.blogspot.com/search/label/letter%20on%20stephen – Acesso em: 10 jun. 2024.

HINCMARO DE REIMS. *Hincmari Rhemensis archiepiscopi Opera Omnia, Patrologia Latina*, 1852. t. CXXV.

HINCMARO DE REIMS. *The Divorce of King Lothar and Queen Theutberga*. Ed. e trad. de Rachel Stone e Charles West. Manchester: Manchester University Press, 2016.

HOSPITALS: St John the Evangelist, Cambridge. *In*: SALZMAN, L. F. (ed.). *A History of the County of Cambridge and the Isle of Ely: Volume 2*. Londres, 1948.

p. 303-307. Disponível em: http://www.british history.ac.uk/vch/cambs/vol2/pp303-307 – Acesso em: 23 jul. 2022.

HOWELL, M. *Eleanor of Provence. Queenship in Thirteenth-Century England*. Oxford: Blackwell, 1998.

HUNEYCUTT, L. L. *Matilda of Scotland: A study in Medieval Queenship*. Woodbridge: The Boydell Press, 2003.

IBÁÑEZ PALOMO, T. Anunciación preñada. *Base de datos digital de iconografía medieval*. Universidad Complutense de Madrid, 2015. Disponível em: www.ucm.es/bdiconografiamedieval/anunciacion-prenada – Acesso em: 8 jul. 2024.

IMPERIAL, F. *"El decir a las siete virtudes" y otros poemas*. Madri: Espasa-Calpe, 1977.

ISIDORO DE SEVILHA. *Etimologías*. Ed. bilíngue de José Oroz Reta e Manuel Marcos Casquero. Intr. de Manuel Díaz Díaz. Madri: BAC, 1982. t. X.

JACOB, P. L. (ed.). *Les Cent nouvelles nouvelles, dites les Cent Nouvelles du roi Louis XI*. Paris: Adolphe Delahays, 1858.

JACQUART, D.; THOMASET, C. *Sexualidad y saber médico en la Edad Media*. Barcelona: Labor, 1989.

JAIME I. *El libro de los hechos*. Intr., trad. e notas de Julia Butiñá Jiménez. Madri: Gredos, 2003.

JAMES, C. Raising Federico Gonzaga and his Siblings. Epistolary Dialogue about their children between Isabella d'Este and Francesco Gonzaga. *In*: FERRARI, M. *et al.* (eds.) *Scriver dei figli*. Milão: Franco Angeli, 2021. p. 135-144.

JESÚS FUENTE, M. *Finanzas y ciudades. El tránsito del siglo XV al XVI*. Madri: Banco de España, 1992.

JESÚS FUENTE, M. Mas allá del amor: mujeres moras y judías víctimas de violencia en la Castilla del siglo XV. *Espacio, Tiempo y Forma, Serie III. Historia Medieval*, vol. 30, p. 309-333, 2017.

JOHANNES DE GADDESDEN. *Rosa anglica medicinae seu practica*. Disponível em: www.cervantesvirtual.com/obra/rosa-anglica-medicinae-seu-practica – Acesso em: 5 jun. 2024.

JOHNSON, P. D. *Equal in Monastic Profession: Religious Women in Medieval France*. Chicago: University of Chicago Press, 1991.

JOYNES, A. *Medieval ghost stories: an anthology of miracles, marvels and prodigies*. Suffolk: The Boydell Press, 2001.

JUAN DE AVIGNON. *Sevillana medicina.* Sevilha: Imprenta de Enrique Rasco, 1885. Disponível em: https://bit.ly/3VEIK3A – Acesso em: 16 abr. 2024.

JUAN, Príncipe de Asturias (1478-1497). *MCN Group*, c2024. Disponível em: https://www.mcnbiografias.com/app-bio/do/show?key=juan-principe-de-asturias – Acesso em: 12 ago. 2024.

JUAN TEJADA Y RAMIRO. *Colección de cánones de la Iglesia española.* Madri: Imprenta de D. Anselmo Santa Coloma y Compañía, 1850, p. 247.

JULGAMENTO de Beatriz de Planissoles. San José State University, c2018. Disponível em: https://www.sjsu.edu/people/nancy.stork/courses/c4/s1/Beatrice_de_Planissoles – Acesso em: 18 abr. 2024.

JUTTE, R. *Contraception: A History.* Cambridge: Polity Press, 2008.

KELLUM, B. A. Infanticide in England in the later Middle Ages. *History of Childhood Quarterly*, vol. 1, n. 3, p. 367-388, 1974.

KEMPE, M. *Libro de Margery Kempe. La mujer que se reinventó a sí misma.* Ed. crítica e trad. de Salustiano Moreta Velayos. Valência: Publicacions Universitat de València, 2012.

KERHERVÉ, J. Un accouchement dramatique à la fin du Moyen-Age. *Annales de Bretagne et des pays de l'Ouest*, vol. 89, n. 3, p. 391-396, 1982.

KILLGROVE, K. Historians Question Medieval C-Section "Breakthrough", Criticize New York Times Coverage. *Forbes*, 13 dez. 2016.

KLAPISCH-ZUBER, C. La "mere cruelle". Maternité, veuvage et dot dans la florence des XIVe-XVe siècles. *Annales. Histoire, Sciences Sociales*, a. 38, n. 5, p. 1097-1109, 1983.

KLAPISCH-ZUBER, C. Parents de sang, parents de lait: la mise en nourrice à Florence (1300-1530). *Annales de Démographie Historique*, vol. 1, p. 33-64, 1984.

KNUDSEN, C. D. *Naughty Nuns and Promiscuous Monks: Monastic Sexual Misconduct in Late Medieval England.* Tese, Universidade de Toronto, Toronto, 2012.

KREMMEL, N. Sexual intercourse during pregnancy and the postpartum period in Early Modern Spain. *Revista Historia Autónoma*, vol. 16, p. 71-81, 2020.

KUENY, K. M. *Conceiving identities. Maternity in Medieval Muslim discourse and practice.* Nova York: State University of New York Press, 2013.

LA MUERTE en la Casa Real de Aragón. Cartas de condolencia y anunciadoras de fallecimientos (siglos XIII al XVI). Saragoça: Institución Fernando el Católico, 2018.

LACARRA, E. El consolador y la sexualidad femenina en una cantiga de Fernand d'Esquyo. *In*: BOTTA, P.; PARRILLA, C.; PÉREZ PASCUAL, I. (eds.) *Canzonieri Iberici – I*. A Corunha: Università di Padova, Universidade da Coruña, Toxo Toutos, 2001. p. 149-162.

LAWRANCE, J. Vestimenta y opresión: el caso del verdugado a finales de la Edad Media. *Cahiers d'Études Hispaniques Médiévales*, vol. 39, p. 111-136, 2016.

LE CACHEUX, P. Une charte de Jumièges concernant l'épreuve par le fer chaud (fin du XI siècle). *In*: SOCIETÉ DE L'HISTORIA DE NORMANDIE. *Melanges*, vol. 11, p. 205-216, 1927.

LE MANUEL DE DHUODA (843). Genebra: Mégariotis Reprints, 1978.

LEÓN DE LA VEGA, M. de. *Los protestantes y la espiritualidad evangélica en la España del siglo XVI*. [*S. l.*]: Ed. do autor, 2011.

LEÓN TELLO, P. *Judíos de Toledo*. Madri: Consejo Superior de Investigaciones Científicas, 1979.

LEROY, B. Le royaume de Navarre et les juifs aux XIVème et XVème siècles: entre l'accueil et la tolerance. *Sefarad. Revista de Estudios Hebraicos y Sefardíes*, a. 38, n. 2, p. 263-292, 1978.

L'ESTRANGE, E. A. *En/Gendering representations of childbirth in Fifteenth-Century Franco-Flemish devotional manuscripts*. Tese, Universidade de Leeds, Leeds, 2003.

LEYSER, C.; SMITH, L. (eds.) *Motherhood, religion and society in Medieval Europe – 400-1400. Essays presented to Henrietta Leyser*. Farnham: Ashgate, 2011.

LINEHAN, P. *Las dueñas de Zamora. Secretos, estupro y poderes de la Iglesia española del siglo XIII*. Barcelona: Península, 2000.

LÓPEZ, G. Cartas femeninas de muerte en la cancillería real de la Corona de Aragón. *In*: MUÑOZ FERNÁNDEZ, Á.; THIEULIN-PARDO, H. *Saberes, cultura y mecenazgo en la correspondencia de las mujeres medievales*. Paris: e-Spania Books, 2021. Disponível em: https://books.openedition.org/esb/3109?lang=en – Acesso em: 12 ago. 2024.

LÓPEZ DE AYALA, P. *Libro de poemas o Rimado de Palacio*. Madri: Gredos, 1978.

LÓPEZ DE VILLALOBOS, F. *El sumario de la medicina. Con un tratado sobre las pestíferas buvas*. Madri: Imprenta de J. Cosano, 1948.

LOURIE, E. A Plot Which Failed? The case of the Corpse Found in the Jewish Call of Barcelona (1301). *Mediterranean Historical Review*, vol. 1, p. 187-220, 1986. *In*: LOURIE, E. *Crusade and Colonisation. Muslims, Christians and Jews in medieval Aragon*. Londres: Variorum, 1990.

LUNAS ALMEIDA, J. *La historia del señorío de Valdecorneja, en la parte referente a Piedrahita*. Ávila: Senén Martín, 1930.

MACKINNEY, L. C. *Early Medieval Medicine: with special reference to France and Chartres*. Baltimore: John Hopkins University, 1937.

MAGANTO PAVÓN, E. Enrique IV de Castilla (1454-1474). Un singular enfermo urológico. Retrato morfológico y de la personalidad de Enrique IV "El Impotente" en las crónicas y escritos contemporáneos (IV). *Archivos Españoles de Urología*, vol. 56, n. 3, p. 245-254, 2003.

MAIMÔNIDES. *Guía de los descarriados. Tratado del conocimiento de Dios*. México: Orion, 1947.

MAJUELO APIÑÁNIZ, M. *Teresa de Cartagena. La obra de una mujer castellana del siglo XV*. Tese, Universidade do País Vasco, Lejona, 2008.

MARAÑÓN, G. *Ensayo biológico sobre Enrique IV de Castilla y su tiempo*. Madri: Espasa-Calpe, 1934.

MARGARET Beaufort's Ordinances for a Royal Birth. Elizabeth Norton Historian and Author, 22 jul. 2013. Disponível em: http://elizabethnortonhistorian.blogspot.com/2013/07/margaret-beauforts-ordinances-for-royal.html – Acesso em: 10 jul. 2024.

MARÍN, M. *Mujeres en Al-Andalus*. Madri: Consejo Superior de Investigaciones Científicas, 2000.

MARÍN PADILLA, E. Relación judeoconversa durante la segunda mitad del siglo XV en Aragón: nacimientos, hadas, circuncisiones. *Sefarad*, vol. 42, n. 1, 1982.

MARTÍN, J. L.; LINAGE, A. *Religión y sociedad medieval. El Catecismo de Pedro de Cuéllar (1325)*. Salamanca: Junta de Castilla y León, 1987.

MARTÍNEZ ALMIRA, M. M. Lactancia, crianza y filiación en Al-Andalus. Garantías, fianzas y kafāla entre andalusíes, mozárabes e hispanos. *AHDE*, n. 90, p. 47-116, 2020.

MARTÍNEZ BLANCO, C. *El niño en la literatura medieval: para una historia social y de las mentalidades de la infancia*. Madri: Universidad Complutense, 2002.

MARTÍNEZ DE TOLEDO, A. *Arcipreste de Talavera Corbacho*. Madri: Cátedra, 1979. Biblioteca Virtual Miguel de Cervantes, cap. VIII. Disponível em: https://www.cervantesvirtual.com/obra-visor/arcipreste-de-talavera-o-corbacho--0/html/fedfb970-82b1-11df-acc7-002185ce6064_2.html#I_11_ – Acesso em: 18 abr. 2024.

MARTÍNEZ DE TOLEDO, A. Vida de San Ildefonso. *In*: *Vidas de San Ildefonso y San Isidoro*. Madri: Espasa-Calpe, 1962. Disponível em: https://www.cervantesvirtual.com/obra/vida-de-san-ildefonso--0 – Acesso em: 10 jun. 2024.

MARTÍNEZ DÍEZ, G. *Alfonso VIII, rey de Castilla y Toledo (1158-1214)*. Gijón: Ediciones Trea, 2007.

MARTÍNEZ FERRANDO, J. E. *Jaime II de Aragón: su vida familiar*. Barcelona: Consejo Superior de Investigaciones Científicas, 1948. vol. 3.

MARTÍNEZ SOPENA, P.; RODRÍGUEZ, A. (eds.) *La construcción medieval de la memoria regia*. València: Universitat de València, 2011.

MASSÉ, C. *La esterilidad en la historia. Sufrirla, comprenderla y superarla*. Madri: Dykinson, 2016.

MATA CARRIAZO, J. de. (ed.). *Crónica de don Álvaro de Luna*. Madri: Espasa--Calpe, 1940.

MATA CARRIAZO, J. de. (ed.). *Hechos del condestable don Miguel Lucas de Iranzo*. Madri: Espasa-Calpe, 1940.

MENA, J. de *Antología de su obra poética*. Barcelona: Plaza y Janés, 1986.

MCLAREN, A. *A history of contraception. From Antiquity to the Present Day*. Cornualha: Blackwell, 1990.

MCLAREN, A. *Impotencia. Una historia cultural*. València: Universitat de València, 2010.

MÉNAGER, C. Dans la chambre de l'accouchée: quelques éclairages sur le déroulement d'une naissance au Moyen Âge. *Questes*, vol. 27, 2014. Disponível em: https://doi.org/10.4000/questes.758 – Acesso em: 18 jul. 2024.

MICHELANT, H.-V. (ed.). *Historia del cavallero Cifar*. Stuttgart/Tubinga: Litterarischer Verein, 1872.

MICHELET, J. *La femme*. Paris: Hachette, 1860.

MIGUEL PSELO. *Chronografia*, livro III, Romanus III, 5.

MISTRY, Z. *Alienated from the womb: abortion in the Early Medieval West, c. 500-900*. Tesis doctoral. Londres: University College London, 2011.

MISTRY, Z. The sexual shame of the chaste: "abortion miracles" in Early Medieval saints' lives. *Gender and History*, vol. 25, p. 607-620, 2013.

MONTANOS, E. *La mujer*. Disposiciones jurídicas en la historia de la Corona de Castilla y en la legislación codificada española. Madri: Boletín Oficial del Estado, 2020.

MONTERO BOSCH, D. La ambigüedad de la culpa y la vergüenza y las técnicas de dominación. *Pasajes – Revista de Pensamiento Contemporáneo*, vol. 49, p. 122-137, 2016.

MONTERO CARTELLE, E. Arnaldi de Villanova (1240-1311) - Compilacio de Concepcione. Estudio y edición crítica. *Minerva - Revista de Filología Clásica*, vol. 23, 2010.

MONTERO CARTELLE, E. (ed. e trad.). *Tractatus de sterilitate. Anónimo de Montpellier (siglo XIV)*. Valladolid: Secretariado de Publicaciones Universidad de Valladolid, 1993.

MONTERO CARTELLE, E.; HERRERO INGELMO, M. C. Las interrogaciones in Cura Sterilitatis en el marco de la literatura médica medieval. *Faventia*, vol. 25, n. 2, p. 85-98, 2003.

MONTOYA RAMÍREZ, M. I. Observaciones sobre la defensa de las mujeres en algunos textos medievales. *In*: PAREDES, J. (ed.). *Medievo y Literatura. Actas del V Congreso de la Asociación Hispánica de Literatura Medieval*. Granada: Universidad de Granada, 1995. vol. III, p. 397-406.

MORAL DE CALATRAVA, P. El aborto en la literatura médica castellana del siglo XVI. *Dynamis - Acta Hispanica ad Medicinae Scientiarumque Historiam Illustrandam*, vol. 26, p. 39-68, 2006.

MORAL DE CALATRAVA, P. La mala *obstetrix* y la buena matrona. Estereotipos femeninos en la medicina medieval. *Revista Historia Autónoma*, vol. 13, p. 15-29, 2018.

MORAL DE CALATRAVA, P. La mujer cerrada: la impotencia femenina en la Edad Media. *Dynamis - Acta Hispanica ad Medicinae Scientiarumque Historiam Illustrandam*, vol. 33, n. 2, p. 461-483, 2013.

MOREL, M.-F. L'amour maternel: aspects historiques. *Spirale*, n. 18, p. 29-55, 2001/2.

MOREL, M.-F. La mort d'un bébé au fil de l'histoire. *Spirale*, n. 80, p. 197-213, 2016/4.

MORENTE PARRA, M. Espacios del ámbito femenino: las parteras en la Natividad. *In*: CAMPOS Y FERNÁNDEZ DE SEVILLA, F. J. (eds.). *La Natividad: arte, religiosidad y tradiciones populares*. Madri: El Real Centro Universitario María Cristina de El Escorial, Servicio de Publicaciones, 2009.

MOULINIER, L. Aspects de la maternité chez Hildegarde de Bingen. *In*: *La madre. The Mother*. Actas del Coloquio Internacional La Mère, Université de Lausanne, 23 a 25 de noviembre de 2005, Florencia, Sismel, 2009, p. 215-234.

MÜLLER, W. P. *The criminalization of abortion in the West: its origins in Medieval Law*. Ithaca: Cornell University Press, 2012.

MÜNZER, J. *Viaje por España y Portugal*. Madri: Maxtor, 2019.

MURILLO, J. C. (ed.). *Libro de Alexandre*. Madri: Cátedra, 1988.

MURRAY, J. *Love, marriage and family in the Middle Ages. A reader*. Toronto: University of Toronto Press, 2001.

MYRNE, P. *Female sexuality in the Early Medieval Islamic World: gender and sex in Arabic literature*. Londres: I. B. Tauris, 2020.

NARBONA CÁRCELES, M. *La Corte de Carlos III el Noble de Navarra: espacio doméstico y escenario de poder, 1376-1415*. Pamplona: Ediciones Universidad de Navarra, 2006.

NOGALES RINCÓN, D. *La representación religiosa de la monarquía castellano-leonesa: la capilla real (1252-1504)*. Tesis doctoral. Madri: Universidad Complutense, 2009.

NOONAN, J. T. Abortion and the Catholic Church: A Summary History. *Natural Law Forum*, vol. 126, p. 85-131, 1967.

NORTON, E. *The Lives of Tudor Women: A Social History*. Nova York: Pegasus Books, 2017. Disponível em: https://www.tudorsociety.com/henry-viiis-lost-sister-elizabeth-tudor – Acesso em: 25 jun. 2024.

O'NEILL, Y. V. Michele Savonarola and the *fera* or blighted twin phenomenon. *Medical History*, vol. 18, p. 222-239, 1974.

OPITZ, C. Maternidad y amor maternal en la Baja Edad Media. *In*: DUBY, G.; PERROT, M. (eds.). *Historia de las mujeres*. Madri: Taurus, 1991. t. 2.

ORME, N. *Medieval children*. Londres: Yale University Press, 2003.

PAŘÍZEK, A.; DRŠKA, V.; ŘÍHOVÁ, M. Prague 1337, the first successful caesarean section in which both mother and child survived may have occurred in the court of John of Luxembourg, King of Bohemia. *Ceska Gynekologie*, vol. 81, n. 4, p. 321-330, 2016.

PARK, K. Birth and death. *In*: KALOF, L. (ed.). *A cultural history of the human body in the Medieval Age*. Oxford: Berg, 2010. p. 17-37.

PARTNER, N. F. The family romance of Guibert of Nogent: his story/her story. *In*: PARSONS, J. C.; WHEELER, B. (eds.) *Medieval mothering*. Nova York: Garland Publishing, 1996.

PASINI, A.; MANZON, V. S.; GONZALEZ-MURO, X.; GUALDI-RUSSO, E. Neurosurgery on a Pregnant Woman with Post Mortem Fetal Extrusion: An Unusual Case from Medieval Italy. *World Neurosurgery*, vol. 113, p. 78-81, 2018.

PAULUS DE WINTERFELD (ed.). De vita et miraculis beatissimi germane antistitis. *Poetae Latini aevi Carolini*. Berlim: Apud Weidmannos, 1899. p. 123-140.

PAWLIK, M. (ed.). *El arte de sanar de Santa Hildegarda – Compendio del saber médico de la Edad Media*. Girona: Tikal, 1997.

PAYER, P. J. *Sex and the Penitentials: The Development of a Sexual Code, 550-1150*. Toronto: University of Toronto Press, 1984.

PEDERSEN, F. J. G. Privates on parade: impotence cases as evidence for Medieval gender. *In*: ANDERSEN, P.; MÜNSTER-SWENDSEN, M.; VOGT, H. (eds.) *Law and private life in the Middle Ages: proceedings of the Sixth Carlsberg Academy Conference on Medieval Legal History 2009*. Copenhague: Djoef Publishing, 2011. p. 81-103.

PEDRO ABELARDO. Historia Calamitatum. *In*: SANCHIDRIÁN, P. R.; ASTRUGA, M. *Cartas de Abelardo y Eloísa*. Madri: Alianza, 1993.

PÉREZ, M. *Libro de las confesiones. Una radiografía de la sociedad medieval española*. Ed. crítica intr. e notas de Antonio García y García, Bernardo Alonso Rodríguez, Francisco Cantelar Rodríguez. Madri: Biblioteca de Autores Cristianos – BAC, 2002.

PÉREZ MARTÍN, A. (ed.). Fuero Real de Alfonso X el Sabio. Madri: Imprenta Nacional de la Agencia Estatal Boletín Oficial del Estado, 2015. Disponível em: https://www.boe.es/biblioteca_juridica/publicacion.php?id=PUB-LH-2018-7 –Acesso em: 10 dez. 2024.

PERISTIANY, J. G. Introducción. *In*: PITT-RIVERS, J.; PERISTIANY, J. G. (eds.) *Honor y gracia*. Madri: Alianza, 1993.

PERNOUD, R. *La mujer en el tiempo de las catedrales*. Barcelona: Ediciones Granica, 1987.

PIDAL, P. J.; PINEDO MIRAFLORES, M. P. F. de; SALVÁ, M. *Colección de documentos inéditos para la historia de España*. Madri: Imprenta de la Viuda de Calero, 1862. t. XL.

PIERA, M. *Women Readers and Writers in Medieval Iberia. Spinning the Text*. Leiden: Brill, 2019.

PINTO, L. B. The folk practice of gynecology and obstetrics in the Middle Ages. *Bulletin of the History of Medicine*, vol. 47, n. 5, p. 513-523, 1973.

PITT-RIVERS, J. *Los hombres de la sierra. Ensayo sociológico sobre un pueblo andaluz*. Barcelona/México: Grijalbo, 1971.

PRESCIUTTI, D. B. Dead Infants, Cruel Mothers, and Heroic Popes: The Visual Rhetoric of Foundling Care at the Hospital of Santo Spirito, Rome. *Renaissance Quarterly*, vol. 64, n. 3, p. 752-799, 2011.

PRIETO SAYAGUÉS, J. A. Las profesiones femeninas de la nobleza y de las oligarquías urbanas en la castilla bajomedieval. Causas, dinámicas, privilegios y donaciones. *Espacio, Tiempo y Forma. Historia Medieval*, vol. 34, p. 745-814, 2021.

PRÍNCIPE don Juan. Real Academia de la Historia, c2022. Disponível em: https://dbe.rah.es/biografias/15388/principe-don-juan – Acesso em: 28 jun. 2024.

PRÓSPERO DE BOFARULL. Generación de Juan I de Aragón: apéndice documentado a los Condes de Barcelona vindicados. *Memorias de la Real Academia de Buenas Letras de Barcelona*, vol. 6, carta 12, 1898.

QUIROGA, L. C. La maternidad en las obras alfonsíes: desde la concepción hasta el nacimiento de los hijos. *Cuadernos de Historia de España*, vol. 81, p. 39-67, 2007.

RÁBANOS, J. M. S. Visión y tratamiento del pecado en los manuales de confesión de la Baja Edad Media hispana. *Hispania Sacra*, vol. 58, n. 118, p. 411-447, 2006.

RADES Y ANDRADA, F. de *Chrónica de las tres órdenes y cavallerias de Sanctiago, Calatraua y Alcántara*. Toledo: Casa de Juan de Ayala, 1572. fol. 66 v. Disponível em: www.cervantesvirtual.com/obra/chronica-de-las-tres-ordenes-y-cauallerias-de-sanctiago-calatraua-y-alcantara-en-la-qual-se-trata-de-su-origen-y-successo-y-notables-hechos-en-armas-de-los-maestres-y-caualleros-de-ellas – Acesso em: 10 jun. 2024.

RASMUSSEN, A. M. Little-known medieval texts: Good counsel for a young lady: A low German mother-daughter conduct poem. *Medieval Feminist Forum*, vol. 28, n. 1, p. 28-31, 1999.

RASMUSSEN, A. M. *Mothers and Daughters in Medieval German Literature*. Syracuse: Syracuse University Press, 1997.

REINOSA, R. de *Aqui comiençan unas coplas de las comadres. Fechas a ciertas comadres no tocando enlas buenas: salvo digo de las malas y de sus lenguas y hablas malas: y de sus afeytes y de sus azeytes y blanduras y de sus trajes y otros sus tratos*. Disponível em: https://gallica.bnf.fr/ark:/12148/bpt6k853425g# – Acesso em: 31 jul. 2024.

REVERTE COMA, J. M. *Las fronteras de la medicina: límites éticos, científicos y jurídicos*. Madri: Ediciones Díaz de Santos, 1983.

REYNA PASTOR. Mujeres en los linajes y en las familias. Las madres, las nodrizas. Mujeres estériles. Funciones, espacios, representaciones. *Arenal*, vol. 12, n. 2, p. 311-339, 2005.

REYNOLDS, P. L. *How marriage became one of the sacraments: the sacramental theology of marriage from its Medieval Origins to the Council of Trent*. Cambridge: Cambridge University Press, 2016.

RICHARDS, E. J. Jean Gerson's Writings to His Sisters and Christine de Pizan's *Livre des trois vertus*: An Intellectual Dialogue Culminating in Friendship. *In*: GREEN, K.; MEWS, C. J. (eds.) *Virtue ethics for women 1250-1500*. Nova York: Springer. p. 81-89.

RIDDLE, J. M. *Contraception and abortion from the ancient world to the Renaissance*. Cambridge: Harvard University Press, 1992.

RIDDLE, J. *Eve's herbs. A history of contraception and abortion in the West*. Cambridge: Harvard University Press, 1999.

RIDDY, F. Mother knows best: Reading Social Change in a Courtesy Text. *Speculum*, vol. 71, n. 1, p. 66-86, 1996.

RIDER, C. *Magic and Impotence in the Middle Ages*. Oxford: Oxford University Press, 2006.

RIEDER, P. M. *On the purification of women: churching in Northern France, 1100-1500*. Nova York: Palgrave Macmillan, 2006.

RIESCO, P. Machismo etimológico en la obra de San Isidoro. *In*: CONGRESO VIRTUAL SOBRE HISTORIA DE LAS MUJERES, 10., 2018, Jaén. *Anais* [...]. Jaén: Archivo Histórico Diocesano de Jaén, p. 715-739, 2018. Disponível em: https://dialnet.unirioja.es/servlet/libro?codigo=729878 – Acesso em: 10 abr. 2024.

ROCHWET-ZUILI, P. La correspondencia de Constanza de Portugal con Jaime II de Aragón (1302-1313). *In*: JARDIN, J.-P.; NIETO SORIA, J. M.; ROCHWERT-ZUILI, P.; THIEULIN-PARDO, H. (coord.). *Cartas de mujeres en la Europa medieval: España, Francia, Italia, Portugal (siglos XI-XV)*. Madri: La Ergástula, 2018. p. 55-67.

RODRÍGUEZ, A. *La estirpe de Leonor de Aquitania*. Barcelona: Crítica, 2014.

RODRÍGUEZ DEL PADRÓN, J. *Triunfo de las donas*. Ed., trad. e intr. de Emily C. Francomano. Iowa: The University of Iowa Libraries, 2016. Disponível em: https://scholarworks.wmich.edu/cgi/viewcontent.cgi?article=2066&context=mff – Acesso em: 30 dez. 2024.

RODRÍGUEZ NÚÑEZ, C. C. *Los conventos femeninos en Galicia: el papel de la mujer en la sociedad medieval*. Lugo: Servicio de Publicaciones de la Diputación Provincial, 1993.

ROIG, J. *Espill*. Ed. Antònia Carré. Barcelona: Barcino, 2014.

ROMERO, C. Actitudes sociales y creencias populares sobre las amas de cría, reflejadas en el romancero tradicional: "La nodriza del infante". *Disparidades – Revista de Antropología*, vol. 54, n. 2, p. 154-175, 1999.

ROSSI, M. C. Figli d'anima. Forme di "adozione" e familia "allargate" nei testamenti degli uomini e delle donne veronesi del secolo XV. *In*: ROSSI, M. C. (ed.). *Margini di libertà: testamenti femminili nel Medioevo*. Verona: Cierre Edizioni, 2010. p. 381-404.

ROUSSEAU, C. M. Neither Bewitched nor Beguiled: Philip Augustus's Alleged Impotence and Innocent III's Response. *Speculum*, vol. 89, n. 2, p. 410-436, 2014.

RUBIO VELA, A. La asistencia hospitalaria infantil en la Valencia del siglo XIV: pobres, huérfanos y expósitos. *Dynamis*. Acta Hispanica ad Medicinae Scientiarumque Historiam Illustrandam, n. 2, p. 159-191, 1982.

RUDDICK, S. Maternal thinking. *Feminist Studies*, vol. 6, n. 2, p. 342-367, 1980.

RUDDICK, S. *Maternal thinking: Toward a politics of peace*. Boston: Beacon Press, 1989.

RUIZ-BERDÚN, D. Evolución de la fabricación, comercialización y uso de los derivados del cornezuelo de centeno en obstetricia. *In*: GOMIS BLANCO, A.; RODRÍGUEZ NOZAL, R. (eds.). *De la botica de "El escorial" a la industria farmacéutica: en torno al medicamento*. Alcalá de Henares: Servicio de Publicaciones de la Universidad de Alcalá de Henares, 2015. p. 333-359.

ROSELL, C. *Crónicas de los Reyes de Castilla*. Biblioteca de Autores Españoles, 68. Madri: M. Rivadeneyra, 1875-1878.

RUYS, J.; MONAGLE, C. (eds.). *A Cultural History of the Emotions in the Medieval Age*. Londres: Bloomsbury Publishing, 2019.

SÁENZ-BADILLOS, Á. La sociedad de Toledo en el siglo XIII vista por los poetas judíos. *In*: BENITO, R. I.; SÁENZ-BADILLOS, Á. (eds.). *La sociedad medieval a través de la literatura hispanojudía*. Cuenca: Ediciones de la Universidad de Castilla-La Mancha, 1998. p. 199-238.

SÁINZ GUERRA, J. Á. Infracción y pena en el Fuero de Soria. *Anuario de Historia del Derecho Español*, vol. 76, p. 137-172, 2006.

SALCEDO, M. Noticias y documentos de Itero de la Vega. *Publicaciones de la Institución Tello Téllez de Meneses*, n. 63, p. 495-612.

SALTER, H. E. (ed.). *Records of Medieval Oxford*. Oxford: The Oxford Chronicle Company, 1912.

SALVADOR DE LES BORGES. *Arnau de Vilanova moralista*. Barcelona: Balmesiana, 1957.

SÁNCHEZ, M. C. Un texto pediátrico del siglo XIV: el *Tratado de los niños* de Bernardo de Gordonio. *Meridies*, vol. IX, p. 69-86, 2011.

SÁNCHEZ DE VERCIAL, C. *El libro de los exemplos*. Madri: Consejo Superior de Investigaciones Científicas, 1961.

SÁNCHEZ DE VERCIAL, C. Libro de los exemplos por A.B.C. (1ª parte). *In*: GUTIÉRREZ MARTÍNEZ, M. del M. (ed.). *Memorabilia*, vol. 12, p. 1-212, 2009-2010.

SANCHO IV. *Castigos e documentos del Rey Sancho IV, Escritores en prosa anteriores al siglo XV*. Madri: BAE, 1860. t. 51, p. 79-228.

SANCHO IV. *Los lucidarios españoles*. Madri: Gredos, 1968.

SANDIDGE, M. Changing Contexts of Infanticide in Medieval English Texts. *In*: CLASSEN, A. (ed.). *Childhood in the Middle Ages and the Renaissance: the results of a paradigm shift in the history of mentality*. Berlim: Walter de Gruyter, 2005. p. 291-306.

SANTIAGO DE LA VORÁGINE. *La leyenda dorada*. Trad. de José Manuel Macías. Madri: Alianza, 1982. t. 1.

SANTOS VICENTE, L. M. dos. *Remote Origins: translation, genealogy, and alterity in Medieval Castile (1252-circa 1390)*. Tesis doctoral. Ann Arbor: Universidad de Michigan, 2021.

SAPERSTEIN, M. *Decoding the Rabbis: A Thirteenth-Century Commentary on the Aggadah*. Cambridge: Harvard University Press, 1980.

SCHILLER, R. *Remedios naturistas de Santa Hildegarda: recetas para una vida sana, una terapia en armonía con el medio ambiente, salvaguardia de la energía vital original*. Madri: Susaeta Ediciones, 1997.

SCHMELLER, J. A. *Carmina Burana. Lateinische und deutsche Lieder und Gedichte*. Ed. Johann Andreas Schmeller. Breslau: Verlag von Wilhelm Koebner, 1894.

SERRANO Y SANZ, M. Cronicon Villarense: Liber Regum. *Boletín de la Real Academia Española*, vol. VI, p. 192-220, 1919.

SHATZMILLER, M. Women and Wage Labour in the Medieval Islamic West: Legal Issues in an Economic Context. *Journal of the Economic and Social History of the Orient*, vol. 40, n. 2, p. 174-206, 1997.

SIGAL, P. A. Les accidents de la petite enfance à la fin du Moyen Age d'après les récits de miracles. *In*: FOSSIER, R. (dir.). *La petite enfance dans l'Europe médiévale et modern*. Toulouse: Presses Universitaires du Mirail, 1997. p. 59-76.

SIMMS, N. The Unspeakable Agony of Kiddusth ha-shem: Forced Jewish Infanticide during the First and Second Crusades. *The Medieval History Journal*, vol. 3, n. 2, p. 337-362, 2000.

SIMÓN Y NIETO, F. La nodriza de Doña Blanca de Castilla. *Boletín de la Sociedad*

Castellana de Excursiones, vol. 1, n. 4, p. 32-34, 1903.

SHAHAR, S. *Childhood in the Middle Ages*. Londres: Routledge, 1990.

SKINNER, P. "The light of my eyes": medieval motherhood in the mediterranean. *Women's History Review*, vol. 6, n. 3, p. 391-410, 1997.

SORRENTI, A.-M. *Public and Private in the Writings of Leon Battista Alberti*. Tesis doctoral. Toronto: University of Toronto, 2014.

SPARKS, R. *Sadness and support: history of postpartum depression*. Robert Sparks Essay Contest, 3 maio 2013. Disponível em: https://medicine.uiowa.edu/bioethics/sites/medicine.uiowa.edu.bioethics/files/wysiwyg_uploads/2013%20Rysavy%20essay.pdf – Acesso em: 12 ago. 2024.

SPERLING, Jutta G. (ed.). *Medieval and Renaissance lactations: images, rhetorics, practices*. Aldershot: Ashgate Publishing, 2013.

SPIVACK, C. To "Bring Down the Flowers": The cultural context of abortion law in Early Modern England. *William and Mary Journal of Race, Gender, and Social Justice*, vol. 14, p. 107-151, 2007-2008. Disponível em: https://scholarship.law.wm.edu/wmjowl/vol14/iss1/4 – Acesso em: 24 abr. 2024.

SPRENGER, J.; INSTITORIS, E. *Martillo de las brujas: para golpear a las brujas y sus herejías con poderosa maza*. Valladolid: Maxtor, 2004.

STONE, R. *Morality and Masculinity in the Carolingian Empire*. Cambridge: Cambridge University Press, 2011.

TALBOT, A.-M. (ed.). *Miracle Tales from Byzantium*. Trad. de Alice-Mary Talbot e Scott Fitzgerald. Cambridge: Harvard University Press, 2012.

TERTULIANO. *Apologeticum*, IX, 8, *Patrologia Latina*, t. I.

THE MORGAN LIBRARY & MUSEUM (eds.). *Hours of Catherine of Cleves*. Nova York: The Morgan Library & Museum.

THIEULIN-PARDO, H. (ed.). *Confesionario. Compendio del* Libro de las confesiones *de Martín Pérez*. Paris: e-Spania Books, 2012. Disponível em: http://books.openedition.org/esb/366 – Acesso em: 7 jun. 2023.

TOLAN, J. Of Milk and blood: Innocent III and the Jews, revisited. *In*: BAUMGARTEN, E.; GALINSKY, J. D. (eds.). *Jews and Christians in Thirteenth-Century France*. Nova York: Palgrave Macmillan, 2015. p. 139-149.

TOMÁS DE AQUINO. *Suma contra gentiles*. Madri: Biblioteca de Autores Cristianos, 2007.

TOMÁS DE AQUINO. *Summa Theologiae*. Madri: Biblioteca de Autores Cristianos, 2006.

TOMBEUR, P. *Maternitas* dans la tradition latine. *Clio. Histoire, femmes et sociétés*, vol. 21, p. 139-149, 2005.

TOMBEUR, P. *Maternitas* en la tradición latina. *Estudios Clásicos*, vol. 154, p. 7-16, 2018.

TREVISA, J. *On the properties of things: John Trevisa's translation of Bartholomaeus Anglicus, de Proprietatibus Rerum: a critical text*. Oxford: Oxford University Press, 1988.

UREÑA Y SMENJAUD, R. *Fuero de Cuenca*. Madri: Tipografía de Archivos, 1935.

USANDIZAGA, M. *Historia de la obstetricia y de la ginecología en España*. Santander: Aldus, 1944.

VAJAY, S. de. Dominae reginae milites. L'aclimatació dels hongaresos del sèquit de Violant a la València conquerida. *Princeses de terres llunyanes. Catalunya i Hongria a l'edat Mitjana*. Barcelona: Generalitat de Catalunya, 2009. p. 245-259.

VAN DE WALLE, E. "Marvellous Secrets": birth control in European Short Fiction, 1150-1650. *Population Studies*, vol. 54, n. 3, p. 321-330.

VEGA, C. A. (ed.). *La vida de san Alejo*. Salamanca: Universidad de Salamanca, 1991.

VÉLEZ-SAINZ, J. Las jornadas de Griselda: Imitatio y cornice de Boccaccio a Timoneda. *Dicenda. Estudios de Lengua y Literatura Españolas*, vol. 37, p. 363-376, 2019.

VEZZOSI, A. *Léonard de Vinci: art et science de l'univers*. Paris: Gallimard, 1996.

VILA I MEDINYÀ, P.; SIERRA VALENTÍ, E. Textos populars catalans dels s. XV-XVI. Un apòcrif assumpcionista, una còpia dels Amonestaments de Turmeda, una representaciò nadalenca i unes oracions supersticioses. *Quaderns de la Selva*, vol. 24, p. 27-54, 2012.

VILANOU TORRANO, C. La doctrina pueril de Lulio: una enciclopedia escolar del siglo XIII. *Educación XXI*, vol. 16, n. 2, 2013, p. 97-114.

VINDEL PÉREZ, I. *Cronica de 1344*. Tesis doctoral. Barcelona: Bellaterra, 2015.

VINYOLES VIDAL, T. De medicina, de magia y de amor: saberes y prácticas femeninas en la documentación catalana bajomedieval. *Clío y Crímen. Revista del Centro de Historia del Crimen de Durango*, vol. 8, p. 225-246, 2011.

VINYOLES VIDAL, T. Respuestas de mujeres medievales ante la pobreza, la marginación y la violencia. *Clio y Crimen*, vol. 5, p. 72-93, 2008.

VINYOLES VIDAL, T. Voces de jóvenes mujeres en la documentación procesal: ejemplos catalanes (siglos XIV-XV). *In*: FUENTE, M. J.; MORÁN, R. (eds.) *Raíces profundas: la violencia contra las mujeres (Antigüedad y Edad Media)*. Madri: Polifemo, 2011. p. 355-378.

VINYOLES VIDAL, T.; ILLANES ZUBIETA, X. Tratados como hijos e hijas. *Mélanges de l'École française de Rome (Italie) et Méditerranée modernes et contemporaines*, 124-1, 30 set. 2012.

WALSH, J. K. La vida de San Alifonso por metros (ca. 1302). *Romance Philology*, vol. 46, n. 1, p. 1-210, 1992.

WALTERS, L. Mother-Daughter Conflicts and Their Resolution in the Works of Christine de Pizan. *In*: DE RENTIIS, D.; SIEWERT, U. (eds.). *Generation Conflicts and Generational Conscience in Antiquity and the Middle Ages*. Berlim: De Gruyter, p. 91-108, 2009.

WARNICKE, R. M. *Elizabeth of York and Her Six Daughters-in-Law: Fashioning Tudor Queenship*. Londres: Palgrave Macmillan Cham, 2017.

WATT, D. Mary the Physician: Women, Religion and Medicine in the Middle Ages. *In*: YOSHIKAWA, N. K. (ed.). *Medicine, Religion and Gender in Medieval Culture*. Cambridge: Boydell and Brewer, 2015.

WEILAND, G. R. Ad restringuendum coytum: how to cool lust. *In*: CHRISTA CANITZ, A. E.; WEILAND, G. *From Arabye to Engelond: Medieval Studies in Honour of Mahmoud Manzalaoui*. Ottawa: University of Ottawa Press, 1999.

WHALEY, Z. Birth control and abortion in the Practice and Tradition of Islam. *Macalester Islam Journal*, vol. 2, n. 3, p. 29-33, 2007.

WILKINS, E. H. *Studies in the Life and Works of Petrarch*. Cambridge: The Mediaeval Academy of America, 1955.

WILSON, S. The myth of motherhood a myth: the historical view of European childrearing. *Social History*, vol. 9, n. 2, p. 181-198, 1984.

WINER, R. L. The enslaved wet nurse as nanny: the transition from free to slave labor in childcare in Barcelona after the Black Death (1348). *Slavery and Abolition*, vol. 38, n. 2, p. 303-319, 2017.

YEATES, S.; MURRAY; P.; MOORE, J. Littlemore Priory, Grenoble Road, Oxford. *OXGR 14 – Archaeological Excavation Report*. Oxfordshire: John Moore Heritage Services, 2016.

ZENITER, A. *El arte de perder*. Trad. de José Antonio Soriano. Barcelona: Salamandra, 2019.

ZURITA, J. *Anales de la Corona de Aragón*. Saragoça: Institución Fernando el Católico, 1610.

Índice

F

G

H

I

J

N

O

P

R

S

T

Conecte-se conosco:

facebook.com/editoravozes

@editoravozes

@editora_vozes

youtube.com/editoravozes

+55 24 2233-9033

www.vozes.com.br

Conheça nossas lojas:

www.livrariavozes.com.br

Belo Horizonte – Brasília – Campinas – Cuiabá – Curitiba
Fortaleza – Juiz de Fora – Petrópolis – Recife – São Paulo

EDITORA VOZES LTDA.
Rua Frei Luís, 100 – Centro – Cep 25689-900 – Petrópolis, RJ
Tel.: (24) 2233-9000 – E-mail: vendas@vozes.com.br